CW01371545

Morgen Witzel

Träume, die Geschichte wurden

Morgen Witzel

Träume, die Geschichte wurden

Die kulturellen Leistungen des Managements

Deutsch von Patricia Künzel

WILEY

Die englische Originalausgabe erschien 2002 bei Pearson Education Limited, Harlow, unter dem Titel »Builders and Dreamers. The Making and Meaning of Management«. All rights reserved. Authorized translation from the English language edition published by Pearson Education Limited. © 2002 by Pearson Education Limited.

1. Auflage 2002

Die Deutsche Bibliothek – CIP-Einheitsaufnahme
Ein Titeldatensatz für diese Publikation ist bei Der Deutschen Bibliothek erhältlich.

© WILEY-VCH Verlag GmbH & Co. KGaA, Weinheim, 2003

Gedruckt auf säurefreiem Papier.

Alle Rechte, insbesondere die der Übersetzung in andere Sprachen, vorbehalten. Kein Teil dieses Buches darf ohne schriftliche Genehmigung des Verlages in irgendeiner Form – durch Photokopie, Mikroverfilmung oder irgendein anderes Verfahren – reproduziert oder in eine von Maschinen, insbesondere von Datenverarbeitungsmaschinen, verwendbare Sprache übertragen oder übersetzt werden. Die Wiedergabe von Warenbezeichnungen, Handelsnamen oder sonstigen Kennzeichen in diesem Buch berechtigt nicht zu der Annahme, dass diese von jedermann frei benutzt werden dürfen. Vielmehr kann es sich auch dann um eingetragene Warenzeichen oder sonstige gesetzlich geschützte Kennzeichen handeln, wenn sie nicht eigens als solche markiert sind.

All rights reserved (including those of translation into other languages). No part of this book may be reproduced in any form – by photoprinting, microfilm, or any other means – nor transmitted or translated into a machine language without written permission from the publishers. Registered names, trademarks, etc. used in this book, even when not specifically marked as such, are not to be considered unprotected by law.

Printed in the Federal Republic of Germany

Lektorat   Christina Seitz, Düsseldorf
Umschlaggestaltung   init GmbH, Bielefeld
Satz   Kühn & Weyh, Freiburg
Druck und Bindung   Ebner & Spiegel GmbH, Ulm

ISBN   3-527-50048-0

Inhalt

Einführung 9

Teil 1
Management und Zivilisation 11

Kapitel 1
Keine Helden mehr 13

    Warum Manager keine Geschichtsbücher lesen
        (und wieso das ein Fehler ist) 19

    Die Folgen der Vergangenheitsblindheit 28

    Was zu tun ist 33

Kapitel 2
Manager in der Vorzeit des Managements 35

    Die vielen Gesichter des Managements 35

    Die Macht der Pyramide 38

    Inzwischen, in einem anderen Teil der Welt 41

    Zweitausend Jahre Bürokratie 45

    Mönche und Kaufleute: Management im Mittelalter 46

    Management und die *samurai* 52

    Die Wissenschaft erobert das Management: die Industrielle Revolution
        und ihre Folgen 54

Kapitel 3
Die Managementrevolution 59

    Ein Mann und sein System 60

    Die Grundsätze der Effizienz 62

    Scientific Management 68

    Bolschewiken und Menschewiken 75

    Noch mehr Wissenschaft 77

    Was die Managementrevolution zu erreichen hoffte 78

    Ist die Revolution vorbei? 83

Teil 2
Die Grundsätze des Managements 85

Kapitel 4
Marketing: zurück zu den Wurzeln 87

    Die drei Epochen des Marketing 89

    Vermarktung vor dem Marketing 94

    Marketing in der Geschichte 106

    Die Vor- und Frühgeschichte der Marken 116

    Marketing in der Moderne 118

    Der Kreis schließt sich 120

Kapitel 5
Organisationen: Bausteine der Zivilisation 121

    Familien und Partner 123

    Bürokratie 130

    Organisation und Glaube: der Aufstieg der Klöster 134

    Die Militärorganisation wird erwachsen 140

    Hybridformen von Wirtschaftsunternehmen 147

    Neue Gedanken zu einem alten Thema 150

    Wo stehen wir heute? 154

Kapitel 6
Finanzen: Geld regiert die Welt *155*

    Die Evolution des Geldes *155*

    Der unaufhaltsame Aufstieg des Kreditgeschäfts *159*

    Wertpapiere *161*

    Termingeschäfte *162*

    Banken: die Macht hinter den Unternehmen *165*

    Buchführung und Kontrolle *171*

Kapitel 7
Wege zum Sieg *181*

    Das späte Erwachen des strategischen Denkens *182*

    Strategie in der Antike *185*

    Fernöstliche Ansätze *186*

    Von Machiavelli bis Moltke *194*

    Moltkes Einfluss *200*

    Eine Übersicht über strategische Grundprinzipien *202*

    Fazit *210*

Kapitel 8
Die Suche nach der besten aller möglichen Welten *211*

    Management von Angesicht zu Angesicht *213*

    Die Produktionskrise *221*

    Scientific Management und die Arbeiter *223*

    Die Sorge um die soziale Gerechtigkeit *227*

    Auf dem Weg zum Personalmanagement *229*

    Mitarbeiter, die mit dem Geschäft wachsen *231*

    Der ganzheitliche Mitarbeiter *232*

    Alternative Ansätze *235*

    Fazit *247*

Teil 3
Die Philosophie des Managements 249

Kapitel 9
Ethik und Identität 251

    Die richtigen Fragen stellen 256

    Lohnt sich ethisches Handeln? 257

Kapitel 10
Führer und Diener 261

Kapitel 11
Der Lohn des Risikos 269

    Ein knappes Gut 273

Kapitel 12
Das Streben nach Wissen 277

    Produktinnovation: Wissen greifbar gemacht 278

    Prozessinnovation: Wissen in Aktion 282

    Eine Philosophie des Lernens 283

Kapitel 13
Persönliches Nachwort 287

Anmerkungen 291

Danksagungen 295

Register 297

Einführung

*Die Geschichte legt Zeugnis davon ab,
wie die Zeit vergeht.
Sie erhellt die Wirklichkeit,
belebt die Erinnerung,
weist im Alltag den Weg und
kündet vom Altertum.*

Cicero

»Geschichte« und »Management« werden normalerweise nicht in einem Atemzug genannt. Nur wenige Hochschulen oder Business Schools bieten das Fach Managementgeschichte an, es werden kaum Bücher darüber geschrieben, und den meisten Managern ist die Geschichte ihres Berufsstandes so fremd und unerschlossen wie ein weißer Fleck auf der Landkarte.

Dennoch ist die Geschichte des Managements ein weites Feld, sie umfasst Tausende von Jahren in der menschlichen Zivilisation, im Osten wie im Westen. Im Laufe der Jahrhunderte haben sich Millionen Männer und Frauen der Aufgabe verschrieben, Unternehmen zu organisieren und zu leiten, zum eigenen Gewinn und zur Bereicherung ihrer Kulturen, Völker und Nationen. Die Gründer herausragender Unternehmen hatten zugleich auch große Träume. Sie überschritten Grenzen, erschlossen neue Handels- und Transportwege, erfanden unzählige technische Geräte, die heute selbstverständlich für uns sind, und verbesserten unsere Lebensqualität um ein Vielfaches.

Manager sollten stolz auf ihre Geschichte sein. Sie sollten aber auch darüber nachdenken, wie sie die Vergangenheit als Quelle für Ideen und Inspiration für die Gegenwart und sogar für die Zukunft nutzen können. Viele Probleme in der heutigen Wirtschaft sind bei genauerer Betrachtung nicht neu; häufig war eine Managergeneration in der Vergangenheit mit ähnlichen Problemen konfrontiert und fand Lösungen dafür. Es ist das Anliegen dieses Buchs, nicht nur die Entwicklung des Managements als Fachgebiet zu beschreiben, sondern auch zu zeigen, warum viele seiner grundlegenden Aspekte und Fragestellungen zeitlos sind. Durch ein gründlicheres Studium der Vergangenheit können Manager zumindest vermeiden, dass sie das Rad neu erfinden, denn die Geschichte ist eine Schatzkiste voller Ideen und Wissen, die an unsere heutigen Gegebenheiten angepasst und für unsere aktuellen Zwecke genutzt werden kann.

Dieses Buch ist in drei Teile untergliedert. Im ersten Teil, »Management und Zivilisation«, beleuchtet Kapitel 1 einige Gründe, warum das moderne Management seine geschichtliche Entwicklung vernachlässigt hat, und zeigt Ansätze, wie wir die Geschichte besser nutzen können. Kapitel 2 liefert einen Überblick über die Entwicklung des Managements im Wandel der Zeiten bis zum Beginn des zwanzigsten Jahrhunderts. Kapitel 3 beschreibt die so genannte »Managementrevolution«: Eine Kombination aus viktorianisch-wissenschaftlicher Neugier, wirtschaftlichem Effizienzstreben und dem ernst gemeinten Wunsch, das Los der arbeitenden Bevölkerung zu verbessern, führte zu einer breit angelegten Analyse und Kodifizierung der Tätigkeiten, aus denen sich die Führungsaufgaben der Manager zusammensetzen. Diese Pioniere der Managementlehre erfanden nicht das Management an sich, sondern strukturierten dieses Fachgebiet und gaben ihm eine Form und Ideale.

Der zweite Teil, »Die Grundsätze des Managements«, analysiert verschiedene Fachgebiete im Management und zeigt, wie sich jede dieser Disziplinen verändert und weiterentwickelt hat. Marketing, Organisationsverhalten, Finanzmanagement, Strategie und Personalmanagement mögen oft mit anderen Bezeichnungen umschrieben werden, die aber im Grunde das Gleiche bedeuten. Sie alle sind so alt wie die Wirtschaft selbst, elementare Bausteine und Basis für alle geschäftlichen Aktivitäten. Anhand von Vergleichen verschiedener Epochen und Kulturen werden wir sehen, wie in jedem dieser Managementbereiche Ideen entstanden und in die Praxis umgesetzt wurden.

Während Teil II sich mit den einzelnen Managementdisziplinen beschäftigt, besteht der dritte Teil, »Die Philosophie des Managements« aus einer Reihe kurzer Kapitel, in denen über einige grundlegende Fragen nachgedacht wird. Welche ethischen Normen müssen Unternehmen einhalten? Was ist Führung? Wie können Unternehmergeist und Innovation sinnvoll genutzt werden? Welche Rolle spielt die Kultur in der Wirtschaft? Jede dieser Fragen ist ebenfalls so alt wie die Wirtschaft selbst, und alle sind nicht nur von grundlegender Bedeutung für den Erfolg oder das Scheitern einzelner Unternehmen, sondern entscheiden auch über Aufstieg oder Niedergang von Kulturen und Zivilisationen. Wir werden die Lektionen betrachten, die uns die Geschichte in jedem dieser Fälle lehrt.

Im Grunde genommen kommt es darauf an, was jede und jeder selbst aus der Geschichte macht; wir haben die Vergangenheit einzig und allein zu dem Zweck angeschaut, um Informationen zur Befriedigung unserer persönlichen Bedürfnisse zusammenzutragen. Wenn es diesem Buch gelingt, Ihnen, seinen Lesern, zu zeigen, dass die Geschichte des Managements als Quelle für Informationen, Inspiration und sogar Unterhaltung dienen kann, hat es seinen Zweck erfüllt.

Teil 1
Management und Zivilisation

Kapitel 1
Keine Helden mehr

> *Wir sind wie Zwerge, die auf den Schultern von Riesen sitzen. Wir können weiter sehen als unsere Vorfahren, und in diesem Maße ist unser Wissen größer als das ihre, und dennoch wären wir nichts, würde uns die Summe ihrer Weisheiten nicht den Weg weisen.*
>
> Bernard von Chartres

Warum gibt es keine populären Helden in der Wirtschaft und im Management?

Das ist doch irgendwie sonderbar. Schließlich leben wir (oder zumindest die meisten von uns) in einer kapitalistischen Gesellschaft. Freie Märkte und freies Unternehmertum haben nicht nur unseren Handel und unsere Industrie, sondern auch in großem Maß unsere Kultur stark geprägt. Geschäfte, Handel, Industrie – wie man es auch nennen mag – waren in der Kulturgeschichte der Menschheit ebenso wichtig wie Krieg, Politik, Diplomatie, Religion, Kunst und Wissenschaft; in der Tat ermöglichten wirtschaftliche Interessen oft Entwicklungen in den anderen Bereichen. Im Mittelalter waren es Geschäftsleute, die das Zeitalter der Entdeckungsreisen einläuteten; im achtzehnten Jahrhundert führten sie die großen technischen Errungenschaften der Industriellen Revolution ein. Ohne die Wirtschaft hätte es keine Renaissance, keine Reformation, keine Aufklärung und keine Ära der Wissenschaft im viktorianischen Zeitalter gegeben.

Eigentlich müssten nun die Namen der Männer und Frauen, die früher und heute große Unternehmen führten und führen, allen ein Begriff sein? In jedem anderen Tätigkeitsbereich wäre dies der Fall.

Wenn Sie einen Bekannten bitten, ein paar berühmte Entdecker aufzuzählen, fallen ihm wahrscheinlich auf Anhieb Kolumbus und Magellan ein, und möglicherweise nennt er auch Drake, Cabot, Vasco da Gama oder Kapitän James Cook. Wenn Sie Passanten auf der Straße nach drei berühmten Musikern oder Komponisten fragen, werden sie meist »Bach, Beethoven und Mozart« antworten (beziehungsweise je nach Alter des oder der Befragten vielleicht auch Robbie Williams, Madonna und Elton John). Viele werden sogar ein paar Takte ihrer Werke summen können. Bitten Sie Gäste auf einer Dinnerparty, Ihnen drei große Wissenschaftler zu nennen, so hören Sie vermutlich sofort die Namen Einstein, Newton und Galileo. Auf die Frage nach drei berühmten Malern werden wahrscheinlich Rembrandt, Monet und Michelangelo genannt. Und so weiter. Ob Philosophie, Literatur, Mathematik, Sport, Kriegsführung – alle unsere wichtigen Betätigungen haben ihre Helden.

Fragen Sie aber nach großen Wirtschaftslenkern und Managern, so ernten Sie wahrscheinlich nur verständnislose Blicke. Bill Gates hat möglicherweise unter den Firmenchefs von heute das schärfste Profil, obwohl nur wenige Menschen viel über ihn wissen und sein Name meist aus Gründen in den Nachrichten genannt wird, die mit seinen eigentlichen Leistungen wenig zu tun haben. (Der arme Bill: Die eine Hälfte der Menschheit hält ihn für eine Art Technikfreak. Er macht ja schließlich irgendwas mit Computern, nicht wahr? Das ist doch Beweis genug! Und die andere Hälfte sieht in ihm eine Bedrohung für unsere gesamte Gesellschaft und Lebensweise. Ob man Bill Gates nun mag oder nicht, in Wirklichkeit lässt sich nur schwer leugnen, dass er einer der erfolgreichsten Unternehmensführer unserer Zeit ist.) Den meisten Menschen fällt möglicherweise Henry Ford ein, was auch daran liegt, dass die von ihm ins Leben gerufene Marke noch heute allgegenwärtig ist (wohingegen Männer wie Walter Chrysler, André Citroen und Louis Renault in Vergessenheit geraten sind). Einige zeitgenössische Manager wie Percy Barnevik und Jack Welch werden von Insidern bewundert, sind aber nicht unbedingt einem Laien ein Begriff. Andere Namen wie Carnegie und Rockefeller überleben in der kollektiven Erinnerung vor allem deshalb, weil ihnen ihre Wohltätigkeit den Glanz der Unsterblichkeit verliehen hat; als Helden werden sie aber kaum gesehen. Viele andere herausragende Vertreter des Managements sind jedoch vollkommen aus dem Bewusstsein der Öffentlichkeit verschwunden. Wie viele Menschen sprechen heute selbst in Wirtschaftskreisen voller Bewunderung und Respekt von Richard Arkwright, Charles Schwab, William Pirrie, William Knudsen, Warren Hastings, Robert Owen, Cosimo dei Medici, Fukuzawa Yukichi, Iwasaki Yataro, Ibuka Masaru, Henry Heinz, Li Hongzhang, Matsushita Konosuke, Shibusawa Eiichi, Arch W. Shaw, Toyoda Kichiro, Alfred P. Sloan ... Diese Liste könnte man beliebig fortsetzen.

Einzigartig, so scheint es, steht das Management offenbar ohne Helden, ohne Legenden, und ohne große Mythen seiner Vergangenheit da. Eine Inspirationsquelle für Manager von heute gibt es

Die meisten Menschen kennen möglicherweise Henry Ford, weil die von ihm ins Leben gerufene Marke noch heute allgegenwärtig ist.

Keine Helden mehr

ebenso wenig wie Traditionsbewusstsein, das Bindungen zwischen Wirtschaftsakteuren herstellen und ihnen eine gemeinsame Kultur und Basis für ihre Arbeit geben könnte. Der Ökonom Philip Sargant Florence sagte einmal, die kapitalistische Gesellschaft würde in geradezu anarchischem Zustand arbeiten: In nahezu allen Wirtschaftssektoren gebe es keine formale Organisation, die größer sei als einzelne Firmen. Ebenso wenig existiert eine einheitliche Managementkultur: Es gibt nur (häufig partielle und unvollständige und bisweilen geradezu schädliche) Mikrokulturen, die Unternehmen innerhalb ihrer eigenen Organisation zusammengeschustert haben.

Das ist ein wichtiger Punkt. Die meisten Menschen würden dem zustimmen, dass Management ein Beruf ist; es wurde zu Beginn des letzten Jahrhunderts allgemein als solcher anerkannt. Aber es ist ein sonderbar heimatloser Beruf. Vergleichen Sie ihn mit einem anderen Beruf, der einige Parallelen zum Management aufweist: der Juristerei. Ganz gleich in welchem Fachgebiet Rechtsanwälte tätig sind, sie haben stets ein gemeinsames Erbe. Im Westen können sie ihren Kodex und ihre Praktiken auf Kaiser Justinians *Corpus Iuris Civilis,* auf die Anfänge des englischen Common Law und seine Auslegung durch Männer wie Sir William Blackstone sowie auf modernere Vertreter ihrer Zunft wie Oliver Wendell Holmes und Jeremy Bentham zurückverfolgen, die einen großen Einfluss auf die juristische Theorie und Praxis hatten. Rechtsanwälte sind sich (größtenteils) der Entwicklungen bewusst, die die heutige Rechtsprechung hervorgebracht haben, und fühlen sich ihnen verbunden. Sie nehmen in ihrer aktuellen Arbeit regelmäßig Bezug auf die juristische Vergangenheit.

Bei Managern verhält sich das anders. Viele Führungskräfte lehnen Geschichte sogar bewusst ab. Seit mehr als zehn Jahren spreche ich mit Managern und Wirtschaftstheoretikern über die Geschichte. Mein Eindruck ist, dass sich nur sehr wenige von ihnen als Teil einer historischen Tradition sehen. Einige haben klare Vorurteile gegen die Vergangenheit und alles, was damit zu tun hat. (Vor vielen Jahren versuchte ich eine bevorstehende Kündigung abzuwehren, indem ich meinem eigenen vorgesetzten Manager erklärte, dass ich meinen Job brauchte, um mein Doktorandenstudium in Geschichte zu finanzieren. »Geschichte?« schnaubte er verächtlich. »Unnützer Kram.« Noch am selben Tag war ich meinen Job los.) Viele andere Führungskräfte spüren instinktiv, dass die Vergangenheit einen Wert besitzt, wissen aber nicht, wie sie ihn erschließen können. Die meisten Manager verbringen ihre ganze Zeit damit, in der Gegenwart zu arbeiten oder die Zukunft zu ergründen; für die Interpretation der Vergangenheit nehmen sie sich kaum oder gar keine Zeit.

Traditionsbewusstsein

Für Tevje, den Milchmann aus *Anatevka*, steht die Bedeutung der Tradition außer Zweifel, insbesondere wenn sie ihm als Herr des Hauses das letzte Wort in seiner Familie gibt. Das Problem ist nur, dass eine kritiklose Akzeptanz von Traditionen zu Stagnation und Unbeugsamkeit führt. Daher ist Tradition in Managementkreisen zu einem Schimpfwort geworden.

Es gibt jedoch zwei Arten von Traditionen: tote und lebendige. Lebendige Traditionen entwickeln sich im Laufe der Zeit weiter und passen sich an veränderte Umgebungsbedingungen an; sie bringen Organisationen und Menschen voran und helfen ihnen. Ein gutes Beispiel sind die Handwerksgilden in der Londoner City: Die ältesten davon sind viele hundert Jahre alt, doch wurden in den letzten zehn Jahren neuere Verbände dieser Art in Bereichen wie Marketing, Public Relations und Informationstechnologiedienstleistungen gegründet – ein Beweis dafür, dass diese Tradition nach wie vor lebendig und stark ist. Eine Tradition am Leben zu erhalten ist keine geringe Herausforderung, aber das Ergebnis ist in der Regel mehr wert – eine Mühe, die sich lohnt.

Diese Situation wird eher schlimmer als besser. Vor hundert Jahren, als Management als Beruf gerade erst anerkannt worden war (obwohl schon seit langer Zeit praktiziert, wie wir in Kapitel 2 sehen werden), nahmen die Denker und Autoren der Managementlehre fleißig Anleihen bei anderen Disziplinen, um ihren eigenen noch jungen Kodex aufzubauen. Sie sahen sich die Volkswirtschaftslehre, Psychologie, Kriegsführung, Technik und die Naturwissenschaften an und übernahmen einen Teil ihrer Traditionen. Auch wenn das Management kaum eigene Helden besaß, konnte es sich doch in dem Glanz sonnen, der von anderen Fachgebieten ausging.

Einhundert Jahre später würden nur wenige Manager von sich behaupten, viel mit Psychologen, Naturwissenschaftlern oder Technikern gemein zu haben. Möglicherweise sehen sie auch nur schwache Parallelen zu Volkswirtschaftlern oder Generälen. Die Beziehungen zwischen diesen Fachgebieten im Management ähnelt der zwischen Management und Geschichte; die meisten Führungskräfte wissen, dass ein Studium dieser anderen Disziplinen wertvoll sein kann, aber nur wenige haben eine Vorstellung davon, wie sie diesen Wert erschließen können. Gewiss, die Psychologie spielt bei der Entwicklung von Marketingpraktiken und im Personalmanagement eine Rolle, und die Naturwissenschaften sind wichtig für die Forschung und Entwicklung. Aber ihre Auswirkungen beschränken sich auf ein paar Fachabteilungen und die Grundlagen des Managements, insbesondere die allgemeine Unternehmensführung, werden davon kaum betroffen.

Von den vielen Disziplinen, die das Management beeinflussten, als dieser Beruf noch in den Kinderschuhen steckte, taucht nur die Makroökonomie noch regelmäßig in den Lehrplänen der heutigen Betriebswirtschaftler auf. Nur wenige Wirtschaftsfakultäten unterrichten überhaupt Geschichte (eine rühmliche Ausnahme bildet das vor kurzem lancierte Managementgeschichtsprogramm der britischen Open University Management School). MBA-Studenten werden keine Seminare in Militärkunde oder Physik angeboten. Und was würden die Dekane der heutigen Wirtschaftsuniversitäten zu den drei Fachgebieten sagen, die der Guru des Scientific Management, Harrington Emerson, als wichtigste Einflussfaktoren seiner Arbeit bezeichnete, nämlich klassische Musik, Rennpferdezucht und Eisenbahnvermessung?

> Nur eine kleine Handvoll von Universitäten und Business Schools unterrichtet überhaupt Geschichte.

Unsere Lern- und Wissensquellen werden immer spezialisierter; zugleich ist breit gefächertes Lernen notwendiger als jemals zuvor. Die heutige Wirtschaft stellt uns vor vielfältige Herausforderungen. Die Globalisierung scheint allumfassend. Neue Technologien sind wie Wirbelstürme, die mit ungeheurer Geschwindigkeit auf uns zueilen und alles beiseite zu fegen scheinen, das sich ihnen gerade in den Weg stellt. Über Nacht tauchen aus dem Nichts neue Geschäftsmodelle wie E-Commerce auf, die uns zwingen, unseren Umgang mit Kunden, Lieferanten und Geschäftspartnern neu zu überdenken. Unternehmen gleichen Ringern im Dunkeln, die mit diesen und anderen nur teilweise sichtbaren Kräften kämpfen, ihren Schwerpunkt verlagern und ihre Position ändern in der Hoffnung, den Gegner fest in den Griff zu bekommen.

Sind diese Kräfte aber die eigentliche Gefahr? Wie dieses Buch zeigen wird, wurden in Wahrheit bereits in der Vergangenheit große Herausforderungen im Management erfolgreich gemeistert. Neue Märkte, neue Technologien und neue Geschäftsmodelle gab es auch zu anderen Zeiten und an anderen Orten. Schon immer begleiteten Instabilität und Unsicherheit die Unternehmer beim Agieren auf freien Märkten. Paul Cherington, einer der Gründerväter der Marketingseminare an der Harvard Business School, meinte einmal, Unternehmen sollten bewusst Instabilität und Herausforderungen anstreben, da Stabilität (wie die Tradition) zur Stagnation führe. Je größer das Chaos, desto größer sind auch die Chancen. Ist unsere heutige Situation also wirklich etwas Besonderes?

Die wahren Herausforderungen, so scheint es, sind jene, denen wir uns selbst stellen; unser eigentlicher Feind steckt in unserem Inneren. Eines der größten Paradoxe in der Wirtschaft ist die Tatsache, dass die Mitarbeiter

Große unternehmerische Herausforderungen 1

Der Weg nach Indien

In der Wirtschaftsgeschichte hatten nur wenige Ereignisse eine verheerendere Wirkung als die Nachricht, die Europa im Jahr 1501 erreichte: Den von Vasco da Gama befehligten portugiesischen Schiffen war es gelungen, Indien auf dem Seeweg zu erreichen. Europa hatte jetzt also unmittelbaren Zugang zum orientalischen Gewürzhandel. An den europäischen Börsen brach totale Panik aus, in Venedig sackten die Pfefferpreise in den Keller, und einflussreiche Kaufleute prophezeiten den Ruin ihrer Wirtschaft und Stadt.

Trat dieses Szenario ein? Nein. Die Märkte verlagerten sich, aber die einfacheren Transportmöglichkeiten drückten die Preise nicht, sondern führten zum Wachstum des Gesamtmarktes. Nicht nur die Gewürzpreise konnten sich behaupten; in den folgenden Jahrzehnten steigerten neue Waren wie Tee und Porzellan das Gesamthandelsvolumen. Venezianische und genuesische Kaufleute, die den Markt als Zwischenhändler beherrscht hatten, verlagerten ihren Schwerpunkt und wurden zu Kapital- und Geldgebern des Handels. Ihre Banken finanzierten viele portugiesische, spanische und frühe holländische Expeditionen nach Fernost. Der Welthandel expandierte, und große, weltweit tätige Handelshäuser wie die British East India Company oder die Dutch East India Company entstanden. Im Endeffekt übertraf der Einfallsreichtum der Unternehmer und Manager die Veränderungen ihres Umfelds bei weitem.

---

einer Firma ihr wertvollstes Kapital sind, aber gegebenenfalls auch zu ihrem größten Hemmschuh werden können. Zu den häufigsten Ursachen für das Scheitern von Unternehmen gehören das Fehlen der erforderlichen menschlichen Qualitäten und mangelndes Wissen. Unser eigener Wissens- und Inspirationsmangel führt zu Unsicherheit, mangelndem Selbstbewusstsein und Ängsten, die wiederum unseren Enthusiasmus mindern und unser Urteilsvermögen beeinträchtigen können. Wir sollten das heutige Wirtschaftsumfeld als schöne neue Welt betrachten. Stattdessen sehen wir es allzu oft als eine von Monstern bevölkerte Landschaft.

Die Geschichte hat nicht auf alle Fragen eine Antwort parat. Auch Helden haben ihre Grenzen und Schwächen. Unkritisch akzeptierte Traditionen können ein Unternehmen ersticken. Das Schlüsselwort in diesem Zusam-

> Studiert man die Vergangenheit wie jede andere Wissensquelle, erkennt man, dass sie als Sprungbrett dienen kann, nicht als Anker.

Keine Helden mehr

menhang ist *unkritisch*. Wenn Sie die Vergangenheit wie jede andere Wissensquelle studieren, werden Sie erkennen, dass sie als Sprungbrett dienen kann, nicht als Anker. Es geht nicht darum, ob die Vergangenheit einen Wert besitzt. Die Frage lautet vielmehr: Können Sie es sich leisten, *irgendeine* Wissens- und Inspirationsquelle zu vernachlässigen, die Ihnen einen Vorsprung im Wettbewerb verschaffen könnte?

Warum Manager keine Geschichtsbücher lesen (und wieso das ein Fehler ist)

Die obigen Kommentare gelten zwar für die Geschichte im Allgemeinen, doch liegt unser Schwerpunkt in diesem Buch auf der Geschichte des Managements, ihrer Bedeutung für die heutige Unternehmensführung. Bevor wir uns weiter in dieses Thema vertiefen, betrachten wir erst einmal einige Gründe, weshalb Manager sich nicht mit ihrer eigenen Geschichte beschäftigen. Besonders häufig werden Argumente wie die folgenden vorgebracht:

- Geschichte ist Schwachsinn: Sie ist von Haus aus wertlos, und niemand sollte Zeit mit ihrem Studium verschwenden.
- Alles ist neu: Wir leben in einem Zeitalter revolutionärer Veränderungen, und alle bisherigen Wertvorstellungen und Traditionen werden über Bord geworfen, so dass das Studium der Geschichte nichts bringt.
- Geschichte wäre nur nützlich, wenn man sie als Basis für Zukunftsprognosen verwenden könnte. Da dies nicht der Fall ist, hilft sie uns nicht weiter.
- Die Geschichte des Managements ist voll von unmoralischen und unethischen Praktiken wie Sklaverei und Kinderarbeit, und das sind keine geeigneten Themen für moderne Manager.
- Geschichte mag wertvoll sein, aber Manager haben nicht genug Zeit oder Ressourcen, um sie angemessen zu studieren.

Geschichte ist Schwachsinn

Dieser Satz wird bekanntermaßen Henry Ford zugeschrieben. War Ford aber tatsächlich der Ansicht, dass Geschichte wertlos sei? In Wirklichkeit bezog sich Fords Argument nicht auf Geschichte als solche, sondern auf ihren Missbrauch. Der Glaube, dass Ereignisse unweigerlich den so genannten »Gesetzen der Geschichte« folgen, ist ein Beispiel für solche irreführenden Auslegungen. Ein anderes Beispiel ist das Zitieren historischer Präzedenzfälle zur Rechtfertigung von Untätigkeit und Widerstand gegen Veränderungen (nach dem Motto »Wir machen das so, weil wir's immer schon so gemacht haben«). Als Ingenieur, Konstrukteur und Unternehmer war Ford wie viele Amerikaner seiner Generation ein Mann, der Freiheit und freien Willen – wesentliche Eigenschaften einer guten Führungskraft – sehr schätzte und dem Restriktionen, die ausschließlich auf Präzedenzfällen der Vergangenheit beruhen, ein Gräuel waren.

Dass Ford der Geschichte Respekt entgegen brachte, belegt die Aufmerksamkeit, die er seinem eigenen Platz in der Geschichte schenkte. Nur wenige Industriekapitäne waren sich ihrer eigenen geschichtlichen Bedeutung so sehr bewusst wie Ford oder taten so viel, um sich einen Platz in den Annalen der Wirtschaftshistoriker zu sichern. In der großen amerikanischen Tradition der Selbst-PR, die auf P.T. Barnum und den Revolverhersteller »Colonel« Sam Colt zurückgeht, arbeitete Ford an der Pflege seines eigenen Images: Er hielt Reden, schrieb Artikel und Bücher (unterstützt durch einen professionellen Ghostwriter, Samuel Crowther), all das mit dem Ziel, sich selbst als einen der größten Industriellen aller Zeiten zu verkaufen. (Aldous Huxleys satirischer Roman *Schöne neue Welt* verlieh Ford den Status einer Gottheit; die Menschen beginnen darin ihr Vaterunser mit »Our Ford« statt »Our Lord«.)

Problematisch an der Aussage »Geschichte ist Schwachsinn« ist die Tatsache, dass es sich hier um eine Meinungsäußerung und nicht um ein Argument handelt. Wenn Sie jemanden bitten, diese Aussage zu beweisen, wird ihm das nicht gelingen. Dennoch wird anscheinend jeder Versuch, in Managern stärkeres Bewusstsein für ihre Vergangenheit zu wecken, mit der selbstgefälligen Aussage beiseite gefegt: »Geschichte ist für die moderne Wirtschaft nicht relevant.« 1999 lancierte die *Financial Times* eine Buchreihe mit dem Thema »Klassiker der Wirtschaftsliteratur«. Als erstes veröffentlichte sie darin *Wahrhaft siegt, wer nicht kämpft: Die Kunst der richtigen Strategie* von Sun Tsu in zwei Fortsetzungen. In einem Leserbrief wurde das 2500 Jahre alte Werk prompt als »gönnerhaft und irrelevant« verunglimpft und der Schreiber kam zu dem Schluss, dass es für sein eigenes Unternehmen weder nützlich noch anwendbar sei. Wie soll man darauf antworten? Mit den Worten von Lily Tomlin: »Einen verschlossenen Geist kann man mit Informationen nicht erreichen.« Wie wir jedoch in diesem Buch sehen werden, kann die Geschichte in vielerlei Hinsicht wertvolle Informationen liefern.

Große unternehmerische Herausforderungen 2

Das Fabriksystem

1775 gab Richard Arkwright seiner größten Leistung den letzten Schliff: einem kontinuierlichen mechanischen, von Wasserkraft angetriebenen Verfahren zum Spinnen von Baumwollgarn. Binnen zwei Jahrzehnten war Arkwrights Fabriksystem (rechtmäßig und illegal) von Dutzenden von Herstellern in ganz Großbritannien kopiert worden, und ein ehemaliger Mitarbeiter Arkwrights hatte dieses System in den Vereinigten Staaten eingeführt. Die Industrielle Revolution hatte begonnen.

Als technologischer Durchbruch kann es diese Entwicklung ohne weiteres mit der Informationstechnologie-Revolution des späten zwanzigsten Jahrhunderts aufnehmen. Wie im letzteren Fall gingen ihre Konsequenzen weit über Produktionsfragen hinaus. Das Fabriksystem führte auch zu Qualitätsverbesserungen und niedrigeren Preisen für Endverbraucher. Es zog eine gewaltige Ausweitung des Handels nach sich (Baumwollimporte von Indien nach Großbritannien verzehnfachten sich in nur 30 Jahren). Vor allem veränderte es bekanntermaßen das soziale Gefüge Englands und anderer Länder.

Doch das Fabriksystem wurde nicht allgemein übernommen, nicht einmal in der Textilindustrie. So bedeutend dieses System auch gewesen sein mochte, es verdrängte die kleineren Unternehmen nicht, von denen viele einfach ihre eigene Geschäftstätigkeit an das neue Umfeld anpassten. Die Publikationen der damaligen Zeit zeigen, dass das Fabriksystem keineswegs als »Herausforderung« gesehen wurde, die es zu »überwinden« galt. Vielmehr wurde es als Chance für jene verstanden, die es einsetzen wollten. Das Fabriksystem war ein Mittel, kein Zweck.

Alles ist neu

Diese Meinung hört man häufig; sie wird oft von Menschen geäußert, die eigentlich alt genug sind, um es besser zu wissen.

Der Wandel ist zum Mantra der modernen Wirtschaft geworden. Wir alle stehen unter Veränderungsdruck, was natürlich zum Wandel als Selbstzweck führt; kein Manager wurde jemals zum Helden, weil er Dinge so beließ, wie sie waren. Die Ansicht, dass einige Managementgrundsätze zeitlos sind, ist bei Führungskräften und Wirtschaftstheoretikern nicht gerne gesehen; sie halten den Wandel und nicht die Kontinuität für den wichtigsten Aspekt im modernen Wirtschaftsleben. Der Gedanke, dass sie Prozesse managen oder Denkweisen einsetzen, die im Mittelalter erfunden wurden, entsetzt sie: Es ist ein furchtbarer Schlag für ihr Selbstwertgefühl, sich zu vergegenwärtigen, dass sie sich wie die primitiven Angehörigen dieser Epoche verhalten! Die moderne Wirtschaft ist progressiv; sie denkt zukunftsorientiert; alles ist im Fluss! Um George Orwell zu paraphrasieren: »Vorwärts gut, rückwärts schlecht«!

Diese Tendenz wird von der Managementliteratur verstärkt. Die meisten Managementfachbücher versuchen, dem Ego ihrer Leser zu schmeicheln (und ihre Brieftasche zu öffnen), indem sie ihnen versprechen, dass sie mit der Lektüre dieses Buches an der vordersten Front des Wandels stehen. Diese Werke beginnen regelmäßig mit Phrasen wie »Die Geschwindigkeit der Prozesse, von denen der Wandel / die Globalisierung / die Auswirkungen der Informationstechnologie / der Qualität der belegten Brötchen bei Vorstandssitzungen beeinflusst werden, ist heute größer als jemals zuvor.« Big Business ist neu, Globalisierung ist neu, Technologie ist neu; die Wirtschaft ist das letzte noch verbliebene Neuland. Sehen wir uns beispielsweise dieses Zitat an, aus dem ersten Absatz des Buches *Revolution im Kapitalmarkt* von Patrick Young und Thoma Theys:

> *Es gibt kein Entkommen vor den Kapitalmärkten. Niemand ist vor der Revolution des Kapitalmarkts sicher. Diese Revolution ist die bislang größte Umwälzung im Gefüge der Finanzmärkte. Auslöser und Antrieb dieses Umbruchs sind neue Technologien, die letztlich das Leben aller Menschen auf der Welt verändern werden.*[1]

Der Wandel ist zum Mantra der modernen Wirtschaft geworden.

Das mag stimmen, und die Autoren scheinen das offenbar auch selbst zu glauben. Zwei Punkte müssen hier aber bedacht werden. Erstens wird die Revolution im Kapitalmarkt *einiges*, vielleicht sogar *vieles* verändern, aber sie wird beileibe nicht das Leben *aller Menschen* verändern. Nach Abschluss dieser Revolution wird die Erde immer noch rund und der Himmel blau sein, und es werden nach wie vor Menschen geboren werden, miteinander schlafen, Geld verdienen und sterben. Kontinuität und Veränderungen gehen fast immer Hand in Hand.

Zweitens ist der Wandel selbst nichts Neues. Seit Anbeginn der Zivilisation sind Unternehmen und ihre Manager und Führer mit dem Wandel konfrontiert. Man könnte sogar argumentieren, dass die allgegenwärtigen Veränderungen die einzige Konstante in der Kulturgeschichte der Menschheit sind. Dass Neues auf uns Menschen einstürmt, hat an und für sich keinen besonderen Nachrichtenwert: Wandel und Kontinuität sind zwei Seiten der gleichen Medaille und untrennbar miteinander verbunden.

Große unternehmerische Herausforderungen 3

Das japanische Meiji-Reich

1878 erkannte der japanische Kaiser Meiji, dass sich sein Land modernisieren musste, weil es ansonsten Gefahr lief, eine Kolonie der aggressiven westlichen Nationalstaaten zu werden. Daher brachte er das alte Regime der Tokugawa-Shoguns zu Fall und führte persönliche Direktherrschaft ein. Seine oberste Priorität bestand darin, vom Westen zu lernen und eine rasche Modernisierung umzusetzen. Auf diesen Schritt folgte eine der phänomenalsten Veränderungsperioden im Management, die in der Geschichte jemals zu beobachten waren.

Die führenden Denker dieser Bewegung wie der Bankier Shibusawa Eiichi und der Wirtschaftstheoretiker Fukuzawa Yukichi erreichten ihr Ziel nicht, indem sie die japanische Kultur über Bord warfen und kompromisslos westliche Methoden einführten. Vielmehr strebten sie eine Verschmelzung an, indem sie westliche Verfahren und Technologien an das japanische Umfeld anpassten. In Unternehmen wie Mitsubishi, Sumitomo und Mitsui versuchten Manager, ihre bestehenden Organisationen auf ein modernes Umfeld vorzubereiten; der Schwerpunkt lag dabei eher auf einer Anpassung als auf einem Neuaufbau. Diese Bemühungen waren ein durchschlagender Erfolg: Bis zum Jahr 1900 waren die meisten japanischen Unternehmen vollständig modernisiert, setzten die besten westlichen Technologien ein, konkurrierten auf internationalen Märkten und führten neue, innovative Produkte ein, blieben aber dennoch in Japans kulturellem Erbe verwurzelt.

Geschichte und Vorhersagen

In den siebziger Jahren entwarf der Science-Fiction-Autor Isaac Asimov in seinem Roman *Foundation* ein Zukunftsuniversum, in dem die Türen zur Geschichte geöffnet worden waren. Asimovs Protagonist, der Wissenschaftler Dr. Hari Seldon, behauptete, ein System entdeckt zu haben, mit dessen Hilfe sich die zukünftige Entwicklung mit mathematischer Genauigkeit errechnen lasse. In Seldons System waren vergangene und zukünftige Ereignisse Teil eines Kontinuums; man brauchte lediglich die Vergangenheit gründlich und umfassend zu analysieren, und schon konnte man die Zukunft lesen wie eine Straßenkarte.

Wenn die Zukunft anhand der Geschichte vorhergesagt werden *könnte*, wäre das Leben der Manager natürlich viel einfacher. Leider ist trotz größter jahrhundertelanger Anstrengungen seitens der Zukunftsforscher und Historiker bisher kein solches Prognosesystem entdeckt worden. Alle Versuche nachzuweisen, dass historische Ereignisse »unausweichlich« oder in irgendeiner Form vorhersehbar seien, scheiterten kläglich, darunter auch die Bemühungen des deutschen Philosophen Hegel im neunzehnten Jahrhundert.

> Wenn die Zukunft anhand der Geschichte vorhergesagt werden *könnte*, wäre das Leben der Manager natürlich viel einfacher.

Der Grund dafür ist wieder einmal in uns selbst zu finden. Als menschliche Wesen besitzen wir einen freien Willen und sind in der Lage, freie Entscheidungen zu treffen. Das beinhaltet auch die Freiheit, den falschen Weg zu wählen. Würden wir alle stets rational handeln, könnte unter Umständen eine Art Berechnungsansatz entwickelt werden, der uns zeigt, wie wir uns in einer bestimmten Situation verhalten würden. Solche Systeme können zeigen, wie wir uns verhalten *sollten*, aber keine verlässlichen Prognosen darüber aufstellen, wie wir uns tatsächlich verhalten *werden*, da es jederzeit passieren kann, dass uns das Blut in den Kopf schießt und wir vollkommen unlogisch, unüberlegt oder schlicht und einfach völlig falsch handeln. Über ein System für die Vorhersage unlogischen Verhaltens verfügen wir bisher jedoch noch nicht. (Voraussetzung dafür wäre ein unlogisches System, das per definitionem nicht funktionieren würde.) Menschliches Handeln führt also zu einem Bruch zwischen Vergangenheit und Zukunft. Auch Asimov war sich dessen bewusst: *Foundation* und die weiteren Bände in dieser Reihe sind eigentlich herrlich ambivalent: Menschliche Wesen handeln immer wieder unlogisch, um die Kette der prognostizierten Ereignisse zu durchbrechen.

Dieses Problem steht den meisten Versuchen mathematischer oder linearer Vorhersagen im Wege. So können etwa Konjunkturforscher mit einem bestimmten Wahrscheinlichkeitsgrad prognostizieren, wie sich die Wirtschaft verhalten *sollte*. Sie können jedoch keine Aussagen darüber machen, wie sich die Konjunktur tatsächlich entwickeln wird, da sie nicht vorhersehen können, wie wir individuell und kollektiv unser Geld zu einem bestimmten Zeitpunkt ausgeben oder verdienen werden. Bestenfalls können sie Näherungswerte mit geeigneten Sicherheitsmargen angeben, und selbst diese können sich als falsch erweisen, wenn wir beispielsweise alle an die Börse stürzen und »Dotcom«-Aktien kaufen.

Die Frage entbehrt also nicht einer gewissen Logik: »Wenn wir die Vergangenheit nicht für Zukunftsprognosen nutzen können, wofür eignet sie sich denn dann?«

Genau hier wird es aber kompliziert. Wie jeder gute Historiker weiß, ist es tatsächlich nicht möglich, die Zukunft durch Bezugnahme auf die Vergangenheit *vorherzusagen*. Gleichzeitig gilt aber auch, dass die Kenntnis der Vergangenheit eine ganz wesentliche Voraussetzung dafür ist, dass wir die Zukunft *verstehen*. Dass Geschichte nicht Grundlage von Zukunftsprognosen sein kann, ist inzwischen weithin akzeptiert. Zukunftsforscher zielen nicht mehr auf präzise Vorhersagen zukünftiger Ereignisse ab, sondern nutzen stattdessen die Erfahrungen der Vergangenheit als Basis für die Konstruktion denkbarer Alternativszenarios.

Nehmen wir ein einfaches Beispiel zur Veranschaulichung der Beziehung zwischen Vergangenheit und Zukunft. Ich fahre mit dem Auto auf einer Landstraße und sehe vor mir ein Schild, das mich auf eine »gefährliche Kurve« hinweist. Dieses Schild gibt mir bestimmte Informationen an die Hand, aber nicht viele. Wie gefährlich ist die Kurve? Ist sie gefährlich, weil sie sehr scharf ist oder weil ich mitten auf der Straße auf entgegenkommende Fahrzeuge treffen könnte? Muss ich mein Tempo drosseln, und falls ja, um wie viel? Wenn ich noch nie zuvor auf dieser Straße gefahren bin, werde ich diese Fragen nicht beantworten können. Ist mir die Straße aber vertraut, ist die Wahrscheinlichkeit groß, dass ich die meisten oder sogar alle dieser Fragen beantworten kann: Ich weiß, dass ich auf 60 Stundenkilometer herunterbremsen muss, da die Kurve recht scharf ist. Ich kann zwar nicht mit Sicherheit voraussagen, dass ich keinen Unfall haben werde, doch ich weiß, dass ich einen Zusammenstoß vermeiden müsste, wenn ich mich auf meine eigenen Erfahrungen verlasse und mich entsprechend verhalte.

Wenden wir uns nun einem etwas komplexeren Beispiel zu. In den letzten Jahren erlebten die Finanzmärkte zweimal eine Hausse und dann einen Einbruch. Erst stiegen vor der Asien-Krise die fernöstlichen Aktienmärkte auf Schwindel erregende Höhen, dann purzelten die Kurse in einem Crash in den Keller. Drei Jahre später durchliefen High-Tech-Aktien in Europa und Amerika eine recht ähnliche Entwicklung. In beiden Fällen gaben Beobachter Kommentare über die quälende Unausweichlichkeit, die Börsencrashs und Kursstürzen zu eigen sei; Finanzmärkte scheinen nicht aus Schaden klug zu werden und machen immer wieder die gleichen Fehler. Stephen Adamson, ein Partner bei Ernst & Young, der eine wichtige Rolle in der Umstrukturierung des thailändischen Banksektors nach dem Crash spielte, hält eine Wiederholung der Ereignisse für unvermeidlich. »Wird es wieder geschehen? Ja. Nicht in Thailand hoffentlich, aber überall dort, wo der berauschende und explosive Cocktail der hier zu beobachteten Zutaten von anderen gemixt und getrunken wird.«[2]

> Die Erfahrungen der Vergangenheit lehren uns, dass spekulative Blasen immer wieder entstehen werden. Sie zeigen uns aber nicht, wo und wann sie sich herausbilden.

Die Erfahrungen der Vergangenheit lehren uns, dass spekulative Blasen immer wieder entstehen werden. Sie zeigen uns aber nicht, wo und wann sie sich herausbilden werden. Die Asien- und die Dotcom-Krise waren ebenso wenig unvermeidlich wie die Südseeblase im achtzehnten Jahrhundert oder der Tulpenwahn im Holland des siebzehnten Jahrhunderts. Jedes Mal standen den Hauptakteuren Alternativen offen; andere Entscheidungen hätten zu anderen Resultaten führen können. Die Betrachtung der Erfahrungen der Vergangenheit – ihrer eigenen und der anderer Menschen – hätte zur Wahl einer anderen Vorgehensweise beitragen können. Wir wissen das, weil einige Marktteilnehmer *tatsächlich* einer Katastrophe entgingen, was in erster Linie daran lag, dass ihre Erfahrungen und ihr Wissen ihnen die Vermutung nahe legten, dass die grundlegende Situation riskanter war als die übrigen Marktteilnehmer zu glauben schienen. Thomas Martin von der Grasshopper Bank investierte nicht in Aktien der Südsee-Gesellschaft und riet auch seinen Kunden davon ab; der Kelch ging an all jenen vorüber, die auf ihn hörten. Samuel Courtauld weigerte sich, in den zwanziger Jahren sein Unternehmen mit Krediten zu finanzieren, als das Fremdkapital aller anderen in den Himmel schoss, und überstand den Crash von 1929 mit relativ geringen Blessuren. Clevere Investoren, die sich in den späten neunziger Jahren weigerten, Aktien aus den asiatischen Tiger-Staaten oder Internetwerte zu kaufen, standen gut da, nachdem sich der Staub gelegt hatte.

Ethische Überlegungen

Merkwürdigerweise schämen sich die meisten Führungskräfte ein wenig für ihre Tätigkeit. Wer auf seine Leistungen als Manager stolz ist, macht sich in gewisser Weise zum Komplizen aller Sünden, die neomarxistische Intellektuelle, politisch orientierte Ökonomen und Globalisierungsgegner der Wirtschaft zur Last legen. Wenn man sich nicht hinter den Kulissen versteckt, werden antikapitalistische Aktivisten einen mit roter Farbe besprühen oder – was noch schlimmer ist – Naomi Klein wird ein Buch über einen schreiben.

Die westliche Gesellschaft ist gekennzeichnet durch einen dauerhaften liberalen Schuldkomplex, und die Tatsache, dass Unternehmen in der Vergangenheit an Übeln wie der Sklaverei und Kinderarbeit beteiligt waren, hält viele von einer genaueren Betrachtung der Vergangenheit ab: Es könnten ja noch andere Leichen im Keller versteckt sein. Außerdem hat die Kritik an der Wirtschaft und am Management schon eine eigenständige lange Tradition, und wer versucht, ethische Argumente zu ihrer Verteidigung vorzubringen (wie der Ökonom Milton Friedman in den siebziger Jahren), kann sich darauf gefasst machen, dass seine Kollegen ihn wahrscheinlich als intellektuellen Einfaltspinsel brandmarken.

Wir leben in einer sonderbaren Welt, in der die Dinge, die den größten Teil unseres Wohlstands hervorbringen, zugleich auch Zielscheibe der heftigsten Verachtung sind. Besonders deutlich wird dieses Paradox, wenn man sich die Karriere von Karl Marx' Freund, Kollegen und Gönner Friedrich Engels ansieht. Engels war einer der Urväter des Kommunismus; er schrieb zusammen mit Marx *Das kommunistische Manifest*. Auf der anderen Seite war er auch ein äußerst erfolgreicher Kapitalist: Fabrikbesitzer in Manchester und eine Stütze der Gesellschaft. Während er einerseits das Ende des Kapitalismus forderte, nutzte er andererseits seine Profite, um den mittellosen Marx zu unterstützen und dessen keineswegs bescheidenen Lebensstil zu finanzieren, zu dem Ausritte mit Jagdhunden bei örtlichen Fuchsjagden und zwei Geliebte gehörten, die ausgehalten werden mussten (die beiden Damen waren übrigens Schwestern).

Man könnte Engels als Heuchler bezeichnen, und viele haben das auch getan. Oder man könnte ihn als Pragmatiker respektieren. Er war von seinen Thesen felsenfest überzeugt und hoffte inständig, dass seine Träume verwirklicht würden. In der Zwischenzeit arrangierte er sich mit der Realität des Lebens in einer kapitalistischen Gesellschaft und machte das Beste daraus (was in seinem Fall ganz beachtlich war). Hätte er sein eigenes Unternehmen schlecht geführt, wäre der Niedergang des Kapitalismus dadurch sicherlich nicht beschleunigt worden. Also war Engels ein guter Geschäftsmann und Manager, obwohl er sich für die Abschaffung des Systems aussprach, mit dem er seinen Lebensunterhalt verdiente.

Dieses Beispiel soll folgendes verdeutlichen: Selbst wenn das kapitalistische System alles andere als vollkommen ist und einige seiner Sünden zweifellos verabscheuungswürdig sind, existiert es immer noch. Wir sind ein Teil davon. Wenn wir uns mit dem System, dessen Bestandteil wir sind, nicht beschäftigen, ist das so ähnlich, als würden wir uns ans Steuer setzen, ohne das Benutzerhandbuch des Autos zu lesen. Auch für unser Wirtschaftssystem und unsere Organisationsstrukturen gibt es ein »Benutzerhandbuch«, das wir als Manager lesen sollten. Wenn wir unsere Geschichte verstehen, wird uns das helfen, die Funktionsweise unserer Systeme zu begreifen.

Zeit- und Ressourcenmangel

Ich bringe ein gewisses Verständnis für diese Einstellung auf, da Führungskräfte schon genug Mühe damit haben, die Gegenwart zu verstehen, ohne sich auch noch mit der Vergangenheit herumschlagen zu müssen. Das Problem ist, dass es nur wenige leicht zugängliche Ressourcen gibt, auf die Manager in dieser Hinsicht zurückgreifen könnten. Es werden heute nur wenige Bücher über Managementgeschichte geschrieben, und an den meisten Universitäten oder Business Schools steht dieses Fach nicht auf dem Lehrplan.

> Es werden heute nur wenige Bücher über Managementgeschichte geschrieben, und an den meisten Universitäten steht dieses Fach nicht auf dem Lehrplan.

Das Problem muss auf organisatorischer Ebene angegangen werden – und das Studium der Vergangenheit muss zu einem integralen Bestandteil der Wissensmanagementsysteme im Unternehmen werden.

Zweierlei Arten historischer Informationen müssen bereitgestellt werden. Erstens sind allgemeine geschichtliche Hintergrundinformationen erforderlich, die sich bei einer Analyse von Märkten, Kulturen und ähnlichen Aspekten hilfreich erweisen könnten. Wenn Sie Chinaexperten befragen, werden ihnen diese sagen, dass Basiswissen in chinesischer Geschichte eine wesentliche Voraussetzung für geschäftliche Erfolge in diesem Land ist. Zweitens müssen Unternehmen ihrer eigenen Geschichte mehr Aufmerksamkeit schenken. Viele Firmen geben natürlich einen Überblick über die Meilensteine ihrer Entwicklung, aber die Bandbreite reicht hier im Allgemeinen von trockenen Ereignisaufzählungen bis hin zu unzuverlässigem und wenig informativem Wortgeplänkel, in dem sie sich selbst verherrlichen. Nur wenige Firmen publizieren eine Geschichte ihres Managements in der Vergangenheit. Unternehmen, die diese Geschichte analysieren und daraus Lektionen für die Zukunft ableiten, sind noch seltener zu finden.

Ich warte auf den Tag, an dem ich eine Firmengeschichte aufschlage und folgenden Satz lese: »Im Jahr 1956 beschloss der Vorstandsvorsitzende Hans Meier, dass das Unternehmen 40 Millionen Dollar in die Expansion des Marktes für Produkt XY investieren sollte. Dies führte zu einer Katastrophe, von der sich das Unternehmen beinahe nicht mehr erholt hätte. In der vorliegenden Publikation wird dieses Problem untersucht und es werden einige Gründe für das Scheitern dieses Planes herausgearbeitet. Daraus werden Lektionen abgeleitet, die bei zukünftigen Investitionen zu beachten sind.« Ich muss vermutlich noch lange auf diesen Tag warten.

Die Folgen der Vergangenheitsblindheit

Bisher haben wir einige Gründe dafür gesehen, warum Manager die Geschichte nicht so studieren, wie das eigentlich nötig wäre. Diese Gründe sind von unterschiedlichem Wert; einige davon, wie der Zeit- und Ressourcenmangel, sind bei vielen Führungskräften durchaus stichhaltig. Bevor wir aber diese Gründe einfach akzeptieren und mit den Achseln zucken – ja, es wäre schon ganz nett, die Geschichte näher zu beleuchten, aber wir können das nicht, also lassen wir's bleiben – sollten wir uns vor Augen halten, welche potenziellen Folgen unser Nicht-Handeln haben könnte. Lösen wir uns völlig von unserem historischen Kontext und unserem Erbe, so handeln wir uns allein dadurch eine ganze Reihe von Einschränkungen und Erschwernissen ein. Hier einige Beispiele für derartige Stolpersteine:

Das Rad neu erfinden

Das ist die offensichtlichste Folge, auf die man am häufigsten trifft. Wie wir an späterer Stelle sehen werden, war dies in vielen Fällen auch eine der schlimmsten Sünden im Management. Wenn neue Probleme auftreten, verschwenden wir immer wieder unsere Zeit damit, bei der Erarbeitung von Lösungen bei Null anzufangen, während wir uns hätten ansehen können, wie unsere Vorfahren mit ähnlichen Situationen umgingen. Lassen Sie mich hier ein offensichtliches Beispiel nennen: Die heutigen E-Commerce-Firmen, insbesondere jene, die im Einzelhandel tätig sind, entwickeln eifrig »neue« Systeme in dem Glauben, dass ihre Tätigkeit »neu« und ganz anders sei als alles, was bislang jemals im Einzelhandel gemacht wurde. In Wirklichkeit waren Versandhandelsunternehmen in ihrer Frühzeit im späten neunzehnten Jahrhundert ebenfalls mit vielen der Probleme konfrontiert, die den E-Commerce-Anbietern heute das größte Kopfzerbrechen bereiten. Weil sie sich so stark auf den wirklich neuen Aspekt ihrer Tätigkeit konzentrierten – die Technologie – verpassten E-Commerce-Firmen die Chance, aus ihrem eigenen Erbe als Einzelhändler zu lernen. Einige mussten dafür mit dem Untergang ihres Unternehmens bezahlen: Sie wurden an den Börsen ihres Heimatmarktes an die Wand gestellt und von wütenden Aktionären erschossen.

Scheuklappendenken

Wie oben erwähnt wird die Kluft zwischen dem Management und anderen Disziplinen, die einst einen großen Einfluss auf die Betriebswirtschaftslehre ausübten, immer größer. Dies gilt vor allem für die Psychologie, Volkswirtschaftslehre, Technik und Militärkunde. Andere vergleichbare, in breiten Kreisen akzeptierte Einflüsse sind bisher nicht zu erkennen. Einzelne Autoren haben versucht, Themen wie Politikwissenschaft (vgl. *Management und Machiavelli* von Antony Jay) oder Philosophie (vgl. die Werke von Charles Handy) einzuführen, allerdings mit begrenztem Erfolg: Diese Bücher wurden und werden bewundert, aber es gibt wenig Anzeichen dafür, dass sie einen starken Einfluss auf die Managementpraxis im Tagesgeschäft ausüben. Die Abkoppelung von der Geschichte führt zu einer Verengung des Blickfelds; die Managementlehre hat nicht nur den Bezug zu ihren Schwesterdisziplinen verloren, sondern weiß auch mit ihrer eigenen Vergangenheit nichts mehr anzufangen. Folglich breitet sich das Scheuklappendenken immer mehr aus – Manager, die sich auf nichts anderes mehr konzentrieren, als im Hier und Heute ihre Unternehmen zu führen.

Abkehr von den Grundlagen

Je mehr Führungskräfte ihren Blick allein auf die Gegenwart richten, desto weiter entfernen sie sich auch von der Basis ihrer Zunft. In den Wirtschaftsuniversitäten werden Themen wie Führung, Innovation und Unternehmertum bereits an den Rand des Kernlehrplans gedrängt; Führung wird in vielen Fällen erst dann gelehrt, wenn Manager eine höhere Position erreicht haben, als seien sie erst dann dafür »bereit«, während Innovation und Unternehmertum praktisch zu Ghettothemen geworden sind, die nur in speziellen Wahlkursen vermittelt werden. Unternehmen geben Jahr für Jahr Milliarden aus, um ihre Führungskräfte auf Seminare zu schicken, in denen ihnen Kreativität beigebracht werden soll.

Warum in aller Welt haben diese Unternehmen solche Manager überhaupt eingestellt, wenn sie nicht bereits kreativ waren? Welche Aufgaben müssen Führungskräfte denn erfüllen, außer kreativ zu sein (natürlich abgesehen davon, dass sie ein Gehalt beziehen und dem Ego ihrer Vorgesetzten schmeicheln)? Worum geht es denn im Management, wenn nicht darum, innovativ und unternehmerisch zu handeln und eine Führungspersönlichkeit zu sein? Wenn Sie wieder auf den Anfang des zwanzigsten Jahrhunderts zurückblicken, als Management erstmals als Beruf anerkannt wurde, werden Sie erneut feststellen, dass diese Eigenschaften im Zentrum der Managementkonzepte standen. Sie sind das Herzstück der Managementgrundsätze, die Männer wie Harrington Emerson und Herbert Casson aufstellten[3]; sie schwingen implizit in fast allem mit, was Peter Drucker geschrieben hat. Für den Amerikaner Henry Dennison ebenso wie für den Briten Walter Puckey sind Manager in erster Linie Führer und Wegbereiter für ihre Organisationen.[4]

Heimatlosigkeit

Was für Organisationen haben wir also? Wie können wir langfristig überlebensfähige, starke Unternehmen ohne Fundament aufbauen? Wie können wir eine Organisation mit Leben erfüllen und ihr nicht nur ein Herz und ein Gehirn, sondern auch eine Seele geben, wie Herbert Casson dies von uns verlangt[5], wenn unsere Unternehmen keine Vergangenheit kennen?
Wenn wir die Vergangenheit aufgeben, werden wir zu geistigen Flüchtlingen. Unsere Unternehmen sind keine Burgen oder Paläste mehr, sondern Durchgangslager, vorübergehende Unterstände auf unseren Wanderungen von einer Managementmode zur nächsten. Wir werden zu Nomaden. Schlimmer noch: Wir bieten auch unseren Mitarbeitern, Lieferanten und Kunden keine Heimat. Die Managementgurus von heute sagen, dass Beziehungen der Schlüssel zum zukünftigen Erfolg seien, aber Beziehungen entwickeln sich nur über längere Zeit; sie beruhen auf einer gemeinsamen Vergangenheit. Wir brauchen eine Basis, auf der wir aufbauen können.

Isolation

Am schlimmsten ist jedoch die Tatsache, dass wir durch die Aufgabe unserer Vergangenheit die Distanz zwischen Managern und weiten Teilen der Gesellschaft vergrößern. Wir laufen Gefahr, wie Sokrates in Aristophanes' Theaterstück *Die Wolken* zu werden – wir haben nur noch unsere eigenen Angelegenheiten im Kopf und verlieren den Bezug zu unserer Umwelt:

Ich wandle in der Luft und schaue auf die Sonne unter mir. Ich könnte, was da oben ist, nicht richtig deuten, wär' schwebend nicht mein kühner Geist mit dem verwandten Element der Luft vermischt. Wenn ich vom Boden aus nach oben blickte – ich fände nichts: die Erde zöge mit Gewalt den Tau des Denkens zu sich nieder; sie macht's genauso wie die Brunnenkresse.[6]

Managern wird häufig Elitedenken vorgeworfen. Ob diese Kritik zutrifft, hängt vom jeweiligen Einzelfall ab. Von Unternehmen wird behauptet, sie würden sich nur für ihre eigenen Profite interessieren, nicht aber für die Gesellschaft insgesamt. Auch viele Manager fangen allmählich an, das zu glauben: Für sie zählen nur noch Quartalsergebnisse und der Aktienkurs. Wenn sich dieser Trend aber fortsetzt, wird dies schreckliche Folgen haben. Es ist nicht etwa so, dass Unternehmen dadurch verwundbarer werden für die Angriffe derer, die am liebsten die ganze kapitalistische Struktur der freien Marktwirtschaft einreißen würden; sie sind nicht die *wahre* Bedrohung. Die eigentliche Gefahr hat Tom Wolfe in seinem Roman *Fegefeuer der Eitelkeiten* beschrieben, in dem sich eine Elite einbildet, sie stünde außerhalb der Gesellschaft: die so genannten »Herren des Universums«. Aber die Gesellschaft umfasst alles; Unternehmen sind Teil der Gesellschaft, sie finden dort ihre Kunden und rekrutieren dort ihre Mitarbeiter. Denker vom Heiligen Thomas von Aquin im Mittelalter bis zu Gianni Agnelli von Fiat in den neunziger Jahren wussten das und zeigten es in ihrem eigenen Denken und Handeln. (Es ist vielleicht kein Zufall, dass beide Italiener sind; in Italien wurden die Beziehungen zwischen Unternehmen und Gesellschaft schon immer für wichtig erachtet.)

Die Vergangenheit kann uns viele Dinge lehren. Eines davon ist Bescheidenheit. Wer würde sich angesichts der Vielfältigkeit der Geschichte nicht unbedeutend fühlen? Wer hat beim Blick auf Karrieren wie die des ehemaligen Telegraphisten Andrew Carnegie, der einen gigantischen Stahlkonzern aufbaute, oder die des Barbiers und Perückenmachers Richard Arkwright, der das Fabriksystem erfand, das die westliche Welt revolutionieren sollte, oder die weniger bekannten Personen wie William Ellison, einem freigelassenen Sklaven, der eine Baumwollentkörnungsmaschine konstruierte und zu einem der angesehensten Geschäftsleute in South Carolina *vor* dem amerikanischen Bürgerkrieg wurde, oder bei der Lektüre der Werdegänge vieler anderer Männer und Frauen nicht das Gefühl, dass deren Leistungen uns selbst in den Schatten stellen? Lesen Sie ein paar dieser Geschichten, und ich kann Ihnen garantieren, dass Sie Ihren eigenen Wert und Platz in der Gesellschaft aus der richtigen Warte sehen werden. Diese relativierte Sichtweise ist eine unbeabsichtigte Folge des Studiums der Geschichte, aber ebenfalls wertvoll.

Was zu tun ist

Manager müssen ihre Vergangenheit studieren. Sie müssen sie respektieren und sich die Lehren vor Augen halten, die sie daraus ziehen können. Sie dürfen sich nicht Illusionen hingeben: Die Vergangenheit ermöglicht keine Zukunftsprognosen, und Manager müssen verstehen, dass menschliches Handeln eine Kontinuität unterbrechen kann. Stattdessen müssen sie die Vergangenheit als eine Art kollektiver Erfahrung betrachten. Managementwissen, Inspiration und Träume von Millionen von Menschen, die Führungspositionen innehatten – selbst wenn sie nicht als Manager bezeichnet wurden – sind in den Aufzeichnungen der Vergangenheit versteckt.

Wie bei jedem System zur Wissenserfassung müssen auch hier Prioritäten gesetzt werden. Die Geschichte des Managements ist zu umfangreich, als dass ein einzelner Mensch sie erschöpfend studieren könnte, ohne sich ihr sein Leben lang zu widmen. Wie alle anderen Wissensgebiete lässt sich die Geschichte des Managements aber in kleinere Themenbereiche unterteilen. Erstens ist da die Geschichte der eigenen Organisation: ihre wahre Geschichte, nicht etwa die auf Glanzpapier gedruckten Broschüren der PR-Abteilung. Zweitens gibt es die Geschichte der Branche oder des Marktes, auf dem das eigene Unternehmen tätig ist: Was geschah dort in der Vergangenheit, welche Faktoren führten zu Veränderungen, welche Elemente blieben kontinuierlich erhalten? Drittens verdient die Geschichte des eigenen Spezialgebietes oder der eigenen Disziplin Beachtung: Wie entstand Marketing und wo sind seine Wurzeln? Warum wurde Strategie zu einem Thema für Unternehmen? Und schließlich sind da die Fragen, die Unternehmen als Mitglieder der Gesellschaft betreffen. Konzepte wie Geschäftsethik, Globalisierung und Kultur sind nicht neu; es gibt sie bereits seit vielen hundert Jahren. Wie sind Manager in der Vergangenheit damit umgegangen, und welche Lehren kann man daraus ziehen?

> Die Geschichte des Managements ist zu umfangreich, als dass ein einzelner Mensch sie erschöpfend studieren könnte, ohne sich ihr sein Leben lang zu widmen.

Dieses Buch entführt seine Leser auf eine Reise in die Vergangenheit des Managements. Wir werden uns als nächstes seinen frühesten Ursprüngen zuwenden. Lange bevor das Management als eigenständiger Beruf anerkannt wurde, gab es Führungskräfte in Unternehmen, Regierungen und religiösen Organisationen. Im nächsten Kapitel werden wir uns mit der Frage beschäftigen, woher diese ersten Helden des Managements kamen und wie sie entstanden.

Kapitel 2
Manager in der Vorzeit des Managements

*Geschichte wiederholt sich nicht,
sie reimt sich nur.*

Mark Twain

Auf einer staubigen Ebene südlich von Kairo steht eines der größten Bauwerke, das jemals von Menschenhand errichtet wurde. Die große Pyramide von Khufu (die Cheops-Pyramide), die vor viereinhalbtausend Jahren als Grabmal für den zweiten Pharao der Vierten Dynastie gebaut wurde, steht 146 Meter hoch auf einem Sockel mit einer Fläche von 230 Quadratmetern. Dieses Wunderwerk der Technik und Baukunst wurde mit Methoden gebaut, die beinahe noch der Steinzeit entstammten. Für die Feinarbeiten vor Ort wurden Kupfersägen und -meißel verwendet, doch jeder der 2,3 Millionen Kalksteinblöcke, aus denen sich die Pyramide zusammensetzt, wurde mit einfachen Steinhämmern und Schneidwerkzeugen herausgeschlagen. Anschließend musste jeder Quader per Hand mit hölzernen Hebeln und Rollen vom Steinbruch zum Bauplatz transportiert werden, allein durch manuelle Arbeitskraft. Die wirtschaftlichen Aspekte des Projekts waren ebenso primitiv: Geld war noch nicht erfunden; Arbeit, Werkzeuge und Material mussten in Sachleistungen bezahlt werden.

Stellen Sie sich das vor: Die Pyramidenbauer hatten Werkzeuge aus der Steinzeit, keine Geldwirtschaft und konnten als Kraft nur ihren eigenen Körper einsetzen. Wie konnte ihnen eine solche Leistung überhaupt gelingen?

So wenig ihnen auch sonst zur Verfügung stand, eines hatten die Erbauer der Pyramiden: eine administrative Hierarchie mit 17 Managementebenen.

Die vielen Gesichter des Managements

Wir alle wissen, wie ein Manager aussieht. Es gibt zwar nur wenige, dafür aber augenfällige Kennzeichen: Anzug, Laptop, Handy, Firmenkreditkarte, BWL-Diplom irgendwo in der Schublade und genug Vielfliegermeilen, um zum Jupiter und zurück zu reisen (oder zum Neptun in der Touristenklasse), aber keine Aussicht auf einen Urlaub, in dem er sie nutzen könnte. Aber Spaß beiseite: Es gibt viele unterschiedliche Definitionen, die beschreiben, was oder wer ein »Manager« ist. Ich persönlich kenne über 30. Nehmen wir für unsere Ausführungen am besten eine relativ einfache: Ein Manager ist ein Mitarbeiter eines Unternehmens, der mit der Aufgabe betraut ist, die Arbeit anderer Mitarbeiter im gleichen Unternehmen zu planen und zu dirigieren. Wenn Sie wollen, können Sie an dieser Definition herumfeilen; der genaue Wortlaut ist weniger wichtig als die Richtung der Ausführungen. Führungskräfte sind Personen, die die Arbeit anderer Menschen in einem Unternehmen managen.

Was aber ist ein Unternehmen? Wieder stellen sich die meisten Menschen Unternehmen in der heute vorherrschenden Form vor: als große, zumeist börsennotierte, privatwirtschaftliche Firmen, die einen Gewinn erzielen wollen. Die meisten Unternehmen setzen sich aus verschiedenen Geschäftsbereichen oder Abteilungen zusammen, die nach Fachgebieten, Regionen, Produktarten oder anderen Kategorien unterteilt sind, die in den Augen des Vorstandes besonders effizient sind. So sieht ein Unternehmen *heute* aus. Dem war aber nicht immer so, und die Geschichte lässt den Schluss zu, dass dies auch nicht in alle Ewigkeit so bleiben wird.

> Die meisten Menschen stellen sich Unternehmen in der heutigen Form vor: als große, zumeist börsennotierte, privatwirtschaftliche Firmen.

Die vielen Gesichter der Unternehmen wurden erstmals vor fast hundert Jahren von dem amerikanischen Rechtsanwalt und Wirtschaftshistoriker John Davis untersucht. Um das Jahr 1900 herum begann die amerikanische Wirtschaft ihre Muskeln spielen zu lassen, und Unternehmen bildeten sich als eine mächtige wirtschaftliche und soziale Kraft heraus. Viele Amerikaner, darunter die Enthüllungsjournalistin Ida Tarbell, die 1904 einen einflussreichen geschichtlichen Überblick über Standard Oil verfasste, behandelten Großkonzerne, als handle es sich hier um ein völlig neues Phänomen, und sahen in ihnen eine Bedrohung sowohl für die wirtschaftliche Wettbewerbsfähigkeit als auch für die Gesellschaft im Allgemeinen. Davis war sich da nicht so sicher. Er vertrat die Ansicht, dass Unternehmen zwar als *wirtschaftliche* Einheiten arbeiteten, die zu ihrer Gründung führenden Kräfte jedoch *sozialer* Natur seien. Er nannte Unternehmen sogar »soziale Gebilde«: Ihr Auftreten war seiner Ansicht nach eine evolutionäre Antwort auf ein gesellschaftliches Bedürfnis. Große Industriekonzerne seien die soziale Reaktion auf die Anforderungen der rasch wachsenden amerikanischen Wirtschaft und Gesellschaft des neunzehnten Jahrhunderts. Das Land brauchte Eisenbahnen, um seine weit verstreuten Siedlungen miteinander zu verbinden und den nationalen Zusammenhalt zu stärken.

Männer wie Vanderbilt, James J. Hill und Jay Gould ließen sie bauen. Die Eisenbahngesellschaften benötigten Stahl, um Gleise und Brücken zu bauen: Andrew Carnegie lieferte ihn. Der neu erfundene Verbrennungsmotor brauchte Kraftstoff: John D. Rockefeller machte ihn verfügbar.

Mussten frühere Zeitalter, in denen andere gesellschaftliche Bedürfnisse vorherrschten, Unternehmen auf die gleiche Weise entwickeln? Davis war dieser Ansicht. Im Mittelalter in Europa war der religiöse Glaube ein wichtiges gesellschaftliches Bedürfnis; die katholische Kirche reagierte darauf mit der Gründung von Unternehmungen wie den großen Mönchsorden. Als neue Technologien wie das Schießpulver im siebzehnten Jahrhundert die Kriegsführung immer teurer und komplexer machten, begannen Feldherren wie Wallenstein, Gustav Adolf, Maurice von Nassau und Montecuccoli, unternehmensähnliche Organisationen als Kriegsverbände einzusetzen. Als die europäischen Mächte ihre Fühler nach Übersee auszustrecken begannen, lieferten Kolonialgesellschaften wie die British East India Company, die Dutch East India Company, die Hudson's Bay Company und die African Lakes Company die Organisationsform, die sich nicht nur um geschäftliche Transaktionen, sondern in vielen Fällen auch um die Zivilverwaltung der neu erworbenen Territorien kümmerte. Selbst in der modernen Welt, so Davis, nutzen wir Organisationen zur Erfüllung vielfältiger Anforderungen: Universitäten, Studentenverbindungen und Freimaurerlogen sind alles »soziale Gebilde«, mit denen wir weit verbreiteten Bedürfnissen gerecht werden und gemeinsame Ziele verfolgen.

Davis schrieb sein 600-seitiges Meisterwerk *Corporations* im Vorgebirge von Idaho, während er an Krebs im Endstadium litt. Es wurde im Jahr nach seinem Tod veröffentlicht. Das Buch enthält viele Lücken, die niemals vollständig geschlossen wurden, und man konnte argumentieren, dass einige der von Davis beschriebenen Aspekte keinen Bezug zu Wirtschaftsunternehmen moderner Prägung hatten; vielleicht trifft das Argument doch nicht zu. Dann schrieben Karl Moore und Davis Lewis fast hundert Jahre später ihr Buch *Foundations of Corporate Empire,* das nicht nur sehr viel weiter in der Geschichte zurückgeht als Davis' Werk, sondern auch frühe Wirtschaftsformen mit modernen Unternehmensmodellen vergleicht. Ihre Erkenntnisse – etwa die Parallelen zwischen den um 1500 vor Christus in der phönizischen Stadt Ugarit verwendeten Geschäftsstrukturen und dem japanischen *keiretsu* von heute – zerstreuen die meisten Zweifel an der Allgemeingültigkeit der Unternehmensform.

Wenn wir akzeptieren, dass Unternehmen allgemein verbreitete Organisationsformen sind, müssen wir auch einräumen, dass es überall Manager gab und gibt. Wir müssen über die Ausprägung des Managements hinausgehen, die uns heute vertraut ist. Manager haben viele Gesichter, es gibt sie in ganz unterschiedlichen Manifestationen. In der Vergangenheit gehörten in diese Gruppe Schreiber, Priester, Soldaten, Sklaven und freigelassene Leibeigene, Mönche, Kaufleute und Wissenschaftler. Immer wenn Männer und Frauen für die Planung und Lenkung der Arbeit anderer Menschen verantwortlich waren, gab es Manager oder Führungskräfte.

Die Macht der Pyramide

Lange Zeit glaubte man, dass die Pyramiden durch Sklavenarbeit gebaut wurden, von einer Arbeiterschaft, die aus Kriminellen oder Kriegsgefangenen bestand, die den Heerscharen des Pharao im Kampf in die Hände gefallen waren. (Einige wenige behaupten sogar, dass die Pyramiden von kleinen grünen Männchen aus dem All gebaut wurden, aber dieses Argument können wir im Moment getrost beiseite lassen.[1])

Die neuesten Funde im Arbeiterlager in Gizeh sowie detailliertere Erkenntnisse über spätere Baumeister und ihr Leben in Deir el-Medina weiter südlich in der Nähe von Theben weisen jedoch darauf hin, dass selbst die »warmen Körper«, die ungelernten Arbeiter, die Steinquader von den Steinbrüchen zur Baustelle zogen und sie dort an die richtige Stelle hievten, für ihre Arbeit bezahlt wurden. Es gab auch einen zentralen Stab ausgebildeter Spezialisten wie Landvermesser, Bauzeichner, Ingenieure, Zimmerleute sowie Bildhauer und Maler, die für den Schmuck der Grabkammern in den Pyramiden verantwortlich waren.

Für all diese Arbeiter mussten Unterkünfte, Verpflegung und Bezahlung gesichert werden. Vor allem aber musste ihre Arbeit so koordiniert werden, dass die Pyramiden richtig und in Übereinstimmung mit den Konstruktionsanforderungen gebaut wurden (sonst wären sie nämlich eingestürzt). Die gesamten Tätigkeiten aller Arbeiter mussten gelenkt werden, um sicherzustellen, dass die vom Pharao für sie vorgegebenen Ziele erfüllt wurden (schließlich sollte es ja sein Grab werden). Hier kamen die Manager ins Spiel. Sie wurden natürlich nicht Manager genannt (der generische Begriff lautete damals »Schreiber«), aber sie waren de facto, wenn auch nicht dem Namen nach Manager. Es handelte sich hier um ausgebildete, bezahlte Spezialisten, die einen hohen Status genossen und deren Aufgabe darin bestand, die Arbeiter, die

---

Manchmal wird das Niltal als Geburtsstätte der Zivilisation bezeichnet. Wenn dies stimmt, wurde dort zur selben Zeit auch das Management geboren.

Materialien und den Herstellungsprozess zu überwachen, Pläne aufzustellen und für deren Umsetzung zu sorgen und Probleme zu lösen, wenn etwas schief lief. Manchmal wird das Niltal als Geburtsstätte der Zivilisation bezeichnet. Wenn dies stimmt, wurde dort zugleich auch das Management geboren.

Ramose

Ramose, der Sohn des Amenemheb, wurde in der ägyptischen Stadt Theben gegen Ende der achtzehnten Dynastie geboren. Er wurde als Schreiber erzogen und ausgebildet, wahrscheinlich in einem der Tempel auf dem Westufer des Nils in der Nähe von Theben. Sein Geschick als Schreiber machte Paser auf ihn aufmerksam, der Wesir von Oberägypten und Leiter der ägyptischen Beamten in der Region war. Im fünften Jahr der Herrschaft von Pharaoh Ramses II. wurde Ramoses zum Hofschreiber der königlichen Nekropole ernannt und zog mit seiner Frau Mutemwia in das Dorf der Grabmalshandwerker (das heute unter dem Namen Deir el-Medina bekannt ist). Er verbrachte den Rest seiner beruflichen Laufbahn in der Nekropole. Er hatte die Oberaufsicht über die Arbeiter in den Grabanlagen; zu seinen Pflichten gehörte unter anderem die Protokollierung abgeschlossener Arbeiten, das Einsammeln stumpfer Werkzeuge zur Wiederverwertung und zum Wiegen sowie die Verteilung von Vorräten, Lohn und Rationen an die Arbeiter. Technische Aspekte wurden Vorarbeitern überlassen; Ramose war dafür zuständig, das Projekt insgesamt zu steuern und darüber Bericht zu erstatten. Neben seinen Aufsichtspflichten berichtete er auch an Vorgesetzte auf übergeordneten Hierarchieebenen; eine seiner Aufgaben bestand darin, kontinuierlich Ereignisse in einem Tagebuch aufzuzeichnen. Dazu machte er sich Notizen auf Steinbrocken und schrieb dann offizielle Berichte auf Papyrusrollen. Ramose war ein gut bezahlter, hoch qualifizierter Spezialist und ein gewissenhafter Manager, für den die Interessen seines Arbeitgebers stets an erster Stelle standen.[2]

Zur Zeit der Pharaonen besaß Ägypten ein hoch entwickeltes Verwaltungssystem. Die Struktur dieses Systems ähnelte, wie nicht anders zu erwarten, einer Pyramide. An der Spitze stand der Pharao in einer Position, die der eines Vorsitzenden eines modernen Vorstandes nicht unähnlich ist. Er war der zivile Herrscher, der Oberbefehlshaber des Heeres und der oberste Hohepriester in Personalunion. Nach ihm kam der *t3ty* (fragen Sie nicht, wie man das ausspricht!) beziehungsweise Wesir, der operative Leiter, der die politischen Entscheidungen des Pharao auslegte und sie in die Praxis umsetzte. Unter dem Wesir befanden sich die verschiedenen Verwaltungsressorts. Die ägyptische Administration wurde in zweierlei Hinsicht unterteilt: Zum einen nach Funktionen, wobei den verschiedenen Ressorts die Aufgabe zugewiesen wurde, sich um Finanzen, Landwirtschaft, Handel, religiöse Angelegenheiten, Bergwerke oder den Bau von Monumenten zu kümmern, und zum anderen nach Regionen. Dabei war Ägypten in verschiedene Länder unterteilt, Nomes genannt, denen jeweils ein so genannter »Normarch« vorstand. Jeder Normarch hatte seinen eigenen Stab funktionaler Spezialisten, so dass die Ressortstruktur teilweise auch auf regionaler Ebene nachgebildet wurde. Auch der Wesir hatte eine eigene Abteilung, den zentralen Stab h3 n t3ty, der ihn unterstützte und Bindeglied zwischen den Fachressorts und den Nomes war.

All das wissen wir zum Teil aus archäologischen Funden, aber auch aus einigen erhalten gebliebenen Texten. Der älteste davon, der gemeinhin *Die Pflichten des Wesirs* genannt wird, stammt vermutlich aus dem Jahr 1520 vor Christus, als Ahmose Pharao war. Die erste Abschrift wurde irgendwann im neunzehnten Jahrhundert entdeckt, und der genaue Zweck des Textes blieb einige Zeit lang im Dunkeln. Der französische Übersetzer, der die erste moderne Ausgabe anfertigte, kannte sich nicht besonders gut mit Hieroglyphen aus: Ihm gelang die einigermaßen unglaubliche Heldentat, den ganzen Text rückwärts zu übersetzen. (Der Leser wird sich der Tatsache bewusst sein, dass viele moderne Managementlehrbücher sich so lesen, als sei ihnen das Gleiche widerfahren.)

Als die Verwirrung endlich geklärt war, wurde deutlich, dass es sich bei diesem Dokument um ein kurzes und bündiges, aber dennoch recht detailliertes Handbuch handelte, das nicht nur die Pflichten der ägyptischen Topmanager beschreibt, sondern auch die Funktionsweise der Bürokratie grob skizziert. Seit dem Bau der großen Pyramiden waren eintausend Jahre vergangen, und die Verwaltung war eher noch komplexer geworden. Die Tempel, das Heer und die Zivilverwaltung hatten sich bis zu einem gewissen Grad zu voneinander getrennten administrativen Strukturen weiterentwickelt. Interessanterweise war die treibende Kraft hinter der schriftlichen Fixierung wahrscheinlich eine Frau, Königin Ahhotep, die Mutter des Pharao. Ahmose zog häufig mit seinen Armeen gegen Rebellen und ausländische Invasoren in den Krieg, während Ahhotep zu Hause blieb und sich größtenteils um die Regierung des Landes kümmerte. *Die Pflichten des Wesirs* stellte vermutlich ihren Versuch dar, die Aufgaben ihrer wichtigsten Führungskräfte zu kodifizieren und aufzulisten. Es wurden mehrere Exemplare dieses Werkes gefunden, was darauf hindeutet, dass es sich hier um ein recht beliebtes Verwaltungshandbuch handelte.

Dabei muss betont werden, dass diese Verwalter, Schreiber oder Manager nicht einfach nur Beamte waren. Im Ägypten der Pharaonen wurde kaum zwischen Privatsektor und öffentlichen Aufgaben unterschieden. Handel, Landwirtschaft, Bergbau und Herstellung fertiger Güter wurden fast ausschließlich vom Staat betrieben, der bezahlte Arbeitskräfte dafür einsetzte. Das ägyptische Handelsministerium, oder wie sein Pendant auch geheißen haben mochte, überwachte nicht einfach nur den Handel. Es traf faktisch kommerzielle Entscheidungen und managte Handelsgeschäfte zwischen Ägypten und fremden Ländern. Das Landwirtschaftsministerium plante die Agrarproduktion, gab den Befehl zur Ernte und zum Verkauf der geernteten Rohstoffe und prüfte sogar das so genannte »Nilometer«, ein Gerät, dass den Anstieg und Rückgang des Wasserstandes dieses Flusses maß und angab, wann Feldfrüchte gepflanzt und geerntet werden sollten.

Inzwischen, in einem anderen Teil der Welt

Östlich von Ägypten, jenseits der dazwischen liegenden Einöde von Sinai und der syrischen Wüste, entstand eine andere Kultur. In Mesopotamien, diesem fruchtbaren, sichelförmigen Landstreifen zwischen Euphrat und Tigris, gab es einige der urbarsten Felder der Erde. Die mesopotamischen Bauern konnten weitaus mehr Nahrungsmittel ernten als die Bevölkerung verzehren konnte, so dass ansehnliche Überschüsse entstanden, die man für den Handel nutzen konnte. Gleichzeitig fehlte diesem Volk das Metall, das für Werkzeuge und Waffen benötigt wurde. Spätestens um 3000 vor Christus entsandte der Stadtstaat der Sumerer Händler bis ins heutige Afghanistan, die Lebensmittel und Kleidung gegen Zinn eintauschten und im Wettbewerb zu anderen Händlern antraten, die aus dem Süden, aus dem Tal des Ganges und des Indus, anreisten, wo eine weitere Zivilisation heranwuchs. Während die Sumerer von den Babyloniern und diese wiederum von den Assyrern abgelöst wurden, weitete sich der Handel zusehends aus und wurde immer komplexer. Zunächst war er einfach strukturiert; Händler reisten zu ausländischen Märkten, kauften dort Waren, beförderten diese nach Hause und verkauften sie auf ihren eigenen Märkten. Mit den so erzielten Gewinnen kauften sie weitere Waren. Die Händler waren Reisende, die ihre Waren auf dem Weg von einem Markt zum anderen begleiteten. Um 2000 vor Christus herum gründeten Männer wie Pusu-ken aus Ashur und seine Frau Lamassi komplexere internationale Handelspartner-

Pusu-Ken

Pusu-Ken, der Sohn des Suejja, war gegen 1900 vor Christus als Kaufmann in der assyrischen Stadt Ashur ansässig. In erster Linie war er Händler, der zwischen Ashur und Kanesh mit Weizen, Kupfer und Textilien handelte. Sein Unternehmen war ein Familienbetrieb, in dem auch seine Frau Lamassi und seine vier Söhne arbeiteten. Frauen spielten in Assyrien eine vollwertige Rolle im Geschäftsleben, und Lamassi leitete häufig die Geschäfte in Ashur, während ihr Mann nach Kanesh und zurück reiste. Die Söhne dagegen führten das Unternehmen in Kanesh, das anscheinend eine beträchtliche Anzahl von Mitarbeitern beschäftigte. Die Familie bildete auch Partnerschaften – *Naruqqum* – mit anderen assyrischen Kaufleuten, die zu den von Pusu-ken und Lamassi geleiteten Projekten finanzielle Mittel beisteuerten. Bei der Führung relativ umfangreicher Geschäfte über größere Entfernungen mit begrenzter Technik stand Pusu-ken vor einem der zentralen Probleme im Management. Wie sollte er Aktivitäten aus der Ferne steuern, bei denen er die Ausführenden nicht unmittelbar überwachen oder kontrollieren konnte?[4]

---

schaften mit dauerhaften Depots in Ashur und Kanesh, ihren Hauptmärkten in Anatolien.[3]

Die Geschäftstätigkeit spielte im antiken Nahen Osten eine ganz wesentliche Rolle – und sie beschränkte sich beileibe nicht auf die Bauern, die ihre Waren auf dem Markt feilboten, sondern umfasste auch groß angelegte Unternehmungen mit internationalem See- und Binnenhandel. Inzwischen hatten die Kulturen einen Großteil der Strukturen der Zivilisation entwickelt, darunter Städte, Gesetzestexte, Schrift und Geldwirtschaft. Komplexe wirtschaftliche Strukturen waren erforderlich, um jene Reiche in Gang zu halten, die Ernährung der Bevölkerung sicherzustellen und Kriege zu führen. Im großen Gesetzesbuch des Hammurabi, das weithin als die erste Gesetzessammlung der Erde betrachtet wird, regeln fast 20 Prozent der Bestimmungen geschäftliche Fragen. Es entstanden Unternehmensformen, die diese Volkswirtschaften unterstützten und ihre Bedürfnisse erfüllten. Diese Organisationen wuchsen und gediehen. Mit wachsendem Umfang und höherer Komplexität der Unternehmen entstanden auch die ersten Anfänge des Managements; Kaufmannsfamilien, die Unternehmen wie das von Pusu-ken führten, konnten nicht überall zugleich sein, und sie begannen ihre Geschäfte in die Hände

> Zusammen mit den Schreibern des antiken Ägyptens zählen diese Angestellten zu den allerersten Managern.

bezahlter Mitarbeiter zu legen. Zusammen mit den Schreibern des antiken Ägyptens zählen diese Angestellten zu den allerersten Managern.

Um 1000 vor Christus hatte sich der Schwerpunkt des Handels weiter nach Westen verlagert. Phönizische Städte wie Tyros und Sidon mit ihrem Zugang zum Meer knüpften Handelsnetze, die über den gesamten Mittelmeerraum und bis zum atlantischen Ozean reichten. Phönizische Händler kauften Zinn in Cornwall und Gewürze in Indien. Die Könige von Tyros und Sidon waren zugleich Hohepriester, und ihre Tempel wurden zu mächtigen Organisationen, die den Handel überwachten und regelten, wenn sie nicht direkt selbst daran beteiligt waren. Wie Karl Moore und David Lewis betonen, waren dies die ersten multinationalen Unternehmen, und die Priester und Schriftgelehrten dieser Tempel waren die Führungskräfte dieser Konzernimperien. Neben Waren exportieren die Phönizier auch ihre Geschäftsmethoden. Gegen 500 vor Christus, im Zeitalter Sokrates und Platons, begann Athen sich als Handelsmacht zu etablieren; die Athener übernahmen dabei die Geschäftsmethoden der Phönizier. Dreihundert Jahre später wählten die Römer Athen als Vorbild für den Aufbau ihres eigenen Handelsimperiums. Wie Moore und Lewis zeigen, entwickelten sich die Organisationsformen von Phönizien über Griechenland nach Rom immer weiter, aber eine Gemeinsamkeit blieb durchwegs erhalten. Ganz gleich, welche Unternehmens*form* die jeweilige Kultur bevorzugte, sobald Unternehmen einmal eine gewisse Größe überschritten hatten, benötigten die Eigentümer Unterstützung, um ihre Geschäfte effektiv führen zu können. Wenn dieser Bedarf entstand, stellten sie Spezialisten ein, die ihnen beim Management helfen sollten.[5]

Eine der großen Triebfedern für den internationalen Handel war stets der Gewürzhandel. Pfeffer, Ingwer, Muskat und andere orientalische Gewürze sowie andere Produkte wie Arzneimittel, Porzellan und Textilien wurden zur Zeit der Phönizier vom Fernen Osten in den Westen gebracht. Der Handel blühte im Römischen Reich, als die Nachfrage aufgrund wirtschaftlichen Wohlstandes neue Rekordhöhen erreichte. Eine weitere Blütezeit erlebte der Handel im Mittelalter, als westeuropäische Herrscher und Kaufleute miteinander um die Kontrolle des Handels rangen. Mitten auf den Handelswegen saßen bequemerweise die indischen Geschäftsleute und Schiffseigner, die eine Vermittlerrolle im Handel übernahmen. Schiffe, die bisweilen chinesischen, häufiger aber indischen Ursprungs waren, brachten Fracht aus Fernost in die Häfen an der Ostküste Indiens. Zwischenhändler luden die Fracht zum Transport quer über den Subkontinent um, um die lange Seereise um Cape Comorin herum zu vermeiden. Weitere Schiffe, zumeist arabischen Ursprungs, brachten Güter von den Häfen im Westen Indiens bis zum oberen Ende des Roten Meeres, wo sie wiederum auf dem Landweg über die kurze Distanz zu den Mittelmeerhäfen befördert wurden. In Alexandria, das mehr als ein Jahrtausend lang das größte Zwischenlager im Nahen Osten war, gab es eine ganze Straße mit Namen *Sharih al-filih*, Pfefferstraße, die sich ausschließlich auf dieses eine Gewürz konzentrierte.

Der Umfang und die Komplexität dieses Handels waren – zumal angesichts der zurückzulegenden Entfernungen und der verfügbaren Technik – erstaunlich, und Indiens Zwischenhändler wurden reich. Über die Geschäftspraktiken in Indien vor 300 vor Christus wissen wir nicht viel, aber spätere Aufzeichnungen belegen, dass sich bereits vor diesem Zeitpunkt dort große Organisationen herausgebildet hatten. Das Management des Gewürzhandels erforderte komplexe Strukturen und insbesondere erhebliche finanzielle Investitionen. Um 1500 nach Christus gab es in Indien die wohl größten Banken der damaligen Welt; nach Einschätzung des britischen Politikers Edmund Burke war das bengalische Bankhaus Jagat Seth, das im achtzehnten Jahrhundert zu einem herausragenden Finanzinstitut aufstieg, mächtiger als die Bank von England. Diese großen Banken hatten weit verzweigte Vertretungs- und Filialnetze. Zwar lag auch hier die Kontrolle an der Spitze in den Händen des Jagat Seth und bei seinen unmittelbaren Verwandten, nachrangige Kontroll- und Verwaltungsposten wurden jedoch an bezahlte Manager vergeben.

Jagat Seth

Fateh Chand wurde gegen 1680 im begalischen Murshidabad geboren. Seine Familie waren Jaina, eine indische religiöse Sekte, deren Anhänger häufig im Banken- und Finanzwesen eine Rolle spielten (und auch heute noch spielen). Nach der Übernahme des Geschäfts eines kinderlos verstorbenen Onkels baute Fateh Chand gute Geschäftsbeziehungen zum Nawab von Bengalen und zum Moghul-Kaiser in Delhi auf. Für die Dienste, die er den Kaisern erwies, wurde er 1723 mit einem Smaragdsiegel und dem vererbbaren Titel Jagat Seth (Bankier der Welt) belohnt. Durch rasche Expansion seiner Geschäfte dehnte Fateh Chand sein Netz von Bankfilialen (*kothis*) auf ganz Nordindien bis zur kaiserlichen Hauptstadt Delhi aus. Er pflegte Beziehungen zu Banken in anderen Teilen Indiens, wie die Chellabis aus Surat und die Chettys aus Coromandel, und leistete so einen Beitrag zum Aufbau einer landesweiten Finanzstruktur. In Bengalen wurde er zur großen Finanzmacht, erlangte Kontrolle über die Staatsfinanzen, die Münzprägeanstalten und das Steuerwesen und verwaltete all das für die Regierung. Er entwickelte auch enge Beziehungen zur East India Company über deren Außenposten in Kalkutta. Sein Sohn und Erbe unterstützte später die East India Company gegen den Nawab von Bengalen und wurde deswegen ermordet. Danach war das Schicksal der Familie nicht mehr wohl gesonnen, und der letzte Jagat Seth starb 1912 als Pensionist der britischen Regierung in Kalkutta.[6]

Zweitausend Jahre Bürokratie

Der Fall China ist wieder anders. Auch hier sind die ersten Aufzeichnungen bruchstückhaft, obwohl unser Wissensschatz dank neuer archäologischer Funde ständig wächst. Auf die Ära des Konfuzius folgten die Umbrüche der Epoche der Streitenden Reiche, aber 221 vor Christus entzog Qin Shi Huangdi den Streitenden Reichen gewaltsam die Autonomie und ließ sich selbst zum ersten Chinesischen Kaiser ausrufen. Qin baute die große Mauer und den großen Kanal, zwei noch heute bestehende Bauwerke des Landes. Dieser strenge, despotische Herrscher, der bisweilen mit Mao Tse-tung verglichen wird, versuchte außerdem, seine Herrschaft zu sichern, indem er nicht nur politische Gegner, sondern auch andere Denkansätze und Philosophien auslöschte. Der daraus resultierenden Orgie von Bücherverbrennungen und Zerstörung von Baudenkmälern fiel ein Großteil unseres Wissens über China vor Qins Zeit zum Opfer. Aber die Konsolidierung seiner Macht hatte auch etwas Gutes: Er organisierte und strukturierte den Beamtenapparat des Landes.

Die Denkweise, die hinter dieser Organisation stand, lieferte Qins Chefideologe Han Feizi, die politische und philosophische Kraft, die hinter dem Qin-Kaiserreich stand. Han Feizis Verwaltungskonzept war streng gesetzestreu und hierarchisch. In der Bürokratie hatte jeder seine genau definierten Aufgaben und Pflichten; alle wussten ganz genau, welche Stellung sie selbst inne hatten, welche Personen in welchen Positionen ihnen unterstellt waren und wie ihre eigenen Vorgesetzten hießen und welche Position sie einnahmen. Die Angehörigen des gehobenen Dienstes stammten zwar meist aus der Oberschicht, doch die Beamten auf den unteren Ebenen wurden nach ihrer Leistung ausgewählt und bezogen ein Gehalt. Der Untergang des Qin-Reiches und seine Ablösung durch die tolerantere Han-Dynastie führte zur Abschaffung vieler »Reformen« Qins, aber seine wichtigsten Vermächtnisse blieben erhalten: die große Mauer, der große Kanal und das Beamtentum.

> Han Feizis Verwaltungskonzept war streng gesetzestreu und hierarchisch.

Über viele Jahrhunderte hinweg wurden Praxis und Struktur der chinesischen Bürokratie verfeinert und verbessert. Es wurden vergleichende Prüfungen eingeführt, die zu einer Stärkung der Meritokratie führten. Nun konnte jeder Bauernsohn theoretisch die höchsten Ränge des Beamtentums erklimmen. Administratoren genossen einen hohen sozialen Status und viel Prestige. Selbst die chinesische Religion erhielt eine administrative Färbung; unter den zahlreichen Gottheiten des klassischen chinesischen Pan-

Han Feizi

Han Feizi wurde circa 280 vor Christus in Nordchina geboren und starb 233 vor Christus. Er übte großen Einfluss auf Qin Shi Huangdi aus und könnte sein Hauslehrer gewesen sein. Zugleich war er auch der führende Vertreter der legalistischen Schule in der chinesischen Philosophie, und seine Prinzipien beeinflussten die späteren Auslegungen der Bürokratie in China in starkem Maße. Han entwickelte drei wichtige Grundsätze:

- *fa*, ein Begriff, der sich in etwa mit »bindenden Richtlinien« übersetzen lässt, in dem aber auch Konnotationen von Gesetz und Bestrafung mitschwingen. Die Menschen mussten sich an *fa* halten, so dass ihr Verhalten dem Gemeinwohl diente. Andernfalls mussten sie mit Strafe rechnen.

- *shi*, was so viel heißt wie »Amtsgewalt« oder »Macht«. Die Ausübung von *shi* ist nötig, um die Einhaltung von *fa* sicher zu stellen; umgekehrt sollte aber *shi* den Geboten des *fa* folgen, um Machtmissbrauch zu verhindern.

- *shu*, ein Verfahren zur Kontrolle der Bürokratie, bei dem »Worte« und »Taten« verglichen werden (oder allgemeiner gesprochen ein Soll-/Ist-Vergleich stattfindet).

In ihrer Summe umschrieben die drei Grundsätze *fa*, *shi* und *shu* ein Managementsystem, das während der nächsten zweitausend Jahre zur treibenden Kraft in der chinesischen Verwaltung werden sollte.

---

theons gibt es auch einen Gott der Prüfungen und einen Gott der Gehälter. Das System erstarrte zwar letzten Endes in Konventionen und wurde ineffektiv, doch hatte es zweitausend Jahre bis zum Ende der Manchu-Dynastie und dem Sturz des letzten Kaisers im Jahr 1911 Bestand. Geschäftsleute aus der westlichen Welt, die sich in China ein Standbein aufbauen wollen, schimpfen manchmal, dass sich das dortige System bis heute nicht viel geändert hat.

Mönche und Kaufleute: Management im Mittelalter

Bisher konnten wir nur einen undeutlichen Eindruck von den vielen Gesichtern des Managements gewinnen. Unzureichende Quellen oder Unsicherheiten bezüglich der Interpretation der vorhandenen Quellen lassen unser Wissen bruchstückhaft bleiben. Ab und zu können wir in einzelnen Personen – Ramose, Pusu-ken oder Han Feizi – die Eigenschaften von Managern erkennen, aber wir haben nur begrenztes Wissen darüber, wie sich das Management entwickelte.

Im europäischen Mittelalter ändert sich das jedoch. Jetzt gibt es mehr und bessere Aufzeichnungen, und wir können ein klareres Bild davon gewinnen, wie die Entwicklung des Managements weitergeht und wer Führungsaufgaben übernimmt. Während dieser Zeit entstehen zwei neue Unternehmensformen, die das Management dominierten und einen bleibenden Einfluss auf unsere heutigen Methoden haben: die großen, international diversifizierten Handelsunternehmen, die primär im Italien des dreizehnten Jahrhunderts entstanden, und die Mönchsorden, allen voran die Benediktiner und die Zisterzienser.

»Im Namen Gottes und des Geschäfts«

Das erste große Unternehmen des Mittelalters entstand eher zufällig. Gegen 510 nach Christus wurde unweit von Rom ein Einsiedler namens Benedikt von Nursia, der als Heiliger galt, von einer Gruppe von Mönchen gefragt, ob er der Abt oder Leiter ihrer Gemeinschaft werden wolle. Benedikt willigte ein, fand diese Aufgabe aber nicht besonders einfach. Um im frühen sechsten Jahrhundert ein Mönch zu werden, musste man sich lediglich einer mönchischen Gemeinschaft anschließen; es gab kaum Regeln und keine Gehorsamspflicht. Benedikt kam der Gedanke, dass eine Aufgabe eines Abtes darin bestehen sollte, in seiner Gemeinschaft Disziplin durchzusetzen, um sicher zu stellen, dass sich die Mönche angemessen verhielten und sich für das Gemeinwohl einsetzten. Als er jedoch Schritte in diese Richtung unternahm, versuchten seine Mitbrüder, die andere Vorstellungen hatten, ihn zu vergiften.

> Das erste große Unternehmen des Mittelalters entstand eher zufällig.

Obwohl er überlebte, bestärkte ihn dieses Erlebnis – wen wundert's? – in der Überzeugung, dass dem mönchischen Leben Ordnung, Struktur und Disziplin fehlten. 525 gründete er einen experimentellen Orden in Monte Cassino in Zentralitalien. Wer als Mönch in diese Gemeinschaft aufgenommen werden wollte, musste sich zur Einhaltung der Regeln der Abtei verpflichten, die Benedikt selbst aufgesetzt hatte. »Die Regel des Heiligen Benedikt« war in 73 Kapitel unterteilt, in denen die Pflichten der Mönche dargelegt wurden. Am Anfang steht die Zielerklärung: Mönche widmen ihre Arbeit dem Ruhm Gottes. In den übrigen Kapiteln wird genau beschrieben, wie sie diese Ziele erreichen sollten. Es werden nicht nur präzise Zeiten für Arbeit, Mahlzeiten, Gebete und Ruhe genannt, sondern auch die Befehlsketten für jedes einzelne Kloster des Ordens aufgezeigt. An der Spitze stand der Abt, der die Angelegenheiten des Klosters regelte; ihm waren nachrangige Führungskräfte wie der Prior unterstellt, und dann folgte schließlich der allgemeine Rat der Brüder. Die Mönche mussten den

Benedikt von Nursia

Benedikt wurde in der zentralitalienischen Stadt Nursia circa 480 nach Christus als Sohn einer Mittelklassefamilie geboren – nur wenige Jahre, nachdem sich das Weströmische Reich endgültig den barbarischen Eindringlingen ergeben hatte. Er wurde in Nursia und Rom erzogen. Seine religiöse Berufung fand er früh im Leben, und er wäre wahrscheinlich ein zufriedener Eremit geblieben, hätte er sich nicht dazu überreden lassen, in einem nahe gelegenen Kloster die Stelle des Abtes zu übernehmen. Seine neue Berufung als Verwalter passte jedoch ebenso gut zu ihm. Er war ein hart arbeitender, unermüdlicher und vor allem ausgezeichneter Organisator und machte aus seiner Abtei in Monte Cassino eine vorbildliche Gemeinschaft in Bezug auf religiösen Glauben und Ordensorganisation. Gegen 547 starb er zufrieden in dem Wissen, dass sein Modell rasch von der gesamten katholischen Welt übernommen wurde.

Benedikts Klöster sorgten nicht nur für das geistige Wohl. Zum Zeitpunkt seines Todes wurde Italien wieder einmal von Kriegen heimgesucht, als byzantinische Heere unter dem Befehl des Feldherrn Belisarius versuchten, Rom von seinen ostgotischen Herrschern zu »befreien«. Gefechte und Hungernöte zerrütteten Italien; die Regierung des Landes brach zusammen. In dieser Situation waren die Klöster oft die einzigen noch verbleibenden sozialen Einrichtungen, die das Vakuum füllen konnten und in Krisenzeiten körperliche und materielle Sicherheit bieten konnten. Auch auf diese spezielle Weise erfüllte diese Unternehmensform ein soziales Bedürfnis. Benedikts Kloster in Monte Cassino erinnerte bis zum Jahr 1944 an seinen Gründer, fiel dann aber einem Angriff der US-Luftwaffe zum Opfer.

Befehlen des Abtes gehorchen, aber diese mussten im Rat der Brüder erklärt werden, in dem die Mönche ihre eigenen Ansichten zu den Entscheidungen des Abtes äußern durften.

Es waren zwar frühere Regelwerke geschrieben, aber nicht in weiten Kreisen akzeptiert worden. »Die Regel des Heiligen Benedikt« war einfach und leicht zu befolgen und daher sofort erfolgreich. Andere Ordensgemeinschaften übernahmen sie. Als Benedikt starb, befolgten über 30 Klöster seine Regeln. Bis 600 nach Christus waren es hunderte in ganz Europa, und die Benediktiner waren als Mönchsorden organisiert, in dem alle Mönche einem Abt und einem Rat der Brüder unterstellt waren. Eine Schwäche des Systems war die mangelnde zentrale Kontrolle; Äbte waren nur nominell dem Ordensvorsteher verantwortlich, und etwaiger Machtmissbrauch war schwer zu überprüfen. Dieses Problem wurde teilweise durch Reformen aus der Welt geschafft, die im elften Jahrhundert im Kloster Cluny in Zentralfrankreich initiiert wurden und die Kontrollmöglichkeiten stark zentralisierten und verschärften. Im zwölften Jahrhundert entstand ein rivalisierender Orden, die Zisterzienser, die sich als Gegenpol zu den Benediktinern verstanden (siehe Kapitel 5). Um 1300 herum hatten die beiden Orden neben kleineren Mönchsorden und Bruderschaften Tausende von Klöstern in ganz Europa, im Nahen Osten und noch weiter weg. Im Jahr 1300 gab es sogar Mönche in der mongolischen Hauptstadt Karakorum und so weit östlich wie Peking.

Die großen Mönchsorden waren Unternehmen in jeder Hinsicht – nur nicht dem Namen nach. Neben ihren religiösen Pflichten waren sie gigantische Wirtschaftsunternehmen; Schätzungen zufolge kontrollierten zur Zeit der Reformation im sechzehnten Jahrhundert die Klöster ein Viertel bis ein Drittel des fruchtbaren Landes in Europa. Sie engagierten sich daneben auch im großen Stil in Produktion und Handel. Von den einzelnen Klöstern wurde Autonomie erwartet; verschuldete Häuser wurden von den Ordensvorstehern ebenso rücksichtslos geschlossen wie ein modernes Unternehmen eine verlustträchtige Tochterfirma auflösen würde. Die Äbte und die übrigen Führungskräfte wie Schatzmeister oder Prior verwendeten einen Großteil ihrer Zeit auf kommerzielle Entscheidungen. In größeren Klöstern, die Tausende von Hektar Land besaßen, das von Pächtern und bezahlten Angestellten bewirtschaftet wurde, übten fast alle Mönche Führungsfunktionen aus. Darüber hinaus hatten die meisten großen Orden wie Benediktiner und Zisterzienser auch assoziierte Schwesternorden. Einige Nonnenklöster brauchten in Größe und Wohlstand den Vergleich mit ihren männlichen Pendants nicht zu scheuen, und ihre Äbtissinnen und übrigen Leiterinnen hatten nicht weniger umfangreiche Führungsaufgaben als ihre Ordensbrüder zu erfüllen.

> Die großen Mönchsorden waren Unternehmen in jeder Hinsicht – nur nicht dem Namen nach.

Benediktiner und Zisterzianer waren die größten Unternehmen ihrer Zeit, und ihr Verwaltungsmodell fand viele Nachahmer. Königliche Höfe, die in den Orden einen Erfahrungsschatz sahen, den sie für sich nutzen konnten, beriefen häufig leitende Ordensmitglieder in ihre eigenen neu gegründeten Administrationen, und mönchische Praktiken beeinflussten einen Großteil der Entwicklung der zivilen Verwaltungssysteme, insbesondere in England und Frankreich. Einige Jahrhunderte lang waren die Mönche und Äbte dieser beiden Großunternehmen die führenden Vertreter des Managements in Europa und möglicherweise auch weltweit.

Für Gott – und den Gewinn

Die nächsten großen Innovatoren haben wir wieder einmal dem fernöstlichen Gewürzhandel zu verdanken. Wie bereits erwähnt, waren die westlichen Endpunkte der Handelswege Alexandria und andere Mittelmeerhäfen. Um das Jahr 1000 herum begann sich in den Hafenstädten Italiens eine neue Gruppe von Zwischenhändlern herauszubilden, die sich mit dem Handel und Transport von Seide, Gewürzen, Farbstoffen, Arzneimitteln und anderen fernöstlichen Waren nach Nord- und Westeuropa beschäftigten. Dieser Handel warf schier unglaubliche Gewinne ab: Ein venezianischer Kaufmann meinte, dass er es sich leisten könne, vier Schiffe und ihre Fracht auf See zu verlieren – solange nur das fünfte sicher in den Hafen einlief, würde er trotzdem einen Gewinn erzielen. Die geschäftstüchtigen Kaufleute aus Venedig, Genua, Ancona und Pisa investierten ihre Gewinne wieder in ihre Unternehmen. Zur Risikostreuung handelten sie auch mit anderen Waren, etwa mit Rohstoffen wie Weizen oder Salz, Waffen und Rüstungen, Devotionalien und vor allem Stoffe. Binnen kurzem flossen weitere Überschüsse in Bergbau und Manufakturen sowie in das Bankwesen.

Wir kennen diese Männer – und gelegentlich auch Frauen – aus ihren eigenen Berichten, aus Tagebüchern, Briefen und den Geschäftsbüchern, die sie hinterlassen haben. Ein Mann, Francesco di Marco Datini, der ein Unternehmen mittlerer Größe mit Niederlassungen in Florenz, Genua, Barcelona und Avignon führte, hinterließ sage und schreibe 150 000 Briefe, 500 Kontenbücher, 300 Partnerschaftsurkunden, 400 Versicherungspolicen und mehrere Tausend anderer Dokumente wie Konnossemente, Wechsel und Schecks. Dieses und andere Archive zeigen, wie mittelalterliche Unternehmen wuchsen und sich diversifizierten; diese jahrhundertealten Pergamente zeigen uns nicht nur, wie die damaligen Firmen strukturiert und geführt wurden, sondern erlauben uns einen ersten, noch relativ unscharfen Blick auf die Gesichter unserer Vorfahren im Geschäftsleben zu werfen und ihre Denkweise zu verstehen.

Ihren Höhepunkt erlebten diese mittelalterlichen Unternehmen in der Mitte des fünfzehnten Jahrhunderts. Mehrere Generationen lang hatten die Medici, eine eher unbedeutende Florentiner Familie, ein wohlhabendes Handels- und Bankhaus geführt. Jetzt entwickelte sich diese Firma unter Cosimo dei Medici zu einer der größten Wirtschaftsorganisationen, die es bis dato gegeben hatte. Zu den Geschäftsinteressen des Unternehmens gehörten wichtige Textilmanufakturen, die sowohl Seiden- als auch Wollstoffe herstellten, Beteiligungen an Bergwerken, insbesondere Alaunminen (Alaun war ein knapper Rohstoff, der beim Tuchfärben verwendet wurde), Überseehandel mit festen Niederlassungen in Mailand, Rom, Pisa, Venedig, Avignon, Brügge, Genf und London und Agenturpartnern in ganz Westeuropa, im Nahen Osten und Nordafrika sowie die größten und mächtigsten Finanzdienstleistungsunternehmen westlich von Indien, die Großkredite vergaben, Versicherungen verkauften und sogar Wagniskapitalfinanzierungen durchführten. Auf dem Höhepunkt ihrer Macht betrieben die Medici Geschäfte in so weit entfernten Ländern wie Island und China.

An der Spitze dieser gewaltigen, diversifizierten Organisation stand das Familienoberhaupt Cosimo dei Medici. Er war der Seniorpartner der »Holdinggesellschaft«, der Medici-Bank, die alle anderen Gesellschaften kontrollierte. Seine rechte Hand war sein angestellter Geschäftsführer Giovanni d'Amerigo Benci. Fast die Hälfte der Geschäftsbereiche des Medici-Imperiums wurde von professionellen Managern geleitet. Wir kennen die Namen der meisten davon und wissen auch etwas über ihren Hintergrund. So waren etwa Francesco Sassetti, Simone Nori, Giovanni Ingherami und Jacopo Tanaglia Angestellte, die wegen ihrer persönlichen Leistungen in Führungspositionen befördert worden waren. Tomasso Portinari, der die Filiale in Brügge leitete, hatte zuvor zwar gewisse familiäre Bindungen zu den Medici, doch selbst er wurde nur wegen seiner Leistungen akzeptiert.

> Auf dem Höhepunkt ihrer Macht betrieben die Medici Geschäfte in so weit entfernten Ländern wie Island oder China.

Giovanni d'Amerigo Benci

Benci wurde 1396 in Florenz geboren, kam im Alter von fünfzehn Jahren als Bürojunge in die römische Niederlassung der Medici und arbeitete sich im Unternehmen hoch. Gegen 1420 wurde er zum Chefbuchhalter des römischen Büros befördert; als Jungmanager, der mittlerweile Vertrauen genoß, wurde er nach Genf entsandt, wo er eine neue Zweigniederlassung aufbauen sollte. Wieder war er erfolgreich; das Genfer Büro blühte und gedieh ebenso wie die vorübergehende Dependance in Basel, die während des 1433 dort stattfindenden Kirchenrates eingerichtet wurde. Als im nächsten Jahr die Bankgeschäfte der Medici in Florenz in Schwierigkeiten gerieten, begann sich Cosimo dei Medici nach einem »Troubleshooter« umzusehen. Benci wurde ihm empfohlen, kehrte nach Florenz zurück und führte die Bank wieder zurück auf eine solide Basis. Cosimo gefiel Bencis Vorgehensweise, und er ernannte ihn zu seinem Geschäftsführer, eine Position, die Benci während der nächsten zwanzig Jahre bis zu seinem Tod im Jahr 1455 innehatte. Benci, den der Historiker Raymond de Roover als »sehr effizienten Kaufmann mit präzisem und systematischem Ansatz« beschrieb, managte die Medici-Unternehmen während ihrer erfolgreichsten Jahre der Expansion und des Wohlstands. Cosimo dei Medici war ein begabter Stratege mit einem geradezu unheimlichen Gespür für zukünftige Marktentwicklungen, aber es mag bezweifelt werden, ob er ohne die Unterstützung dieses unbeirrbaren Profis auch nur halb so viel Erfolg gehabt hätte.[7]

Manager in der Vorzeit des Managements

Die Medici leiteten die Epoche der professionellen Manager ein. Ausbildung und Kompetenzerwerb waren jetzt ein wichtiger Bestandteil einer Managementkarriere, und selbst die jüngeren Mitglieder der Medici-Familie mussten eine Lehre im Geschäft absolvieren und an einer der vielen *scolas d'abacco* (Buchführungsschulen) studieren, die entstanden waren. Dort wurden ihnen doppelte Buchführung und möglicherweise auch rudimentäre Kenntnisse in Unternehmensrecht, Organisation und Marketing beigebracht. Sie mussten Kaufmannshandbücher lesen wie das im vorherigen Jahrhundert geschriebene *Practica della Mercatura* von Francesco Balducci Pegolotti, das Kaufleuten zeigte, wie sie in verschiedenen Kulturen vorgehen und sich verhalten sollten. Die angehenden Kaufleute mussten auch die Handhabung und Betrieb des fantastischen Informationssystems der Medici-Bank kennen lernen; mit diesem System aus berittenen Kurieren und kodierter Botschaften wurden vertrauliche Marktinformationen aus ganz Europa und dem Mittelmeerraum binnen weniger Tage in die Zentrale in Florenz übermittelt. (Informationssammlung und Reaktionsschnelligkeit waren im Zeitalter der Medici ebenso wichtig wie heute, wobei der Begriff »Schnelligkeit« natürlich relativ ist.)[8]

Management und die *samurai*

Im Jahr 1600 schlug der Kriegsherr Tokugawa Ieyasu in der blutigen Schlacht von Sekigahara seine Gegner vernichtend und wurde *shogun* oder Oberbefehlshaber der japanischen Armeen. Wenngleich der Kaiser unter Tokugawa und seinen Nachfolgern nominell noch regierte, lag alle politische Macht in den Händen des *shogun*. Das nachfolgende Zeitalter, das japanische Historiker als Tokugawa-Epoche bezeichnen, dauerte von 1600 bis zum Jahr 1868, als der Meiji-Kaiser den letzten *shogun* stürzte und seine eigene Kabinettsregierung einberief.

Diese 250 Jahre waren für Japan eine Zeit großen Friedens und Wohlstands. Sie bereiteten der »Sengoku Jidai« genannten Ära ein Ende – wörtlich übersetzt ein »Zeitalter des Landes im Kriegszustand« – ein Jahrhundert voller Blutvergießen, in dem marschierende Armeen das Land durchstreiften und Zehntausende im Dienst rivalisierender Kriegsherren oder *daimyo* umkamen. Während dieser Gewaltherrschaft waren die angesehensten Mitglieder der Gesellschaft die ihr Schwert zückenden Krieger, die *samurai*; Bauern und Händler galten dagegen als Diener der Kriegerkaste.

Tokugawa schlug die Macht der *daimyo* und ihrer Gefolgsleute nieder. Er erlaubte den *samurai*, ihre Mythen und ihre Ehre zu pflegen: Beispielsweise durften nur *samurai* Schwerter tragen, und das Andenken von Gestalten wie dem legendären Schwertkämpfer und Duellanten Miyamoto Musashi oder der berühmten Bande der »Siebenundvierzig Ronin«, deren Leben – wie man sich erzählte – die Philosophie des *bushido* (der Herrschaft des Schwertes) verkörperte, wurde mit viel Ehre und Anerkennung gefeiert. Miyamotos *Buch der fünf Ringe* und das *Hagakure* (Hinter den Blättern) von Yamamoto Tsunetomo spiegelten den damaligen Zeitgeist wider.

In Wahrheit herrschte jedoch Frieden im Land, und die *daimyo* und ihre *samurai* hatten keine Beschäftigung. Einige von ihnen kehrten in ihre Provinzen zurück und leben dort in feudaler Einsamkeit von der Ausbeute der Landwirtschaft. Andere kamen jedoch zu dem Schluss, dass es an der Zeit war, Geld zu verdienen. Irgendwann im frühen sechzehnten Jahrhundert entwickelte Sumitomo Rizaemon, ein obskurer Angehöriger des Sumitomo-Clans, ein neues Verfahren zur Kupferveredelung und eröffnete ein profitables Kupferbergwerk in Besshi in der Nähe von Osaka. Er erhielt Unterstützung und finanzielle Mittel von seinem Clan-Oberhaupt Shibata Masatomo (sein Sohn heiratete Shibatas Tochter), und die Sumitomos sollten während der nächsten 250 Jahre Eigentümer der Mine in Besshi und des damit verbundenen Kupferunternehmens bleiben.

Sumitomo war das vielleicht bekannteste und erfolgreichste Clan-Unternehmen im Japan vor der Meiji-Epoche, aber bei weitem nicht das einzige. Die *samurai* waren rein technisch eine gesellschaftliche Elite, die über der Händlerklasse stand. Um also die Fiktion aufrecht zu erhalten, dass sie sich nicht im Geschäftsleben betätigten, beschäftigten sie Stellvertreter (Manager), zumeist jüngere Angehörige des Clans oder andere Personen, die in der sozialen Ordnung unter ihnen standen. In vielen Fällen wurden Diener und Adoptivkinder auf diese Weise eingesetzt. Der große Sumitomo-Manager Hirose Saihei, der um 1860 herum die Geschicke der Familie in eine neue Richtung lenkte, das Unternehmen durch die Meiji-Ära führte und zu einem gewaltigen diversifizierten Konzern machte (was es heute noch ist), war ein Angehöriger der Mittelklasse, arbeitete ursprünglich als Jungbuchhalter in Besshi und wurde dank seiner Leistungen befördert, bis er die Position des Geschäftsführers aller Sumitomo-Unternehmen inne hatte.

Japanische Kaufleute gewannen Anfang des achtzehnten Jahrhunderts an Ansehen, als der Philosoph Ishida Baigan, selbst ein ehemaliger Lehrling

> Die *samurai* waren rein technisch eine gesellschaftliche Elite, die über der Händlerklasse stand.

des Unternehmens Kuroyanagi in Kyoto, einen Ehrenkodex entwickelte, der unter dem Namen *sekimon shingaku* bekannt werden sollte. Im Zentrum von Ishidas System, das Elemente der Shinto-Ethik mit buddhistischen und konfuzianischen Grundsätzen verband, stand die Wertschätzung des Händlers und Unternehmers, der den Wohlstand mehrt und wertvolle Gegenstände herstellt, die den Alltag der Menschen verbessern. Obwohl Ishida nicht die Ansicht widerlegte, dass Kaufleute der Kriegerkaste unterlegen waren, betonte er, dass ihnen ein Ehrenplatz in der Gesellschaft zukam und sie Teil der himmlischen Ordnung waren. Ishidas Philosophie fand sowohl bei den *samurai* als auch in der Mittelklasse viel Anklang, und Handel und Industrie wurden von da an als Kräfte betrachtet, die zum Wohl der Gesellschaft beitrugen.

Die Wissenschaft erobert das Management: die Industrielle Revolution und ihre Folgen

1767 setzte sich der Barbier und Perückenmacher Richard Arkwright aus Lancashire mit einem Uhrmacher namens John Kay zusammen. Sie entwarfen einen so genannten »Spinnrahmen«: eine Maschine zum Spinnen von Baumwolle.[9] Nach seinem Umzug nach Nottingham fand Arkwright Partner, die ihn finanziell unterstützten, und er baute seine erste erfolgreiche Baumwollspinnerei. Arkwrights wahre Eingebung sollte aber erst noch kommen. Wie jeder gute Verfahrenstechniker unterteilte er die Aufgaben, die bei der Herstellung von Baumwollstoff anfielen, in ihre Grundbestandteile. Dann stellte er mit einer Vielzahl mechanischer Mittel, von denen einige auf Ideen beruhten, die er selbst patentieren ließ, und einige von anderen Erfindern »geborgt« waren, ein vollständiges mechanisiertes System zur Produktion von Baumwollgarn zusammen, angetrieben von Wasserkraft. 1775 errichtete Arkwright in Cromford in der Grafschaft Derbyshire die erste mechanisierte Fabrik der Welt und stellte damit die Wirtschaft auf den Kopf.

Die unmittelbarsten Konsequenzen ergaben sich für Arkwright selbst. Trotz seiner eher bescheidenen mechanischen Fertigkeiten können ihm wenige andere historische Persönlichkeiten in seiner Verwertung der Technik das Wasser reichen. Er ließ sein gesamtes Fabriksystem patentieren, so dass er die Technik sechs oder sieben Jahre lang fest in der Hand hatte, bis seine Konkurrenten ein Gericht überzeugen konnten, sein Patent für nichtig zu erklären. Jene Jahre gaben Arkwright jedoch den nötigen Wettbewerbsvorteil: Hinterher konnte er durch Weiterentwicklung und Verbesserung seines Systems stets Baumwollstoffe billiger und effizienter als seine Rivalen herstellen. Er baute seine eigenen Fabriken, entweder mit seinem eigenen Kapital oder in Zusammenarbeit mit Partnern und vergab darüber hinaus Lizenzen für seine Technik. Wieder andere Wettbewerber, die unbedingt mit der Konkurrenz Schritt halten wollten, stahlen entweder Arkwrights Technik oder entwickelten ihre eigene.

> Andere Wettbewerber, die unbedingt mit der Konkurrenz Schritt halten wollten, stahlen entweder Arkwrights Technik oder entwickelten ihre eigene.

Das Fabriksystem beruhte auf der Arbeitsteilung, die Adam Smith, ein Professor für Moralphilosophie an der Universität Glasgow, kurz zuvor detailliert beschrieben und analysiert hatte. Faktisch wurden zwei Gruppen von Arbeitskräften benötigt: ungelernte manuelle Arbeiter zur Bedienung

Richard Arkwright

Richard Arkwright wurde als jüngstes von dreizehn Kindern eines Schneiders in Preston in der Grafschaft Lancashire geboren. Er bewies bereits früh seinen Unternehmergeist, indem er ein florierendes Barbiergeschäft aufbaute und dann – mit weniger Erfolg – ein Wirtshaus kaufte und führte. Allerdings versprach keine dieser Unternehmungen, ihn reich zu machen, und daher wandte er sich wie viele andere ehrgeizige junge Männer seiner Zeit den wissenschaftlichen Entdeckungen zu, um zu sehen, ob sie sich nutzen ließen. Der Erfolg muss seine kühnsten Träume übertroffen haben: Als er im Alter von 60 Jahren einem Herzleiden erlag, gehörte er zu den wohlhabendsten Männern in Großbritannien. Außerdem hatte er viele andere Menschen reich gemacht.

Arkwright war Erfinder und Unternehmer. Daneben war er aber auch ein ausnehmend geschickter Manager. Er wusste, wie man Beziehungsnetze zur Kapitalbeschaffung aufbaut und sich auf Schlüsselmärkten etabliert. Er verstand ganz genau, wie der Rohbaumwoll- und Textilmarkt funktionierte. Vor allem aber scheint er erkannt zu haben, dass die neue Fabriktechnik ihm einen unschätzbaren Vorteil bot: Er konnte die Qualität steuern. Zuvor beruhte die Textilherstellung auf einem Ausschreibungssystem, bei dem Aufträge an Heimarbeiter vergeben wurden. Manager konnten die Qualität erst am Ende des Prozesses beurteilen und die vorgelegten Waren annehmen oder ablehnen. Die Fabrik ermöglichte ihm, den Prozess zu steuern und buchstäblich Qualität »einzubauen«. Es sollte weitere zweihundert Jahre dauern, bis Deming und Juran, zwei große Qualitätsgurus aus dem zwanzigsten Jahrhundert, dieses Verfahren in Worte fassen konnten, doch das Konzept existierte ganz eindeutig schon damals. Es kann lange dauern, bis die Lücke zwischen der Praxis und der Beschreibung einer praktischen Anwendung geschlossen wird.

55

Manager in der Vorzeit des Managements

der Maschinen und qualifizierte Verwaltungsmitarbeiter zur Beaufsichtigung des gesamten Werkes. (Andrew Ure, der um 1830 herum über Fabrikmanagement schrieb, hielt das Konzept der Arbeitsteilung für Augenwischerei – das Wichtige am Fabriksystem war seiner Ansicht nach die *Zusammenführung* von Arbeitskräften unter einem Dach als Teil eines Systems.) Für jede einzelne Fabrik wurden nur relativ wenige Administratoren benötigt: in der Regel ein Werksleiter, eine unterschiedliche, von der Werksgröße abhängige Anzahl von Stellvertretern, sowie Vorarbeiter, die kleinere Gruppen von Arbeitern leiteten, die für die einzelnen Aufgaben und Prozesse zuständig waren. Im Gegensatz zu den Medici, die mit assoziierten Handelshäusern arbeiteten, die ihre produzierten Waren verkauften, übertrugen Arkwright und die anderen Fabrikinhaber Vertriebs- und Marketingaufgaben in der Regel externen Großhändlern und Vertretern. Das System war einfach zu managen; es wurde nur eine geringe Anzahl von Managern benötigt.

Bei diesen Managern handelte es sich jedoch um eine technische Elite. Sie musste den Maschinenpark verwalten können und daher gründlich mit allen Gerätschaften und Werken vertraut sein, zugleich aber auch etwas von Personalführung verstehen. Nur wenige Männer verfügten über die Fähigkeiten eines Werksleiters, und sie konnten gemeinhin hohe Löhne verlangen. Wir sehen hier die ersten Anzeichen einer mobilen Gruppe hoch qualifizierter Spezialisten, die dorthin gingen, wo ihnen die besten Positionen angeboten wurden. Ein Werksleiter arbeitete vielleicht ein Jahr für Arkwright in einer seiner Fabriken, ging dann im nächsten Jahr zu Samuel Oldknow und ließ sich ein Jahr später von Robert Owen anheuern. Je mehr sie herumkamen, desto mehr streuten diese Männer ihre erlernten Fähigkeiten, nicht nur innerhalb der Textilindustrie, sondern auch in anderen Branchen. Gegen 1800 begannen die Verfahren des Fabriksystems auch in anderen Industriezweigen aufzutauchen.

Ungefähr zur gleichen Zeit emigrierte ein ehemaliger Manager Arkwrights in die noch jungen Vereinigten Staaten von Amerika, wo er die erste Textilfabrik in Neuengland gründete. Weitere Fabriken folgten. Als Samuel Colt in den vierziger Jahren des neunzehnten Jahrhunderts seine Revolverfabrik in Connecticut aufbaute, hatte er sich unter anderem auch die Verfahren der Massenproduktion angesehen, die in der Textilindustrie zum Einsatz kamen. Als Cyrus Hall McCormick gegen 1860 in der Nähe von Chicago eine Mähdrescherfabrik baute, war Colts Betrieb eines seiner Vorbilder. Als Henry Ford mit der Massenproduktion von Automobilen begann, konnte er sich auf die Erfahrungen von McCormicks Unternehmen und seinen qualifizierten Mitarbeitern stützen. Diese Liste ließe sich beliebig fortsetzen.

Arkwrights Errungenschaften beschränkten sich jedoch nicht auf die Verbreitung von Massenproduktionsverfahren und ihr Management: Er zeigte auch, wie man Wissenschaft praktisch in Wirtschaft und Management anwenden konnte. Das Zeitalter der Aufklärung im achtzehnten Jahrhundert war stark geprägt von der Naturphilosophie; gebildete Männer und Frauen zeigten ein reges Interesse an wissenschaftlichen Entdeckungen – insbesondere Großbritannien war voll von mehr oder weniger laienhaften Wissenschaftlern, die in der Mechanik, Chemie, Physik, Optik, Medizin und vielen anderen Fachgebieten tätig waren. Viele Menschen glaubten, dass die Wissenschaft die Welt verändern und zu einem besseren Ort machen könne. Man sprach sich für die Anwendung der Wissenschaft auf alle Bereiche des menschlichen Lebens einschließlich der Wirtschaft aus, und nach Arkwright konnten die Verfechter dieser Thesen auf ein konkretes Beispiel verweisen.[10]

> Viele Menschen glaubten, dass die Wissenschaft die Welt verändern und zu einem besseren Ort machen könne.

Danach war es nur noch ein kleiner Schritt, auf den Einsatz der Wissenschaft nicht nur in technischer Hinsicht, sondern auch im Management zu drängen. Manch einer gewann die Überzeugung, dass wissenschaftliche Innovationen nicht nur auf Produkte, sondern auch bei Organisationen und Prozessen angewandt werden konnten. Der oben erwähnte Andrew Ure skizzierte diese Thesen in groben Zügen in der Einführung seines Werkes *The Philosophy of Manufactures* (1835). Erste klare Aussagen zur Möglichkeit, Management als Wissenschaft zu verstehen, stellte fünf Jahre später einer der bemerkenswertesten Briten der viktorianischen Ära der Öffentlichkeit vor: Charles Babbage.

Heute ist Babbage in erster Linie als Erfinder des Computers bekannt. Sein Entwurf einer Analysemaschine wurde zwar nie erfolgreich verwirklicht, nahm aber in vielerlei Hinsicht den modernen Computer vorweg. Wie die meisten Intellektuellen seiner Zeit war Babbage jedoch ein vielseitig interessierter Denker. Die fachliche Spezialisierung war damals eigentlich noch nicht geboren, und wenn Erfinder und Wissenschaftler eine neue Idee hatten, dachten sie sich in der Regel eine möglichst breite Anwendungspalette aus. Babbage war überzeugt, dass die Technik, die er in seinen Rechenmaschinen einsetzte, schon bald Wirtschaft und Gesellschaft revolutionieren werde (kommt Ihnen das bekannt vor?) In seinem 1835 veröffentlichten Buch *Die Ökonomie der Maschine* legte er eine bahnbrechende Grundlage für Methoden, die später allseits bekannt werden sollten. Die Technik könnte zur Verbesserung der Produktion und zum Verkauf qualitativ höherwertiger Waren an die Verbraucher eingesetzt werden; diese Qualitätsverbesserungen würden ihrerseits die Nachfrage steigern. Die Technik

Charles Babbage

Mathematiker, Universitätsprofessor, Erfinder des Computers, Wirtschaftspolitologe, Liebhaber von Wetten bei Pferderennen und Initiator einer langjährigen Kampagne für ein Verbot von Straßenmusikanten – das waren die vielen Gesichter des Charles Babbage. Der 1792 am zweiten Weihnachtsfeiertag in Devonshire geborene Babbage war ein autodidaktisches Mathematikgenie und glaubte daran, dass Berechnungen und Analysen bei richtiger Anwendung die meisten, wenn nicht gar alle Probleme der Welt lösen könnten. Seine Ideen für Rechenmaschinen waren anfangs nicht mehr als fortschrittlichere Versionen von Geräten, die bereits im sechzehnten Jahrhundert gebaut und vermarktet worden waren, doch bald führten ihn seine mathematischen Fähigkeiten in eine andere Richtung. Bei der Analysemaschine, die er zusammen mit Ada, Gräfin von Lovelace und Tochter von Lord Byron, entwarf, handelte es sich um einen programmierbaren Rechner, der mechanische Kraft, nicht elektrischen Strom nutzte: Man konnte Anweisungen in Form von Lochkarten eingeben, Daten ausdrucken und abspeichern. Bedauerlicherweise war dieses Prinzip den technischen Möglichkeiten seiner Epoche weit voraus, und zu Babbages Lebzeiten wurde kein funktionstüchtiges Modell gebaut. Seine Arbeiten wurden von vielen verlacht; er fiel in Ungnade und war bei seinem Tod in Vergessenheit geraten. Im Jahr 1940 griff der britische Wissenschaftler Alan Turing bei der Entwicklung von Entschlüsselungsgeräten, mit denen er den Enigma-Kode der Deutschen knacken wollte, auf Babbages Arbeit zurück und entdeckte, dass dieser viktorianische Gentlemen im Grunde den Computer erfunden hatte. Ohne Babbage würde die Welt des Managements heute möglicherweise ganz anders aussehen.

könnte auch dazu dienen, das Leben der Arbeiter zu erleichtern und einen Übergang von ungelernten Kräften zu Facharbeitern ermöglichen. Babbage prophezeite, dass in der Folge die Beziehungen zwischen Führungskräften und Arbeitnehmern verbessert werden müssten.

Das vorherrschende Thema in Babbages Arbeiten ist jedoch die Forderung, die Wirtschaft – und praktisch auch alle anderen menschlichen Aktivitäten – nach wissenschaftlichen Grundsätzen zu lenken. Seine Rechenmaschinen sollten die Umsetzung dieser Prinzipien unterstützen; Technik war kein Selbstzweck, sondern Mittel zur Erreichung eines übergeordneten Zieles, nämlich mehr Wohlstand, bessere Einkommen und Lebensverhältnisse für Arbeiter und eine geordnetere und rationalere Gesellschaft. Wie die meisten Männer seiner Zeit unterschied Babbage nicht zwischen Wirtschaft und Gesellschaft; für ihn waren beide wechselseitig voneinander abhängige Teile eines Ganzen.

Wie Babbages Prototyp eines Computers war *Die Ökonomie der Maschine* ihrer Zeit weit voraus. Mehrere Jahrzehnte gingen ins Land, bevor der Versuch unternommen wurde, seine Ideen in die Praxis umzusetzen. Dies sollte dann jedoch zu einer Revolution führen.

Kapitel 3
Die Managementrevolution

> *Wir haben unser Vertrauen Königen nicht geschenkt, lass es uns nicht den Schätzen der Natur geben, sondern erkennen, dass unerschöpflicher Wohlstand in Wahrheit in den verborgenen und noch unerschlossenen Fähigkeiten einzelner Menschen, Unternehmen und Staaten liegt. Anstatt Unterdrückung von oben, die zu Feindseligkeiten und Streit führt, sollte ehrgeiziger Druck von unten kommen, und von der Spitze sollte Führung und Unterstützung ausgehen.*
>
> Harrington Emerson

Am 4. August 1870 verließen die preußischen Armeen ihre Züge am Rhein, bildeten Marschkolonnen und überquerten rasch die Grenze nach Frankreich. Nachdem sie in mehreren Gefechten die an der Grenze stationierten französischen Streitkräfte beiseite gefegt hatten, besetzten sie rasch die Ostprovinzen Elsass und Lothringen und schlossen das Hauptkontingent der französischen Feldarmee in der Festung Metz ein, wo diese später zur Kapitulation gezwungen wurde. Die Preußen marschierten gen Westen in die Champagne, wo sie auf die von Kaiser Napoleon III. höchstpersönlich befehligte französische Reservearmee stießen. Diese Soldaten wurde nach zweitägigem Kampf in der Schlacht von Gravelotte besiegt und nach Norden gejagt; in Sedan ergab sich auch diese Armee, und der Kaiser von Frankreich wurde in die Gefangenschaft geführt. Da sich ihnen nur noch wenige französische Truppen im Feld entgegenstellen konnten, wandten sich die siegreichen Preußen nach Südwesten und marschierten in langen blauen Kolonnen in das Seinetal, um Paris mit einem Ring aus Stahl einzukreisen.

In nur vier Wochen war die beste Armee der Welt vernichtend geschlagen und Frankreich in die Knie gezwungen worden; die preußischen Ulanen tränkten ihre Pferde in den Brunnen von Versailles. Die Managementrevolution hatte begonnen.

Ein Mann und sein System

Der Architekt des preußischen Sieges, Feldmarschall Graf Helmuth von Moltke, sieht auf den ersten Blick nicht wie ein Held des Managements aus. Als Berufsoffizier in der preußischen Armee verbrachte er einen Großteil seiner Laufbahn im Generalstab. Abgesehen von einem kurzen Abstecher als Jungoffizier zur türkischen Armee, zu der er vorübergehend abkommandiert war, hatte er bis zum Siebenwöchigen Krieg gegen Österreich im Jahr 1866 (nur wenige Jahre vor dem Sieg gegen Frankreich) niemals Truppen befehligt. Ebenso wenig war Moltke der klassische preußische militaristische Junker in Schaftstiefeln. Vielmehr war er ein sensibler Mann, der englische Dichter bewunderte (und auch eine Engländerin, Marie Burt, heiratete), mit Vorliebe Byron ins Deutsche übersetzte, über Philosophie und Musik debattierte und einmal sogar einen Roman schrieb – möglicherweise als einziger Feldmarschall in der Geschichte.

Wie brachte dieser sanftmütige Mensch die größte Militärmacht der Welt zu Fall? Die preußische Armee war der französischen keineswegs überlegen. Dank Alfred Krupps Essener Fabrik hatte sie gute Artillerie, aber die preußischen Infanteristen wurden von den französischen bei weitem in den Schatten gestellt, da ihre Dreyse-Zündnadelgewehre nur die Hälfte der Reichweite der französischen Chassepot-Gewehre hatten.

> Wie brachte dieser sanftmütige Mensch die größte Militärmacht der Welt zu Fall?

Die preußische Armee verfügte nur über wenig Kampferfahrung, während die französischen Truppen und Generäle von Kriegen in Italien, Nordafrika und Mexiko gestählt worden waren. Unter dem Strich gestehen Beobachter Moltke nur einen einzigen Wettbewerbsvorteil zu: Er hatte ein System. Die überlegene preußische Militärorganisation trug den Sieg davon, und andere europäische Armeen einschließlich der französischen beeilten sich, die Sieger nachzuahmen.

Einer der Beobachter des Konfliktes war ein siebzehnjähriger amerikanischer Student namens Harrington Emerson. Er sah beide Fronten – interessanterweise schweigt er sich darüber aus, wie er das bewerkstelligte – und meinte später, dass er die Deutschen für ihre Effizienz und die Franzosen für ihren Charakter gleichermaßen bewundert habe. In späteren Jahren erinnerte sich Emerson bei seiner Tätigkeit als beratender Ingenieur für amerikanische Eisenbahngesellschaften an seine Erlebnisse und dachte über die Gründe für den preußischen Erfolg nach. Er war überzeugt davon, dass Moltke seinen Erfolg einer Tatsache zu verdanken hatte: Es war ihm gelungen, »Linie« (Kampfeinheiten im Feld) und »Stab« (die koordinierenden Kommandozentralen in unmittelbarer Nähe des Feldherren) vollständig zu integrieren. Moltkes »Stablinienorganisation« zur Lenkung von Armeen lasse sich, so Emerson, auch auf die Steuerung von Wirtschaftsunternehmen anwenden.

Eine genauere Betrachtung des Stablinienprinzips lohnt sich. Es blieb bis in die fünfziger Jahre des zwanzigsten Jahrhunderts ein Standardthema in Organisationslehrbüchern und wurde von so hervorragenden Autoritäten wie Emerson, Herbert Carson und Lyndall Urwick detailliert erörtert. Die Idee einer funktionalen Linie und eines leitenden Stabes gab es vor Moltke bereits seit mindestens einem Jahrhundert; der preußische König Friedrich der Große hatte als einer der Ersten verstanden, wie man einen Stab zur Kontrolle und Lenkung der Bewegungen von Kampfverbänden in der Linie einsetzte, und den Grundstein für den preußischen und späteren deutschen Generalstab gelegt. Bedauerlicherweise erstarrte dieser Stab ebenso wie der Rest der preußischen Armee in Konventionen und wurde ineffektiv. Stabsoffiziere hatten wenig oder gar keine Vorstellung von ihrer eigenen Funktion, abgesehen davon, dass sie sich lediglich den Linienoffizieren vage überlegen fühlten. Engstirniges, starres Denken kennzeichnete die damalige Stabstätigkeit.

Als Dichter, Humanist und Philosoph war Helmuth von Moltke alles andere als engstirnig. Als Angehöriger des Generalstabes war er sich seit langem der Grenzen dieses Gremiums bewusst, und als er 1858 zum Stabschef aufrückte, reformierte er die ihm unterstellte Organisation radikal. Moltke glaubte nicht, dass Kriege nach starren Prinzipien geführt werden konnten. Ganz gleich welche Pläne man aufstelle, es werde immer »Friktion« geben, eine Verkettung unvorhergesehener Ereignisse, die eine Strategie aus der Bahn werfen. Er formulierte es einmal so: »Kein Plan überlebt die erste Feindberührung.« Die oberste Anforderung an eine Militärorganisation lautete daher, dass sie flexibel handeln und auf Veränderungen rasch und effektiv reagieren musste. Für eine Armee bedeutete dies, dass sie in der Lage sein musste, Strategien und Einsätze rasch zu ändern, ohne ihre Kampfbereitschaft zu mindern. Dazu mussten zwei Voraussetzungen erfüllt sein: Zum einen mussten die Einheiten der Linie bestens gedrillt und gewohnt sein, auf Befehle zu reagieren, so dass sie bei Befehlsänderungen rasch und effektiv agierten; zum anderen musste der Stab ein echtes Koordinierungsgremium werden, das die Linieneinheiten auf ein gemeinsames Ziel ausrichten und entsprechend dirigieren konnte. In der Ausbildung der Stabsoffiziere lag der Schwerpunkt auf Flexibilität, integriertem Denken und kreativem Antworten auf Bedrohungen und Probleme. Obwohl es wenige Systeme gab, mussten wichtige, von allen getragene Grundsätze befolgt werden. Der Stab arbeitete stets nach diesen gemeinsamen Prinzipien, und folglich konnten Offiziere unabhängig handeln und taten dies auch, vorausgesetzt, ihre Maßnahmen gefährdeten den übergeordneten Plan nicht, sondern stimmten mit ihm überein. Diese Professionalität und Fokussierung auf die oberste Ebene ermöglichte der unerfahrenen preußischen Armee eine rasche Mobilisierung sowie einen schnellen Sieg über die zähe und erfahrene französische Armee.

Harrington Emerson

Als Sohn eines Professors für Wirtschaftspolitologie, der an mehreren europäischen Universitäten lehrte, wuchs Emerson in Deutschland und Italien auf und erwarb sein Ingenieurdiplom an der Königlich Technischen Universität in München. Nachdem er eine Zeit lang an der State University of Nebraska Sprachen unterrichtet hatte, machte er sich als Ingenieur und Landvermesser selbstständig. Im Auftrag der amerikanischen Regierung nahm er einige bedeutende Vermessungen vor, insbesondere für Unterwasserkabelverbindungen nach Alaska und Asien für das Kriegsministerium und später in den Kohlerevieren an der Westküste. Darüber hinaus suchte er im Yukon nach Gold. Nach 1890 begann Emerson, etliche Eisenbahngesellschaften privat zu beraten, sein Hauptaugenmerk galt der Systematisierung des Managements von Rangierbahnhöfen. Einen Namen machte er sich mit der Neuorganisation des Instandhaltungssystems der Santa Fe Railroad, das dieser Eisenbahngesellschaft in drei Jahren zu Einsparungen in Höhe von 1,25 Millionen Dollar verhalf. Emersons Beratungsdienste waren in den folgenden zehn Jahren äußerst gefragt, und er wurde zu einem der renommiertesten Vertreter der Beraterzunft. 1921 wurde er in Herbert Hoovers Commission on the Elimination of Waste in Industry (Kommission zur Beseitigung von Verschwendung in der Industrie) berufen. In diesem Jahr veröffentlichte er sein letztes Werk, *The Science of Human Engineering*, einen Managementleitfaden zum Selbststudium, der Effizienzgrundsätze mit psychologischen Überlegungen verband. Mitte der zwanziger Jahre setzte sich Emerson zur Ruhe.

Die Grundsätze der Effizienz

In dieser Kombination aus effektiven Linieneinheiten und einem flexiblen Stab sah Emerson die Lösung für ein Dilemma. In den vier Jahrzehnten seit dem Ende des amerikanischen Bürgerkrieges im Jahr 1865 hatten die Vereinigten Staaten einen der erstaunlichsten Wachstumsschübe in der Geschichte der Menschheit erlebt. Dank eines stetigen Einwandererstroms aus Europa vervielfachten sich die Bevölkerungszahlen. Einige der Neuankömmlinge ließen sich in Städten nieder, die dadurch rasch wuchsen; andere zogen aus, um den amerikanischen Westen zu besiedeln, und trugen so zu einer stärkeren geografischen Ausbreitung bei. All diese »wimmelnden Millionen«, wie sie ein zeitgenössischer Autor bezeichnete, mussten ernährt werden. Auch ihre materiellen und sozialen Bedürfnisse mussten erfüllt werden.

Amerika reagierte auf diese Entwicklungen mit einem rasanten Wachstum gewaltiger Konzerne, zunächst im Eisenbahnsektor und Transport, dann in der Stahl- und Rohstoffindustrie und schließlich bei Maschinen und Fertigwaren. Amerikanische Unternehmen waren jedoch nicht an derart groß angelegte Betriebe gewöhnt, insbesondere nicht solche, die zu allem Überfluss große geografische Flächen abdeckten. Vor dem Bürgerkrieg waren die meisten Firmen des Landes klein gewesen und hatten eine geringe Reichweite, so dass sie problemlos von einem einzigen Inhaber geführt werden konnten. Das rapide Wachstum warf gravierende Steuerungs- und Führungsprobleme auf. Wenn die neuen Konzerne die sozialen Bedürfnisse erfüllen sollten, für die sie gegründet worden waren, mussten sie Produkte in angemessener Qualität zum richtigen Zeitpunkt an den Ort liefern können, wo sie benötigt wurden. Mit anderen Worten: Sie mussten *effizient* arbeiten.

Genau dieses Koordinations- und Steuerungsproblem in großen Organisationen versuchte Emerson zu lösen. Effizienz konnte seiner Ansicht nach durch einen Kreislauf sichergestellt werden, an dem sowohl die Linie als auch der Stab mitwirkte. An allererster Stelle stand dabei der Informationsbedarf. Bei seiner Arbeit als Unternehmensberater verbrachte Emerson viele hundert Stunden zur Datenerfassung in Fabriken, und er riet Führungskräften, es genauso zu machen. Sobald das Management alle Fakten zu den betrieblichen Abläufen vorliegen hatte, konnte es diese analysieren und nach Mitteln und Wegen suchen, um mehr Effizienz zu erreichen. Konnte Verschwendung vermieden werden? Konnten Arbeitsabläufe anders geplant werden, um sie schneller abwickeln zu können? Wurden die richtigen Werkzeuge verwendet und verfügten die Beschäftigten über die richtigen Fertigkeiten? Waren die Mitarbeiter zufrieden und motiviert und konnte man sie dazu bewegen, bessere Ergebnisse zu erzielen? Nach Beantwortung dieser Fragen und Verbesserung der neu festgelegten Arbeitsabläufe teilte der Stab die Resultate den Vorarbeitern und Arbeitern mit, die dann die notwendigen Anpassungen vornahmen.

> Das rapide Wachstum warf gravierende Steuerungs- und Führungsprobleme auf.

Das klingt alles recht einfach, und das war auch beabsichtigt. Wie die meisten Männer und Frauen seiner Zeit suchte Emerson seine Antworten in der Naturwissenschaft. Diese werde, so Emerson, von Grundprinzipien oder Naturgesetzen regiert; es sei möglich, Management wie jede menschliche Tätigkeit wissenschaftlich zu behandeln, und daher müsse es ipso facto wissenschaftliche Prinzipien geben, die im Management angewandt werden konnten. Emerson leitete daraus seine berühmten zwölf Grundsätze der Effizienz ab, die nachstehend zusammengefasst sind:

1. Klar definierte Ideale: Die Organisation muss wissen, welche Ziele sie verfolgt, wofür sie steht und wie ihre Beziehung zur Gesellschaft aussieht.
2. Gesunder Menschenverstand: Die Organisation muss praktische Methoden nutzen und praxisorientierte Ansichten vertreten.
3. Kompetente Beratung: Das Unternehmen sollte kluge Ratschläge einholen und sich an externe Spezialisten wenden, falls im Stab das nötige Fachwissen nicht verfügbar ist.
4. Disziplin: Weniger Disziplinierung von oben nach unten, sondern interne Disziplin und Selbstdisziplin; Mitarbeiter, die sich freiwillig und gern an die eingeführten Systeme halten.
5. Faire Angebote: Mitarbeiter sollten stets gerecht behandelt werden, um so ihre Beteiligung an Effizienzbestrebungen zu fördern.
6. Verlässliche, unmittelbare und angemessene Aufzeichnungen: Messungen im Zeitverlauf sind wichtig, um festzustellen, ob Effizienz erreicht wurde.
7. Disposition: Die Arbeitsabläufe müssen zeitlich so geplant werden, dass die Prozesse reibungslos ablaufen können.
8. Standard und Terminpläne: Wie oben erwähnt, spielt ihre Aufstellung eine zentrale Rolle für die Erreichung von Effizienz.
9. Standardisierte Bedingungen: Das Arbeitsumfeld sollte nach naturwissenschaftlichen Grundsätzen standardisiert werden und sich anhand von neu gewonnenen Erkenntnissen weiterentwickeln.
10. Standardisierte Betriebsabläufe: Auch die betrieblichen Abläufe sollten wissenschaftlichen Grundsätzen folgen, insbesondere die Planungs- und Arbeitsmethoden.
11. Schriftliche Anweisungen: Alle Standards sollten in Form von schriftlichen Anweisungen für Arbeiter und Vorarbeiter dokumentiert werden, und dabei sollte nicht nur der Standard selbst, sondern auch die zu seiner Erfüllung einzusetzenden Methoden detailliert beschrieben werden.
12. Belohnung von Effizienz: Wenn es Mitarbeitern gelingt, effizient zu arbeiten, sollte dies angemessen honoriert werden.[1]

Wie unschwer zu erkennen ist, handelt es sich hier nicht um ein Standardrezept für die Unternehmensführung, sondern vielmehr um eine Philosophie, wie man Führungsaufgaben angehen sollte. Wie Moltke verstand Emerson das Konzept der Friktion und hielt Flexibilität für unerlässlich. Wie viele Autoren von Managementfachbüchern nach ihm war er überzeugt, dass es keinen Königsweg im Management gebe: der genaue Ansatz hing seiner Meinung nach von den jeweiligen Umständen ab, darunter fallen die Wesensmerkmale einer Firma, ihre Produkte und ihr Umfeld. Dies wird in seiner Erörterung von Standards besonders deutlich. Obwohl seine zwölf Prinzipien die Notwendigkeit von Standards betonen, vertritt Emerson die Auffassung, dass der genaue Inhalt dieser Standards nicht im Voraus festgelegt werden kann:

> Wie Moltke verstand Emerson das Konzept der Friktion und hielt Flexibilität für unerlässlich.

Stabsstandards sind keine theoretischen Abstraktionen, sondern wissenschaftliche Annäherungen und entwickeln sich durch die Anwendung in der Linie weiter. Die einzige Rechtfertigung von Standards ist die Tatsache, dass sie die Linienarbeit effizienter machen.[2]

Diese philosophische Einstellung zur Unternehmensführung fand weithin Anklang. Emerson, ein überzeugender Redner und Autor, trug durch Bücher und Artikel in Fachpublikationen wie dem *Engineering Magazine* viel zur Publizierung seiner Effizienzthesen bei. Er betrachtete Effizienz nicht nur als gute Geschäftspolitik, sondern auch als soziales Ideal. Wie der von ihm bewunderte Charles Babbage (siehe Kapitel 2) glaubte Emerson, dass der wissenschaftliche Ansatz die Gesellschaft verändern könne. Diese Einstellung vertrat auch sein Freund und Mitverfechter der Effizienzlehre, Herbert N. Casson.

Niemand würde der Einschätzung widersprechen, dass Cassons Karriere bizarr war (siehe Einschub). Wie Emerson war er vielen unterschiedlichen Einflüssen ausgesetzt gewesen und stand verschiedenen Kulturen und Institutionen offen gegenüber. Sein akademischer Hintergrund – er hatte Philosophie und Theologie studiert – und seine sozialistische Phase hatte in ihm den Boden für die Suche nach einem tieferen Sinn bereitet. Er übernahm Emersons Grundsätze und wandte sie auf Bereiche wie die Werbung an, in denen selbst Emerson nur begrenzte Möglichkeiten für effizientes Handeln sah. Casson bewies jedoch nicht nur, dass eine Managementphilosophie möglich war, sondern auch, dass praktisches Management nach philosophischen Grundsätzen zu kommerziellem Wettbewerbserfolg führen konnte. Das bewies er selbst vielfach in seiner Karriere als Unternehmer und Berater.

Ideale waren Casson zufolge die Basis guten Managements. Um *effizient* zu sein, brauchte ein Unternehmen dreierlei: Hände, ein Gehirn und eine Seele. Die Hände waren nötig, um die Arbeit zu verrichten und die Aufgaben zu erledigen, die zur Erreichung des Ziels erforderlich waren. Das Gehirn sollte die Richtung vorgeben, Informationen sammeln und auf dieser Basis ein effektives Aufgabenmanagement formulieren. Die Seele lieferte die Daseinsberechtigung, Motivation, Überzeugungen, Wünsche und Anliegen, die dafür sorgten, dass sowohl das Gehirn als auch die Hände funktionstüchtig blieben. Ohne eine motivierende Seele würde das Unternehmen nach Cassons Ansicht scheitern, und es gehöre zu den Aufgaben des Managements, diese Seele am Leben zu erhalten.

Casson ließ sich später in Großbritannien nieder, wo viele seiner einflussreichsten Bücher veröffentlicht wurden. Er selbst war stark von Emerson

---

Herbert N. Casson

Der an der kanadischen Grenze geborene Herbert Casson wuchs unter Indianern und Métis in Manitoba auf. Nach Abschluss seines Studiums an der University of Toronto wurde er Methodistenpfarrer, doch nach nicht einmal einem Jahr wurde er der Ketzerei angeklagt und verurteilt und aus der Kirche ausgeschlossen. Er zog nach Boston und nahm eine Stelle in einem Verlag an. Dort rührte ihn die Armut, die er in den Slums der Stadt sah, so sehr, dass er Sozialist wurde. Schon bald war er einer der bekanntesten Agitatoren des Landes. Zehn Jahre später verlor er nach einem kurzen Aufenthalt in einer utopischen Kommune seinen Glauben an den Sozialismus, und er beschloss, mit seinen eigenen Worten gesprochen, »zu sehen, was der Kapitalismus stattdessen zu bieten hat«. Casson zog nach New York und nahm eine Stelle als Journalist bei Joseph Pulitzer an. Binnen kurzem avancierte er zum Starkolumnisten in New Yorker Journalistenkreisen, interviewte die Reichen und Berühmten, wurde zum Vertrauten von Präsident Grover Cleveland und verkehrte mit den Rockefellers, Morgans und Carnegies. Dann wandte er seine Aufmerksamkeit der Frage zu, was berühmte Menschen erfolgreich macht, und schrieb *The Romance of Steel*, ein äußerst populäres Buch, das die Karriere und das Leben der großen Stahlindustriellen erforschte und den Geheimnissen ihres Führungserfolgs auf den Grund zu gehen versuchte.

Da er sich nun als Managementautor zunehmender Beliebtheit erfreute, arbeitete er sich eine Zeit lang mit Harrington Emerson als Unternehmensberater zusammen, gab diese Kooperation dann aber für ein Projekt auf, bei dem er die Grundsätze der Effizienz auf die Werbung anwenden wollte. Das daraus entstehende Unternehmen, das zur Gründung der heute als McCann-Erickson bekannten Werbeagentur führen sollte, war recht erfolgreich, und Casson verkaufte seinen Anteil einige Jahre später zu einem Preis, der ihn zu einem wohlhabenden Mann machte. Kurz vor dem Ersten Weltkrieg zog er nach England in der Absicht, sich zur Ruhe zu setzen, musste aber zu seinem Entsetzen feststellen, dass kaum jemand in Großbritannien die Effizienzbewegung kannte. Eilends gründete er ein Verlagshaus und eine Fachzeitschrift namens *Efficiency*, deren Herausgeber er wurde, baute eine Beratungsfirma auf und begann, weitere Bücher zu schreiben. Als er im Alter von 81 Jahren starb, hatte er über 170 Bücher verfasst, von denen weltweit eine halbe Million Exemplare verkauft worden waren.

beeinflusst worden, wurde aber nun seinerseits zum Vorbild für die beiden besten britischen Managementautoren aus der Zeit vor dem Zweiten Weltkrieg, Oliver Sheldon und Lyndall Urwick. Sheldon war ein Topmanager beim Schokoladenhersteller Rowntree & Co. in York und an vielen der radikalen Veränderungen im Management beteiligt, die dort unter der Ägide von Benjamin Seebohm Rowntree eingeführt wurden. Inspiriert durch Cassons Konzept der Seele einer Organisation einerseits und Rowntrees Glauben an seine soziale Verantwortung konzipierte Sheldon einen expliziten philosophischen Führungsansatz, der soziale und technische Elemente miteinander zu verbinden versuchte. In Großbritannien wurden amerikanische Trends wie die Effizienzbewegung oder Scientific Management (siehe unten) von vielen Beobachtern für unvereinbar mit der britischen Führungs- und Arbeitskultur gehalten. Sheldon teilte diese Meinung nicht; seiner Ansicht nach war es nötig, diese neuen, progressiven Ideen mit der Ethik der sozialen und unternehmerischen Verantwortung in Einklang zu bringen. Sein Ziel bestand nicht etwa darin, einen technischen Ansatz zu finden, der auch ethische Überlegungen beinhaltete, wie Emerson und einige andere dies getan hatten. Vielmehr suchte er nach einer ethisch-philosophischen Methode, die als Rahmen und Bestimmungsfaktor für die Managementpraxis dienen konnte.[3]

> In Großbritannien wurden amerikanische Trends wie die Effizienzbewegung oder Scientific Management von vielen Beobachtern für unvereinbar mit der britischen Führungs- und Arbeitskultur gehalten.

Lyndall Urwick war nicht nur einflussreicher und publizierte fleißiger als Sheldon, sondern war auch pragmatischer. Er bewunderte Frederick W. Taylor und die wissenschaftliche Unternehmensführung, aber seine Schriften und Beratungstätigkeit verrieten einen starken Einfluss von Emerson und Sheldon. Urwick spricht zwar nicht von der Seele des Unternehmens, prägt aber dafür den Begriff der Vision. Urwick schrieb 1933, dass eine ideale Organisation aus drei Elementen bestehen sollte. Wie Casson sprach er sich für eine starke Organisation oder einen »Körper« sowie ein effektives Managementteam oder »Gehirn« aus (als ehemaliger Offizier war Urwick ein überzeugter Anhänger des Stablinienprinzips im Management). Sein drittes Element bezeichnete er jedoch als »Vision«. Damit setzte er einen »Push«-Faktor an die Stelle eines »Pull«-Faktors: Anstatt einer »Seele«, die das Unternehmen motiviert, betonte Urwick die Bedeutung einer Vision beziehungsweise eines Ziels, das die Organisation geradezu magnetisch anzieht. Mehr als jeder andere Managementautor seiner Epoche betonte er, dass eine der Schlüsselaufgaben des Topmanagements darin bestehe, eine klare Zukunftsvision zu formulieren und diese dann auf allen Ebenen der Organisation zu kommunizieren.[4]

Lyndall Fownes Urwick

Als Armeeoffizier im Ersten Weltkrieg wurde Lyndall Urwick für Tapferkeit auf dem Schlachtfeld mit dem Militärkreuz und später für seine Stabsarbeit mit dem Orden des Britischen Reiches ausgezeichnet. Nur wenige waren in einer ähnlichen Position wie er, wenn es darum ging, die Realitäten des Stabliniensystems einzuschätzen und zu erkennen, wie es bei unsachgemäßer Umsetzung zu einer Katastrophe führen konnte. Er war ein eifriger Befürworter des Systems, ergänzte die Effizienzbewegung aber um ein Element, das in den früheren Arbeiten von Emerson fehlte: Er legte den Schwerpunkt auf eine Vision und starke Führung. Nachdem er in den zwanziger Jahren zunächst bei Rowntree gearbeitet hatte, wo er Oliver Sheldon kennen lernte, und dann für das International Management Institute in Genf tätig gewesen war, gründete er 1934 seine eigene Beratungsfirma, Urwick Orr and Partners. Er setzte seine theoretische und praktische Arbeit bis in die frühen sechziger Jahre hinein fort, und setzte sich schließlich in Australien zur Ruhe, wo er 1985 starb.

Die Erfordernis einer Vision und klarer Zielfokussierung ist ein Thema, das sich wie ein roter Faden durch alle Arbeiten Urwicks als Autor und Berater zieht. Er empfahl, sich mit dem Wirken großer historischer Persönlichkeiten – Helden des Managements – zu beschäftigen, denn wie Casson war er davon überzeugt, dass das Studium der Methoden erfolgreicher Männer und Frauen andere inspirieren konnte. Seiner Ansicht nach waren Biografien ein äußerst wirksames Instrument in der Managementlehre, und wie sein Kollege Edward Brech vertrat auch Urwick die Auffassung, dass wir die Ideen und die Genialität der Managementdenker und -praktiker vergangener Zeiten besser verstehen können, wenn wir sie als Menschen kennen lernen.

Die britischen Managementautoren der zwanziger und dreißiger Jahre – ebenso wie die Managementpraktiker – sprangen also auf den Zug der Effizienzbewegung auf und entwickelten ihre Konzepte weiter. Effizienz war auch in Frankreich populär, wo der Bergwerksingenieur und Autor Henri Fayol Emersons Werke zumindest ansatzweise kannte. Fayols Klassiker *Administration Industrielle et Générale* zeigt die gleiche umfassende Perspektive und legt ebenfalls großen Wert auf einen philosophischen und systematischen Ansatz. Inzwischen war noch ein weiterer Zweig der Managementrevolution zutage getreten und begann die Managementlehre zu beherrschen: die wissenschaftliche Unternehmensführung, besser bekannt als Scientific Management.

Scientific Management

Das erstaunliche industrielle Wachstum, das die Vereinigten Staaten zwischen dem Bürgerkrieg und dem Ersten Weltkrieg erlebten, hatte auch seinen Preis in Form von Schmerz, Blut und Tod. Die Gewalt am Arbeitsplatz erreichte noch ungeahnte Ausmaße. Streiks und Aussperrungen waren immer bitter und häufig gewalttätig. Im Pullman-Werk in der Nähe von Chicago, in den Carnegie-Stahlfabriken in Homestead und an hundert anderen Orten kämpften Arbeiter mit Pistolen und Gewehren gegen bewaffnete Sicherheitsbeamte und Polizisten; wenn die Polizei mit Maschinengewehren aufmarschierte, brachen die Streikenden in Waffenarsenale ein und rollten Kanonen heraus. Als die Industriellen die Regierung und Armee zu Hilfe riefen, organisierten sich die Arbeiter in Gewerkschaften. Marxismus, Syndikalismus und Anarchismus wurden zu Volksbewegungen mit Tausenden von Anhängern. Selbst wenn keine offene Gewalt ausgeübt wurde, waren die Beziehungen zwischen Arbeitnehmern und Arbeitgebern gespannt und von Furcht geprägt. Faulenzerei und Bummelei waren an der Tagesordnung – zumindest wurde dies von den Unternehmern so gesehen. Die Arbeitsproduktivität war schlecht; Produktion und Qualität litten darunter. Beobachter meinten, dass dies Amerika nicht nur wirtschaftlich, sondern auch in sozialer und moralischer Hinsicht schade. Aus drei Richtungen wurde daher Druck auf die Industrie ausgeübt, Veränderungen vorzunehmen.

> Das erstaunliche industrielle Wachstum, das die Vereinigten Staaten zwischen dem Bürgerkrieg und dem Ersten Weltkrieg erlebten, hatte auch seinen Preis in Form von Schmerz, Blut und Tod.

1. Eine Verbesserung der Arbeitnehmer-Arbeitgeber-Beziehungen würde zu höherer Produktion und Qualität führen, so dass Unternehmen höhere Gewinne einfahren könnten. Manager sollten die Arbeiter wie ihre Maschinen behandeln: als wertvolle Investition, die im bestmöglichen Zustand erhalten werden musste, um optimale Leistungen erbringen zu können.
2. Bessere Beziehungen im Arbeitsumfeld könnten schädliche Streiks ebenso vermeiden wie die weiter reichende Gefahr sozialer Unruhen. Manager sollten ihr Augenmerk mehr auf eine Kooperation mit ihren Mitarbeitern richten und harmonische Beziehungen zu den Beschäftigten aufbauen.
3. Arbeitgeber haben die moralische und ethische Pflicht, ihre Arbeitnehmer gut zu behandeln. Alle sind Partner in den menschlichen Wirtschaftsaktivitäten, und es ist ungerecht, Arbeiter unfair zu behandeln.

In diesem Zusammenhang sollte erwähnt werden, dass viele der gleichen Ansichten in Großbritannien und Kontinentaleuropa geäußert wurden und dort zur Entwicklung einiger innovativer Lösungen führten. Den größten Einfluss sollte jedoch die amerikanische Antwort auf diese Fragen haben.

Der Schlüssel zu diesem Problem, so glaubte man, müsse in den Beziehungen zwischen Unternehmern und Arbeitern liegen – insbesondere darin, wie letztere motiviert und bezahlt wurden. Theoretisch könne man die Arbeiter motivieren, mehr zu produzieren, indem man sie nach ihrem Produktionsergebnis bezahlte. Mehrere Theorien wurden entwickelt, wie dabei am besten vorzugehen sei:

1. Gewinnbeteiligung: Abgabe eines Teils des Gesamtergebnisses an die Arbeitnehmer
2. Akkordlohn: Bonuszahlungen für Arbeitnehmer auf der Basis des Arbeitsvolumens, das sie in einem bestimmten Zeitraum erreichen konnten.
3. Tempolohn: Bonuszahlungen für Arbeitnehmer je nach der Geschwindigkeit, mit der sie eine bestimmte Aufgabe erledigen können.

Gewinnbeteiligungen waren die beliebteste und häufigste Lösung in Großbritannien und wurden oft in Verbindung mit Sozialleistungen für Arbeitnehmer wie medizinischer Versorgung oder Werkswohnungen eingeführt. Erwähnenswert sind in diesem Zusammenhang die von dem Schokoladenhersteller George Cadbury und von dem Kaufhausinhaber John Lewis entwickelten Gewinnbeteiligungsprogramme (letzteres ist immer noch sehr erfolgreich). Auch auf dem Kontinent wurden solche auf Gewinnbeteiligung ausgerichteten Programme eingeführt; eine Vorreiterrolle spielte dabei Ernst Abbé von den Optikwerken Carl Zeiss im deutschen Jena im Jahr 1885. Am besten funktionierte Gewinnbeteiligung allerdings in Kulturen mit einer starken Tradition kollektiven Verhaltens und Handelns. Das individualistische Amerika war dazu weniger bereit. Ein häufig gegen die Gewinnbeteiligung vorgebrachter Einwand lautete, dass sie ungerecht sei; eine gleichmäßige Verteilung von Gewinnen hätte zur Folge, dass die Beschäftigten nicht direkt für ihre eigenen Leistungen belohnt würden. Spitzenkräfte erhielten das gleiche Geld wie Faulenzer. Die Gewinnbeteiligung oder »Zuwachsbeteiligung« wurde 1886 von dem Fabrikanten Henry Towne propagiert; Towne und einige andere Industrielle probierten dieses System aus und berichteten von ansehnlichen Erfolgen, doch setzte es sich niemals allgemein durch.

Akkordarbeit rief andere Probleme hervor. Arbeitnehmer, die nach diesem System arbeiteten, konnten genug Geschick entwickeln, um gute Löhne zu verdienen. Das taten sie oft auch und bewältigten große Arbeitsmengen in kurzer Zeit. Damit führten sie aber die Unternehmer in Versuchung. Immer wieder erlebten die Fabrikinhaber, wie die Produktivität und die Löhne der Beschäftigten parallel anstiegen, und erkannten, dass sie die gleiche Produktivität erreichen konnten, wenn sie den Akkordsatz kürzten. Dadurch waren die Arbeiter effektiv gezwungen, für das gleiche Geld härter zu arbeiten – eine Spirale, die nur in eine Richtung führen konnte. Wenn die Arbeiter sich dieser Situation bewusst wurden, motivierte sie das in der Regel nicht sonderlich, im Akkordsystem die Produktion zu erhöhen. 1891 entwarf der Ingenieur Frederick Halsey einen »Prämienplan«, wie er es nannte, der einen Grundtageslohn – von dem ein Arbeiter und seine Familie ihren Lebensunterhalt bestreiten konnten – mit gestaffelten Prämien auf der Basis der Akkordproduktion kombinierte. Das war eine deutliche Verbesserung, doch gab es weiterhin Schwierigkeiten. Vor allem wusste niemand, wie hoch ein angemessener Ausstoß war, der als Basis für das Prämiensystem dienen konnte. Bei der Festlegung der Sätze wurden daher viele Fehler begangen. Bei übermäßig hohen Sätzen waren die Arbeitgeber die Verlierer; waren die Sätze aber zu niedrig, untergrub das die Motivation der Mitarbeiter. Das Halsey-System und Varianten davon wurden sowohl in den USA als auch in Großbritannien erfolgreich eingeführt, setzten sich aber niemals richtig durch (was teilweise daran lag, dass ihr Schöpfer später kein großes Interesse mehr daran zeigte, für seine Erfindung die Werbetrommel zu rühren, und sich stattdessen lieber einem lebenslangen Kreuzzug gegen das metrische System widmete).

> Das Tempolohnsystem war mit Abstand am schwersten zu managen, da auch hier niemand wusste, welche Tarifsätze man festlegen sollte.

Das Tempolohnsystem war mit Abstand am schwersten zu managen, da auch hier niemand wusste, welche Tarifsätze man festlegen sollte. Welches Tempo konnte man bei der Erfüllung einer Aufgabe von einem Arbeiter vernünftigerweise erwarten? Zur Beantwortung dieser Frage erschien einer der bedeutenden Persönlichkeiten der Managementrevolution auf der Bildfläche – ein Mann, der in nahezu gleichem Maße gefeiert und verteufelt wurde: Frederick Winslow Taylor.

Das Taylorsche System

1895 stand Taylor, der damals als Vorarbeiter bei Midvale Steel Works in Philadelphia beschäftigt war, vor der American Society of Mechanical Engineers und hielt einen Vortrag mit dem simplen Titel »Ein Stücklohnsystem«. In dieser Rede vor dem Verband der Maschinenbauer griff Taylor Unternehmer heftig an, die in der oben beschriebenen Manier die Akkordtarife bei Erreichen eines bestimmten Lohnniveaus senkten. Auf diese Praxis könne man, so Taylor, verzichten, indem man sich nicht auf die produzierte Menge konzentrierte, sondern auf die *Geschwindigkeit*, mit der Aufgaben erfüllt wurden. Er empfahl einen Lohntarif, der auf dem Tempo beruhte, das man von den Arbeitnehmern vernünftigerweise bei der Erfüllung ihrer Aufgaben erwarten könne. Dieses System sei gerecht, weil es dafür sorgte, dass alle Arbeiter gleichermaßen belohnt wurden, und es würde zudem Bummeleien verhindern, weil es sofort zeigte, dass ein Arbeiter seine Ziele nicht erfüllte. Gleichzeitig würde es aber sicherstellen, dass jeder zu einer Aufgabe befähigte Arbeiter einen fairen Tageslohn erhielt. Nach Taylors Ansicht war es die Pflicht der Unternehmer, dafür zu sorgen, dass die Tarife fair waren. Gerechterweise sollte man an dieser Stelle erwähnen, dass Taylor sein Leben lang immer wieder betonte, dass hohe Löhne stets zu besserer Mitarbeiterloyalität und -produktivität führen würden, und die Arbeitgeber unaufhörlich daran erinnerte, dass sie ihre Beschäftigten gerecht und fair behandeln sollten.

Grundbestandteil des Taylorschen Systems war die effektive Messung der optimalen Zeit, die für eine gegebene Aufgabe benötigt wurde. Um diese zu berechnen, trieb Taylor die Arbeitsteilung bis an ihre Grenzen. In jeder

---

Frederick Winslow Taylor

F.W. Taylor, der Sohn einer Quaker-Familie aus Pennsylvania, ist sowohl die bekannteste als auch die umstrittenste Gestalt in der Managementgeschichte. Dieser ernste und bisweilen schwierige Mann hatte offenbar nur zwei Leidenschaften: die wissenschaftliche Unternehmensführung und den Sport (zusammen mit seinem Schwager gewann er 1881 im Doppel die Meisterschaft des amerikanischen Rasentennisverbandes). Taylor wurde häufig als kalter, gefühlloser Mensch dargestellt, der sich nicht um die Rechte der Arbeiter scherte, und in seinen eigenen Schriften zeigte er oft eine gehörige Portion Zynismus, wenn es um die Menschen ging, die für ihn arbeiteten; seiner Ansicht nach war der durchschnittliche Arbeiter nicht zu selbstständigem Denken fähig und musste ständig dirigiert und überwacht werden. Privat lebte er wie ein Asket, und glaubte daher,

dass übermäßig hohe Löhne bei den Arbeitern Habgier hervorrufen würden. Im Grunde war er jedoch ein humaner Mensch, der Führungskräfte unablässig drängte, sich um ihre Beschäftigten zu kümmern und sie zumindest wie wertvolle Aktiva des Unternehmens zu behandeln. In späteren Jahren war er sehr enttäuscht von den Anstrengungen der Unternehmer, die sein System nur dazu missbrauchten, um noch mehr Leistung aus den Arbeitern herauszupressen. Sein reizbares Wesen brachte ihn oft in Schwierigkeiten, und er stritt sich mit vielen seiner Partner, darunter Frank Gilbreth und Henry Gantt. 1912 hatte er seine berufliche Tätigkeit weitgehend aufgegeben und widmete sich der Pflege seiner schwerkranken Frau. Erschöpft von diesen Strapazen starb er 1915 an Lungenentzündung, im Alter von 59 Jahren.

Fabrik, die er untersuchte, zerlegte er die erforderliche Arbeit erst in Aufgaben, dann in einzelne Arbeitsschritte. Diese unterteilte er dann solange, bis eine weitere Zergliederung logisch nicht mehr möglich war. Dann maßen er und sein Team mit einer Stoppuhr, wie lange verschiedene Arbeiter für die Durchführung jedes einzelnen Arbeitsschrittes benötigten und analysierten die Daten, um eine optimale Zeit abzuleiten. Diese Zeiten wurden Schritt für Schritt addiert, was dann die optimale Zeit für jede Aufgabe ergab. Das Adjektiv »wissenschaftlich« bezieht sich hier auf den Ansatz, der Messungen und Analysen mit Steuermechanismen verbindet. Dieser Ansatz entsprach genau dem wissenschaftlichen Zeitgeist: Am Anfang jeder Tätigkeit sollten Messungen stehen, und was effektiv gemessen werden konnte, ließ sich dann auch wirksam kontrollieren.

> Dieser Ansatz entsprach genau dem wissenschaftlichen Zeitgeist: Am Anfang jeder Tätigkeit sollten Messungen stehen, und was effektiv gemessen werden konnte, ließ sich dann auch wirksam kontrollieren.

Zur Vervollkommnung seines Systems zog Taylor Kollegen wie den in Norwegen geborenen Mathematiker Carl Barth hinzu, der als Hilfsmittel für die Messungen eine fortschrittliche Variante eines Rechenschiebers entwickelte, oder den Ingenieur Sanford Thompson, der neue, raffiniertere Methoden zur Steuerung der Zeitstudien ausarbeitete. Daneben knüpfte er auch Beziehungen zu dem Ehepaar Frank und Lillian Gilbreth, die unabhängig von Taylor ein Verfahren für Bewegungsstudien entwickelt hatten. Das Ehepaar Gilbreth, das ursprünglich im Baugewerbe tätig war, hielt einen Großteil der Bewegungsabläufe auf Baustellen und in Werkstätten für vergebliche Mühe. Durch Änderung der Anordnung der Geräte, der Höhe der Bedienelemente und unzählige andere Anpassungen im Arbeitsumfeld zeigten Frank und Lillian Gilbreth, wie

---

Frank und Lillian Gilbreth

Frank und Lillian Gilbreth heirateten 1904. Sie waren das erste Ehepaar, das gemeinsam in der Unternehmensberatung tätig war. Er stammte aus Maine, hatte eine leitende Position in einer Baufirma inne und bereits begonnen, Grundlagen von Bewegungsstudien und ihren Einsatz für arbeitssparende, effizienzsteigernde Maßnahmen auszuarbeiten. Sie war in Kalifornien aufgewachsen und hatte gerade in Literatur promoviert, mit einem Studienschwerpunkt auf den Werken von Ben Jonson. Die beiden hatten insgesamt zwölf Kinder (von denen zwei später das Leben im Hause Gilbreth in den amüsanten Büchern *Im Dutzend billiger* und *Aus Kindern werden Leute* beschreiben sollten). Während ihrer beruflichen Zusammenarbeit verfassten sie gemeinsam neun Bücher, und Lillian Gilbreth schrieb darüber hinaus einige wichtige eigene Werke, darunter *The Psychology of Management* (1914), eine frühe und wichtige Einführung psychologischer Theorien in die Managementlehre. Die Gilbreths wollten nicht nur Arbeitskräfte produktiver machen, sondern auch Belastungen und Erschöpfung der Arbeiter reduzieren und dadurch ihre Lebensqualität verbessern. Sie waren die ersten, die den Begriff »arbeitssparende Geräte« verwendeten.

Arbeitsabläufe schneller und effizienter erledigt werden konnten, ohne dass sich die Beschäftigten mehr anstrengen mussten.

Inzwischen nahm das System allmählich die Dimensionen einer echten Wissenschaft an: vielschichtig, detailliert, komplex, mit seiner eigenen Theorie und Praxis und seinem eigenen Lern- und Wissenskodex. Nur wenig Außenstehende konnten die Feinheiten des Scientific Management verstehen, was zur Folge hatte, dass die Mitglieder des inneren Zirkels um Taylor ein Vermögen verdienten, wenn sie Unternehmen bei der Umsetzung des Systems berieten. Die Arbeiter hassten das Taylorsche System in vielen Fällen. Insbesondere in Großbritannien regte sich starker Wider-

---

Charles Bedaux

Die Frage, ob Charles Bedaux ein Genie oder ein Scharlatan war, wurde niemals zufriedenstellend beantwortet. Bedaux wuchs in Paris auf, wo er möglicherweise an der Führung eines Bordells beteiligt war, und wanderte im Alter von 20 Jahren nach Amerika aus. Dort grub er unter anderem Tunnels für den Bau der New Yorker U-Bahn und verkaufte Zahnpasta. Irgendwann landete er in Grand Rapids im US-Bundesstaat Michigan, wo er sich von einem Möbelschreiner einstellen ließ; dort arbeitete er auch sein Bedaux-System für verbesserte Zeitmessung aus. Binnen kurzem richtete er ein Beratungssystem ein, das ihm dabei helfen sollte, das System an Unternehmen zu verkaufen, und erzielte damit große Erfolge: Mehr als 1 000 Unternehmen weltweit führten das Bedaux-System ein – mehr als sich jemals für Taylors System entschieden. Bedaux wurde ein wohlhabender Mann und kehrte 1927 nach Frankreich zurück. 1934 versuchte er, eine Überlandroute von Edmonton in der kanadischen Provinz Alberta nach Telegraph Creek in British Columbia und weiter nach Alaska zu finden und brach zu einer Expedition auf, zu deren Teilnehmern er selbst, seine Frau, seine Geliebte, sein Koch, verschiedene Landvermesser und ein Filmemacher aus Hollywood zählten. Als Vorräte nahm er Unmengen an Kaviar und Champagner sowie etliche Ballkleider für die Damen mit. Auf halber Strecke gingen die für die Expedition benötigten Geräte kaputt, und der Plan musste aufgegeben werden.

Nach seiner Rückkehr nach Frankreich hielt sich Bedaux im Dunstkreis der Reichen und Mächtigen auf. Der Herzog von Windsor, ehemals Edward VIII., heiratete Wallis Simpson kurz nach seiner Abdankung auf Bedaux' Schloss. Nach der Niederlage Frankreichs im Jahr 1940 war Bedaux erst für die Vichy-Regierung und später für die Nazis als Berater tätig. Als er zum Bau einer Erdnussölpipeline quer durch die Sahara nach Nordafrika entsandt wurde, geriet er 1942 in die Gefangenschaft der Alliierten und wurde in die Vereinigten Staaten gebracht, wo man ihn des Verrats anklagte. Er beging Selbstmord, bevor er vor Gericht gestellt werden konnte. Anhänger von Verschwörungstheorien glauben noch heute, dass er vom FBI ermordet wurde.

stand; die britischen Arbeitnehmer machten oft gemeinsame Sache, um absichtlich die von den Experten erfassten Daten zu verzerren und das gesamte System nutzlos zu machen. Das System erreichte in den späten zwanziger Jahren seinen Höhe- oder Tiefpunkt – je nach Betrachtungsweise –, als Charles Bedaux ein noch ausgeklügelteres System zur Zeitmessung erfand, das angeblich die durch die Ermüdung der Arbeiter verlorene Zeit berücksichtigte und ein verallgemeinerndes System zur Messung der Aufgabenzeiten anbot, bei dem die einzelnen Arbeitsschritte in »B-Einheiten« oder »B-Sekunden« zerlegt werden mussten. Als guter Verkäufer überredete Bedaux viele Unternehmen auf der ganzen Welt zur Einführung seines Systems – mit vorhersehbarem Ergebnis: Er wurde Multimillionär, und die Fabriken, in denen sein System umgesetzt wurde, waren von Streiks heimgesucht.

Bolschewiken und Menschewiken

Keine revolutionäre Bewegung ist jemals völlig einig, und mit der Managementrevolution verhielt es sich nicht anders. Heute hat es sich eingebürgert, die gesamte Bewegung als »Scientific Management« zu bezeichnen, doch das zeichnet ein ganz falsches Bild. Die von Emerson ins Leben gerufene Effizienzbewegung und Taylors wissenschaftliche Unternehmensführung hatten andere Ursprünge und entwickelten sich zunächst tatsächlich getrennt voneinander; Taylor und Emerson lernten sich erst gegen 1903 persönlich kennen und schienen nicht besonders gut miteinander auszukommen. Die Effizienzlehre war eigentlich eine Philosophie, die nach Ansicht von Emerson und Casson von der Unternehmensleitung ausging und dann die gesamte Organisation durchdringen sollte. Der Ausgangspunkt des Scientific Management war dagegen die Fabrik, wo gemessen und kontrolliert wurde; die Maßnahmen wurden vom Geschehen auf Fabrikebene bestimmt.

Selbst innerhalb der Scientific-Management-Bewegung fanden heftige Machtkämpfe statt. Taylor und die Gilbreths hassten sich geradezu; das Ehepaar beschuldigte Taylor, ihre Ideen gestohlen zu haben. Henry Gantt, der Taylor viele Jahre lang treu zur Seite stand, zerstritt sich am Ende mit ihm und freundete sich mit den Gilbreths an. Auch Sanford Thompson wurde vorgeworfen, Ideen anderer zu stehlen und zum eigenen Vorteil zu nutzen. Morris Cooke, einer der jüngeren Männer in Taylors Team, verbrachte viel Zeit damit, die Wogen wieder zu glätten.

Selbst innerhalb der Scientific-Management-Bewegung fanden heftige Machtkämpfe statt.

Taylors Tod im Jahr 1915 minderte die allgemeinen Spannungen. In späteren Jahren fand ein reger Austausch statt, und als die Effizienzbewegung allmählich in den Hintergrund rückte, begannen ihre Vertreter sich stärker mit der erfolgreicheren und bekannteren Scientific-Management-Bewegung zu identifizieren. Wie in der damaligen Kommunistischen Partei stachen die Bolschewiken des Scientific Management letztendlich die liberaleren Menschewiken der Effizienzbewegung aus, und die Ideen der wissenschaftlichen Unternehmensführung wurden weiter ausgearbeitet.

Allerdings formierte sich bereits eine Gegenreaktion, nicht nur auf die übermäßig strenge Umsetzung der Grundsätze des Scientific Managements, sondern auf ihre Prinzipien selbst. Zwar bezweifelte niemand, dass präzisere Informationen und Analysen erforderlich waren, doch der Gedanke, dass die personellen Bestandteile einer Organisation wie Maschinen behandelt werden könnten, wurde bereits 1918 von dem Ingenieur und Unternehmensberater Charles Knoeppel in Frage gestellt, der Organisationen nicht als mechanistische Systeme, sondern als biologische Organismen betrachtete (siehe Kapitel 5). 1924 übte die kluge Soziologin und Politologin Mary Parker Follett heftige Kritik an dem Expertenkult, der mit dem Scientific Management einherging. Experten deckten ihrer Ansicht nach nicht unbedingt Wahrheiten auf; manchmal taten sie das genaue Gegenteil, selbst wenn dies unwissentlich geschah. Wir sollten uns daher weder in der Wirtschaft noch in anderen Lebensbereichen auf Experten verlassen, sondern uns über unsere eigenen Zielsetzungen klar werden und kreativ denken. Die ganzheitliche Betrachtung eines Unternehmens sei erforderlich, nicht einfach nur eine Konzentration auf nebensächliche, technische Details. Folletts Buch *Creative Experience* rief praktisch Unternehmen dazu auf, (a) endlich auf eigenen Beinen zu stehen und für sich selbst zu denken und (b) sich nicht nur um die mechanischen Fragen der operativen Tätigkeit, sondern auch um menschliche Aspekte zu kümmern.

Dutzende von Unternehmern (die zweifellos erleichtert waren, dass sie nun einen Vorwand hatten, ihre teuren Berater los zu werden) begeisterten sich für Folletts Thesen. Auch in akademischen Kreisen fanden ihre Ideen großen Anklang, wo Wissenschaften wie die Psychologie die Managementlehre beeinflussten. Nur wenige Jahre später veröffentlichte der Australier George Elton Mayo sein Werk *The Human Problems of an Industrial Civilization*, das viele von Folletts Theorien unterstützte. In den dreißiger Jahren führte eine bahnbrechende Studienreihe im Western-Electric-Werk in Hawthorne, Illinois, zu neuen Erkenntnissen über Psychologie und Motivation von Arbeitern sowie zur Begründung der Managementschule der »Human Relations« (siehe Kapitel 5).

Mary Parker Follett

Lyndall Urwick, der sie gut kannte, beschrieb Mary Follett einmal als »politische und soziale Philosophin ersten Ranges«. Im Verständnis und der praktischen Anwendung soziologischer Erkenntnisse kann ihr gewiss kaum jemand das Wasser reichen. Diese brillante Wissenschaftlerin schloss ihr Studium am Radcliffe College 1898 mit *summa cum laude* ab und wurde zu einer prominenten Figur in Bostoner Intellektuellenkreisen. Ihr wacher, messerscharfer Verstand und ausgeprägter Humor brachten ihr den Respekt in einem von Männern dominierten Milieu ein. Ihr 1924 veröffentlichtes Meisterwerk *Creative Experiences* traf in der Wirtschaft und im Management auf einen Nerv; in New York lud der Leiter des Bureau of Personnel Administration, Henry Metcalf, sie regelmäßig zu Vorträgen ein, und der geniale Luther Gulick, der dem Institute of Public Administration vorstand, nahm ihre Arbeiten in seine *Papers on the Science of Administration* auf, die in die Geschichte eingehen sollten. In Großbritannien luden sowohl Urwick als auch Benjamin Rowntree sie regelmäßig als Rednerin zu Konferenzen ein. Noch bis zu ihrem Ausscheiden aus dem Berufsleben wies Mary Follett unablässig auf die Bedeutung individuellen, unabhängigen und kritischen Denkens im Management hin.

Noch mehr Wissenschaft

Das Scientific Management blieb. Um 1920 herum hatte sich sein Einfluss weltweit bemerkbar gemacht. Japanische Firmen übernahmen viele Prinzipien der wissenschaftlichen Unternehmensführung und zeigten größeres Geschick bei der Unterscheidung zwischen jenen Grundsätzen, die technische Präzision erforderten, und denen, wo der Schwerpunkt auf der Mitarbeitermotivation lag. Sonderbarerweise sahen viele amerikanische Unternehmer Scientific Management als Möglichkeit, ihre Arbeitnehmer zu kontrollieren, während die japanischen Firmen es als Ansatz zur Verbesserung des Fertigungsmanagements und der Produktqualität betrachteten.

Aber die Technik allein konnte nicht alle Probleme im Management lösen. Managementtheoretiker und -praktiker wandten sich auch anderen Disziplinen zu, unter anderem der Biologie, Soziologie, Psychologie und Politologie, und erforschten und analysierten ihre Relevanz für die Führung eines Unternehmens. Den größten Einfluss hatte wohl die Psychologie. Gegen 1910 begannen die Arbeiten von Sigmund Freud, Carl Jung und ihren Anhängern allmählich eine Rolle in der Managementtheorie zu spielen; etwa um diese Zeit wurde in der Managementliteratur erstmals auf die Psychologie Bezug genommen. Den stärksten Einfluss hatte die Psychologie im Marketing. Zwischen 1918 und 1925 begannen die Marketingspezialisten, ihr Fach nicht mehr primär als Distributionsproblem zu sehen, sondern sich zunehmend auf Kundenbedürfnisse und -verhaltensweisen zu konzentrieren (siehe Kapitel 4). Auch Autoren im Bereich Organisationslehre wie Charles Knoeppel und Dexter Kimball bewegten sich in diese Richtung (siehe Kapitel 5). Mitte der zwanziger Jahre lenkten Follett und Mayo das Hauptaugenmerk der Managementtheorie auf die Beschäftigung mit der menschlichen Natur. Die Psychologie mit ihrem Schwerpunkt auf dem einzelnen Menschen in seiner Einzigartigkeit und Fragilität stellte eine direkte Herausforderung zur mechanistischen Sichtweise des Scientific Management dar. Gleichzeitig begann sie die neu entstehende soziologische Theorie zu untersuchen, wie Menschen sich in Gruppen verhalten und welche Belastungen und Spannungen kollektive Tätigkeiten mit sich bringen, und warf die Frage auf, ob Effizienz und Kontrolle durch weniger starre Systeme vielleicht besser realisiert werden könnte.

Gegen 1910 begannen die Arbeiten von Sigmund Freud, Carl Jung und ihren Anhängern allmählich eine Rolle in der Managementtheorie zu spielen.

Auch die Politologie hatten einen Einfluss, da Beobachter die Unternehmensorganisation aus der Warte der darin enthaltenen Machtbeziehungen zu analysieren begannen. In den dreißiger Jahren dachten Adolph Berle und Gardiner Means über das Wesen der Macht in Wirtschaftsunternehmen nach und untersuchten die zunehmende Trennung zwischen Eigentum und Kontrolle. Die gleiche Frage beschäftigte in den vierziger Jahren James Burnham; er war der erste, der für die jüngsten Veränderungen im Management den Begriff »Revolution« verwendete. Burnham übte scharfe Kritik an der Tendenz hin zu Technokratie, die er als inhärentes Merkmal des Scientific Management sah. Politologen – insbesondere diejenigen linker Couleur (also die meisten) – waren es auch, die dem Scientific Management vorwarfen, es würde zur Entqualifizierung der Arbeiter führen und sie erniedrigen. Selbst in der Biologie wurde die Frage gestellt (insbesondere in den Werken Thorstein Veblens), ob man Organisationen nicht eher als organische anstatt als mechanische Einheiten betrachten sollte.

Was die Managementrevolution zu erreichen hoffte

Die Managementrevolution hatte sich ehrgeizige Ziele gesteckt. Sie strebte eine vollständige Veränderung des Ansatzes in der Führung von Wirtschaftsunternehmen an. In einem Punkt waren sich Emerson, Casson, Taylor, Urwick und sogar Mary Follett einig: Sie prophezeiten eine neue Ära, mit neuen wirtschaftlichen Bedrohungen und Herausforderungen, und versuchten, Führungskräfte und Wirtschaftskapitäne aus ihrer Trägheit zu reißen und ihre Aufmerksamkeit auf das zu lenken, was ihnen bevorstand.

Um zukünftig im Wettbewerb bestehen zu können, so argumentierten sie, mussten Manager eine Reihe von Maßnahmen ergreifen:

- Sie mussten Betriebsabläufe effizienter steuern lernen, die Verschwendung eindämmen, Produktivität sicherstellen und sich auf die Rentabilität konzentrieren.
- Sie mussten wirksame Personalführungsmethoden entwickeln, um den Arbeitsfrieden zu wahren und die Produktivität zu steigern.
- Sie mussten ihre eigene Verantwortung der Gesellschaft gegenüber und die von ihr verlangten ethischen Standards akzeptieren.
- Sie mussten sich ihrer eigenen Identität bewusst werden und in ihrer Einstellung und Betrachtungsweise professioneller werden.

Wurden Unternehmen effizienter? Im Allgemeinen schon, doch kann man sich darüber streiten, inwieweit dies der Scientific-Management-Bewegung zu verdanken ist. Die Unternehmen, die Taylor, Bedaux und ihre Mitarbeiter zur Umsetzung von Systemen der wissenschaftlichen Unternehmensführung ins Haus holten, waren nicht alle erfolgreich. Scientific Management war keineswegs das Allheilmittel, für das es einige seiner Verfechter ausgaben. Allerdings gelten die grundlegenden Prinzipien – Beachtung von Details, Erhebung von Information, Messung der Produktivität – noch heutzutage, und die meisten erfolgreichen Unternehmen und Manager befolgen diese Grundsätze auch noch heute.

> Erfolgreiche Unternehmen achteten schon immer auf Details, sammelten Informationen und maßen ihre Produktivität.

Araki Toichiro

Araki war einer der ersten professionellen Unternehmensberater in Japan. Er hatte zunächst in Tokio und später dann in Akron, Ohio, Chemie studiert. Während seines Aufenthalts in den USA kam er erstmals mit der Revolution im Management in Berührung; er lernte sowohl Harrington Emerson als auch Lillian Gilbreth kennen und wurde von beiden beeinflusst. Entschlossen, diese neuen Ideen in Japan zu verbreiten, kehrte er in seine Heimat zurück und gründete 1923 das Araki Efficiency Center. Die nächsten vierzig Jahre verbrachte er damit, unermüdlich den Nutzen der Effizienzbewegung in Japan anzupreisen – einer von vielen Beratern, die an der Verbreitung neuer Managementpraktiken auf der ganzen Welt mitwirkten.

Karel Adamiecki

Adamiecki, ein polnischer Bergwerksingenieur, der auch in Russland tätig war, entwickelte zwischen 1890 und 1900 die »Harmonisierungstheorie«, wie er sie nannte. Sie zeigte, wie die Produktion mit einer organisierten Reihe von Teams geplant und gesteuert werden sollte. Seine »Harmonogramme« waren grafische Werkzeuge (im Grunde Prozessdarstellungen oder Flussdiagramme), die zeigten, wie die verschiedenen Fertigungsstufen von unterschiedlichen Teams gemanagt werden sollten, die alle unter einheitlicher Leitung arbeiteten. 1903 stellte Adamiecki der Russischen Ingenieursgesellschaft in Ekaterinoslaw die Ergebnisse seiner Experimente mit Harmonogrammen vor. Weder er noch Frederick W. Taylor kannten die Arbeit des anderen, doch weisen ihre Theorien auffällige Parallelen auf. In Russland und Polen wurde Adamieckis Harmonisierungssystem vielfach eingeführt, mit beachtlichen Resultaten: In manchen Fällen stieg die Produktion um bis zu 400 Prozent. Nach dem Ersten Weltkrieg widmete sich Adamiecki seiner Lehrtätigkeit und baute Verbindungen zu Scientific-Management-Bewegungen in anderen Ländern auf. Er starb 1933.

Roberto Simonsen

Nach Abschluss seines Ingenieurstudiums an der Technischen Universität Sao Paulo gründete Simonsen 1909 sein eigenes Bauunternehmen, die Cia. Constructora dos Santos. Schon bald war die Firma an einer breiten Palette von Tiefbauprojekten in Südbrasilien beteiligt und machte sich durch ihre effiziente, qualitativ hochwertige Arbeit einen Namen. Simonsen wurde zu einem führenden Industriellen in Brasilien und war an zahlreichen anderen Konzernen in Santos und Sao Paulo beteiligt. Im Gegensatz zu Adamiecki entwickelte er keine eigene Managernenttheorie, sondern spielte eine führende Rolle bei der Anpassung der Verfahren des Scientific Management an die brasilianischen Verhältnisse. Einen besonders starken Einfluss auf Simonsen übte Taylors Kollege Henry Gantt mit seinen Ansichten zur Fairness am Arbeitsplatz aus. Er glaubte, dass die wissenschaftliche Unternehmensführung der Schlüssel zu mehr Effizienz *und* besseren Lebensbedingungen für die Arbeiter sei, und vertrat die Auffassung, dass beide Ziele untrennbar miteinander verbunden seien.

Kann das als Errungenschaft des Scientific Managements gesehen werden? Ja und nein. Erfolgreiche Unternehmen achteten schon immer auf Details, sammelten Informationen und maßen ihre Produktivität. Die Korrespondenz von Francesco Datini, der im fünfzehnten Jahrhundert in Florenz lebte, zeigt beispielsweise, dass er großen Wert auf alle drei Aktivitäten legte. Eines gelang der Scientific-Management-Bewegung aber durchaus:

Sie erzeugte in der Welt des Managements generell ein stärkeres Bewusstsein für diese Anforderungen. Durch die Verbreitung von »Best Practices« hatte die Managementrevolution tatsächlich einen großen Einfluss auf die weitere Entwicklung. Diese Vorgehensweisen fanden nicht nur in Amerika und Europa Anklang, sondern rund um die Welt.

Eine Verbesserung der Arbeitnehmer-Arbeitgeber-Beziehungen und eine Wahrung des Arbeitsfriedens gelang dem Scientific Management dagegen nicht. Selbst wenn die Arbeiter nicht offen rebellierten, glaubt man heute allgemein, dass die exzessive Spezialisierung und Entqualifizierung den Fähigkeiten und Kompetenzen vieler Unternehmen, die diese Methoden einsetzten, großen Schaden zufügten. Erst heute wird die Fließbandproduktion von vielen Unternehmen aufgegeben, was mit hohen Kosten einhergeht, denn geeignete Modelle als Ersatz dafür sind immer noch schwer zu finden. Zur Verteidigung des Scientific Management sollte jedoch erwähnt werden, dass selbst die mechanistischsten Ansätze, wie der von Taylor propagierte, großen Wert auf gute Beziehungen zwischen Arbeitgebern und Arbeitnehmern legten. Taylor betonte immer wieder, dass sein System *nur dann* funktionieren könne, wenn es von den Arbeitnehmern voll unterstützt würde, und dass hoch qualifizierte, gut ausgebildete und motivierte Mitarbeiter eine unabdingbare Voraussetzung für seinen Erfolg seien. Dass Manager und Unternehmen seinen Rat in den Wind schlugen, ist nicht Taylors Schuld. Dennoch muss man sich fragen, ob ein System, das so komplex ist, dass nur die qualifiziertesten Mitarbeiter es erfolgreich umsetzen können, wirklich ein gutes System ist. Auf diese Frage suchen wir natürlich auch heute noch eine Antwort, nur in einem anderen Kontext.

So seltsam es klingen mag, die Scientific-Management- und die Effizienzbewegung waren im Grunde ethische Systeme. Sie sollten nicht nur Benachteiligungen und Ungerechtigkeiten in der Entlohnung der Arbeiter ausgleichen, sondern auch dafür sorgen, dass Unternehmen ihre Pflichten der Gesellschaft gegenüber erfüllten. Damit meine ich nicht soziale Verantwortung im Sinne der von britischen Unternehmern wie Cadbury und Rowntree umgesetzten Konzepte, sondern tiefergehende Pflichten. Wenn, wie John Davis andeutete, Unternehmen gesellschaftliche Strukturen sind und der Erfüllung sozialer Bedürfnisse dienen, müssen sie auch daran arbeiten, diese Bedürfnisse wirksam zu erfüllen. Andernfalls werden sie von anderen Strukturen ersetzt, die diese Anforderung besser erfüllen können. Zwischen 1880 und 1900 sahen sich amerikanische Konzerne unmittelbar mit diesem Problem konfrontiert: Sie mussten die Nachfrage der Bevölkerung nach Wachstum, besseren Transportmitteln, Lebensmitteln und mehr Konsumgütern postwendend erfüllen. Ansonsten wären sie vom Sozialismus verdrängt worden. Dazu mussten die Unternehmen effizienter werden. Auf dieser Ebene ist ihnen dies im Großen und Ganzen gelungen. Scientific Management war also ein notwendiger Schritt in der Entwicklung und Konsolidierung moderner Unternehmen als gesellschaftliche Organisationsform, so wie die Regeln des Heiligen Benedikts die Klöster als gesellschaftliche Organisationsform stärkten. Möglicherweise sollten wir daher bei jeder neu entstehenden Organisationsform nach einer ähnlichen Rationalisierung und Konsolidierung von Ideen suchen, die sowohl die Organisation definieren als auch ihre Beziehung zur Gesellschaft beschreiben.

> So seltsam es klingen mag, die Scientific-Management- und die Effizienzbewegung waren im Grunde ethische Systeme.

Wurde das Management professioneller? Das lässt sich noch nicht abschließend beurteilen; die Antwort hängt teilweise davon ab, wie man den Begriff »professionell« definiert. In den zwanziger und dreißiger Jahren wurde vor allem von Lyndall Urwick die Auffassung vertreten, dass Manager auf die gleiche professionelle Basis gestellt werden sollten wie die freien Berufe: Rechtsanwälte, Mediziner, Wirtschaftsprüfer und dergleichen. Es müsse eine geregelte, systematisierte Ausbildung auf der Grundlage wissenschaftlicher Prinzipien geben, ebenso wie sich selbst verwaltende Berufsverbände in jedem Land, die einen Verhaltenskodex für ihre Mitglieder aufstellten. Auch die Manager selbst müssen eine professionelle Identität aufbauen, die ihnen erlaubt, sich in erster Linie als Angehörige des Managerberufs zu betrachten. Wie bei Ärzten und Rechtsanwälten sollten sie sich primär ihrem Beruf und seinen Idealen verbunden fühlen, nicht ihrem Arbeitgeber.

Das ist eindeutig nicht geschehen. Große Fortschritte wurden zwar im Hinblick auf die Ausbildung erzielt, aber die wenigen Berufsverbände, die entstanden sind, haben kaum Vollmachten, und das Bewusstsein ihrer beruflichen Identität ist bei den Managern von heute bestenfalls vage. Im Endeffekt ist das »Stammesdenken« der Manager immer noch stärker ausgeprägt als ihre Verbundenheit mit ihrer Profession – wie vor hundert oder tausend Jahren identifizieren sich Manager auch heute noch in erster Linie mit ihrer Organisation, nicht mit ihren Kollegen in anderen Unternehmen. Die Entwicklung hin zu einer wahren Professionalisierung ist ins Stocken geraten. Darin kann man zwar etwas Positives sehen (Burnham meinte 1942 in *The Managerial Revolution*, dass klassenbewusste Manager auf dem besten Weg dazu seien, eine technokratische Gesellschaft auf der Basis uneingeschränkter Weltherrschaft aufzubauen), doch verhindert diese Tatsache mit Sicherheit das Wachstum und die Weiterentwicklung des Managementbegriffs.

Ist die Revolution vorbei?

Kaum ein Jahr geht ins Land, in dem keine neue »Revolution« im Management propagiert wird. Business Reengineering ist ein Beispiel aus den frühen neunziger Jahren; bei Drucklegung der englischen Ausgabe dieses Buches wurde E-Commerce als revolutionäre Neuerung gefeiert. Einer genaueren Betrachtung halten diese Mythen jedoch nicht stand. Business Reengineering war nichts weiter als eine ausgeklügeltere Form der von den Tayloristen initiierten Verfahrenstechnik, und die ersten Ursprünge dieses Ansatzes sind sogar noch älter. Der Aufstieg des Internet und des World Wide Web erschütterten das Managementsystem und haben mit Sicherheit die Vorgehensweisen in vielen Gebieten verändert, insbesondere in der Sammlung und Anwendung von Informationen und Wissen. Bei näherer Betrachtung weist E-Commerce auch verdächtige Parallelen zu vielen Neuerungen auf, die im frühen zwanzigsten Jahrhundert im Marketing eingeführt wurden, und inzwischen erkennen die Unternehmen dies allmählich. Diese spezielle »Revolution« beginnt also bereits ihren Glanz zu verlieren.

Keine der jüngsten Entwicklungen in der Managementtheorie und -praxis läutete jedoch einen Paradigmenwechsel ein. Keine bot uns eine Idee an, die unsere Denkweise und unseren Ansatz im Management auf eine völlig neue Grundlage stellen würde. Dies gelang nicht einmal der Informationsrevolution; sie hat uns schlagkräftige neue Werkzeuge an die Hand gegeben, die wir in vielen Disziplinen nutzen können, *aber die zentralen Aufgaben, mit denen wir konfrontiert sind, sind noch genau die Gleichen wie vor zwanzig Jahren.* Unser Hauptaugenmerk liegt immer noch darauf, wie man Güter profitabel produziert, Kunden gewinnt und an sich bindet, Mitarbeiter effektiv managt und die eigene Karriere so gestaltet, dass ein befriedigendes Leben möglich wird.

> Unser Hauptaugenmerk liegt immer noch darauf, wie man Güter profitabel produziert, Kunden gewinnt und an sich bindet, Mitarbeiter effektiv managt und die eigene Karriere so gestaltet, dass ein befriedigendes Leben möglich wird.

War es vor zwanzig, hundert oder zweitausend Jahren genauso? Wie das vorherige Kapitel zeigt, kann man diese Frage im Großen und Ganzen mit ja beantworten. Die *Grundlagen* des Managements haben sich nicht wesentlich verändert; das werden wir in Teil II sehen. Eines hat die Managementrevolution aber tatsächlich bewirkt: Sie hat uns diese Grundlage vor Augen geführt und uns gezeigt, wie sie sich im Laufe der Zeit verändert und weiterentwickelt haben. Die Managementrevolution erschuf das Management nicht. Das glaubten nicht einmal die daran mitwirkenden Personen; fast ausnahmslos suchten sie in der Geschichte nach Inspirationen und Beispielen für »Best Practices«. Das Verdienst der Managementrevolution – und dafür sollten wir ihr ewig dankbar sein – besteht darin, dass sie diese »Best Practices« kodifizierte und verbreitete, so dass sie mehr Unternehmen zur Verfügung standen. Das ist im Grunde das wichtigste und vorrangige Ziel aller wissenschaftlichen Ansätze im Management.

Teil 2
Die Grundsätze des Managements

Kapitel 4
Marketing: zurück zu den Wurzeln

*Die Wirtschaft ist voller Zauber und Abenteuer.
Es gibt kein Wunder in den Märchen Arabiens,
das nicht in einem Kaufhaus seinesgleichen findet.*

Herbert N. Casson

Philip Kotler, Marketingprofessor an der Chicagoer Northwestern University, hat die moderne Marketinglehre vermutlich mehr beeinflusst als jeder andere. Er ordnet die Ansätze von Unternehmen und Managern im Marketing fünf Stufen zu, von denen jede nächsthöhere etwas anspruchsvoller ist als die vorhergehende. Die erste ist Kotler zufolge das *Produktionskonzept*, bei dem die Manager glauben, ihr Hauptziel bestünde darin, Produkte möglichst billig und effizient herzustellen und zu vertreiben. Dann folgt das *Pro-*

Philip Kotler

Philip Kotler wurde 1931 in Chicago geboren. Zunächst studierte er Volkswirtschaftslehre bei Koryphäen wie Milton Friedman und Paul Samuelson. Bei seinem Eintritt als Dozent in die Northwestern University beschloss er jedoch, stattdessen Marketing zu unterrichten. Die Northwestern University hatte eine lange Tradition qualitativ hochwertiger Forschung und Lehre im Marketing, und Philip Kotler führte diese Tradition fort. Als er seine Lehrtätigkeit aufnahm, galt Marketing als eng umrissene Spezialdisziplin, die streng getrennt von der Produktion und anderen Funktionen im Unternehmen zu sehen war. Außerdem lautete die herrschende Lehre, dass Marketing sich nur auf den Verkauf von Industrie- und Konsumgütern anwenden ließe, und es wurde stark bezweifelt, ob Marketingmethoden überhaupt für Dienstleistungen oder ähnliches geeignet waren.

In den späten sechziger und frühen siebziger Jahren löste Kotler einen Aufruhr aus, als er von der »Erweiterung« des Marketingbegriffs sprach. Er betonte, dass es im Marketing nicht einfach nur um kommerzielle Transaktionen, sondern um soziale Werte gehe. Jedes Produkt erfülle in gewisser Weise auch eine soziale Funktion; jede Transaktion habe soziale Aspekte, und soziale Werte seien integraler Bestandteil aller Geschäftsbeziehungen. Marketing habe somit auch eine soziale Funktion. Folglich sei es, so Kotler weiter, auch möglich, die Wertgrundsätze des Marketings auf primär sozial orientierte Dienstleistungen wie Bildung und Gesundheitswesen anzuwenden. Gleiches gelte auch für gemeinnützige Güter und Leistungen wie sie Sozialbehörden und Wohltätigkeitsorganisationen anbieten, sowie für Situationen, in denen überhaupt keine offiziellen Transaktionen stattfänden, etwa bei der Wahl politischer Kandidaten. Kotlers Argumentation wurde zwar für revolutionär gehalten, fand aber in weiten Kreisen Anklang. Marketing wurde nicht mehr als Nebensache im Geschäftsleben angesehen, sondern zunehmend als Kernkonzept innerhalb des Managements – was es natürlich schon immer gewesen war.

duktkonzept, bei dem Manager überzeugt sind, Verbraucher würden immer von den Produkten mit der höchsten Qualität und den meisten Nutzenmerkmalen angezogen. Das nächsthöhere ist das *Verkaufskonzept*, das (zumindest implizit) dem marxistischen Begriff der Überproduktion Rechnung trägt und argumentiert, dass in Fällen, in denen das Angebot die Nachfrage zu übersteigen beginnt, Absatz und Umsatz dennoch durch aktiven Verkauf von Waren an Konsumenten stimuliert werden können, also durch Einsatz »harter Verkaufsmethoden«, deren Schwerpunkt auf dem Verkauf selbst und nicht bei den Kundenbedürfnissen liegt. Dann folgt das *Marketingkonzept*, das dieses Bild auf den Kopf stellt: Das Unternehmen muss zuerst die Bedürfnisse der Kunden verstehen und analysieren, dann erst kann es Produkte entwickeln, die diese Bedürfnisse erfüllen. Als letzte Stufe schließlich fungiert das von Kotler selbst postulierte Konzept: »societal marketing«, bisweilen auch Social Marketing oder Soziomarketing genannt. Hier versucht das Unternehmen nicht nur, die Bedürfnisse der Verbraucher zu erfüllen, sondern tut dies zusätzlich noch auf eine Art und Weise, die ihren ureigensten Interessen entspricht: Produkte sollten dem Kunden nicht schaden, sondern vielmehr aktiv sein Wohlbefinden sowie das Gemeinwohl fördern.

Sieben Jahrhunderte vor Kotler dachte der Heilige Thomas von Aquin in seinen beiden großen Werken, *Summa theologia* und *Summa contra gentiles*, über das Wesen und die Funktion von Märkten nach. Märkte, so schrieb er, seien dazu da, den Bedürfnissen der Menschen zu dienen; ihre Hauptfunktion sei sozialer Natur, denn sie würde Menschen ermöglichen, Güter (Lebensmittel, Kleidung, Werkzeuge und dergleichen) zu kaufen, die ihnen ein besseres, erfüllteres Leben verschaffen konnten. Thomas von Aquin sprach sich für einen »gerechten Preis« oder »fairen Preis« für Güter auf einem Markt aus. Er brach mit Jahrhunderten katholischer Theologie, indem er argumentierte, dass der faire Preis eines Produktes nicht von seinem inneren Wert abhänge, sondern von dem Wert, den es für seinen Käufer besitze. Die Bedürfnisse und Wünsche der Verbraucher würden seinen Wert bestimmen. Thomas von Aquin nannte ein Beispiel: Gemessen am inneren Wert ist eine Maus als lebende Kreatur sicherlich wertvoller als die unbeseelte Perle. Dennoch verhält es sich genau umgekehrt. Der Grund: Der Wert liegt im Auge des Betrachters, im Denken des Käufers.

Die Wertvorstellung des Käufers, so Thomas von Aquin, bestimme den Marktpreis. Wenn nun aber der Verkäufer weiß, was sein Kunde denkt, kann er einen Wert erzeugen (wir würden heute von »Wertschöpfung« sprechen), indem er das Wesen und die Qualität der Waren beeinflusst. Mit

---

Thomas von Aquin argumentierte, dass der faire Preis eines Produkts nicht von seinem inneren Wert abhänge, sondern von dem Wert, den es für seinen Käufer besitze.

Der Heilige Thomas von Aquin

Der um 1225 in der Nähe von Neapel geborene Thomas von Aquin absolvierte seine Ausbildung in Monte Cassino sowie an der Universität Neapel. Nachdem er sich 1244 dem Dominikanerorden angeschlossen hatte, setzte er sein Studium in Paris und Köln fort. Er hatte ein internationalistisches Weltbild und übte sein Leben lang Lehr- und Verwaltungspositionen in seinem Orden in Neapel, Rom und Orvieto aus. Zweimal wurde er als Theologieprofessor nach Paris entsandt. Er starb 1274 und wurde 1323 heilig gesprochen. Thomas von Aquin überragte die Menschen in seinem Umfeld sowohl geistig als auch körperlich (er war über 1,80 Meter groß). Seine philosophischen Werke wurden zur Grundlage nahezu aller philosophischen Schriften der nächsten 150 Jahre. Er ist immer noch ein bedeutender Denker in der westlichen und insbesondere der katholischen intellektuellen Welt. Vor allem seine Ansichten zur Ethik stehen nach wie vor im Zentrum der modernen Vorstellung von ethischem Verhalten (siehe Kapitel 9). Aus diesem ethischen Blickwinkel heraus betrachtete er auch die Wirtschaft und die Märkte: Welchen Zweck erfüllen sie? Wem dienen sie? Welchen Wert erzeugen sie? Diese Betonung eines übergeordneten Zwecks, der über die reine Umsatz- und Gewinnerzielung hinausgeht, setzt sich ganz allmählich in der Marketinglehre unserer Zeit wieder durch.

---

anderen Worten: Der Verkäufer – oder der Marketingexperte, wenn Sie so wollen – kann durch sein Verständnis der *Bedürfnisse* und der Nachfrage der Kunden sowie durch seine Kenntnis der Produkte, die diese Bedürfnisse und Nachfrage befriedigen, auch die *Verfügbarkeit* der Produkte beeinflussen und sie den Kunden zugänglich machen.

Die Lektüre von Thomas von Aquins Erörterungen zum Markt wirft eine faszinierende Frage auf: Haben Kotler und seine Kollegen in den Marketingabteilungen auf der ganzen Welt etwas Neues erfunden? Oder sind sie vielmehr zu den Wurzeln des Marketing zurückgekehrt – zu einem Marketingbegriff, der nicht nur wirtschaftlich, sondern auch gesellschaftlich zu verstehen ist und Marketing nicht als isoliertes »Verkaufen« betrachtet, sondern als Stufe in einem Prozess, durch den menschliche Bedürfnisse erfüllt und Zivilisation entsteht?

Die drei Epochen des Marketing

Moderne Marketingexperten – insbesondere diejenigen, die an Universitäten lehren – sind sich darin einig, dass sich die Anfänge von Marketing als akademischem Fachgebiet bis ins frühe zwanzigste Jahrhundert zurückverfolgen lassen. Autoren wie Arch Shaw, Walter D. Scott, L.D.H. Weld und Paul Cherington wurden abwechselnd als »Vater des modernen Marketings« gefeiert.[1] Wann die modernen Marketingpraktiken in der Wirtschaft in breiteren Kreisen umgesetzt wurden, ist eine kontroversere Frage: Kotler zufolge fand die allgemeine Akzeptanz des Marketings in den fünfziger Jahren statt; Bill Donaldson sieht dagegen in der *International Encyclopedia of Business and Management* erste Anzeichen dieser Entwicklung bereits in den dreißiger Jahren.

Was gab es denn vor dem Marketing? Wie fanden Unternehmen Kunden, und wie verkauften sie ihnen Produkte? Die meisten Marketingfachautoren (oder zumindest diejenigen, die sich überhaupt die Mühe machen, einen Blick auf die Geschichte des Marketings zu werfen) vertreten die Ansicht, dass es Marketing in der uns heute bekannten Form in der Vergangenheit nicht gab, weil es einfach nicht erforderlich war. Sie unterteilen wirtschaftliche Aktivitäten in drei Entwicklungsstufen, so ähnlich wie Lewis Mumford und Marshall McLuhan von den »drei Epochen« der technologischen Entwicklung sprachen. Nach Ansicht der Marketingfachleute kam zuerst das vorindustrielle Zeitalter. Über Jahrhunderte hinweg, von der Antike bis zum Ende der Reformation in Europa – und noch länger in Indien und in Fernost – lag der Schwerpunkt wirtschaftlicher Aktivitäten auf der Landwirtschaft. Produktion erfolgte lokal und war handwerklich orientiert. Nach dieser Theorie waren Märkte Plätze, an denen Produzenten und Konsumenten zusammenkamen und persönlich Geschäfte abschlossen, erst durch Tauschhandel und später dann auf Geldbasis. Es wird behauptet, dass die dort stattfindenden Transaktionen simpel und alles andere als ausgeklügelt gewesen seien. Deshalb seien keine spezifischen Marketingpraktiken und -verfahren erforderlich gewesen.

Dann kam die Industrielle Revolution, die gegen 1770 in der britischen Textilindustrie ihren Anfang nahm und sich im weiteren Verlauf auf andere Branchen und Länder ausdehnte: In Frankreich und Deutschland erfolgte sie um 1830 herum, in Russland und den Vereinigten Staaten nach 1870, in Japan nach 1880, in Indien und China im frühen zwanzigsten Jahrhundert. Donaldson beschreibt die Industrielle Revolution so:

> *... gekennzeichnet durch systematische, regelmäßige Anwendung der Wissenschaft und Technik auf die Fertigung von Gütern und die Erbringung von Dienstleistungen. Die Fertigungsmenge stieg rasch an, während die rela-*

tiven Preise weiter fielen ... Die Verbraucher waren zufrieden, weil sich die Verfügbarkeit von Waren deutlich verbesserte, und die Produzenten freuten sich über höhere Umsätze und Gewinne.[2]

Allerdings ging es bei der Industriellen Revolution nicht nur um die Steigerung der Produktion. Mit dem Fabriksystem gingen neue Entwicklungen im Transportwesen einher: erst der Bau von Kanälen und später die noch bedeutsamere rasche Entwicklung und Ausweitung der Eisenbahnnetze. Die Industrielle Revolution erhöhte nicht nur die Fertigungskapazität um ein Vielfaches, sondern beeinflusste auch die Stärke und Reichweite der Vertriebskanäle. Nach Ansicht vieler moderner Autoren war die Nachfrage während dieser Zeit stets größer als das Angebot; die Märkte waren begierig auf neue Konsumgüter, und die industriellen Produzenten konnten ihre Waren fast automatisch absetzen. Marketing oder sogar Verkaufstätigkeiten seien kaum nötig gewesen. So zumindest die Theorie.

Mit größerer Warenvielfalt und -auswahl wurde Unternehmen bewusst, dass sie sich einen Wettbewerbsvorteil verschaffen konnten, indem sie ihre Angebote gegenüber der Konkurrenz differenzierten. Wachsender Wettbewerb in vielen Branchen, insbesondere nach dem Ersten Weltkrieg, lieferte weitere Anreize: In wirtschaftlich schwierigen Zeiten hatten jene Unternehmen die größten Überlebenschancen, die am besten Kunden für sich gewinnen konnten. Viele Beobachter vertraten die Ansicht, dass Massenproduktion ihrerseits zu Massenkonsum führte und mit einer Verbesserung der angebotenen Menge und Warenvielfalt einherging. Dies wiederum habe zum Entstehen des Marketings geführt.

Die meisten Autoren schlossen sich ab 1920 dieser Ansicht an. Einige waren jedoch nicht ganz davon überzeugt. So glaubte Paul Cherington von der Harvard Business School, einer der wichtigsten und tiefgründigsten Marketingautoren aller Zeiten, dass die physische Trennung von Produzenten und Konsumenten dem Marketing den meisten Aufwind verliehen habe. Bessere Transportmöglichkeiten, so Cherington, führten dazu, dass die Unternehmen sich nicht mehr nur auf die Kunden in ihrer unmittelbaren Nachbarschaft konzentrieren mussten; per Eisenbahn und Dampfschiff konnten Hersteller auch Abnehmer am anderen Ende des Kontinents oder in Übersee erreichen. Aber die physische Distanz warf viele neue Probleme auf, allen voran die Frage, wie man Kunden aufspüren, ihre Wünsche und Bedürfnisse verstehen und geeignete Produkte entwickeln kann, wenn Produzenten und Kunden nicht in engem physischen Kontakt stehen. Cherington zufolge sollte das Marketing genau diese Probleme lösen.

Paul Cherington

Der 1876 in Ottawa im US-Bundesstaat Kansas geborene Paul Cherington studierte an der Ohio Wesleyan University und an der University of Pennsylvania, wurde dann Journalist und schließlich Leiter der Publikationsabteilung des Handelsmuseums in Philadelphia. 1908 holte ihn Edwin Gay als einen der Gründerdozenten an die Harvard Business School. Dort war Cherington für die Konzeption von Marketingseminaren verantwortlich und gründete zudem das Bureau of Business Research der Harvard Business School, zu dessen Aufgabe unter anderem die Erhebung von Informationen gehörte, die in den Kursen sowie bei der Gestaltung von Fallstudien verwendet werden konnten. Im Jahr 1919 verließ Cherington Harvard und leitete viele Jahre lang die Rechercheabteilung der Werbeagentur J. Walter Thompson.

In den dreißiger Jahren entwickelte er zusammen mit Elmo Roper Methoden für Meinungsumfragen, die heute noch verwendet werden. Nach Philip Kotler (siehe oben) war Cherington der wohl bedeutendste Autor und Theoretiker des Marketing im zwanzigsten Jahrhundert.

Ein Zeitgenosse von Cherington, der amerikanische Professor Lewis Haney, untersuchte diese Entwicklung in einem breiteren historischen Kontext: von der Antike bis zum Jahr 1900. Wie viele frühe Marketingdozenten hatte auch Haney Volkswirtschaft studiert, und glaubte, dass sich Märkte als wirtschaftliche Reaktion auf soziale Bedürfnisse entwickeln. Mit zunehmender Reife und Evolution einer Gesellschaft veränderten sich auch ihre Bedürfnisse; sie wurden vielfältiger. Auch die Märkte entwickelten sich weiter, und die Marktaktivitäten wurden demzufolge immer komplexer. So führte etwa die zunehmende Urbanisierung und der wachsende Wohlstand im Amerika des späten neunzehnten Jahrhunderts dazu, dass die Verbraucher sowohl mehr als auch andere Waren verlangten, um ihren Lebensstandard zu verbessern. Die Unterschiede waren Haney zufolge graduell; es habe sich nicht um eine neue Warengattung gehandelt. Im Grunde ist Marketing so alt wie die Wirtschaft selbst. Obwohl sich bis zu Haneys Zeiten schon viel geändert hatte (so wie faktisch auch seit dieser Zeit wieder vieles anders geworden ist), wurden die Grundprinzipien des Marketings schon seit Jahrhunderten von erfolgreichen Geschäftsleuten praktiziert.

Eine weitere Sichtweise dieses Themas bot der renommierte britische Unternehmensberater Lyndall Urwick an. Wie in allen seinen Werken betonte Urwick auch in seinen Arbeiten zum Thema Marketing die Konti-

> Im Grunde ist Marketing so alt wie die Wirtschaft selbst.

nuität zwischen früheren und gegenwärtigen Praktiken. In den dreißiger Jahren wies er darauf hin, dass ein Großteil von dem, was wir heute als Marketing bezeichnen, bereits in den Vorgehensweisen und Methoden der englischen Markthändler aus dem siebzehnten Jahrhundert zu beobachten war:

> *Ursprünglich erfüllten Märkte vier Funktionen. Erstens musste ein Produzent wissen, wo er eine Personengruppe finden konnte, die zum Kauf seiner Waren oder Dienstleistungen bereit war. Nachdem er diesen Markt ausfindig gemacht hatte, brachte er sein Produkt dorthin. Bei seiner Ankunft stellte er seine Waren so aus, dass sie potenziellen Käufern auffielen. Hatte er schließlich ihr Interesse geweckt, führte er die eigentliche Verkaufstransaktion durch, wobei die Frage des Preises im Mittelpunkt stand. Alle Komplexitäten unserer modernen Distributionssysteme sind lediglich neue Spielarten und Kombinationen dieser vier grundlegenden Prozesse. Hier handelt es sich um die vier zentralen Aktivitäten, die unter der generellen Überschrift »Vertrieb« durchgeführt werden.*[3]

Urwick fährt fort: »Die meisten der modernen Marketingmethoden – hier wie in den Vereinigten Staaten – gehen zurück auf diese Händler, die im siebzehnten Jahrhundert eine Vorreiterrolle spielten. Damals waren Vermarktungsprobleme allem Anschein nach ebenso dringlich wie Fertigungsprobleme. Die Grundlagen der Überlegenheit im Handel wurden offenbar zu jener Zeit gelegt, weil Engländer sich besser als ihre Nachbarn auf den Verkauf verstanden und nicht etwa von außerordentlichen Vorzügen englischer Produkte profitierten.«

Die Entwicklung des modernen Marketings beschreibt in Wahrheit den Aufstieg des *Massenmarketing*: des Verkaufs von Waren und Dienstleistungen, die in Massenproduktion hergestellt werden, an eine große Anzahl geografisch weit verstreuter Konsumenten. Solange Massenmarketing das vorherrschende Paradigma war (wie es im zwanzigsten Jahrhunderts lange der Fall war), konnten die Marketingpraktiken früherer Zeiten bis zu einem gewissen Grad ignoriert werden. Heute ändert sich dies aber. Der Trend geht immer mehr zum Beziehungsmarketing, bei dem Produzenten ihre Kunden kennen lernen und ihren Ansatz und ihre Angebote auf deren individuelle Bedürfnisse abstimmen. Selbst Großunternehmen, zumal im Finanzdienstleistungssektor, sprechen heute von individuellen One-to-One-Beziehungen zu ihren Kunden. E-Commerce und andere Fortschritte in der Informationstechnologie vereinfachen heute die Pflege individueller Kundenbeziehungen – wenn nicht von Angesicht zu Angesicht, so doch im virtuellen Raum. Vermarkter von Dienstleistungen beginnen zu realisieren, dass ihre Kunden Teil des Serviceprozesses sind, und fördern deren unmittelbare, aktive Einbeziehung in ihre Geschäftsprozesse.

Stark personalisiertes Marketing in begrenztem Maßstab, wie es in früheren Zeiten an der Tagesordnung war, gewinnt jetzt wieder an Bedeutung, und dies stellt den Charakter und die Spezialistenrolle der Marketingprofis und -abteilungen in Frage. Wer ist im heutigen neuen One-to-One-Marketingumfeld für das Marketing verantwortlich? Um es mit den Worten des früheren französischen Präsidenten Clemenceau zu sagen: Marketing könnte zu wichtig sein, um es den Marketingexperten zu überlassen. Dass Marketing jedermanns Aufgabe sein könnte, ist kein neuer Gedanke; es hat nur seine Zeit gedauert, bis wir uns wieder daran erinnert haben.

Vermarktung vor dem Marketing

Eines der herausragendsten Merkmale des Marketings vor der Moderne – sagen wir der Einfachheit halber einmal vor dem Ersten Weltkrieg – war die Tatsache, dass die Menschen an der Spitze der Unternehmenshierarchie die Verantwortung für das Marketing übernahmen: Diese Aufgabe oblag dem Vorstandsvorsitzenden oder Geschäftsführer, der oft zugleich Firmeninhaber oder Seniorpartner war. Besonders auffällig ist dies bei der Vermarktungsform business-to-business; hier waren Firmenchefs oft persönlich an Verkaufsaktivitäten beteiligt. Aber auch im Einzelhandel gehörte die Verantwortung für die Marketingaufgaben und ihre Leitung in vielen Fällen zu den Hauptaufgaben des obersten Firmenlenkers.

Auch im Einzelhandel gehörte die Verantwortung für die Marketingaufgaben und ihre Leitung meist zu den Hauptaufgaben des obersten Firmenlenkers.

Bei der business-to-business-Vermarktung lassen sich zwei Ansätze unterscheiden. Der eine, den wir als *Produktansatz* bezeichnen könnten, weist dem Firmenchef sowohl bei der Produktgestaltung als auch im Marketing und Vertrieb eine zentrale Rolle zu. Beide Aktivitäten werden als komplementär und gleichermaßen wichtig erachtet: In engem persönlichen Kontakt mit den Kunden analysiert der Firmenchef Bedürfnisse und lässt die so gewonnenen Erkenntnisse wieder in den Gestaltungsprozess einfließen. Beim anderen Ansatz, den man als *Beziehungsaufbau* bezeichnen könnte, widmet der Firmenchef einen Großteil seiner Zeit und seines Engagements der Pflege von Kundenbeziehungen. Er teilt zwar dem Konstruktions- oder Designteam auch Informationen über Produktanforderungen mit, doch wird die eigentliche Gestaltungsverantwortung delegiert.

Ein gutes Beispiel für den Produktansatz liefert William Pirrie, der die Schiffswerft Harland & Wolff während ihrer Blütezeit von circa 1885 bis nach dem Ersten Weltkrieg führte. Während Pirries Amtszeit beherrschte Harland & Wolff den Markt für Passagierdampfer: Fast alle großen Schifffahrtslinien der Welt gaben bei Harland Bestellungen für Luxuspassagierschiffe auf. Pirries Schiffe waren ein Inbegriff von Luxus, Komfort und Schnelligkeit.

Bevor er vom Unternehmensgründer Edward Harland die Leitung übernahm, war Pirrie für das Marketing zuständig gewesen. Er baute ein Netz persönlicher Kontakte zu führenden Reedereien in Europa auf, verbrachte einen Großteil seiner Zeit mit Reisen zu seinen Geschäftspartnern und verkaufte ihnen Schiffe mit einer Mischung aus Überredungskunst, Belfaster Charme und unwiderstehlichen Angeboten. Pirrie gründete auch den ersten »Kundenclub«, der Stammkunden bevorzugten Zugang zu Material und Reparatureinrichtungen sowie bei Vorauskasse in bar auch merkliche Preisnachlässe auf Istkosten-plus-Gewinnzuschlag-Basis bot. Seine Hartnäckigkeit und sein Verkaufsgeschick waren legendär. Ein Liverpooler Reeder traf einmal einen düster dreinblickenden Kollegen. »Warum ziehen Sie so ein langes Gesicht?« fragte er. »Dieser Pirrie hat mir gerade ein Schiff verkauft«, lautete die Antwort, »und ich weiß einfach nicht, was zum Teufel ich damit anfangen soll.«

Als Pirrie im Unternehmen die Zügel in die Hand nahm, leitete er weiterhin die Marketingaktivitäten. Durch die Analyse der Informationen, die er bei seinen Kundengesprächen erhielt, wusste er, dass die vorrangigsten Bedürfnisse der Reedereien Schnelligkeit, Komfort und Sicherheit waren. Überseereisen waren lange Zeit gefährlich und entbehrungsreich; wenn der Markt wachsen sollte, mussten die Passagiere davon überzeugt werden, dass sie schnell, sicher und bequem reisen konnten. Pirrie erfüllte die Wünsche der Reedereien und der Reisenden. Seine Schiffsarchitekten waren angewiesen, die neueste Technik für den Schiffsbau und den Antrieb zu verwenden, ungeachtet der dadurch entstehenden Kosten. Pirrie selbst entwarf die Innenausstattung vieler Dampfer und verwandelte Hochseepassagierschiffe in schwimmende Paläste, indem er das Design kontinentaleuropäischer Grandhotels entsprechend für sich adaptierte. Auf der Grundlage eines einfachen Prozesses – Pirrie übersetzte seine Kenntnisse über Kundenbedürfnisse in Produkte, die diese Kunden zufrieden stellen würden – baute Pirrie die mächtigste und erfolgreichste Schiffswerft der Welt auf. Heute ist Harland & Wolff nur noch ein Schatten seines ehemaligen Selbst, doch die von Pirrie entwickelten Grundsätze, nämlich Schnelligkeit, Sicherheit und Komfort, beeinflussen auch heute noch den Bau von Passagierschiffen auf der ganzen Welt.

William Pirrie

Der 1847 als Sohn eines Reeders in Quebec City geborene William Pirrie besuchte die Royal Belfast Academical Institution und wurde im Alter von 15 Jahren ein »Gentlemen-Lehrling« in der Belfaster Schiffswerft Harland & Wolff. Im heutigen Sprachgebrauch würden wir ihn als Management-Trainee bezeichnen: »Gentlemen-Lehrlinge« verbrachten zwischen sechs und sieben Jahre in verschiedenen Abteilungen der Firma, wo sie das Geschäft von der Pike auf lernten, und wurden dann in Führungspositionen befördert. Pirrie war ein methodischer Arbeiter, der sehr viel Wert auf Details legte, und fiel schon bald den Seniorpartnern Edward Harland und G. C. Wolff auf. Er wurde rasch befördert, bis er im Alter von 27 Jahren selbst Partner wurde. Pirrie war ein erstklassiger Verkäufer und übernahm einen Großteil der Marketingaktivitäten des Unternehmens. Edward Harlands Frau Rosa meinte einmal: »Mein Mann baut die Schiffe, aber Herr Pirrie holt die Aufträge für sie herein.« Als Harland und Wolff sich zur Ruhe setzten, übernahm Pirrie nach und nach die Leitung des Unternehmens. Neben der Führung der Werft war er von 1896 bis 1898 auch Oberbürgermeister der Stadt Belfast. 1903 wurde er in den Stand eines Viscount erhoben. Der Untergang der *Titanic* und der Tod seines Neffen Thomas Andrews, der Chefkonstrukteur des Schiffs, erschütterte Pirrie sehr, und er erlangte niemals wieder seinen früheren Elan zurück, obwohl der Ruf des Unternehmens für erstklassige Baukunst und herausragendes Design kaum Schaden davontrug. 1924 starb Pirrie an Bord eines Dampfers bei der Durchquerung des Panamakanals.

Viele Firmeninhaber legten ihren Schwerpunkt auf den Aufbau von Kundenbeziehungen, doch unter ihnen zeichnete sich Richard Arkwright (dessen Karriere in Kapitel 2 bereits detailliert beschrieben wurde) durch die persönliche Aufmerksamkeit aus, die er seiner Kundschaft, den Herstellern von Fertigtextilien, zuteil werden ließ. Arkwrights frühe Erfolge mögen auf die Konzeption und Umsetzung des ersten Fabriksystems zurückzuführen sein, doch in späteren Jahren setzte er auf einen Managementstil mit bemerkenswert lockeren Zügeln. Die Leitung der einzelnen Fabriken legte er in die Hände von Werksmanagern und Partnern, während er selbst die Strategie plante und Kontakte zu Kunden pflegte. Ein vielleicht noch besseres Beispiel für diesen Ansatz liefert uns jedoch der deutsche Stahlhersteller Alfred Krupp. Berühmt – oder berüchtigt – als der »Kanonenkönig«, der Lieferant schwerer Artillerie für die preußische Armee und später auch viele andere Streitkräfte der Welt, verdankte Krupp einen Großteil seines Erfolges in Wirklichkeit der Herstellung von Eisenbahnschienen (die transkontinentale Eisenbahntrasse der Union Pacific wurde größtenteils mit Krupp-Stahlschienen gebaut) und schweren Stahlbauteilen für Eisenbahnwaggons. Krupp war ursprünglich ein autokratischer Manager, der darauf bestand, jeden Aspekt seines Geschäftes persönlich zu kontrollieren, doch als er gegen 1870 aus Überarbeitung einen Nervenzusammenbruch erlitt, delegierte er danach (widerwillig) einen Teil seiner Befugnisse. Dennoch war er weiterhin stark ins Marketing seiner Hauptproduktlinien – Artillerie und Eisenbahnbauteile – involviert. Wie Pirrie hatte Krupp ein Beziehungsnetzwerk zu wichtigen Kunden aufgebaut. Statt auf Charme (er besaß keinen) setzte Krupp auf einen uner-

> Statt auf Charme (er besaß keinen) setzte Krupp auf einen unerschütterlichen Glauben an seine eigenen Produkte in Verbindung mit mürrischer Hartnäckigkeit.

Alfred Krupp

Der 1812 in Essen geborene Alfred Krupp erbte mit 14 Jahren von seinem Vater ein insolventes Stahlunternehmen. Die nächsten drei Jahrzehnte arbeitete er an der Sanierung und dem allmählichen Aufbau des Geschäfts; das Geld war so knapp, dass die Familie Krupp mehrfach ihr eigenes Tafelsilber einschmelzen musste, um die fälligen Löhne bezahlen zu können. Das wenige Geld, das hereinkam, wurde in technisch hochwertige Fertigungsanlagen investiert, wie zum Beispiel den neu erfundenen Bessemer-Prozess für die Stahlherstellung. Krupps Hartnäckigkeit und Entschlossenheit wurden legendär, und sie zahlten sich aus, als nach 1860 Eisenbahnen ihren Siegeszug antraten und Krupp-Stahlschienen und -Bauteile sehr gefragt waren. Ungefähr zur gleichen Zeit wandte sich der neue preußische Kanzler Otto von Bismarck von der Politik seiner Vorgänger ab, testete und kaufte dann Krupps Kanone für die expandierende deutsche Armee.

1866 wurden Krupp-Gewehre von der preußischen Armee im Kampf gegen Österreich in der Schlacht von Königgrätz eingesetzt. Einige Gewehre explodierten. Krupp, der seine ganze Reputation auf der Qualität seiner Produkte aufgebaut hatte, erlitt einen Nervenzusammenbruch. Gesundheitlich erholte er sich niemals wieder völlig, und er verbrachte immer mehr Zeit in Kurorten. 1871 hielt er sich einige Monate in Torquay in Devon auf, wo er sich nach einem weiteren Zusammenbruch erholte. Während dieser Zeit verfasste er ein Dokument, das später unter dem Titel *Allgemeine Anweisungen* bekannt wurde, Instruktionen für das Management der Krupp-Fabriken enthielt und seine eigene Geschäftsphilosophie darlegte. Dieser Paternalist, der seinen Arbeitern Wohnungen, Läden, Freizeiteinrichtungen und Kirchen bot, wurde im Alter zunehmend verbittert und eigenbrötlerisch, trennte sich von seiner Frau und tyrannisierte seinen einzigen Sohn. Im Alter von 75 Jahren starb er allein in seinem großen Haus, der Villa Hügel in Essen.

Marketing: zurück zu den Wurzeln

schütterlichen Glauben an seine eigenen Produkte in Verbindung mit mürrischer Hartnäckigkeit; er belagerte die preußische Regierung mehr als zwanzig Jahre lang, bis sie endlich nachgab und sich bereit erklärte, seine neu entworfenen Kanonen zu testen.

Verkörperung der Marke

Im Verbrauchermarketing ergaben sich einige der bekanntesten Marketingerfolge der Vergangenheit, wenn der Firmenchef eine so enge Bindung zwischen seiner Person und dem Unternehmen und seinen Produkten herstellte, dass er selbst Teil des Angebots wurde. Heute wird das Konzept der »Verkörperung der Marke« mehr diskutiert als praktiziert. In der Vergangenheit, als die Vermarktungsbedingungen häufig noch unsicherer waren als heute und Risiken eine ständige, reale Bedrohung darstellten, musste man Wirtschaftslenker nicht daran erinnern, dass alles von ihrem guten Ruf abhing. Händler aus dem Italien der Renaissance wie der Tagebuchschreiber Marino Sanudo sprachen häufig von ihrer eigenen »Bonität«. Damit meinten sie weniger ihre finanzielle Kreditwürdigkeit, so wichtig diese auch sein mochte, sondern vielmehr ihren Ruf in der Gemeinde. Eine gute »Bonität«, ein guter Ruf, konnte Millionen wert sein, wie im Falle des Augsburger Bankiers Jakob Fugger im sechzehnten Jahrhundert. Fuggers Bank, die fast einhundert Jahre lang Europas größtes Finanzdienstleistungshaus blieb, gründete ihren Erfolg auf seine eigene persönliche Reputation für finanziellen Scharfsinn und Integrität. Ähnliches galt zumindest auch für die Bankgeschäfte des Medici-Imperiums im vorherigen Jahrhundert; das Tagesgeschäft der Bank oblag Profis wie Benci und den Gebrüdern Ingherami (siehe Kapitel 2), aber Medici war die Marke, und die Hauptverantwortung für die Pflege der Beziehungen zu wichtigen Kunden lag beim Firmenchef Cosimo dei Medici.

Der herausragendste Vertreter dieser Verkörperung der Marke stammt jedoch aus den Vereinigten Staaten. Phineas Taylor Barnum, seines Zeiches Zirkusimpresario, Konzertveranstalter und Museumsdirektor, führte eine Reihe von konventionellen Unternehmen, die alle scheiterten. Schließlich erkannte er, dass er die Massen nur mit Publicity anlocken konnte. Wie sich herausstellte, hatte er dafür ein angeborenes Talent. Barnum schrieb in seinen Memoiren: »Ich ergriff eine Gelegenheit häufig instinktiv, noch bevor

Eine gute »Bonität«, ein guter Ruf, konnte Millionen wert sein, so auch im Falle des Augsburger Bankiers Jakob Fugger im sechzehnten Jahrhundert.

ich eine konkrete Vorstellung davon hatte, wie sie genutzt werden sollte, und sie schien irgendwie heranzureifen und meinen Zwecken zu dienen.« Obwohl Barnum Werbung einsetzte, erkannte er, dass Publicity billiger war, und daher pflegte er Beziehungen zu Zeitungsredakteuren wie Horace Greeley in der Hoffnung, dass sie positive Artikel über ihn schreiben würden. Im Laufe der Zeit stellte er fest, dass er selbst zur Attraktion wurde: Die Frage, »was Barnum als nächstes tun wird«, wurde nicht nur in Zeitungsartikeln, sondern auch im Klatsch an der Straßenecke erörtert. Barnum machte sich das zunutze und pflegte sein eigenes, fast legendäres Image, das ihm einen dauerhaften Platz in der amerikanischen Kultur verschaffte. In späteren Jahren, als der Zirkus Barnum & Bailey's in ganz Amerika auf Tournee ging, brachten Farmer ihre Familien 20 Meilen weit mit Pferd und Wagen zum Rummelplatz – weniger, um die Vorstellung zu sehen, sondern vielmehr, um selbst einen Blick auf den legendären Barnum werfen zu können.

Viele Methoden Barnums wurden von einem jungen Mechaniker aus Connecticut namens Samuel Colt übernommen. Colt hatte eine einfache und leicht herstellbare Konstruktion für einen Revolver entworfen und patentieren lassen, stieß mit seinem Produkt jedoch weder in der Öffentlichkeit noch bei der Armee auf Interesse. Wie Barnum gründete Colt vor seinem Durchbruch mehrere glücklose Unternehmen. Ein Texas Ranger, der einige von Colts frühen Revolvern gekauft hatte, schrieb ihm einen Dankesbrief: In einem Scharmützel mit feindlichen Indianern in Westtexas hatte die überlegene Feuerkraft seines Revolvers die Angreifer abgewehrt und mehreren Rangern das Leben gerettet. Colt ergriff diese Publicity-Chance, die ihm wie ein Geschenk des Himmels vorkam. Er gründete eine neue Firma in Connecticut und begann, seine Revolver mit einem Motto zu verkaufen, das für nahezu die gesamte spätere Werbung auf dem Gewehrmarkt den Ton vorgab: Er stellte eine Assoziation zwischen seinem Produkt und dem Pioniergeist, der Öffnung des Westens und so uramerikanischen Tugenden wie Mut und Unabhängigkeit her. Die Krönung war das neue Image, dass er sich selbst verpasste: Er wurde zu »Colonel« Sam Colt, ein ausgezeichneter Schütze und Reiter, die Verkörperung der Tugenden des Westens. Ob Colt selbst jemals weiter westlich reiste als Kentucky, ist nicht bekannt und irrelevant: Der Mythos war geboren, das Image verfestigte sich, und die Marke Colt wurde für alle Ewigkeit mit den »Pioniertugenden« verbunden, die Colt selbst für sie beansprucht hatte.

Nicht jedes Marketinggenie im neunzehnten Jahrhundert war eine so schillernde Persönlichkeit wie Colt oder Barnum. Obwohl das publikums-

Samuel Colt

Colt wurde 1813 in Hartford im US-Bundesstaat Connecticut als Sohn eines Textilhändlers geboren, der später bankrott ging. Als Schuljunge führte Colt gern chemische Versuche sowie Experimente mit Sprengstoffen durch, und seine offizielle Schullaufbahn endete, als er ein Feuerwerk veranstaltete, das außer Kontrolle geriet und seine Schule bis auf die Grundmauern niederbrannte. Der Legende nach kam ihm als Hilfsmatrose auf einer Reise nach Indien die Idee, eine Schusswaffe mit einem sich drehenden Zylinder zu bauen (in Wirklichkeit waren bereits vor Colt sowohl in den USA als auch in Großbritannien andere Revolver patentiert worden). Nach seiner Rückkehr nach Amerika arbeitete er als Handelsreisender, verkaufte Lachgas in den Städten Neuenglands und nannte sich »Dr. Colt«. Nachdem er etwas Kapital aufgetan hatte, gründete er sein erstes Werk in Paterson, New Jersey, wo er nicht einmal tausend Revolver herstellte, bevor er Konkurs anmelden musste. Der Kontakt zu Captain Walker von den Texas Rangers war seine Rettung, und bald nach seiner Rückkehr nach Neuengland baute er eine neue Fabrik auf und entwarf neue Handfeuerwaffen. Der Rest ist Geschichte.

Colt starb vergleichsweise jung im Jahr 1862. So erfolgreich sein Unternehmen auch während seiner Lebzeiten gewesen sein mochte, seinen Höhepunkt erreichte es während der nächsten beiden Jahrzehnte, als es unter der Führung seiner Witwe Elizabeth Colt so berühmte Revolver wie den Single Action Army 45 produzierte, der später als »Colt-Peacemaker« unsterblich werden sollte. Colts Name und die von ihm geschaffene Marke waren mächtige Kräfte, die noch lange nach seinem Tod weiterwirkten.

---

wirksame Auftreten Barnums noch heute Werbe- und Verkaufsförderungsmethoden beeinflusst, war langfristig die Entwicklung von Managementverfahren für den Direktverkauf wohl von größerer Bedeutung. Verkaufsmanagement ist eines der Gebiete im Management, das im Laufe der Zeit viele Modeerscheinungen gekannt hat, insbesondere in Bezug auf die Frage, ob ein Unternehmen seine eigene Vertriebsorganisation aufbauen oder den Verkauf in die Hände externer Agenten legen soll. Die geringen Geschwindigkeiten und hohen Risiken, die mit dem Transport im Mittelalter verbunden waren, führten oftmals zu hochkomplexen Distributionsketten mit einer Vielzahl von Zwischenhändlern und einer großen Distanz zwischen Einzelhändlern und Produzenten.

Im vierzehnten und fünfzehnten Jahrhundert versuchten die italienischen Textilhersteller, diese Kluft zu überbrücken, indem sie Partnerschaften mit Handelsvertretern in anderen Ländern entwickelten und so ihre Kontrollmöglichkeiten ausweiteten. Große Firmen wie die Medici konnten sich sogar einen eigenen Vollzeit-Vertreterstab leisten. Einige dieser Unternehmen unterhielten sogar Einzelhandelsgeschäfte, doch lagen diese meist nicht weit vom Firmensitz entfernt und konnten direkt vom Inhaber und den obersten Führungskräften beaufsichtigt werden. Die Debatte über die Frage, ob der Vertrieb Aufgabe von fest angestellten Mitarbeitern sein sollte oder ob man lieber externe Vertreter auf Provisionsbasis engagierte, taucht in der damaligen Geschäftskorrespondenz immer wieder auf. Die erste Alternative war einerseits teuer, gab dem Unternehmen aber auch größere Kontrollmöglichkeiten; die zweite war kostengünstiger und leichter über große Distanzen aufrechtzuerhalten, doch die Kontrolle der Vertreter und Probleme wie Inkompetenz und Unehrlichkeit bereiteten immer wieder großes Kopfzerbrechen.

Im Amerika des späten neunzehnten Jahrhunderts wurde der Vertrieb gerne externen Handelsvertretern übertragen, von denen viele freiberuflich arbeiteten. Kaum jemand bezweifelte, dass dieses System alles andere als perfekt war; Handelsreisende waren berüchtigt für ihre Bestechlichkeit, Inkompetenz, ihre unehrlichen Methoden sowie gelegentlichen Schandtaten, die sie an weiblichen Mitgliedern der Gesellschaft begingen (nicht umsonst erzählte man sich so viele Witze über Handelsreisende und Bauerntöchter). Die Bezeichnung »snake-oil salesman« – Bauernfänger – wurde zu einem heute noch gebräuchlichen Schimpfwort. Schlimmer noch war die Tatsache, dass dieses System ineffizient war. Intelligente Manager erkannten, dass es bessere Alternativen gab.

> Im Amerika des späten neunzehnten Jahrhunderts wurde der Vertrieb gerne externen Handelsvertretern übertragen, von denen viele freiberuflich arbeiteten.

Einer der ersten davon war Cyrus Hall McCormick, der Erfinder und Unternehmer, der den ersten Mähdrescher konstruierte und in den Jahren nach dem amerikanischen Bürgerkrieg auf der Grundlage seiner Erfindung ein internationales Unternehmen aufbaute. McCormick ist in erster Linie als ein Pionier der Massenproduktion bekannt; die Techniken und Fertigkeiten, die seine Arbeiter entwickelt hatten, wurden später von vielen Automobilherstellern nachgeahmt. Auch McCormick setzte anfangs, wie damals übliche selbstständige Handelsvertreter ein, stand aber bald vor einem Problem: Er verkaufte ein für die damalige Zeit technisch hochentwickeltes Gerät, und seine Vertreter wussten womöglich noch weniger über das Produkt als seine Kunden. Daher beschloss McCormick, den Vertrieb lieber direkt zu managen, und stellte hauseigene Vertriebsmitarbeiter ein, die in der Anwendung und den Merkmalen des Produkts geschult wurden. Daneben betrieb er kreative Werbung. McCormick setzte auf eine ganze Palette von Marketingtechniken, unter anderem Produktvorführungen, Garantien und Kreditfinanzierung für die Käufer, und kontrollierte seine Vertriebsmitarbeiter und ihre Verkaufsmethoden aufs Strengste.

Mit McCormick begann in den Vereinigten Staaten ein Trend hin zum direkten Vertriebsmanagement, insbesondere bei High-Tech-Produkten und Massenwaren. Der Rechtsanwalt Edward Clark, der später Isaac Singers Partner im Nähmaschinengeschäft werden sollte, ging ebenfalls von selbstständigen Handelsreisenden zu fest angestellten Vertriebsmitarbeitern über, als er erkannte, dass erstere sein Produkt einfach nicht verkaufen konnten. Den nächsten größeren Schritt in dieser Entwicklung vollzog John Henry Patterson, der Gründer der Firma National Cash Register. Patterson organisierte seine Vertreter als Teams, wies ihnen präzise definierte Verkaufsgebiete zu und gab genaue Ziele vor. Seine gut ausgebildeten Vertreter

John Patterson

Der 1844 in Dayton, Ohio, geborene John Patterson diente im amerikanischen Bürgerkrieg in der Armee der Nordstaaten und baute nach seiner Rückkehr mit seinem Bruder Frank eine kleine Bergwerksfirma auf. Wie so viele andere berühmte Unternehmer ging Patterson jedoch bankrott. Als er aber den Umgang mit dem Cashflow im Unternehmen lernte, stieß er auf ein Gerät namens »Registrierkasse«, für das James Ritty kurz zuvor ein Patent angemeldet hatte. Patterson war derart beeindruckt vom Potenzial dieses Gerätes, dass er etwas Kapital auftrieb und Rittys Unternehmen kaufte, das er anschließend unter dem Namen National Cash Register (NCR) neu firmierte. Bis zum Jahr 1900 hatte er NCR zu einer internationalen Gesellschaft mit einem gewaltigen Umsatzvolumen ausgebaut. Patterson wusste, dass ihn der Verkauf dieses technisch recht anspruchsvollen Produkts an kleine Einzelhändler vor eine große Herausforderung stellte. Seine Vertreter, die vor ihrer Arbeit im Außendienst intensiv geschult wurden, waren angewiesen, sich erst mit dem Geschäft des Kunden und seinen Anforderungen vertraut zu machen, und sollten nur dann ein Verkaufsgespräch anfangen, wenn sie tatsächlich vorteilhafte Einsatzmöglichkeiten für eine Registrierkasse sahen.

Patterson war ein Exzentriker, der unter Hypochondrie litt und bizarre Diäten mit heißem Wasser und Ofenkartoffeln machte (und die übrigen Vorstände des Unternehmens häufig dazu zwang, seinem Beispiel zu folgen). Als Arbeitgeber war er aber fürsorglich und kümmerte sich persönlich um das Wohl seiner Arbeitnehmer. Als er 1912 wegen Verletzung der Kartellgesetze angeklagt wurde, nachdem er mehrere Konkurrenten vom Markt verdrängt hatte, sprangen seine Mitarbeiter zu seiner Verteidigung in die Bresche. Bald darauf wurde Dayton von schrecklichen Überschwemmungen heimgesucht, die große Teile der Stadt zerstörten. Patterson schloss seine Fabrik, mobilisierte seine Arbeiter als Hilfsbrigaden für die Stadtbewohner und ließ auf eigene Kosten Notversorgungsgüter aus New York anliefern. Kurze Zeit später wurde die Kartellsverurteilung in der Berufungsinstanz aufgehoben. Patterson starb 1922 während einer Kur in Atlantic City.[4]

waren angewiesen, den Kunden nicht einfach nur Registrierkassen zu verkaufen, sondern erst einmal zu eruieren, wie die Kunden ihre Bargeldströme kontrollieren wollten, und dann zu demonstrieren, wie eine Registrierkasse diese Bedürfnisse erfüllen konnte. Pattersons Methoden wurden später von dem Autohersteller John North Willys übernommen, der die Psychologie nicht nur zum besseren Verständnis seiner Kunden, sondern auch zur Motivation seines Vertreterstabes einsetzte. Willys war der Ansicht, dass Vertreter sich nur dann wirklich für die Erreichung von Verkaufszielen einsetzen würden, wenn sie sich wie alle anderen Mitarbeiter als Teil der Firma beziehungsweise Mitglieder der »Unternehmensfamilie« fühlten. Patterson

John North Willys

Der heute fast in Vergessenheit geratene John North Willys war in der Frühzeit der Automobilindustrie der Mann, der Henry Ford das Fürchten lehrte. Der 1873 geborene Willys gründete zunächst ein Fahrradgeschäft und arbeitete später als Vertreter für Automobile der Marke Pierce-Arrow und Rambler. 1907 ging einer seiner Zulieferer, die Overland Car Company, in Konkurs; Willys kaufte das Unternehmen, strukturierte es um und machte daraus den zweitgrößten Fahrzeugbauer der Welt. Da er nicht gut mit Finanzen umgehen konnte, verlor Willys mehrfach die Kontrolle über das Unternehmen – einmal an Walter Chrysler – aber er war ein derartiges Verkaufsgenie, dass er immer wieder gebeten wurde zurückzukehren. Seinen Markt verstand er geradezu instinktiv. Vor allem aber wusste er, wie er seine psychologischen Kenntnisse bei seinem Vertreterstab einsetzen konnte. Willys baute eines der ersten groß angelegten Vertragshändlernetze in der amerikanischen Autoindustrie auf und unterstützte seine Händler mit Sonderaktionen, Werbung und Finanzierungsplänen, die ihnen bei der Kundengewinnung halfen und den Verkauf von Fahrzeugen erleichterten. In einem Artikel in der Zeitschrift *System* beschrieb Willys 1917, wie er unter den Händlern den »Familiensinn« förderte und ihre Loyalität durch Mittel wie Newsletter und Händlerkonferenzen sicherte. Im Jahr 1916 kamen zur ersten Konferenz dieser Art 9000 Händler mit ihren Familien nach Toledo. Sie reisten in vom Unternehmen bezahlten Pullman-Eisenbahnwaggons an, wurden durch das Werk geführt, lernten Willys persönlich kennen, nahmen an einem Unterhaltungsprogramm teil und spürten ganz allgemein, dass sie Teil des Teams waren

Nachdem er von 1930 bis 1932 als amerikanischer Botschafter in Polen eingesetzt war, kehrte Willys zurück, um das Unternehmen ein letztes Mal zu übernehmen. Anfang 1935 erlitt er einen Herzinfarkt, doch er saß bis zu seinem Tode im gleichen Jahr weiterhin jeden Tag an seinem Schreibtisch.

und Willys entwickelten das Vertriebsmanagement und das Marketing entscheidend weiter; die Beobachtung der von ihnen und ihren Nachahmern eingesetzten Praktiken bildete die Grundlage für die Studien vieler früher Marketingtheoretiker.

Unter all den bedeutenden Persönlichkeiten aus der Geschichte des Marketings gibt es jedoch zwei, deren Marketingphilosophie zeitlosen Wert besitzt. William Hesketh Lever folgte dem Vorbild seines Vaters, als er in den siebziger Jahren des neunzehnten Jahrhunderts in dessen Lebensmittelgeschäft in Lancashire eintrat. Bis 1885 hatte er daraus das führende Lebensmittelgroßhandelsunternehmen im Nordwesten Englands gemacht. Für Lever war das aber nur der Anfang. Als geborenes Marketingtalent (ein Biograf schrieb, dass Lever zwar im Lebensmittelgeschäft tätig gewesen sei, seine wahre Berufung aber im Marketing gelegen habe) fiel Lever der wachsende Wohlstand und die steigenden Einkommen vieler Angehöriger der Arbeiterklasse auf, und er erkannte die Möglichkeiten, in dieser Gruppe durch das Angebot von Produkten Fuß zu fassen, die sich die Arbeiterschicht früher nicht leisten konnte. Die größten Chancen boten sich seiner Meinung nach bei Seife. Die Herausforderung bestand darin, Hausfrauen der Arbeiterklasse davon zu überzeugen, dass die von ihnen bislang als Luxus betrachtete Seife in Wahrheit zum Grundbedarf gehörte. Dazu benötigte er nicht nur ein qualitativ hochwertiges Produkt, sondern auch ein nachweislich attraktives Produktimage. Mit anderen Worten: Er brauchte eine Marke.

> Unter all den bedeutenden Persönlichkeiten aus der Geschichte des Marketings gibt es zwei, deren Marketingphilosophie zeitlosen Wert besitzt.

Die Geschichte der Marke Sunlight ist faszinierend und verdient eine detailliertere Schilderung, als an dieser Stelle möglich ist. Levers erster Schritt bestand in der Suche nach einem Markennamen. Lange bevor Werbeagenturen auf den Plan traten, trugen Trademark-Agenturen nicht nur Warenzeichen für Unternehmen ein, sondern recherchierten und lieferten auch Listen mit möglichen Namen für neue Marken. Gegen eine Gebühr lieferten Levers Warenzeichen-Agenturen eine Liste von Namen, von denen ihn anfangs keiner zufrieden stellte. Daher schloss er sich zwei Tage in sein eigenes Büro ein und versuchte, den richtigen Namen für seine Seife zu finden. Erst dann ging er nochmals die Liste der Agentur durch und erkannte, dass der gesuchte Name die ganze Zeit über dort gestanden hatte: Sunlight.

Anschließend suchte Lever mehrere Jahre lang nach einem Seifenhersteller, der ihm gleichbleibend gute Qualität liefern konnte. Nach mehreren Enttäuschungen kaufte er 1885 selbst eine Seifenfabrik und begann, seine eigene Marke herzustellen. Lever verstand nichts von der Seifenproduktion, wusste aber, wie man Spezialisten auf diesem Gebiet managen musste: Er heuerte die besten Techniker und Manager an, die er finden konnte, zahlte ihnen Spitzenlöhne und ermutigte sie dazu, Innovationen auszuprobieren. Den größten Durchbruch erzielte er jedoch in der Werbung und Verkaufsförderung. Werbekampagnen für Seife waren nichts Neues, und einige davon, wie die von Andrew Barratt für die Pears Company konzipierte Kampagne, waren äußerst raffiniert und erfolgreich. Levers Bemühungen unterschieden sich allein durch die Quantität der Werbung – 1905 soll er Schätzungen zufolge zwei Millionen Pfund für Werbung ausgegeben haben – und den ergänzenden Einsatz aller erdenklichen Verkaufsförderungsinstrumente, vom Haustürverkauf über Werbegeschenke bis hin zu Preisausschreiben. Wieder war keine dieser Methoden für sich genommen neu; bemerkenswert war ihr konzertierter Einsatz im Rahmen einer übergeordneten Markenstrategie. Levers Methoden wurden zunächst von seinen Konkurrenten verächtlich gemacht und verlacht, aber als der Absatz von Sunlight in die Höhe schoss, verwandelte sich die Verachtung in Besorgnis, und schon bald fanden sich Nachahmer.

Lever war eines der größten Marketinggenies aller Zeiten. Auf Sunlight folgten andere Verkaufsschlager; zwischen 1885 und 1914 führte Lever alle zwei Jahre eine bedeutende neue Marke ein. Welche Motivation trieb diesen bemerkenswerten Mann voran? Verkaufte er Seife, um Geld zu verdienen? Natürlich auch: Lever genoss es selbstverständlich, ein wohlhabender Mann zu sein. Aber aufgrund seiner persönlichen Philosophie und seiner religiösen Überzeugungen glaubte er auch felsenfest daran, dass die von ihm entwickelten und vertriebenen Produkte ihren Käufern zu einem besseren Leben verhalfen. Wäre er davon nicht überzeugt gewesen, hätte er sie vermutlich gar nicht verkauft. Sauberkeit, Hygiene und Prävention von Krankheiten waren im viktorianischen England wichtige moralische und soziale Anliegen, und Lever war ein vorbildlicher Vertreter mit Wertvorstellungen, bei denen die Pflicht gegenüber der Gesellschaft ganz oben stand. Die gleichen Ansichten zeigten sich auch in seiner politischen Gesinnung (er war Parlamentsabgeordneter für die Liberalen), ebenso wie in seiner Arbeit für Sozial- und Wohnungsreformen in Port Sunlight (der Stadt, die er für seine Arbeiter baute) sowie in seinen Bemühungen, Wohlstand und einen besseren Lebensstandard in so unterschiedliche Regionen der Erde wie den Kongo, die Solomon-Inseln und die Äußeren Hebriden zu bringen, wo er jeweils geschäftlich engagiert war.

Während Levers Marken Geschichte machten, wuchs in einem Bauerndorf auf der anderen Seite der Erde in der Präfektur Wakayama südlich von

Osaka eine weitere große Persönlichkeit des Managements in Armut auf. Matsushita Konosukes Vater hatten Spekulationen auf dem Reismarkt in den Konkurs geführt, und der Junge war gezwungen, die Schule vorzeitig abzubrechen und eine Stelle als Lehrling eines Ladenbesitzers in Osaka anzunehmen. Matsushita lernte bereits in jungen Jahren den Einzelhandel kennen, und wie bei Lever beeinflussten seine persönlichen Überzeugungen und sein religiöser Glaube seinen Geschäftsansatz. Als er 1917 sein eigenes Unternehmen für Elektrogeräte gründete, errang er einen landesweiten Erfolg mit Fahrradlampen der Marke National. In den zwanziger Jahren diversifizierte das Unternehmen Matsushita in viele andere Konsumgüter. Das Unternehmen gedieh prächtig und wuchs rasch. Aber Matsushita verabscheute Gier und Menschen, die einfach nur reich werden wollten – möglicherweise aufgrund der Erfahrungen seines Vaters. Er war überzeugt, dass Unternehmen wie das seine eine Mission zu erfüllen hatten, nämlich das Leben der Menschen zu verbessern und die Armut zu bekämpfen. Die von ihm entwickelte »Leitungswasserphilosophie« ist noch heute in Japan bekannt: qualitativ hochwertige Güter sollten so billig und allgemein verfügbar sein, dass die Menschen sie fast mühelos kaufen und benutzen können – so als würden sie einen Wasserhahn aufdrehen. Dieses Missionsdenken beschränkte sich auch nicht nur auf Matsushita selbst: Er vermittelte diese Ansicht jedem Manager und Mitarbeiter im Unternehmen und sorgte dafür, dass sie alle seine Meinungen teilten.

Matsushita und Lever unterschieden sich in vielerlei Hinsicht, aber eine Wertvorstellung hatten sie gemeinsam: dass der Zweck des Marketings, ob von Massengütern oder in anderer Hinsicht, darin bestand, die Bedürfnisse der Menschen zu erfüllen. Diese Überzeugung oder Zielsetzung vermittelten sie in ihren Marken, der zugehörigen Werbung sowie in ihren Marketing-Maßnahmen. Sie waren sich bewusst, dass sie ein Markenimage aufbauen mussten und unterstützten dies mit einem ausgeprägten Gespür für die *Überzeugungskraft* einer Marke. In dieser Hinsicht waren beide Männer nicht weit von den Meinungen zum Marketing entfernt, wie sie sowohl Philip Kotler als auch der Heilige Thomas von Aquin vertraten.

Marketing in der Geschichte

Nur wenig ist darüber bekannt, wie Unternehmen in der Antike ihre Produkte und Dienstleistungen vermarkteten, da uns hier kaum Geschäftsaufzeichnungen zur Verfügung stehen (obwohl die archäologische Forschung und Recherche in Archiven dies langsam ändert). Im europäischen Mittelalter finden wir jedoch allmählich mehr Belege für Marketingpraktiken in überlieferten Aufzeichnungen von Handelsgeschäften, privaten Tagebüchern und Briefen von Geschäftsleuten sowie in den Kommentaren der Philosophen und Theologen. Im späten dreizehnten Jahrhundert tauchten erste *practicas* oder Handbücher für geschäftliche Gepflogenheiten in wirtschaftlich entwickelten Regionen wie Norditalien auf; der berühmteste dieser Leitfäden ist die *Practica della mercatura* des Florentiner Bankiers Francesco Balducci Pegolotti, die erstmals 1340 veröffentlicht und dann mehr als hundert Jahre lang vielfach reproduziert (und plagiiert) wurde.

> Im europäischen Mittelalter finden wir immer mehr Belege für Marketingpraktiken in überlieferten Aufzeichnungen von Handelsgeschäften, privaten Tagebüchern und Briefen von Geschäftsleuten.

Die Geschichte des Marketings ist ein weites Feld und könnte ohne weiteres ein eigenes Buch füllen. Aus Platzgründen werden wir uns hier also auf einige Grundlagen beschränken: auf die 4P – Produkt, Preis, Platz und Promotion – sowie auf das Konzept der Markenbildung.

Produkte: Spezialisierung und Qualität

Eines der Merkmale der Unternehmen im europäischen Mittelalter war die klare Unterscheidung zwischen Spezialistenbetrieben, die sich gewöhnlich auf lokale Märkte konzentrierten, und stark diversifizierten Gesellschaften, die im internationalen Handel tätig waren. Iris Origo, auf deren Bericht über die Geschäftsmethoden von Francesco Datini in Kapitel 2 Bezug genommen wurde, führt diese Trennung primär auf verschiedene Denkweisen zurück: »Der Unterschied zwischen dem internationalen Großkaufmann und dem ›kleinen Krämer‹ bestand weniger darin, ob einer en gros oder en détail handelte, ja nicht einmal darin, ob er große oder kleine Warenmengen umsetzte, sondern vielmehr in der Geisteshaltung zweier gegensätzlicher Menschentypen.«[5] Auch Kapitalmangel spielte eine Rolle. Kaufleute, die Zugang zu Kapital hatten und es sich leisten konnten, nach Übersee zu expandieren, strebten im Allgemeinen eine möglichst breite Diversifizierung an, da dies wesentlich zur Risikominderung beitrug. Die »kleinen Krämer« mussten sich dagegen in der Regel auf eine begrenzte Produktpalette beschränken. Da sie ihr Sortiment nicht ausweiten konnten, legten sie ihr Hauptaugenmerk auf die Qualität.

Die moderne Qualitätsbewegung hat viele ihrer Wurzeln in den mittelalterlichen Herstellungsmethoden. Besonders erwähnt werden sollte dabei die Rolle der Handwerksgilden. Die kleinen, lokal orientierten Produzenten Westeuropas bauten in der Regel keine eigene Marke auf. Vielmehr versuchten sie, sich an die »Unternehmensmarken« anzuschließen, die von einer bestimmten Stadt oder Region verkörpert wurden (siehe unten). Eines der Hauptelemente dieser Unternehmensmarken war hohe Qualität, und die Zünfte, zu denen alle Handwerker gehören mussten, spielten eine wichtige Rolle bei der Festlegung und Durchsetzung von Qualitätsstandards, dem mittelalterlichen Pendant zur ISO 9000-Qualitätsnorm und ihren ergänzenden Leitwerken. Weber, deren Tuch nicht dem geforderten Gewicht oder der verlangten Farbe entsprach, wurden mit Bußgeldern bestraft oder sogar aus der Zunft ausgeschlossen und zur Geschäftsaufgabe gezwungen. In den Tuchstädten und vielen anderen Zentren spezialisierter Fertigung war Qualität jedermanns Geschäft; wenn ein Unternehmen die Vorgaben nicht erfüllte, konnte der Handel und Ruf vieler anderer Handwerker auf dem Spiel stehen.

Auch die diversifizierten Handelsunternehmen praktizierten Produktspezialisierung. Die Produktionsgesellschaften der Medici betrieben eine Reihe von Herstellungsstätten, die jeweils unterschiedliche Tuchqualitäten woben, und auch diese unterwarfen sich den Regeln der Tuchgilden. Das vielleicht beste Beispiel für eine Produktpolitik lieferte der Zisterzienserorden; hier spezialisierten sich einzelne Klöster und Gutshöfe auf bestimmte landwirtschaftliche Erzeugnisse oder Industriefertigungsarten, zumeist mit Blick auf die Erfüllung spezieller Anforderungen lokaler oder regionaler Märkte. Die Zisterzienser betrieben auch ein System, das man im Grunde als einen »internen Markt« bezeichnen könnte: Klöster, die auf Bergbau oder Weinherstellung spezialisiert waren, tauschten sich dabei mit anderen Klöstern aus, die sich auf die Produktion von Nahrungsmitteln konzentrierten. Insgesamt verfolgten sie damit das Ziel, ein vielfältiges Produktsortiment herzustellen, und zwar nicht nur in ausreichenden Mengen für die Erfüllung der internen Bedürfnisse und sondern auch darüber hinaus, so dass sie einen Überschuss für den Verkauf auf nationalen und internationalen Märkten erzeugten.

In einem Zeitalter, in dem die Preise vieler Güter, zumal landwirtschaftlicher Erzeugnisse, streng reglementiert waren, wurde die Qualität sowohl für Einzelgesellschaften als auch für Handwerksgilden zum wichtigsten Wettbewerbsfaktor. Sie wurde zur Grundlage vieler berühmter Marken (siehe unten). Daraus entwickelte sich auch die Ansicht, die noch heute von vielen vertreten wird, dass sich Marken bei entsprechend guter Qualität von

---

Das vielleicht beste Beispiel für Produktpolitik lieferte der Zisterzienserorden.

selbst verkaufen, ohne dass übermäßige Werbung erforderlich ist. Der Quäker und Schokoladenhersteller Joseph Rowntree aus dem späten neunzehnten Jahrhundert lehnte Werbung entschieden ab mit der Begründung, dass ein qualitativ hochwertiges Produkt keine Verkaufsförderung benötigte (außerdem hielt er Werbung grundsätzlich für unehrlich). Bis zu einem gewissen Grad funktionierte seine Politik auch; nach rasantem Wachstum in der Anfangszeit begann der Umsatz dann aber abzuflachen. Rowntree musste widerstrebend einräumen, dass Qualität allein nicht genügte, und fing an, Werbung zu treiben.

Qualität war auch ein Schlüsselelement im Marketingprogramm des Sauerkonservenherstellers Henry Heinz, der in den achtziger Jahren des neunzehnten Jahrhundert die Firma H.J. Heinz & Co. gründete. Er verfolgte genau den entgegengesetzten Ansatz: Heinz argumentierte, dass seine Produktqualität so gut sei, dass er die ganze Welt davon in Kenntnis setzen sollte. Eines hatten die beiden Männer jedoch gemeinsam: die unter anderem auf ihren religiösen Grundsätzen beruhende Überzeugung, dass Produkte von bestmöglicher Qualität sein sollten und der Verkauf minderwertiger Waren die Verbraucher hinters Licht führe. Die gleiche Einstellung findet man auch bei vielen japanischen Unternehmern in der spannenden Ära nach Wiedereinsetzung der Meiji-Dynastie im Jahr 1868, als der Aufbau eines erfolgreichen Unternehmens nicht (oder zumindest nicht ausschließlich) als Weg zur geistigen Bereicherung, sondern auch als Möglichkeit zur Mehrung des nationalen Wohlstands und zur Stärkung des Landes betrachtet wurde – die Produktion qualitativ hochwertiger Güter wurde somit zu einer sozialen Pflicht. Matsushita Konosuke ist hier ein Paradebeispiel; ein weiterer, weniger bekannter Vertreter dieser Philosophie ist Torii Shinjiro, der mit seinem Sohn Saji Keizo das Spirituosen- und Bierimperium Suntory aufbaute. Seine erfolgreichsten Marken, Akadama-Portwein und Torisu-Whisky, mögen als Beispiele für Güter des nationalen Grundbedarfs seltsam anmuten, doch Torii war fest davon überzeugt, dass seine Produkte sowohl die körperliche als auch geistige Lebensqualität vieler Japaner verbesserten. Höchstwahrscheinlich hatte er Recht.

Eine der ersten umfassenden Erklärungen über die Bedeutung der Qualität für das Marketing lieferte Charles Babbage 1835. In seinem Werk *Economy of Machinery and Manufacturers* erklärte er den Unterschied zwischen der tatsächlichen und der *wahrgenommenen* Produktqualität. Bei der Beurteilung der Qualität einer Ware vor dem Kauf entstehen den Kunden, so Babbage, *Kosten* in Form der dazu erforderlichen Zeit und gelegentlich auch in finanzieller Hinsicht. Das Kostenniveau hängt von der Ware ab. Die

Qualität eines Stück Zuckers lasse sich beispielsweise schnell überprüfen, gewöhnlich beim ersten Hinsehen. Bei Tee dauert das länger, und normalerweise muss man zur Prüfung der Qualität eine Portion des Produkts konsumieren. Hersteller können dieses Problem teilweise überwinden, indem sie Qualitätssignale an den Kunden aussenden; am weitesten verbreitet ist hier das Hersteller- oder Handelszeichen (ein Vorfahre des heutigen Markenzeichens). Solange dieses Zeichen von gleichmäßig guter Produktqualität unterstützt wird, werden die Hersteller für ihre Waren einen Preisaufschlag verlangen und höhere Gewinne erzielen können. Wie Heinz und Rowntree sah Babbage die Massenproduktion nicht unbedingt als Synonym für höhere Qualität; in vielen Fällen war die Qualität der in Massenfertigung hergestellten Artikel schlechter als die handwerklich produzierter Erzeugnisse. Die Notwendigkeit einer Qualitätssteigerung stand als nachgeordnete, aber bedeutsame Motivation hinter der Scientific-Management-Bewegung des zwanzigsten Jahrhunderts.

Preis: Festsetzung und Werthaltigkeit

Im Mittelalter – und wahrscheinlich auch vorher – waren die Kunden weitaus preisempfindlicher als bislang geglaubt wurde, insbesondere auf den Rohstoffmärkten. Im Gegensatz zur landläufigen Meinung schwankten die Preise, bisweilen sogar sehr stark, da örtliche Gegebenheiten sich auf die Verteilung der Güter auswirkten und das Warenangebot beeinträchtigen konnten. Preisstabilisierung war somit ein wichtiges politisches Ziel vieler Regierungen in Europa und wurde auch im Nahen und Fernen Osten betrieben. Ein Großteil der zeitgenössischen Wirtschaftstheorie vertrat die Auffassung, dass frei schwankende Preise zu einem ruinösen Wettbewerb führten, während Produzenten bei zu niedrigen Preisen nicht den vollen Gegenwert für ihre Arbeit erhielten. (Eine ganz ähnliche Meinung vertrat der Finanzier J.P. Morgan im späten neunzehnten und frühen zwanzigsten Jahrhundert; aus diesem Grund plädierte er für die Errichtung gewaltiger Konzerne, die in ihren Märkten Monopole besitzen und »faire« Preise festlegen sollten.) Wie zu Beginn dieses Kapitels erwähnt, vertrat der Heilige Thomas von Aquin eine andere Ansicht: Ihm zufolge wurde der gerechte Preis vom Angebots- und Nachfrageumfeld auf dem Markt bestimmt. Uneinigkeiten über die Definition eines fairen Warenpreises hielten jahrhundertelang an und sind auch heute noch nicht ganz beigelegt.

> Uneinigkeiten über die Definition eines fairen Warenpreises hielten Jahrhunderte lang an und sind auch heute noch nicht ganz beigelegt.

Trotz weit verbreiteter Preisreglementierung wurde der Preisbildung vor allem auf den Überseemärkten große Aufmerksamkeit geschenkt. Die Medici-Bank unterhielt einen Marktinformationsdienst, dessen Hauptaufgabe in der Sammlung von Preisinformationen auf Überseemärkten bestand; die Tabellarisierung dieser Daten in der Zentrale in Florenz spielte eine wichtige Rolle für die Geschäftspolitik. Francesco Pegolotti widmet einen Großteil seiner *Practica della mercantura* Preisinformationen für Waren auf Märkten von England quer durch Europa bis hinein in den Nahen Osten und Zentralasien; seine Preistabellen wurden von vielen anderen Autoren verfolgt und aktualisiert. Auch der Engländer Walter von Henley, der im vierzehnten Jahrhundert über die Verwaltung landwirtschaftlicher Anwesen schrieb, betont, dass der Überblick über die lokalen Preise zu den Aufgaben eines Gutsverwalters zähle.

Sofern Preise nicht reglementiert waren, legten die meisten Unternehmer in Europa und Asien Preise individuell fest: Sie boten also jedem Kunden vor Ort einen Preis, auf den sich beide Parteien in Verhandlungen einigten (mit anderen Worten: Sie feilschten). Der berechnete Preis hing davon ab, was der betreffende Kunde zu zahlen bereit war und was der Anbieter akzeptierte. Obwohl dieses Modell nach wie vor beliebt ist (und das nicht nur in den Basaren des Nahen Ostens), lässt es sich nur sehr schwer steuern. Fluglinien und Hotels, die heute Varianten solcher individueller Preissysteme einsetzen, verwenden hochkomplexe Modelle, die ihnen ein profitables Management dieser Systeme ermöglichen.

Angesichts dieser Komplexität waren Experimente mit einer Festpreispolitik (bei der für die Produkte der gleiche Preis verlangt wird, ganz gleich wer sie zu welchem Zeitpunkt kauft) relativ selten. Das früheste erfolgreiche Festpreissystem führte offenbar der Kurzwarenladen Echigo-ya ein, den Mitsui Takatoshi um 1673 herum in Edo (dem heutigen Tokio) gründete. Damals war es unter japanischen Einzelhändlern Usus, hohe Preise festzusetzen und dann individuelle Nachlässe mit den Kunden auszuhandeln. Mitsui setzte niedrige Preise fest und weigerte sich, darauf Nachlässe zu gewähren. Damit hatte er kommerziellen Erfolg, weil seine Kunden wussten, was sie für ihr Geld bekommen würden.

Aristide Boucicaut hat wohl kaum jemals von Mitsui gehört, aber er verfolgte einen ganz ähnlichen Preisansatz. Der Sohn eines Hutmachers aus der Normandie kam gegen 1830 nach Paris und wandte sich dem Einzelhandel zu. 1848 eröffnete Boucicaut zusammen mit seiner Frau Marguerite ein Textilwarengeschäft, Au Bon Marché. Festpreise spielten von Anfang an eine wichtige Rolle in der Marketingstrategie der Boucicauts, und daran

Mitsui Takatoshi

Der 1622 im japanischen Matsuzaka geborene Mitsui begann im Alter von 13 Jahren als Verkäufer in einem Laden zu arbeiten, den sein älterer Bruder in Edo (Tokio) führte. Anfang 20 kehrte er nach Matsuzaka zurück und eröffnete sein eigenes Geschäft, das er etliche Jahre lang Gewinn bringend führte. Mit seinen Ersparnissen gründete Mitsui 1673 den Kurzwarenladen Echigo-ya in Edo und führte dort seine Festpreispolitik ein. Das war eine revolutionäre Neuerung im japanischen Einzelhandel, und Echigo-ya lockte mit seinen niedrigen und vorhersehbaren Preisen einen stetigen Strom von Kunden an, besonders aus niedrigeren Einkommensschichten. Mitsui begann, seine geschäftlichen Aktivitäten zu erweitern: Er eröffnete weitere Filialen in Kyoto und Osaka und engagierte sich auch in der Geldwechselei und im Bankwesen. Die verschiedenen Geschäftsbereiche wurden in einem Zentralbüro zusammengeführt, aus dem später das *zaibatsu* Mitsui und somit die Mitsui-Gruppe in der heute existierenden Form hervorgehen sollten. Mitsui starb 1694 in Edo, aber Echigo-ya konnte sich bis ins zwanzigste Jahrhundert hinein halten.[6]

änderte sich auch nichts, als der Laden zum ersten Warenhaus Europas heranwuchs. Ihrem Beispiel folgten William Whiteley, der das Warenhauskonzept in Großbritannien einführte, sowie John Wanamaker, der es in die Vereinigten Staaten importierte. Frank Woolworth führte die Festpreispolitik bis an ihre Grenzen. Er war der Erfinder der Ladenketten, in denen *alle* Produkte zum Einheitspreis von fünf Cent angeboten wurden. Nach einem Konkurs setzte Woolworth eine abgeänderte Variante dieser Idee um, mit zwei Preisstufen von fünf Cent und zehn Cent. Diesmal waren seine Billigläden, die berühmten »Five and Dime Stores«, erfolgreich.

Distribution: Herausforderungen und Risiken

Angesichts der technisch wenig ausgereiften Tranportsysteme überrascht es nicht, dass die Warenverteilung das wohl größte Vermarktungsproblem im Mittelalter darstellte und sich daran bis weit ins zwanzigste Jahrhundert hinein nichts änderte (noch in den dreißiger Jahren verwendeten einige Autoren die Begriffe Marketing und Distribution synonym). In der westlichen Welt und in Japan ist die Distribution inzwischen für uns geradezu eine Selbstverständlichkeit. Wie viele Dotcom-Einzelhändler zu ihrem Leidwesen erkennen mussten, ist es aber gefährlich, ihre Bedeutung zu unterschätzen.

Das mittelalterliche Distributionssystem bestand aus dem Fernhandel zwischen regionalen Zentren, der von den Großhändlern durchgeführt wurde, die dann mit Zwischenhändlern oder direkt mit Einzelhändlern

(Krämer, Markthändler, fliegende Händler) arbeiteten, die ihrerseits die Waren an die Endkunden verkauften. Im Grunde unterschied sich dieses System nicht wesentlich von unserem heutigen Ansatz: Die Distributionsprobleme der Medici, der hanseatischen Salzschiffe, der Pfefferhändler Venedigs und Alexandrias und anderer großer Verbände hatten vieles mit den Schwierigkeiten gemein, mit denen wir heute konfrontiert sind. Die Unterschiede waren eher graduell. Das Risiko spielte natürlich eine große Rolle, und selbst in den zwanziger Jahren erwähnten Marketingautoren wie Paul Cherington und Fred Clark die Übernahme von Risiken als eine der Funktionen des Handels.

Ein weiterer wesentlicher Unterschied war der Grad der Beteiligung der Fertigungsstätten an der Distributionskette. Vertikale Integration war vergleichsweise selten. Zwar wickelte die Medici-Bank ihren eigenen Großhandel und einen Teil des Transports ab, doch war dies eine teurere Variante, und die meisten mittelalterlichen Gesellschaften suchten sich daher lieber externe Auftragnehmer. Andererseits vergab die East India Company Verschiffungsaufträge von Indien nach Großbritannien zunächst extern, musste dann aber feststellen, dass dieser Ansatz ineffizient und unzuverlässig war. Mitte des siebzehnten Jahrhunderts baute die Gesellschaft daher ihr eigenes Großhandelsnetz aus. Auch die Reglementierung spielte eine Rolle; viele Regierungen erlaubten ausländischen Firmen nicht, Vertriebs- und Transportunternehmen zu erwerben (vor allem im heutigen China ist die Regierung nach wie vor nur widerwillig bereit, ausländischen Firmen diese Sektoren zu öffnen). Lange wurde darüber debattiert, ob es ethisch vertretbar sei, Unternehmen durch vertikale Integration zu viel Kontrollmöglichkeiten zu gewähren, und noch 1921 stritten sich zwei angesehene Ökonomen, Lewis Haney und L.D.H. Weld, heftig über die Ethik und Effizienz »integrierter Vermarktung« seitens der großen Fleischverarbeitungsbetriebe in den Vereinigten Staaten wie Armour und Swift.

> Die Medici-Bank wickelte ihren eigenen Großhandel und einen Teil des Lieferverkehrs ab, doch war dies sehr teuer, und die meisten mittelalterlichen Gesellschaften suchten sich lieber externe Auftragnehmer.

Promotion: Werbung und Publicity

Werbung im klassischen Sinne wurde vor dem achtzehnten Jahrhundert kaum betrieben. Gutenberg hatte zwar Mitte des fünfzehnten Jahrhunderts die Druckerpresse erfunden, aber dies führte keineswegs über Nacht zu einer Revolution: Es sollte noch viele Jahrzehnte dauern, bis die Druckkosten so weit gesunken waren, dass Massenwerbung möglich wurde. Zuvor beschränkte sich die schriftliche Werbung auf Aussagen, die auf Schilder oder Wände geschrieben werden konnten. Aushängeschilder, die Waren und Dienstleistungen anpriesen, wurden in den Ruinen von Pompeji gefunden und existierten höchstwahrscheinlich schon eher. Es gab auch mündliche Werbung, etwa in Form von angeheuerten Marktschreiern, die durch die Straßen zogen und die Verfügbarkeit und den Preis von Waren verkündeten. Ob und wie gut diese Praxis funktionierte, ist nicht überliefert, aber sie hielt sich in vielen Kulturen Jahrhunderte lang.

Ungefähr ab 1700 nahm die Bedeutung der Werbung in der westlichen Welt rasch zu. Fortschritte in der Mechanisierung des Druckprozesses führten dazu, dass gedruckte Handzettel und Plakate jetzt in großen Mengen billig hergestellt werden konnten; entsprechende Verbesserungen im Bildungsstand erschlossen ein größeres Publikum für die Massenkommunikation. Im Goldenen Zeitalter der Werbung zwischen 1700 und 1800 erschienen Druckanzeigen für fast alle erdenklichen Produkte an allen möglichen Orten, und wenn es frühen Werbetreibern an wissenschaftlicher Raffinesse mangelte, so machten sie das ohne weiteres durch ihre Begeisterung wett.

Im neunzehnten Jahrhundert wurde die Werbung zu einer bedeutenden Kraft. Zeitungsanzeigen entwickelten sich zu einem wichtigen, wenn auch teuren Kommunikationskanal; gleichzeitig wurden Plakate und Reklametafeln immer raffinierter. Produkte mit großem Marktpotenzial wie zum Beispiel Seife wurden zu einem wichtigen Schlachtfeld für ihre Hersteller, und Männer wie William Lever und Andrew Barratt von Pears begannen, bis dato beispiellose Summen für Werbung auszugeben. Die Gegenreaktion war unvermeidlich: Politiker und Geistliche glaubten, Werbung würde Menschen dazu verführen, nicht benötigte Produkte zu kaufen, und Ökonomen wie Thorstein Veblen argumentierten, dass Werbung erwiesenermaßen nicht wirksam und inhärent verschwenderisch sei. Viele Unternehmer teilten Veblens Meinung (die Frage, ob Werbung funktioniert und wie man in diesem Falle ihre Effektivität messen kann, wurde bis heute nicht zufriedenstellend beantwortet). Diese Zweifel an der Wirksamkeit von Werbung veranlasste Autoren wie Herbert Casson und Walter Dill Scott, die neuesten wissenschaftlichen Fortschritte auf die Kernprobleme der Werbung und des Marketings im Allgemeinen anzuwenden.

Wenngleich die Werbung noch unterentwickelt war, so hatte die Verkaufsförderung im klassischen Sinn einen mindestens ebenso hohen Entwicklungsstand erreicht wie heute. Viele der heute verwendeten Verkaufsförderungsmaßnahmen wie Verteilung von Proben, Haustürangebote und

Produktvorführungen wurden schon im Mittelalter und wahrscheinlich schon lange davor eingesetzt. Als gegen 1700 die Ära der Druckmedien anbrach, erkannten viele Anbieter, dass positive oder vielleicht sogar auch negative Publicity im Grunde kostenlose Werbung war, und viele Unternehmer zogen erstere der letzteren vor. Der Dramatiker, Journalist, Geistliche und Duellant Dr. Henry Bate-Dudley (den seine Zeitgenossen den »Kämpfenden Pfarrer« nannten) machte Mitte des achtzehnten Jahrhunderts auf seine frisch gegründete Zeitung, die *Morning Post* (aus der später der heutige *Daily Telegraph* hervorgehen sollte) aufmerksam, indem er eine Marschkapelle engagierte und die Musiker mehrere Stunden lang die Piccadilly Street hinunterführte. Im nächsten Jahrhundert waren P.T. Barnum und Samuel Colt Meister auf dem Gebiet der Publicity. Auch der britische Kaufhausinhaber William Whiteley verzichtete auf Werbung, die er für verschwenderisch und unnötig hielt; ein paar in der Londoner Presse in Umlauf gebrachte Geschichten hatten die gleiche Wirkung – und kosteten ihn nichts. Der Besuch von Königin Victoria in Whiteleys Kaufhaus im Jahr 1876 und die daraus resultierende Publicity bescherten ihm Tausende von Kunden.

> Als gegen 1700 die Ära der Druckmedien anbrach, erkannten viele Anbieter, dass positive oder vielleicht sogar auch negative Publicity im Grunde kostenlose Werbung war.

Für die meisten Unternehmen standen Werbung und Publicity jedoch nicht im Widerspruch zueinander; die geschicktesten Marketinggenies verstanden es, beides mit maximaler Wirkung einzusetzen. Es gibt wohl kaum ein besseres Beispiel als Henry J. Heinz. Er spielte nicht nur eine führende Rolle in der Werbung (die ursprüngliche Kampagne »57 Varieties« entwarf er selbst, nachdem ihm der Slogan zu seiner Sortenvielfalt bei einer Straßenbahnfahrt in New York eingefallen war), er verstand sich auch meisterhaft auf Verkaufsförderung. Auf der Weltausstellung in Chicago schenkte er jedem Besucher des Heinz Pavillon eine kleine, wie eine saure Gurke geformte Anstecknadel: 15 000 Menschen drängten sich jeden Tag dort am Eingang, und einmal drohte sogar der Fußboden durchzubrechen. Heinz baute auch das Heinz Ocean Pier in Atlantic City, der von manchen »Kristallpalast am Meer« und von anderen weniger respektvoll »Die Strandvilla der 57 Sorten« genannt wurde. Neben einer Glasveranda und einer Bibliothek gab es dort ein Restaurant und eine Küche, wo Vorführungen gezeigt und Proben von Heinz-Produkten verteilt wurden; diese Attraktion lockte mehr als 20.000 Besucher im Jahr an.

Henry J. Heinz

Der 1844 in Pittsburg geborene Henry Heinz bewies bereits im Alter von acht Jahren seinen Unternehmergeist, als er das überschüssige Gemüse aus dem Familiengarten verkaufte. Im Alter von 16 Jahren gehörten ihm mehrere Gemüsefelder und Gewächshäuser; er beschäftigte ortsansässige Frauen für den Verkauf seiner Produkte an der Haustür und lieferte Gemüse als Großhändler an verschiedene Lebensmittelgeschäfte in Pittsburgh. 1869 gründete er zusammen mit seinem Partner L.C. Noble ein Unternehmen für die Abfüllung und den Verkauf von Meerrettich. Dieses Vorhaben scheiterte 1875, aber ein Jahr später war Heinz wieder im Geschäft und stellte ein breites Sortiment konservierter Lebensmittel her. Der Rest ist Geschichte.

Die Idee zur Marke »57 Varieties« stammte von Heinz selbst. Sie fiel ihm 1896 während einer Straßenbahnfahrt in New York ein, als er ein Werbeplakat für einen Schuhladen entdeckte, das »21 Modelle« anbot, und darüber nachdachte, ob so etwas für sein eigenes Geschäft verwendet werden könnte. Er selbst erzählt diese Geschichte so: »Ich sagte mir: ›Wir haben zwar keine Produktmodelle, aber Produktvarianten.‹ Als ich sie zu zählen versuchte, kam ich weit über 57 hinaus, aber die Zahl »57« spukte mir pausenlos im Kopf herum. ›Sieben, sieben‹ – es gibt so viele Beispiele für die psychologischen Bedeutung dieser Zahl und ihre verführerische Anziehungskraft auf Menschen jeden Alters und aller Rassen, dass ›58 Varieties‹ oder ›59 Varieties‹ mir einfach nicht so schlagkräftig vorkam. Ich stieg sofort aus und ging zu den Lithografen, wo ich ein Straßenbahnplakat entwarf, das ich dann überall in den Vereinigten Staaten verteilen ließ. Damals wusste ich selbst noch nicht, wie erfolgreich dieser Slogan werden sollte.«

Heinz war auch entschlossen, Produkte von bester Qualität zu liefern, und schloss deswegen Verträge mit Farmern ab, die ihm das Recht gaben, seinen Vertragspartnern vorzuschreiben, welche Saaten sie anpflanzen sollten und wann sie ihre Produkte ernten durften. Im Gegenzug erhielten die Farmer einen Aufschlag zusätzlich zum aktuellen Marktpreis ihrer Erzeugnisse. Einer von Heinz' Slogans lautete: »Gute Nahrungsmittel halten sich bei richtiger Verarbeitung auch ohne Konservierungsstoffe.«

Die Vor- und Frühgeschichte der Marken

Wie bereits erwähnt, konnten aufgrund von Kapitalmangel nur wenige Gesellschaften expandieren, so dass die meisten Unternehmer stark spezialisiert blieben und lokal tätig waren. Auf jeden Fall herrschte in der europäischen Gesellschaft im Mittelalter eine weitaus stärkere Gruppenorientierung und ein ausgeprägterer Zusammenhalt als dies heute der Fall ist. Unternehmer schmiedeten lieber Allianzen und Partnerschaften, wenn sie wachsen wollten – meist in der Organisationsstruktur örtlicher Handwerkszünfte und Handelsgilden.

Nur wenige Unternehmen hatten so die Möglichkeit, eine klar erkennbare Marke zu entwickeln. Die Medici-Bank hatte gewiss den Status einer Marke für Finanzdienstleistungen, ebenso wie einige andere Finanzinstitute, etwa die Gesellschaft der Bardi (Florenz), die Bank des Heiligen Georg

(Genua) und der Stalhof (das Londoner Handelskontor der Hanse). Produzentengenossenschaften waren, wie auch immer, sehr erfolgreich in der Markenbildung. So setzten beispielsweise die flämischen Weber auf eine Nischenproduktstrategie und spezialisierten sich auf Tuch mit fest definierter Webart, Gewicht und/oder Farbe. Diese Erzeugnisse wurden je nach ihrem Herstellungsort als Arras-Tuch, Douai-Tuch oder Tournai-Tuch bezeichnet, und auf der Basis dieser Namen bauten die Weber ihr Image und ihren Ruf auf. Ähnliches spielte sich in vielen anderen Branchen ab: Bordeaux und Malmsey machten sich einen Namen für Weine, Cordoba für Lederwaren, Toledo, Telemark und Dalarna für Stahl und Waffen, um nur einige Beispiele zu nennen. Diese Regionalmarken sind noch heute in Europa beliebt; viele davon – wie Brie, Champagner und Cognac – sind zu Synonymen für die Produkte geworden, die sie repräsentieren – so ähnlich, wie in moderneren Zeiten Levis in den USA als Synonym für Blue Jeans verwendet wird und Briten den Namen Hoover mit Staubsaugern gleichsetzen. Waren aus anderen Kontinenten, die nach Europa importiert wurden, erging es ebenso. Zumindest im Englischen wurde bis zum siebzehnten Jahrhundert der Name »china« für eine breite Palette von Waren orientalischen Ursprungs wie Seide, Tee und Porzellan verwendet und machte aus dieser Bezeichnung sozusagen den Prototypen einer globalen Marke.

Ungefähr zur gleichen Zeit fand auch in China Markenbildung statt. Diese Art der Markenbildung war bereits die, wie wir sie heute kennen: Ein Markenzeichen diente als Qualitätssymbol und wurde mit einem Produktimage assoziiert, das viele Kunden kannten. Metallwerkzeuge und -geräte mit Markenzeichen kamen in China bereits im zehnten Jahrhundert während der Song-Dynastie auf den Markt, und Unternehmensmarken erfreuten sich in vielen Branchen rasch wachsender Beliebtheit. Markenpolitik wurde bei Arzneimitteln häufig eingesetzt, und Namen wie Lei Yunshang aus Shanghai und Tongrentang aus Peking waren bald in aller Munde. Tongrentang eröffnete viele Filialen und war in ganz China bekannt. Der Süßwarenhersteller Caizhi Zhai aus Suzhou erlangte mit seinen auffällig geformten Produkten ebenfalls landesweite Berühmtheit. Spätere Beispiele für Marken, die im ganzen Land bekannt wurden, sind Qilu-Wein und Yipin-Zhai-Kalligrafiepinsel. Sie belegen, welch wichtige Rolle die Markenpolitik im kommerziellen Denken Chinas spielte.

> Ungefähr zur gleichen Zeit fand auch in China Markenbildung statt. Diese Art der Markenbildung war bereits die, wie wir sie heute kennen.

Marketing in der Moderne

Bühne frei für die Psychologen

Wie bereits erwähnt, lautete eine der drängenden Fragen im Wirtschaftsleben um 1900 herum, ob Marketing im Allgemeinen und Werbung im Besonderen tatsächlich funktionierten. Um diese Frage zu beantworten, wandten sich Unternehmer und Professoren an den neu entstehenden Wirtschaftshochschulen an eine weitere neue Disziplin: die Psychologie. Der Aufstieg des Marketings als neuer Fachrichtung fiel zeitlich mit dem großen Aufsehen zusammen, das die Werke Freuds und seiner Zeitgenossen erregten. Zu erfahren, wie das Unterbewusstsein arbeitete und wie es auf Reize reagierte, wurde sofort als wichtig für die Erforschung des Kundenverhaltens erkannt, und es bestand auch ein großes Interesse an den Beziehungen zwischen Produzenten und Kunden. Das nach 1990 so modische Beziehungsmanagement war bereits um 1910 herum ein heißes Thema. George Orange, der im Jahr 1911 einen Artikel über Versandhandelswerbung für die Harmsworth Business Library schrieb, warnte davor, in der Massenkommunikation die Kunden wie eine amorphe Masse zu behandeln: Man müsse sicherstellen, dass Versandhandelswerbung oder »Shots«, wie er sie nannte, personalisiert ist und die Kunden individuell anspricht. Er wies auch darauf hin, dass Versandhandelskunden stark zu weitaus profitableren Wiederholungskäufen neigen, wenn sie gut behandelt werden und eine Beziehung zu ihnen aufgebaut wird, und legte Werbetreibenden ans Herz, sich nicht von der neuen Technik verführen zu lassen und an ihren ersten Grundsätzen festzuhalten. (In den achtziger Jahren versuchte W. Earl Sasser in seinen Artikeln für die *Harvard Business Review* immer noch das Publikum vom gleichen Argument zu überzeugen.)

Walter Dill Scott von der Northwestern University gehört zu den wichtigsten Persönlichkeiten, die psychologische Theorie und werbliche Praxis miteinander zu verbinden suchten. Von seinem Buch *The Psychology of Advertising* erschienen im Laufe von dreißig Jahren viele Auflagen, doch das Kernthema blieb stets gleich: Er zeigte die Bedeutung der Wissenschaft für die Werbung auf und betonte, dass »Werbung, die den anerkannten Gesetzen der Psychologie zuwider läuft, niemals auf Erfolg hoffen kann«. Scotts größte Leistung besteht darin, dass er die Verbindung zwischen der Psychologie, der inneren Abläufe in unserem Gehirn und der Wahrnehmung aufzeigte – also die Sinnesreize, die Menschen dazu veranlassen, auf Werbung zu reagieren. Er formulierte es so: »Werbung appelliert an die Sinne und stimuliert sie durch Verwendung von Symbolen.« Die Psychologie müsse somit durch ein Studium der Optik ergänzt werden.

Scott entwickelte ein frühes Modell für die Funktionsweise von Werbung, das er mit den Begriffen »Attention – Comprehension – Understanding« umschrieb.[7] Die Botschaft müsse zunächst die Aufmerksamkeit (Attention) des Kunden erregen, und dazu müsse sie seine Wahrnehmung beziehungsweise seine Sinne ansprechen. Er beschreibt die Aufmerksamkeit als »Pforte« zum Gehirn des Kunden. Wenn die Botschaft aber diese Pforte durchschritten habe, müsse sie immer noch verstanden werden; der Kunde müsse also wissen, was sie bedeutet und auf welches Produkt sie sich bezieht (Comprehension). Wenn der Kunde die Botschaft bewusst gehört und begriffen hat, muss jedoch noch eine weitere Hürde überwunden werden: Der Kunde muss verstehen, inwiefern die Botschaft für ihn selbst relevant ist (Understanding). Mit anderen Worten: Erfüllt das beworbene Produkt ein persönliches Bedürfnis oder einen Wunsch? Scott beschreibt das so: »In der Werbung geht es nicht um belanglose Kniffe und Listen, sondern um die grundlegenden Prinzipien der menschlichen Natur.« Kein Werbetreibender oder Marketingexperte könne es sich leisten, dieses Grundkonzept zu ignorieren.

Wissenschaftliches Marketing

Scott und auch Herbert Casson, dessen Buch *Advertisements and Sales* (1913) den ersten systematischen Versuch darstellt, die Grundsätze des Scientific Management im Marketing anzuwenden, ging es keinesfalls darum, die Disziplin des Marketing zu »erfinden«. Vielmehr sahen sich Scott und Casson als Entdeckungsreisende. Marketing existierte schon immer, aber im Laufe der Zeit ist es durch zunehmendes Wachstum der Wirtschaft und der Unternehmen und längere Distributionsketten immer komplexer geworden. Durch die Anwendung der Psychologie und der Mess- und Analyseverfahren des Scientific Management hofften Scott und Casson, diese Komplexität wieder etwas zu reduzieren, die ursprünglichen Grundprinzipien herauszufiltern und so die Masse des akkumulierten Wissens zu strukturieren und zu organisieren. In der Managementrevolution ging es nicht darum, das Management neu zu erfinden, sondern um seine Organisation und stärkere Systematisierung in Übereinstimmung mit dem wissenschaftlich orientierten Zeitgeist.

> Marketing gab es schon immer, aber im Lauf der Zeit ist es durch zunehmendes Wachstum der Wirtschaft und der Unternehmen und längere Distributionsketten immer komplexer geworden.

Marketing: zurück zu den Wurzeln

Dennoch waren diese Menschen keine leidenschaftslosen Organisatoren. Hinter ihrer Prosa entdeckt man gelegentlich einen Funken echter Begeisterung. C. B. Thompson, ein Zeitgenosse von Casson, der ebenfalls über Scientific Management im Marketing schrieb, spricht vom »Stolz auf die effiziente Führung eines Unternehmens aufgrund der reinen künstlerischen Befriedigung, die man empfindet, wenn man eine Sache genau richtig macht«.[8] Der stets etwas schwärmerischer veranlagte Casson formulierte es einmal so: »Die Wirtschaft ist voller Zauber und Abenteuer. Es gibt kein Wunder in den Märchen Arabiens, das nicht in einem Kaufhaus seinesgleichen findet.«[9]

Der Kreis schließt sich

Marketing wurde am Anfang des zwanzigsten Jahrhunderts zu einer eigenen Fachrichtung und Denkschule. Zuvor wurde es nicht als etwas Separates, als ein Spezialgebiet wie Rechnungswesen und Konstruktion betrachtet. Vielmehr betrieben Manager Marketing; das war eine ihrer Führungsaufgaben. Dieses Bild erinnert an einen Satz von Peter Drucker: »Es gibt nur eine gültige Definition für den Geschäftszweck: *einen Kunden zu erschaffen.*«[10] An anderer Stelle schreibt dieser große Mann, dass Manager im Grunde nur zwei Aufgaben haben: Innovation und Marketing. Sam Colt, William Lever, Cyrus McCormick, William Pirrie, Mitsui Takatoshi, Henry Heinz und viele andere sind der lebende Beweis dafür.

Die Bemühungen zur Kodifizierung und Analyse des Marketings im letzten Jahrhundert wurden von zwei Faktoren ausgelöst: von der allgemeinen Leidenschaft für Wissensorganisation im späten viktorianischen Zeitalter und von dem echten Bedürfnis, die Veränderungen im wirtschaftlichen Klima und die daraus resultierenden komplexeren Probleme in den Griff zu bekommen. Dies führte zur Entwicklung des Massenmarketing. Heute wenden sich Marketingexperten zunehmend wieder von pauschalisierenden Massenmarketinglösungen ab und setzen auf personalisiertes Marketing auf der Basis individueller Kundenbeziehungen und der Erkenntnis, dass die verkauften Güter und Dienstleistungen Funktionen ausüben, die neben ihrer wirtschaftlichen auch eine mindestens ebenso wichtige soziale Komponente besitzen. Das Marketing kehrt wieder zu seinen Wurzeln zurück.

Kapitel 5
Organisationen: Bausteine der Zivilisation

Organisation ist älter als die Geschichte.

Edward D. Jones

Der etwas schwerfällige Begriff »Organisationsverhalten«[1] beschreibt in Wirklichkeit einen der komplexesten und faszinierendsten Aspekte in der Wirtschaft: wie Unternehmen strukturiert sind, wie ihre Bestandteile zusammenwirken und wie die Menschen, aus denen sich eine Organisation in erster Linie zusammensetzt, handeln und miteinander umgehen. Nahezu jedes Element in einem Unternehmen – die Effizienz seiner Kommunikation, das Wohlbefinden der darin arbeitenden Menschen, die Zufriedenheit seiner Kunden und vor allem die Höhe seiner Gewinne – hängt davon ab, wie – und wie gut – es organisiert ist.

Unternehmen funktionieren nicht ohne irgendeine Form der Organisation, auch wenn sie noch so »schlank«, »hierarchiefrei«, »demokratisch« oder sogar »chaotisch« sein mag. So wie Anarchie ein politisches System und Atheismus eine Glaubensrichtung ist, sind auch die in den frühen neunziger Jahren propagierten Konzepte wie »Fuzzy Organization« oder »Chaosorganisation« oder »virtuelle Organisation« trotz allem selbst Organisationsformen. Es gibt kein Unternehmen, das keine Organisation besitzt. Organisation ist integraler Bestandteil einer jeden Firma.

Den ersten Autoren, die sich in den Jahren vor und nach dem Ersten Weltkrieg explizit mit Unternehmensorganisation beschäftigten, war bewusst, dass Organisation an sich nichts Neues ist. Edward D. Jones, der in der Zeitschrift *Engineering Magazine* 1912 eine Reihe von Artikeln über die Relevanz der Militärgeschichte für das Management schrieb, meinte dazu:

Die Verwaltungskunst ist so alt wie die Menschheit. Selbst der Leitwolf eines Rudels ist ein Administrator. Organisation ist älter als die Geschichte, denn die frühesten Dokumente wie der Codex Hammurabi enthalten Beweise für viele Generationen systematisierten gesellschaftlichen Lebens. Die wahren Pioniere sind die unbekannten Förderer der Steinzeit und die Systemgestalter der Bronzezeit. Nahezu jedes denkbare Experiment in der Organisation wurde schon in grauer Vorzeit durchgeführt. Die Annalen der Geschichte berichten von großen und kleinen Einheiten, von ausgeprägter und geringer Differenzierung von Funktionen, von extremer Teilung und extremer Konzentration von Weisungsbefugnissen, von leichten und schweren Sanktionen, von Appellen an das System und Appellen an die Leidenschaft, von Vertrauen in Zahlen und Vertrauen in Führungspersönlichkeiten. Doch ein Großteil der breiten Palette von Organisationseinheiten, in denen Menschen ihre Intelligenz einsetzten und mit denen Menschen ihre Ziele erreichten oder zunichte machten, ist untergegangen, und selbst ihre Namen sind in Vergessenheit geraten.[2]

Organisationen gibt es schon seit Menschengedenken. Ohne Organisationen hätten die Pyramiden, die Hängenden Gärten und die Chinesische Mauer niemals gebaut werden können. Ohne Organisationen hätten Städte nicht gedeihen und versorgt werden können. Königreiche hätten keine Steuern erheben und Armeen errichten können, und Händler hätten ihren Weg von Land zu Land und von Kontinent zu Kontinent nicht finden und keinen Reichtum erarbeiten und Wohlstand bringen können. Jones übertrieb wohl kaum, als er Organisationen als Bausteine der Zivilisation bezeichnete.

> Organisationen gibt es schon seit Menschengedenken.

Eine erstaunliche Breite von Interessen sowie eine unerwartet großangelegte Recherche zeichnet die Autoren aus, die sich in dieser frühen Periode zwischen 1890 und den frühen dreißiger Jahre mit den Grundsätzen der Organisation befassten. Eine Vielzahl von Disziplinen – Geschichte, Militärwissenschaft, Recht, Politologie, Soziologie, Psychologie, Biologie, Technik, Wirtschaftswissenschaft – wurde durchforscht und ins Spiel gebracht, um ein Phänomen zu verstehen, das so alt wie die Menschen selbst zu sein schien. In den Werken der damaligen Autoren – Henri Fayol, John Davis, Charles Knoeppel, Dexter Kimball, Herbert Casson, Frank Mason, James Mooney, Luther Gulick, Chester Barnard und Mary Parker Follett, um nur einige der besten zu nennen – findet man häufig eine ähnliche Begeisterung wie in Berichten über Forschungs- und Entdeckungsreisen. Diese Menschen erfanden die Organisation nicht: Sie versuchten, ein ihrer Meinung nach allgegenwärtiges Phänomen zu verstehen.

All diese Autoren hatten einen grundlegenden Ausgangspunkt: den oben erwähnten Gedanken, dass Organisation die Grundlage der menschlichen Zivilisation darstellt. Organisationen sind Gebilde, die Menschen schaffen, wenn sie sich zusammentun, um einen gemeinsamen Zweck zu erreichen, ob es sich dabei nun um Nahrungsbeschaffung, gegenseitige Verteidigung und Sicherheit, Bildung, Andacht, Erholung, Geschäftstätigkeit oder andere wirtschaftliche Aktivitäten handelt. Bei neuen Vorhaben schaffen Menschen keine grundlegend neuen Organisationsformen, sondern übernehmen vernünftigerweise bestehende Muster und passen sie ihren neuen Zwecken an. Viele der ersten Unternehmen waren in erster Linie Familienbetriebe, und sie übernahmen natürlich auch das Konzept der Familie als ihr grundlegendes Organisationsmodell. In anderen Fällen, in denen Unternehmen von Regierungen oder religiösen Gruppierungen geführt wurden, passte man bestehende Modelle der Beamtenorganisation und Tempelbürokratie entsprechend an. Beide Formen der Geschäftsorganisation gab es viele tausend Jahre lang, und in vielen Teilen der Welt beherrschen sie auch heute noch das Bild.

Eine der radikalsten Entwicklungen in der Geschichte der Organisationen fand im europäischen Mittelalter statt, als die Mönchsorden eine Hybridorganisation schufen, die teils auf Bürokratie und teils auf der Familie beruhte und dadurch weitaus mehr Flexibilität ohne Kontrollverlust ermöglichte. Ein weiterer wichtiger Einflussfaktor kam im siebzehnten Jahrhundert mit dem Entstehen dauerhafter stehender Heere hinzu, die zur Weiterentwicklung der Koordinations- und Kontrollkunst führten. James Mooney, der frühere Vice President von General Motors, meinte 1931, dass diese beiden Organisationsformen – Kloster und Militär – in nahezu jeder Hinsicht die moderne Unternehmensorganisation vorweggenommen hätten. Wie wir jedoch sehen werden, spielten auch andere Einflussfaktoren eine wichtige Rolle.

Familien und Partner

Die ersten Unternehmen waren wahrscheinlich Familienbetriebe. Die Gründe hierfür sind relativ einfach. Unternehmen können nur dann funktionieren, wenn die Beteiligten miteinander kommunizieren und arbeiten können, sie zumindest von einigen gemeinsamen Annahmen ausgehend gemeinsame Ziele verfolgen und einander vertrauen. In Kulturen, in denen das Modell des Familienbetriebs vorherrscht, ist dieser letzte Punkt oft besonders wichtig: Von einem Bruder wird man in der Regel weniger leicht betrogen als von einem Fremden. Es ist wohl kein Zufall, dass Familienmodelle am häufigsten zu beobachten sind, wenn die geschäftlichen Risiken am höchsten und Gesetze und Regelungen schwach sind. Im wirtschaftlichen Umfeld wie im täglichen Leben entwickelt die Familie viele ihrer eigenen Verteidigungsmechanismen.

Im Zusammenhang mit Familienbetrieben denken wir heute meist an Ostasien, wo das »chinesische Familienunternehmen« ein gründlich untersuchtes Phänomen darstellt. Familienbetriebe haben in China eine lange Geschichte, die mindestens bis in die Shang-Periode (1700–1200 vor Christus) zurückreicht – vermutlich noch viel weiter. Im Antiken China war *zu* – die Sippe – die wichtigste Einheit in der Verwaltung und bei wirtschaftlichen Aktivitäten. In späteren Jahrhunderten wurde mehrfach mit staatlicher Unternehmenskontrolle experimentiert, aber als sich im zehnten Jahrhundert nach Christus die Song-Dynastie etablierte und China zur wohl größten Wirtschaftsmacht der Erde aufstieg, herrschte das Familienmodell vor. Daran änderte sich bis nach 1949 nichts, als Mao Tse-tung Privateigentum von Unternehmen abschaffte und durch staatliche Kontrolle ersetzte.[3]

> Im Zusammenhang mit Familienbetrieben denken wir heute meist an Ostasien, wo das »chinesische Familienunternehmen« ein gründlich untersuchtes Phänomen darstellt.

Robert Kwok

Rober Kwok, der 1923 unter dem Namen Kwok Hock Nien in der Stadt Johor Bahru in Malaya geboren wurde, stammte aus einer Hokkien-Chinesisch sprechenden Familie aus der Provinz Fuzhou, die nach dem Sturz des Kaiserreichs im Jahr 1911 aus China ausgewandert war. Sein Vater gründete einen erfolgreichen Lebensmittelgroßhandel, und Kwok wurde in Johor Bahru erzogen und besuchte anschließend das Raffles College in Singapur, bis der Zweite Weltkrieg sein Studium unterbrach. Nachdem er die fünfziger Jahre teilweise in London verbracht hatte, kehrte er nach Malaya zurück und gründete dort sein erstes Unternehmen, eine Zuckerraffinerie. Inzwischen hat er ein Netzwerk von Hunderten von Unternehmen aufgebaut, mit Beteiligungen in Malaysia (dem früheren Malaya), Singapur, Indonesien, den Philippinen, Hongkong und China. Wie viele Unternehmer in chinesischen Überseegemeinden leitet Kwok seine Firma über ein Netzwerk von Familienmitgliedern und persönlichen Kontakten. Zusammen mit seinen beiden Söhnen wohnt er heute in Hongkong, wo er die Geschäfte der Kerry-Gruppe führt. Sein ältester Sohn Philip kümmert sich nach wie vor um die Beteiligungen der Familie in Singapur, und die Aktivitäten des Konzerns in den Philippinen werden von einem Cousin geleitet. Kwok ist daneben auch ein sehr aktives Mitglied der International Association of Fuzhous, einem Verband, der Überseechinesen mit Wurzeln in der Provinz Fuzhou unterstützt; hier ist Kwok Mitglied des geschäftsführenden Ausschusses. Kwok ist ein typischer, äußerst erfolgreicher Unternehmer aus dem Kreis der Überseechinesen, der auf der Grundlage eines »konfuzianischen« Managementmodells ein großes, diversifiziertes Unternehmen aufgebaut hat, das den Schwerpunkt auf persönliche Beziehungen und Familienbande legt.

In den chinesischen Überseegemeinden in Ost- und Südostasien trifft man auch heute noch häufig das Familienmodell an, und selbst sehr große Konzerne wie die CP-Gruppe in Thailand, die Salim-Gruppe in Indonesien, die Kerry-Gruppe in Malaysia und Hutchison Whampoa in Hongkong werden (zumindest auf den obersten Führungsebenen) von Angehörigen der Großfamilie gemanagt.

In Indien bestimmten Kastenregeln die soziale Stellung der Händler. Familienunternehmen wurden häufig vererbt und blieben viele hundert Jahre lang in der gleichen Familie. Jagat Seth, der große indische Bankier des achtzehnten Jahrhunderts (siehe Kapitel 2), stammte aus einer Jain-Familie, die sich seit Jahrzehnten mit dem Bankwesen beschäftigte; er erbte das Geschäft von einem Onkel und gab es seinerseits an seine Neffen weiter. Auch im Nahen Osten gab es Familienbetriebe, die über Generationen vererbt werden konnten. Schriftlich erwähnt werden Familienunternehmen erstmals in Mesopotamien: Ein ausgezeichnetes Beispiel ist die in Kapitel 2 erwähnte internationale Handelsgesellschaft von Pusu-ken aus Ashur, in der auch seine Frau Lamassi und seine vier Söhne jeweils Führungspositionen innehatten. Im klassischen Griechenland, in Rom und bis hinein ins Mittelalter waren Familien ebenfalls die wichtigste Wirtschaftseinheit; in der Organisationsstruktur der Medici-Bank wurde die oberste Ebene der leitenden Manager und wichtigsten Partner als *famiglia* bezeichnet. Insbesondere in Südeuropa ist das Familienmodell nach wie vor ein wichtiger Einflussfaktor; dort reservieren selbst sehr große und stark diversifizierte Konzerne wie die Fiat-Gruppe wichtige Führungspositionen weiterhin für die Mitglieder der Familie Agnelli.

Mitte des zwanzigsten Jahrhunderts argumentierten amerikanische Autoren, allen voran Adolph Berle und Gardiner Means und später Alfred Chandler, dass das Familienmodell unvereinbar mit dem modernen Wirtschaftsumfeld sei und eine Trennung von Eigentum und Unternehmensleitung unabdingbare Voraussetzung für gutes Management seien. Die Firmeninhaber sollten sich nach Meinung dieser Autoren aus dem Geschäft zurückziehen und die Führung des Unternehmens professionellen Managern überlassen. (Ein anderer Autor, der ehemalige Trotzkist und spätere Freidenker James Burnham, vertrat die Auffassung, dass die Trennung von Eigentum und Unternehmenslenkung eine Illusion sei; wenn man Menschen die Kontrolle über ein Unternehmen überlasse, würden sie im Laufe der Zeit ihre Hand nach der Firma ausstrecken und die einstigen Eigentümer aus ihrer Machtposition verdrängen.) Aber das Familienmodell funktioniert in vielen Fällen, weil es insbesondere bei kleinen Gesellschaften ein hohes Maß an Kontrolle bei gleichzeitiger Flexibilität sicherstellt. In der Regel liegt die Weisungsgewalt beim Familienoberhaupt, dem Patriarchen oder der Matriarchin, aber die Befehlswege sind normalerweise kurz. Weil sich die Manager gut kennen und einander vertrauen, sind formale Planungen und Verteilung von Verantwortlichkeiten nur selten erforderlich; vielmehr entwickeln sich Pläne und Rollen ad hoc, und Verantwortung wird bei Bedarf delegiert. Starkes Vertrauen mindert das Risiko.

James Burnham

Burnham wurde 1905 in Chicago als Sohn einer begüterten Familie geboren (sein Vater hatte eine hohe Führungsposition in einer Eisenbahngesellschaft). In den zwanziger Jahren studierte er in Princeton Philosophie, und wie viele junge Männer der amerikanischen Mittelschicht hielt er den Kommunismus für eine Antwort auf die Übel der Gesellschaft. 1935 trat er der Vierten Internationalen Partei bei, wurde zum begeisterten Anhänger ihres Führers Leon Trotzki und schrieb für linksgerichtete Zeitschriften. Seine Enttäuschung über die Machenschaften Josef Stalins führte im Laufe der Zeit zu einer allgemeineren Desillusionierung in Bezug auf den Kommunismus; er zerstritt sich mit Trotzki kurz vor dessen Ermordung und begann, seine persönliche Überzeugung kund zu tun, dass Kommunismus und Faschismus zwei Seiten der gleichen Medaille seien.

In den vierziger Jahren vertrat Burnham die Überzeugung, dass das kapitalistische System dem Untergang geweiht sei. Als Grund dafür nannte er die Tatsache, dass die Kapitaleigner, also die Eigentümer von Unternehmen, keine Verantwortung für die Geschäftsführung übernahmen. Er hielt die Delegation der Führungsmacht an professionelle Manager für ein Übel, das zur Technokratie und zum Totalitarismus führen würde. Im Gegensatz zu Adolph Berle und Gardiner Means, die glaubten, dass eine Trennung von Firmeneigentum und Unternehmensführung essenziell für gute Geschäftstätigkeit sei, argumentierte Burnham, dass eine solche Trennung reiner Lug und Trug sei: Würde man Managern die Kontrolle über ein Unternehmen geben, würden sie sich im Lauf der Zeit auch als Eigentümer etablieren. Burnhams Ansichten hatten in den fünfziger Jahren starken Einfluss auf rechts gerichtete politische Kreise, und Ronald Reagan sollte ihm später die Freiheitsmedaille des Präsidenten verleihen. Seine schlimmsten Ängste bewahrheiteten sich nie, aber sein berühmtestes Werk, *Die Revolution der Manager*, ist auch heute noch lesenswert und relevant.

Familienunternehmen haben aber auch Nachteile. Erstens werden die meisten Familiengesellschaften weitervererbt, so dass Kontrolle und Eigentum von den Eltern an die Kinder übertragen werden. Dies funktioniert nur solange, wie jüngere Generationen mit dieser Form der Vererbung zufrieden sind. Aber Kinder haben oft ihre eigenen Vorstellungen vom Leben und sind häufig nicht daran interessiert, den Familienbetrieb zu übernehmen. In Hongkong und Taiwan, wo Familienunternehmen vorherrschen, schließen mehr Firmen ihre Pforten als in den Vereinigten Staaten oder in Großbritannien. In beiden Ländern ist der häufigste Grund für die Geschäftsaufgabe, dass es keinen Sohn und keine Tochter gibt, die das Geschäft übernehmen, wenn die Eltern in Ruhestand gehen.

Zweitens gibt es keine Garantie dafür, dass das Kind auch die Managementfähigkeiten seines Elternteils geerbt hat; so weit wir wissen, gibt es kein Management-Gen. Unter inkompetenter Nachfolge litten bereits viele Familienunternehmen der Vergangenheit, darunter auch die Medici-Bank und – mit katastrophaleren Folgen – das große Bankhaus der Fugger in Augsburg. Die im frühen sechzehnten Jahrhundert von Jakob Fugger aufgebaute Bank machte die Familie zu den Rothschilds ihrer Ära: Sie bedienten das Heilige Römische Reich und viele andere Regierungen in Europa (siehe Kapitel 6). Jakobs Neffe und Nachfolger, Anton Fugger, war seinem Onkel im Führungsgeschick ebenbürtig. Aber der nächste in der Reihe, Antons Neffe Hans Jakob Fugger, machte verheerende Fehler, vergab etliche leichtsinnige Kredite und brachte die Bank an den Rand des Ruins. Nachdem ihn seine Familie aus dem Geschäft entfernt hatte, nahm sein Cousin Marx Fugger die Zügel in die Hand. Er war bestenfalls ein mittelmäßig begabter Mann, der nur hilflos zusehen konnte, wie das mächtigste Unternehmen seiner Zeit in den Abgrund schlitterte.

> Unter inkompetenter Nachfolge litten viele Familienunternehmen der Vergangenheit, darunter auch die Medici-Bank.

Das dritte und möglicherweise folgenreichste Problem ergibt sich aus der Kontrollspanne. Selbst der genialste Manager kann nicht überall zur gleichen Zeit sein, und wenn das Unternehmen wächst, stellt sich irgendwann einmal die Frage, wie und an wen Weisungsgewalt und Verantwortung delegiert werden sollen. Großfamilien können weit gefächerte Gesellschaften führen, aber nur wenige Familien sind groß genug, um einen multinationalen Konzern zu lenken. Irgendwann kommt der Zeitpunkt, wo externe Manager in die Struktur eingebunden werden müssen. Eine beliebte frühe Methode setzte dabei auf Heirat: Begabte Mitarbeiter wurden mit dem Angebot belohnt, in die Familie des Firmeninhabers einzuheiraten. Dies stärkte zugleich auch ihre Loyalität dem Unternehmen gegenüber. Diese Praxis ist noch heute bei Auslandschinesen in Südostasien zu beobachten, wo Familien »strategische Ehen« aushandeln, um ihre Geschäftspartnerschaften mit anderen Familien zu zementieren. Frauen, die Unternehmen führten, insbesondere Witwen nach dem Tod ihres Mannes, zogen häufig ebenfalls eine Heirat mit einer Führungskraft der Firma in Erwägung, um das geschäftliche Können der betreffenden Person für ihr Unternehmen zu sichern. Das berühmteste Beispiel ist hier wohl die Kaufmannswitwe Khadija aus Mekka, die ihren Karawanenführer und Geschäftsführer Mohammed ehelichte.

Organisationen:
Bausteine der
Zivilisation

Die Möglichkeiten eines Unternehmens, Eheschließungen auf diese Weise zu nutzen, waren jedoch häufig beschränkt, nicht zuletzt durch das Fehlen unverheirateter weiblicher Verwandter oder deren mangelnde Bereitschaft, faktisch zum Bestandteil eines Topmanagement-Vergütungspakets zu werden. Eine aufgeklärtere Form der Allianz waren Geschäftspartnerschaften. Partnerschaften zwischen Unternehmern und Firmen gab es bereits in der Antike, doch zur hohen Kunst wurden sie erst im Italien des Mittelalters erhoben, wo Partnerschaften sowohl innerhalb eines Unternehmens als auch zwischen Firmen zu einem essenziellen Organisationsbaustein wurden. Ganze Unternehmen wurden auf solchen Partnernetzen aufgebaut. Der in Italien ansässige Tuchhersteller und internationale Großkaufmann Francesco Datini, der auch über Niederlassungen in Frankreich und Spanien verfügte, hatte oft acht Handelsgesellschaften gleichzeitig, und in jeder Organisation war er *capo* oder Seniorpartner. In manchen Gesell-

---

Francesco Datini

Der 1335 in der Kleinstadt Prato nördlich von Florenz geborene Datini wurde zur Waise, als seine Eltern 1349 vom Schwarzen Tod dahingerafft wurden. Im Alter von vierzehn Jahren fing er als Lehrling bei einem Händler in Florenz an; mit fünfzehn investierte er eine kleine Erbschaft, die ihm sein Vater hinterlassen hatte, in eine Reise ins französische Avignon, das damals der Sitz des päpstlichen Hofes und florierender italienischer Finanz- und Geschäftskreise war. Datini beschaffte sich etwas Kapital und gründete sein eigenes Unternehmen. Zunächst handelte er mit Waffen und Rüstungen; später kamen alle möglichen anderen Waren hinzu, darunter auch Tuch und Kunstwerke. 1378 hatte er seine Aktivitäten auf das Bankwesen ausgedehnt. 1382 kehrte er in seine Heimatstadt Prato zurück, gründete dort und in Florenz eine Vielzahl von Unternehmen und dehnte seine Aktivitäten auch auf Pisa, Genua und Barcelona aus. Datini verfolgte einen opportunistischen und flexiblen Geschäftsansatz, sammelte aber auch wie besessen Informationen und pflegte Briefwechsel mit Kontaktpersonen aus ganz Europa, die ihm Marktinformationen zutrugen. Er setzte stets auf Diversifizierung: Die breite Produktpalette seiner Produktions- und Handelsgesellschaften beruhte auf einer bewussten Risikominderungsstrategie, auf die auch viele seiner Zeitgenossen setzten, da die mit dem physischen Transport und der Distribution von Waren verbundenen Risiken damals extrem groß waren. Durch Einsatz von Partnerschaften konnte Datini flexibel auf Markttrends reagieren und seine Risiken sehr kostengünstig streuen. Als jedoch 1399 bis 1400 erneut die Pest ausbrach und ihr mehrere seiner engsten Vertrauten unter seinen Partnern zum Opfer fielen, schloss er seine Filiale in Genua und zog sich bis zum seinem Tod im Jahr 1410 teilweise aus dem Geschäftsleben zurück.

schaften leisteten er und seine Juniorpartner Kapitaleinlagen; in anderen – etwa in seinem Tuchgeschäft in Prato in der Nähe von Florenz – steuerte Datini das Kapitel bei, während der Juniorpartner Niccolò di Giunta seine Führungsfähigkeiten und sein Spezialistenwissen auf dem Gebiet der Tuchweberei einbrachte, das Datini fehlte.

Diese mittelalterlichen Partnerschaften waren zwar einfach gestaltet, doch gab es unzählige verschiedene Varianten. Handelsgesellschaften konnten jede beliebige Zahl von Partnern umfassen; am häufigsten waren jedoch zwischen zwei und fünf Partner. Einige Partner steuerten Kapital bei, hielten sich aber vom Tagesgeschäft fern; andere, wie Niccolò di Giunta, engagierten sich nicht mit Geld, sondern brachten stattdessen ihr eigenes Knowhow und ihre Fähigkeiten ein. Wieder andere leisteten sowohl finanziell als auch in der Unternehmensführung einen Beitrag. Bisweilen gründete die gleiche Partnergruppe mehr als ein Unternehmen, wobei dann für jedes Vorhaben eine gesonderte Handelsgesellschaft eingerichtet wurde. In einigen Handelsgesellschaften spielte eine Person die Rolle des *capo* oder Mehrheitspartners, führte die Geschäfte und erhielt den größten Gewinnanteil; in anderen waren die Partner mehr oder weniger gleichberechtigt. Partnerschaften wurden in der Regel nur kurzzeitig geschlossen, meist auf zwei bis drei Jahre, und nach Ablauf dieser Zeitspanne konnten die Partner die Allianz zu den gleichen oder anderen Bedingungen verlängern, neue Partner aufnehmen oder ihre Geschäftsverbindung ganz auflösen.

Handelsgesellschaften wie die von Datini gegründeten setzten Partner auf flexible Weise ein, bildeten neue Allianzen, um geschäftliche Chancen zu ergreifen, und lösten sie wieder auf, wenn sich diese Möglichkeiten zerschlugen. Moderne Beobachter sehen sie als komplexe und dynamische Netzwerke, die wie Amöben ständig ihre Gestalt zu verändern schienen: Eine Qual für Wirtschaftshistoriker, die herausfinden müssen, wer wann mit wem zusammenarbeitete, aber ungemein faszinierend in Bezug auf ihre kaufmännischen Konsequenzen.

> Die unendlich flexiblen mittelalterlichen Handelsgesellschaften funktionierten, weil es sich um Interessensgemeinschaften von Partnern handelte.

Die unendlich flexiblen mittelalterlichen Handelsgesellschaften funktionierten, weil es sich um Interessensgemeinschaften der Partner handelte – ähnlich wie die zeitlich begrenzten Konsortien oder Arbeitsgemeinschaften (ARGE) in den neunziger Jahren des zwanzigsten Jahrhunderts.

Partnerschaften waren ein wichtiger Weg zur Erweiterung der Kontrollmöglichkeiten des Managements, doch auch sie hatten ihre Grenzen: Die Partnernetze konnten nicht unendlich wachsen; irgendwann begannen sich abnehmende Grenzerträge bemerkbar zu machen. Die Medici-Bank löste dieses Problem, indem sie jede einzelne Handelsgesellschaft vergrößerte und faktisch zu einem halb unabhängigen Geschäftsbereich machte. Die Partner waren für Planung und Aufsicht zuständig – insbesondere im Tavola, der zentralen Bankniederlassung in Florenz und in den großen Seiden- und Wollwebereien. Das Tagesgeschäft wurde zunehmend von *fattori* (Faktoren oder Manager) geführt, die zumeist wegen ihrer Fähigkeiten intern aufgestiegen waren. Irgendwann wurden die meisten *fattori* zum Partner gemacht, wie im Falle von Giovanni d'Amerigo Benci (siehe Kapitel 2). Wachstum wurde dann durch den Aufbau einer pragmatischen Hybridstruktur mit Partnerschaften und direkt angestellten Führungskräften gesichert, wobei erstere für die anfängliche Steuerung und die Koordination zuständig waren und letztere dazu dienten, die Führungsmacht und -reichweite auszubauen. Diese Kombination erwies sich als äußerst effizient und wurde von den großen Überseehandelsfirmen im siebzehnten Jahrhundert wie der Hudson's Bay Company, der British East India Company und der Holländischen Ostindiengesellschaft eingesetzt. Bis ins späte neunzehnte Jahrhundert hinein sollte dies die Standardpraxis großer europäischer Gesellschaften bleiben.

Bürokratie

Im heutigen Managementsprachgebrauch ist »Bürokratie« ein Schimpfwort. Im Laufe des zwanzigsten Jahrhunderts wurde die Bürokratie zum Inbegriff aller Schattenseiten des Managements und zum Paradebeispiel dafür, wie Unternehmensführung *nicht* aussehen sollte. Bürokratie bedeutet Ineffizienz, Verschwendung, personelle Überbesetzung, Inkompetenz. Das moderne Bild von Bürokratie beruht in weiten Teilen auf dem von Max Weber beschriebenen Konzept der »Maschinenbürokratie«, einem mechanistischen System, in dem sowohl Mitarbeiter als auch Kunden wie Zahnräder in einem Getriebe behandelt werden. Später im zwanzigsten Jahrhundert beschwor Lewis Mumford die alptraumhafte Vision von Organisationen als »megatechnischem Ödland« herauf, deren Leben und Seele von einer Kombination aus unerbittlicher Technologie und starrer Bürokratie erdrückt wurde und die ihre Mitglieder geradezu versklaven. In *1984* zeichnete George Orwell ein ganz ähnliches Bild.

Der Begriff Bürokratie wird natürlich auch häufig mit dem Staatsapparat und ineffizientem und inkompetentem Beamtentum assoziiert. Dennoch übten die Methoden der Staatsverwaltung einen großen Einfluss auf Managementtheorie und -praxis aus, ob einem dies nun gefällt oder nicht, und bisweilen waren die von Beamten geführten Unternehmen auch höchst effizient. Das Ägypten der Pharaonen war ein Land, das größtenteils von seinen Beamten regiert wurde. Ihnen gelang es nicht nur, Bauwerke wie die Großen Pyramiden und die Grabmäler von Theben zu errichten; sie verwalteten auch den Exporthandel des Landes und die vielen Wirtschaftssektoren, in denen der Staat ein Monopol besaß. In Indien verfügte das rund 320 vor Christus gegründete Mauryanische Königreich des Chandragupta über einen umfangreichen Stab bezahlter Beamter, die die ausgedehnten Wirtschaftsinteressen der Krone managten. Kautilya, der Premierminister des Reiches und der Leiter des Beamtenapparates, hinterließ detaillierte administrative Richtlinien. Aus diesen Schriften wissen wir, dass das Beamtentum so konzipiert war, dass die geschäftlichen Interessen des Königs effizient und Gewinn bringend geführt werden konnten. Wie Karl Moore und David Lewis in ihrem Buch *Foundations of Corporate Empire* beschreiben, wurden im Nahen Osten beispielsweise in Tyros Wirtschaftsimperien von den Priestern der großen phönizischen Tempel gelenkt. In Tyros wurde im Grunde nicht zwischen Tempel, Zivilregierung und Wirtschaftsführung unterschieden; die geistlichen Manager waren Allroundtalente, die in vielen verschiedenen Bereichen arbeiten konnten.

> In Tyros wurde im Grunde nicht zwischen Tempel, Zivilregierung und Wirtschaftsführung unterschieden; die geistlichen Manager waren Allroundtalente, die in vielen verschiedenen Bereichen arbeiten konnten.

Kautilya

Aus dem Leben des Kautilya, der auch unter dem Namen Canakya bekannt ist, ist fast nichts überliefert. Wahrscheinlich war er jedoch Minister in der Regierung von Chandragupta Maurya, dem ersten König des Mauryanischen oder Gupta-Reiches, das ab 320 vor Christus einige Jahrhunderte lang in Nordindien seine Blütezeit erlebte. Chandragupta war ein indischer Prinz, der sich mit Alexander dem Großen während seiner Invasion in Indien verbündete und das daraus resultierende politische Chaos nutzte, um sich ein Reich aufzubauen, das sich über einen Großteil Nordindiens erstreckte. Kautilyas gesammelte Schriften, das *Arthashastra*, wurden zum konstituierenden politischen und philosophischen Text dieses Königsreiches.

Besonders interessant sind Kautilyas Ausführungen zum Zweck der Verwaltung. Seiner Ansicht nach dient sie nicht einfach nur den Eigeninteressen des Königs. In Wahrheit sei der König nur ein Element im administrativen System. Seine Aufgabe ist die Führung, aber vor allem muss er die *dharma* verkörpern, die Regeln und Gepflogenheiten, die die Gesellschaft vereinen und ein Zusammenleben ermöglichen. In der Philosophie der antiken Hindus waren *dharma* nicht von Menschen verfasste Regeln, sondern Bestandteile des Universums selbst (eine Vorstellung, die dem späteren westlichen Konzept der Naturgesetze ähnelt). Die Einhaltung der *dharma* war Pflicht und Notwendigkeit zugleich, nicht nur für Könige, sondern auch für alle anderen Administratoren.

Organisationen: Bausteine der Zivilisation

Wie wir in Kapitel 2 gesehen haben, erstarrte die Bürokratie, die der legalistische Kaiser Qin Shi Huangdi in China errichtet hatte, und wurde faktisch zu einem Hindernis für die Wirtschaft. In ihrer Frühzeit handelte es sich hier eindeutig um eine effiziente Regierungsmethode. Am Ende der Qing-Dynastie im späten neunzehnten Jahrhundert ging aus der chinesischen Bürokratie eine herausragende Gestalt hervor: der begnadete General, Administrator und Geschäftsmann Li Hongzhang. Im Gegensatz zu fast allen anderen seiner Zeitgenossen war sich Li der Tatsache bewusst, dass die Modernisierung Chinas und die Liberalisierung seiner wirtschaftlichen Institutionen unerlässlich war, wenn das Reich der Mitte seine Stärke wiedererlangen und aggressive ausländische Mächte abwehren wollte. Angesichts des Erfolges des Meiji-Kaisers und seiner Gefolgsleute in Japan, die in nur drei Jahrzehnten eine zerfallende Feudalgesellschaft in eine der bedeutendsten Wirtschafts- und Militärmächte der Welt verwandelt hatten, versuchte Li, das gleiche Wunder in China zu bewerkstelligen. Mit seinen kaufmännischen Unternehmungen wie der »Navigationsgesellschaft der chinesischen Händler« gewann er den Respekt seiner westlichen Konkurrenten.

Li Hongzhang

Li wurde 1823 in der Provinz Anhui geboren, bestand seine Aufnahmeprüfung für die Beamtenlaufbahn 1844 und schloss sein Studium 1847 in Peking ab. 1853 kehrte er, noch in relativ untergeordneter Position, in seine Provinz zurück, um die Streitkräfte zum Widerstand gegen die Taiping-Rebellion zu mobilisieren. Obwohl die kaiserliche Armee in Anhui eine Niederlage erlitt, kämpfte Li selbst sehr ehrenhaft und wurde mehrfach befördert. 1860 kommandierte er die Kaiserlichen Truppen in Shanghai; später war er Oberbefehlshaber der Kaiserlichen Armeen, die schließlich die Taipings besiegten und die Revolte unterdrückten. Der vielfach ausgezeichnete Li war dann bis zu seinem Tod im Jahr 1901 eine der führenden Persönlichkeiten in der chinesischen Verwaltung.

Während der Taiping-Kriege kämpfte Li Seite an Seite mit westlichen Truppen, zumal den Söldnern der Unbesiegbaren Armee, an deren Spitze der britische Offizier Charles Gordon stand. Diese Erfahrungen gaben Li einen Einblick in die Macht und Stärken westlicher Nationen, und er erkannte deutlich, dass ihre Hegemonie größtenteils auf ihren kaufmännischen Erfolg zurückzuführen war. Wie seine Zeitgenossen Shibusawa und Fukuzawa in Japan versuchte Li, das Wachstum westlich orientierter Unternehmen voranzutreiben. Dazu wurden auch experimentelle Firmen wie die »Navigationsgesellschaft der chinesischen Händler« gegründet.

Li war ein ungeliebter Prophet. Als einer der ersten Chinesen erkannte er, dass westliche Geschäfts- und Managementmethoden an Chinas Bedürfnisse angepasst werden konnten und mussten, wenn sich das Land gegen westliche Übergriffe behaupten wollte. Seine Widersacher im Westen verstanden seine Strategie gut und gaben sich größte Mühe, ihm Steine in den Weg zu legen. Hätten seine Bemühungen die Unterstützung seiner Kollegen und der Kaiserin gefunden und wäre China in der Lage gewesen, zwischen 1880 und 1900 eine Wirtschaftsreform à la Meiji durchzuführen, wäre wohl ein Großteil der Geschichte Asiens im zwanzigsten Jahrhundert völlig anders verlaufen.

Als es im Reich der Mitte jedoch an allen Ecken und Enden zu kriseln begann, wurde Li an zu vielen Orten gleichzeitig gebraucht, und die Manager, die in seinen Unternehmen nach ihm die Führung übernahmen, waren Bürokraten der schlimmsten Sorte. Ohne Li konnte sich die »Navigationsgesellschaft der chinesischen Händler« nur noch wenige Jahre halten.

Im Westen wurden im Mittelalter auch Bürokratien praktisch nach dem Familienmodell organisiert. An ihrer Spitze stand wie eine Art »Familienoberhaupt« der Monarch. (In der damaligen Diktion wurde der Beamtenstab sogar lange Zeit als »Haushalt des Königs« bezeichnet.) Im zwölften Jahrhundert führte England weitreichende Reformen durch. Verwaltungsgenies wie Richard Fitz Neal schrieben den ersten Verwaltungsleitfaden, *Diologus de Scaccario* (Fiskalkursus). Hubert Walter führte dauerhafte Systeme zu Informationserfassung und Buchführung einschließlich regelmäßiger Finanzrechnung ein. Beide Ansätze beeinflussten die Geschäftspraktiken in diesem Sektor, den wir heute als Privatwirtschaft bezeichnen würden: Unternehmen im vierzehnten Jahrhundert führten allmählich systematische Aufzeichnungen finanzieller und später auch anderer Aspekte ein, und die Idee, Vorgehensweisen im Management in Handbüchern schriftlich zu fixieren, begann sich durchzusetzen. Aus dieser Zeit ist ein halbes Dutzend Lenkungs- und Verwaltungsleitfäden erhalten geblieben, allen voran das gegen 1300 von Walter von Henley verfasste Handbuch zur Gutsverwaltung, das sich nicht nur mit technischen Fragen der Landwirtschaft an sich befasst, sondern auch Bereiche abdeckt, die später Personalmanagement und Marketing getauft werden sollten. Dorothea Oschinsky, die heutige Expertin zu Walter von Henley, vertritt die Ansicht, dass seine Abhandlung – wie viele andere Werke auch – von Jurastudenten an der Universität Oxford als Lehrbuch benutzt wurde. Viele dieser Studenten arbeiteten später als Verwalter und Faktoren.[4] (Wenn sie Recht hat, ist dies ein weiteres frühes Beispiel für Managerausbildung.)

> Im Westen wurden im Mittelalter auch Regierungsverwaltungen praktisch nach dem Familienmodell organisiert. An ihrer Spitze stand wie eine Art »Familienoberhaupt« der Monarch.

Gegen Ende des Mittelalters besaß England nicht nur eine der effizientesten und effektivsten Regierungen Europas. Auch seine Wirtschaftsvertreter machten ihren Einfluss überproportional stark geltend. England war ein kleines Land mit begrenzter Bevölkerung und mäßiger Kapitalausstattung, aber um 1500 herum und insbesondere gegen 1600 waren seine Kaufleute eine nicht zu unterschätzende Kraft. Zu diesem Aufstieg trugen mehrere Faktoren bei, aber der Einsatz systematischer Managementtechniken, die aus dem Beamtentum abgeleitet waren, steht hier mit an oberster Stelle.

Hubert Walter

Walter wurde um 1140 herum in Norfolk geboren und wuchs im Haushalt seines Onkels Ranulf de Glanvill auf, dem Justiziar (Obersten Minister) König Heinrich II. Bis 1189 diente er unter Glanvill als Beamter und Richter. Als dann König Richard I. den Thron bestieg, wurde Walter zum Bischof von Salisbury ernannt (wie die meisten Administratoren seiner Zeit ließ auch er sich zum Priester weihen). Er begleitete den König beim Dritten Kreuzzug nach Palästina, wo er vielfältige Aufgaben übernahm: Er organisierte die Vorräte für die Belagerung von Akkon, führte einen Kavallerieangriff in der Schlacht von Beit Nuba, verhandelte mit Saladin und geleitet Pilgergruppen nach Jerusalem. Nach seiner Rückkehr nach England wurde er Erzbischof von Canterbury und war zunächst als Justiziar und dann als Schatzkanzler tätig. In beiden Ämtern organisierte Walter die Verwaltungsabläufe neu und legte eine dauerhafte organisatorische Grundlage mit Buchführungs-, Berichts- und Archiviersystemen, die bis heute erhalten geblieben sind. Obwohl das englische Beamtentum schon vor Walter existierte, legte er den Grundstein für die (damals) effektivste staatliche Administration der Welt. Im Jahr 1205 starb er in seinem Amt.[5]

Organisation und Glaube: der Aufstieg der Klöster

In der Zwischenzeit hatte sich eine neue Form der Bürokratie etabliert. Religiöse Organisationen betätigten sich bereits seit Jahrhunderten im Management. Die phönizischen »Tempelkapitalisten« wurden bereits an früherer Stelle erwähnt. Von den gewaltigen Tempeln der griechischen und römischen Epoche (für die es auch Pendants in Indien und China gab) waren einige weit gespannte Organisationen, die hunderte von Priestern und Messdienern versorgten und viele tausend Hektar Land besaßen. Diese Priester mussten ernährt und die Struktur der Tempel musste erhalten werden. Das kostete Geld. Aus diesem Grund wurden die Tempel wirtschaftlich tätig, nicht nur in der Landwirtschaft, sondern auch im Transport und in der Fertigung. Diese Unternehmungen benötigten ihrerseits Manager. In Rom leiteten die Hohepriester der großen Jupiter-, Minerva- und Venustempel zugleich auch Unternehmen, die Jahresumsätze von mehreren Millionen *sesterces* erzielten.

Das Christentum begann als Volksreligion und widersetzte sich lange Zeit offiziellen Strukturen und Autoritäten. Der Wunsch des Menschen nach Organisation erwies sich jedoch als so stark, dass schon bald Diözesen gegründet und Bischöfe gewählt wurden. Mönche, die sich aus der Gesellschaft zurückzogen, um in abgeschiedenen Gemeinschaften zu leben, erhielten Regeln für ihr Verhalten und Zusammenleben. Selbst Eremiten, die fast ganz allein lebten, wurden in verschiedene Orden aufgeteilt und Regeln unterworfen (ein »organisierter Einsiedler« ist wohl ein Paradebeispiel für einen Widerspruch in sich).

Die Situation änderte sich grundlegend im Jahr 312 nach Christus, als während einer der letzten von unzähligen Nachfolgekrisen des Römischen Kaiserreiches der Kommandant der Rheinarmee seine Männer südwärts über die Alpen bis vor die Tore Roms führte, wo er seinen Rivalen Maximus in der Schlacht an der Milvischen Brücke besiegte und tötete und selbst den Kaiserthron eroberte. Man kann sich darüber streiten, ob Kaiser Konstantin Christ war oder nicht (einem Bericht zufolge ließ er sich schließlich auf dem Totenbett taufen), aber er war davon überzeugt, dass das Christentum sich als einigende Kraft erweisen und das Reich stärken würde, wenn die römische Regierung richtig damit umging und es für ihre Zwecke nutzte. Im Jahr 313 legalisierte er das Christentum und machte es zur Staatsreligion; die christlichen Bischöfe, insbesondere den Bischof von Rom (der damals noch nicht Papst genannt wurde) stattete er mit gewaltigen Ländereien und anderen Ressourcen aus. Danach führte kein Weg mehr zurück; die katholische Kirche musste Managementaufgaben übernehmen, ob es ihr gefiel oder nicht.

Das Mönchstum, also das Streben nach einem besinnlichen Leben weitab von den Zerstreuungen des Alltags und näher bei Gott, wurde im frühen Christentum in Ehren gehalten. Wie jedoch der italienische Mönch Benedikt von Nursia im frühen sechsten Jahrhundert nach Christus feststellen musste (siehe Kapitel 2), brauchen auch Gottes treue Diener Kontrolle, Koordination, Verhaltensregeln und all die anderen Insignien einer Organisation. Der Benediktinermönch bot all das in seinen einfachen Regeln für das Zusammenleben im Kloster. Diese Regeln wurden von vielen Klöstern übernommen, und im Spätmittelalter galten sie in hunderten von Ordensgemeinschaften in ganz Europa.

Das Benediktinische System erwies sich als ausgezeichnete Organisationsgrundlage für die einzelnen Klöster. Inwieweit die Ordensregeln aber durchgesetzt werden konnten, hing von der Stärke und Willenskraft des jeweiligen Klosterleiters oder Abtes ab. Und Äbte konnten, wie alle anderen Führer auch, fehlbar sein. Die Standards wurden nicht einheitlich angewandt. Manche Äbte waren unfähig, die finanziellen

> Das Benediktinische System erwies sich als ausgezeichnete Organisationsgrundlage für die einzelnen Klöster.

Organisationen: Bausteine der Zivilisation

Gesichtspunkte der Klosterverwaltung in den Griff zu bekommen, und verschuldeten sich, während andere es mit der Disziplin nicht so genau nahmen (eine größere Sorge in der damaligen Gesellschaft) und ihre Mönche nicht von Versuchungen wie Glücksspiel, Alkohol und Weibsbildern von zweifelhaftem moralischen Charakter fernhalten konnten.

Im zehnten Jahrhundert fand eine massive, europaweite Reform des Benediktinerordens in ganz Europa statt, die das Kloster Cluny im Süden Burgunds organisierte. Mit Unterstützung der Kirchenführer verschärften die Äbte von Cluny die Disziplin und sandten Inspektoren aus, um sicherzustellen, dass die Klöster die Regeln befolgten. Die sogenannte »Reform von Cluny« war sehr effektiv, machte den Orden zugleich aber bürokratischer. Aus den Reformen gingen viele talentierte Administratoren hervor, und nicht wenige Benediktiner wurden Bischöfe, Erzbischöfe und Päpste (und weitaus mehr übernahmen Verwaltungspositionen in der weltlichen Regierung).

Aber das in Cluny initiierte Projekt hatte seine Grenzen. Es war international angelegt und deckte hunderte von Klöstern und viele tausend Mönche in der ganzen westlichen Welt ab, die es alle von einer zentralen Stelle aus kontrollieren wollten. In der Praxis hatte der Abt von Cluny jedoch begrenzte Ressourcen zur Verfügung. Um herauszufinden, was in einem Kloster vor sich ging, stand ihm nur eine Möglichkeit offen: Er musste jemanden hinschicken, der die Situation persönlich vor Ort in Augenschein nahm. Obwohl regelmäßig »Besucher«, wie man diese Inspektoren nannte, entsandt wurden, waren solche Prüfungen teuer und zeitaufwändig. Ein weiteres Problem war der fortgesetzte Einfluss lokaler Stiftsfamilien, die als Dank für ihre Schenkungen an örtliche Klöster Gefälligkeiten erwarteten; letztere waren ihren Stiftern häufig per Gesetz oder lokaler Gepflogenheiten verpflichtet, was oft zu Konflikten mit Cluny führte.

Obwohl die Reformen von Cluny umfassend und weit reichend waren, erreichten sie niemals ganz ihr Ziel. Erfolgreiche organisatorische Veränderungen hängen in nahezu allen Fällen von der Begeisterung und Unterstützung derer ab, die für ihre Umsetzung verantwortlich sind. Selbst wenn Veränderungen zunächst erfolgreich sind, macht sich im Laufe der Zeit das Trägheitsmoment bemerkbar: Den Reformern fällt es schwerer, Unterstützung zu gewinnen, ihre eigene Begeisterung aufrecht zu erhalten oder gleichgesinnte Nachfolger zu finden. Cluny war da keine Ausnahme.

Der Zisterzienserorden

Im späten elften Jahrhundert sagte sich eine kleine Gruppe von Mönchen, denen die autokratische Herrschaft Clunys nicht mehr behagte, vom Benediktinerorden los und gründete ein eigenes Kloster in den ostfranzösischen Bergen in Citeaux. Ihre Bewegung wäre wohl kaum in die Geschichte eingegangen, hätte nicht einige Jahre später ein junger Edelmann namens Bernhard an die Klosterpforte geklopft und sich als Mönch beworben. Dieser junge Adelige, der später als Bernhard von Clairvaux heilig gesprochen werden sollte, gehört zu den dynamischsten Persönlichkeiten des Mittelalters. Er ist zwar primär als Theologe und Philosoph bekannt, war aber auch der Architekt des Zisterzienserordens.

Bernhard wurde bald als Denker und Prediger bekannt, und der neue Orden gewann viele neue Mönche hinzu. Nach wenigen Jahren wurde offensichtlich, dass für ihre Unterbringung mehr Klöster benötigt wurden, und Mönche verließen Citeaux, um vier neue Häuser in La Ferté, Pontigny, Morimond und Clairvaux zu gründen (letzterem stand Bernhard als Abt vor). Diese vier wurden »Tochtergründungen« genannt, Citeaux das »Stammhaus«. Der fortgesetzte Anstieg in der Zahl der Glaubensbrüder führte zur weiteren Expansion nach dem gleichen Gründungsmuster. Jedes der vier »Töchterhäuser« gründete neue Einrichtungen und wurde seinerseits zum »Stammhaus« mit eigenen »Töchtern«. Aus diesen »Töchtern« wurden dann wieder »Stammhäuser«.

Ein derartiges Modell der harmonischen Dezentralisierung hatte es noch niemals zuvor gegeben. Dem Zisterzienserorden verhalf es auf der Stelle zum Erfolg. Als Bernhard im Jahr 1153 starb, gab es in ganz Europa 330 Zister-

---

Bernhard von Clairvaux

Bernhard wurde im Jahr 1090 in Burgund in der Nähe von Dijon als Sohn einer Adelsfamilie geboren und trat mit Anfang 20 in den Zisterzienserorden ein. Dank seines organisatorischen und intellektuellen Geschicks stieg er rasch in hohe Positionen auf, und 1125 wurde er als Leiter einer neuen Klostergründung in Clairvaux ausgewählt. Clairvaux wurde zum Zentrum einer erstaunlichen Expansion; in den nächsten fünfzig Jahren wurden in ganz Westeuropa Hunderte von Zisterzienserklöstern gegründet. Bernhard selbst wurde der berühmteste Redner und Theologe seiner Zeit, führte Streitgespräche mit Peter Abaelard und predigte 1147 für den Zweiten Kreuzzug. Dieser fromme und asketische Mann gehörte zu den wenigen mittelalterlichen Theologen, die Handelsaktivitäten für Sünde hielten; seine Erwähnung in diesem Buch hätte ihn entsetzt. Aber die von ihm geführte Organisation hatte nicht nur einen dauerhaften Einfluss auf die Struktur von Unternehmen, sondern war auch selbst ein höchst erfolgreiches multinationales gewerbliches Unternehmen.

Organisationen: Bausteine der Zivilisation

> Ein derartiges Modell harmonischer Dezentralisierung hatte es noch niemals zuvor gegeben.

zienserklöster. Bis 1200 war ihre Zahl auf über 500 angewachsen, und 1400 waren es mehr als 750. In jedem Land Westeuropas und den meisten Ländern Osteuropas gab es viele Zisterziensergründungen. Allein in England waren es mehr als 80.

Zusammen betrachtet waren diese Klöster ein gewaltiges Unternehmen. Niemand hat bis dato eine europaweite Bestandsaufnahme des Zisterzienserordens und seiner Besitztümer zusammengestellt, aber in den größeren Klöstern wie Fountains und Rievaulx in Yorkshire oder Tintern an der walisischen Grenze könnten bis zu 500 Mönche und Laienbrüder (nachrangige Ordensmitglieder, die kein volles Mönchsgelübde ablegten) gelebt haben. Die Ländereien unterschieden sich je nach Kloster und Standort, aber die größten Gründungen in England besaßen jeweils über 16.000 Hektar, wurden jedoch von riesigen Klöstern in Kontinentaleuropa wie Leibus im Osten Deutschlands in den Schatten gestellt, dessen Ländereien insgesamt über 240.000 Hektar umfassten. Insgesamt muss der Orden Landflächen von vier Millionen Hektar besessen und hunderttausende Mönche und Laienbrüder müssen ihm angehört haben.

Der Schlüssel zum Erfolg der Zisterzienser lag in ihrer Organisation, sowohl auf der Makro- als auf der Mikroebene. Wie oben erwähnt, spielte das System der »Stammhäuser« und »Töchter« eine zentrale Rolle für die Expansion des Ordens und blieb der grundlegende Rahmen der Ordensorganisation. Dieser Rahmen wurde kurz nach Beginn der Expansionsphase offiziell in einem Dokument namens *Carta Caritatis* abgesteckt, in dem die Beziehung zwischen den einzelnen Gründungen genau beschrieben wurde.

Während Cluny wie eine Monarchie organisiert war, ähnelte die Organisation des Zisterzienserordens eher einer Großfamilie. Jedes Stammhaus trug auch nach der Gründung weiterhin die Verantwortung für seine Töchter und spielte praktisch eine Art Elternrolle. In Cluny waren Befehlsgewalt und Kontrolle nahezu vollkommen zentralisiert; bei den Zisterziensern wurde die Kontrolle auf der lokalen Ebene ausgeübt. Weil jedes Stammhaus zugleich auch ein Tochterkloster war, wurde jede überwachende Instanz auch selbst wieder überwacht, und die Berichtswege reichten durch die gesamte Organisation bis hinauf zu den ursprünglichen vier Tochtergründungen und schließlich nach Citeaux.

Darüber hinaus unterschieden sich die Beziehungen zwischen den Tochter- und Stammhäusern deutlich von denen zwischen Cluny und den anderen Benediktinerklöstern. Erstens zahlten die Töchter keinen Obolus an die Stammhäuser; jedes dieser Klöster war ein unabhängiges Profit Center und konnte seine Einnahmen unter Einhalten der Ordensregeln nach Gutdünken verwenden. Stammhäuser waren dazu verpflichtet, Töchter zu beaufsichtigen und dafür zu sorgen, dass sie die Grundsätze der Organisation einhielten, sie durften nur keine finanziellen Anreize einsetzen. Allein dadurch hatten die Tochterklöster bereits viel mehr Freiheiten und gerieten nicht so häufig mit dem Stammhaus aneinander; die Beziehungen waren also sehr viel harmonischer.

Diesem scheinbar formlosen System gab ein weiteres einfaches Instrument Gestalt: der Allgemeine Ordensrat, eine Art Hauptversammlung, die einmal jährlich in Citeaux abgehalten wurde. Es wurde von jedem Abt des Ordens erwartet, dass er an diesem Allgemeinen Rat teilnahm oder einen führenden Vertreter aus dem »Managementteam« seines Klosters entsandte. Auf diese Weise hatte der Abt von Citeaux sozusagen seinen Finger am Puls der Organisation und konnte sich persönlich vergewissern, dass alle Tochtergründungen die Ordensregeln einhielten.

Neben der *Carta Caritatis* gab es noch ein zweites Dokument, die *Institutiones* oder Ordensregel. Sie verband die Merkmale eines Mission-Statements mit denen eines Verfahrenshandbuchs, das nicht nur ganz genau erklärte, was zu tun war, sondern auch die Gründe für diese Vorgehensweise erläuterte. Das Alltagsleben der Mönche und Laienbrüder, geschäftliche und kaufmännische Aktivitäten, Baustile für Klostergebäude – alles war streng reglementiert und mit dem Hauptzweck verbunden.

Die Organisation auf lokaler Ebene wurde ebenso sorgfältig geplant wie die Makrostruktur des Ordens. Im Gegensatz zu den Cluny-Klöstern waren die Häuser der Zisterzienserorden stets Neugründungen, in der Regel auf zuvor nicht bebautem oder besiedeltem Land. Sobald das Land gerodet oder entwässert worden war und für produktive Zwecke genutzt wurde, gründete jedes Kloster Produktionseinheiten, die »Gutshöfe« genannt wurden. Jeder Gutshof war eine autonome Einheit mit 200 bis 280 Hektar Anbaufläche. Wenn man die Klöster mit unabhängigen Profit Centern vergleicht, kann man diese Gutshöfe als Fertigungsstätten mit jeweils eigenen Konten und Kontingenten betrachten. Ebenso wenig griffen die Zisterzienser häufig auf das Pächtersystem Clunys zurück, bei dem Land in Lehensgüter aufgeteilt wurden, die freie Pächter oder Leibeigene bewirtschafteten. Sie zogen es vor, ihre Ländereien selbst zu bebauen, wobei die Mönche und Laienbrüder bezahlte Tagelöhner beaufsichtigten.

Wie in Kapitel 2 erwähnt, erwies sich die zisterziensische Struktur als äußerst schlagkräftige Basis für wirtschaftliches Wachstum und Unterneh-

> Die Organisation auf lokaler Ebene wurde ebenso sorgfältig geplant wie die Makrostruktur des Ordens.

mertum. Innerhalb der Ordensstruktur konnten die einzelnen Äbte ihre eigene Politik frei wählen und die ihnen zur Verfügung stehenden Ressourcen nach eigenem Gutdünken einsetzen. Binnen weniger Jahrzehnte machte der Zisterzienserorden sowohl in der Zahl der Mönche und Klöster als auch in seiner wirtschaftlichen Macht den Benediktinern Konkurrenz. Es dauerte nicht lange, bis die Angehörigen dieses Ordens Machtpositionen in der Kirchenhierarchie erlangten; sie stellten nun mit der gleichen Wahrscheinlichkeit Erzbischöfe und Päpste wie die Benediktiner. Im Laufe der Zeit erstarrten die Organisationssysteme beider Orden in ihren eigenen Konventionen, und die protestantische Reformation im sechzehnten Jahrhundert versetzte ihnen schwere Schläge. Heute weisen beide nur noch einen Bruchteil ihrer einstigen Größe auf. Einige Jahrhunderte lang waren sie jedoch mächtige Kräfte in der christlichen Welt.

Die Militärorganisation wird erwachsen

Auch die Militärorganisationen beruhten ursprünglich auf dem Familienmodell: Die Militäreinheiten bestanden anfangs aus den Mitgliedern einer Sippe, ihren Faktoten und Dienern. Wenn große Armeen zusammengestellt wurden, stammten die Kommandeure aus den bedeutendsten Familien und/oder jenen, denen die größten Kontingente an Familienstreitkräften zur Verfügung standen. Dies war das einfachste und grundlegendste Militärsystem, und in vielen Teilen der Welt wird es noch bis zum heutigen Tag verwendet. In Japan setzten sich die Streitkräfte des Shogunats aus Mitgliedern der Großfamilien und Haushalte der *daimyo* zusammen, und dieses System hatte noch bis zur Mejii-Restauration im Jahr 1868 Bestand. In Indien und im Nahen Osten hielt sich das System bis zum Beginn der europäischen Kolonialherrschaft. Das Feudalsystem, das im Frühmittelalter in Europa vorherrschte, basierte anfangs ebenfalls auf Familienstrukturen. Der feudale Treueeid, den Ritter ihren Lehnsherren schworen, verband sie in einer pseudofamiliären Beziehung; Karl der Große wird – zumindest im Bardenepos *Rolandslied* – von seinen Rittern wie Roland und Olivier als eine Art Ersatzvater betrachtet.

Ein anderes Militärsystem beruhte auf der Bürokratie. Im alten Ägypten, einem reichen Land, das gewöhnlich ein stehendes Heer unterhalten konnte, wurden die Streitkräfte ursprünglich als ein Zweig des Beamtenapparats organisiert. Einige Staaten im Nahen Osten, allen voran Assyrien, verfuhren ebenso. Auch das chinesische Reich wählte diesen Weg. In diesen Systemen wurde oft nicht zwischen Zivilverwaltungsbeamten und militärischen Generälen oder Admirälen unterschieden; mancher regierte in einem Jahr eine Stadt und führte im nächsten Jahr eine Armee gegen die Barbaren (wie im Falle von Li Hongzhang).

Ganz anders verhielt es sich mit dem Militärsystem des Römischen Kaiserreiches, dessen riesiges stehendes Heer völlig unabhängig von der Beamtenbürokratie war. Die Bausteine dieses Systems waren die römischen Legionen. Ursprünglich war eine Legion nur eine administrative Einheit, und selbst in den Kriegen gegen Hannibal (im dritten Jahrhundert vor Christus) wurden Legionen auf dem Schlachtfeld noch in einzelne Kompanien unterteilt. Zur Zeit Julius Cäsars (erstes Jahrhundert vor Christus) war die Legion zu einer festen Militäreinheit geworden. Jede Legion hatte ihre eigenen Nachschub- und Logistikzüge und sogar ihre eigene Artillerie. Die Soldaten wurden einer strengen Ausbildung unterworfen; die Kompanien kämpften auf dem Schlachtfeld möglichst als integrierte Einheiten. Jede Legion hatte ihre eigenen Stabsoffiziere, die bei der Bildung größerer Armeen im Generalsstab zusammenarbeiteten.

Wie alle stehenden Heere war das Legionssystem fürchterlich teuer. Als das Römische Reich allmählich zerfiel, verschwand auch das Legionssystem (eine Variante davon mit Regimentern berittener und gepanzerter Kavallerie, den so genannten Kataphrakten, überlebte bis ins vierzehnte Jahrhundert hinein im Byzantinischen Reich). Die barbarischen Königreiche des Frühmittelalters bewunderten das Legionssystem, konnten es aber nicht nachahmen und griffen daher auf das alte System der Familien- und Stammesorganisation zurück.

Das Mittelalter und die Zeit danach

Zur Zeit Wilhelms des Eroberers war das Familiensystem weitestgehend durch ein Rechtssystem abgelöst worden. An die Stelle der Beziehung zwischen politischen Führern (Lehnsherren) und Soldaten (Rittern und Fußvolk) traten legale Verträge, in denen die Pflichten und Verantwortlichkeiten individuell geregelt wurden. Sie legten in der Regel fest, dass ein Soldat oder Ritter auf Befehl des Lehnsherren eine bestimmte Anzahl von Tagen pro Jahr Wehrdienst leisten musste. Darüber hinaus konnte er jedoch nicht zum Kampf gezwungen werden, und eine ganze Reihe von Lehnsherren standen am Vorabend einer Schlacht plötzlich ohne Armee da, weil die Soldaten ihre Verträge hervorgezogen und darauf hinge-

> Zur Zeit Wilhelms des Eroberers war das Familiensystem jedoch weitestgehend durch ein Rechtssystem abgelöst worden.

wiesen hatten, dass sie ihrer Pflicht Genüge getan hätten und nun nach Hause gingen.

Was auch immer Sie über mittelalterliche Ritter gehört haben mögen – wie sie ihre ganze Zeit damit verbrachten, in Rüstungen herumzustolzieren, auf Turnieren zu kämpfen und Burgfräulein zu retten – können Sie getrost vergessen. Nur wenige hatten Zeit für so etwas; die meisten scheinen ihr halbes Leben bei Hofe verbracht zu haben, wo sie darüber stritten, wer wem gegenüber welche Lehnspflicht hatte. Die Könige waren dessen irgendwann überdrüssig, und sie begannen zu fordern, dass Ritter nicht mehr persönlich zum Kampf kommen, sondern sich mit einem Geldbetrag freikaufen sollten (das so genannte »Schildgeld«). Mit diesem Geld warben die Könige dann Söldner an, mit denen sie bessere Bedingungen aushandeln konnten. Zwei Drittel der Armee, mit der König Edward III. von England 1346 die Schlacht von Crécy gewann, bestand aus solchen Söldnern, die sich auf diese Weise freiwillig rekrutieren ließen.

Plötzlich wurde der Krieg zu einem guten Geschäft. Länder mit hoher Bevölkerungsdichte und hoher Arbeitslosigkeit wie zum Beispiel Flandern, Genua und die Schweizer Kantone begannen ihre überschüssigen jungen Männer als bezahlte Soldaten zu exportieren. Die Heere bestanden allmählich ganz aus Söldnern, und Nachschub war schnell verfügbar, sofern nur genug Geld winkte. Allerdings operierten diese Söldnereinheiten als Privatunternehmen; ihre Hauptmänner waren zugleich auch ihre obersten Chefs, und jeder Vertrag mit örtlichen Behörden wurde mit dem Hauptmann persönlich abgeschlossen. Die Söldner selbst waren nur ihrem Hauptmann zur Treue verpflichtet, nicht dem Arbeitgeber. Der große Florentiner Staatsmann Niccolò Machiavelli warnte schon im frühen sechzehnten Jahrhundert in seinem Buch *Der Fürst* vor den Gefahren dieser Vorgehensweise. Die ganze Tragweite des Problems wurde allerdings erst im Dreißigjährigen Krieg im siebzehnten Jahrhundert deutlich. Während dieses schrecklichen Konflikts zerfiel die politische Kontrolle, und Chaos herrschte: Den Königen ging das Geld aus, und sie konnten die riesigen Söldnerheere, die sie angeworben hatten, nicht mehr bezahlen, so dass sich diese einfach gewaltsam von den Bauern nahmen, was sie zum Leben brauchten. Die Hälfte der Bevölkerung Deutschlands und eine beträchtliche Anzahl von Menschen in benachbarten Ländern kamen in dieser Anarchie um.

Einige Offiziere unternahmen während des Dreißigjährigen Krieges dennoch den Versuch, mehr Ordnung in die militärische Organisation zu bringen. Der österreichische Graf Wallenstein, einer der besten Generäle des Krieges, versuchte ein nach römischen Grundsätzen organisiertes stehendes

Heer zu bilden, mit klar definierten Nachschub- und Logistiksystemen. Großen Einfluss auf Wallenstein hatten dabei die Schriften des römischen Schriftstellers Vegetius, der in *De Re Militari* die Organisation der Legionen in allen Einzelheiten beschreibt. Wallensteins Versuch schlug fehl, als er in einem der ersten Kriegsjahre einem Attentat zum Opfer fiel. Der italienische General Raimondo Montecuccoli, der sowohl für Österreich als auch für Spanien kämpfte, versuchte ebenfalls, feste Streitkräfte aufzubauen, und später bauten sowohl der holländische Führer Maurice von Nassau und Oliver Cromwell in England feste Armeen auf, deren Loyalität (zumindest nach außen hin) dem Staat und nicht ihren eigenen Feldherren galt.

Der Einfluss Friedrichs des Großen

Im achtzehnten Jahrhundert entstand das moderne Militärsystem im ostdeutschen Staat Brandenburg-Preußen, der sehr unter dem Dreißigjährigen Krieg gelitten hatte. Etliche aufeinander folgende Kurfürsten und Könige von Preußen hatten ein starkes stehendes Heer zur nationalen Verteidigung aufgebaut. Friedrich II. von Preußen, besser bekannt als Friedrich der Große, führte dieses System zu seiner Vollendung. Mitte des achtzehnten Jahrhunderts hatte Preußen fünf Millionen Einwohner, und aus dieser Bevölkerung rekrutierte Friedrich regelmäßig Armeen mit mehr als 100.000 Soldaten. Selbst nach schweren Verlusten auf dem Schlachtfeld konnte er die Reihen seiner Streitkräfte wieder mit neuen Rekruten füllen.

Die preußischen Regimenter setzten ein einzigartiges System von Teilzeitsoldaten ein, das Ähnlichkeiten zu den heutigen Territorialeinheiten in Großbritannien aufweist. Jedes Regiment hatte einen kleinen Kern fester Soldaten, die in Kasernen lebten und im Winter Routinepflichten erledigten. Die übrigen Soldaten wurden nur bei Bedarf hinzugezogen. Im Krieg wurde das Regiment in voller Stärke einberufen, aber nicht jeder mit einem Regiment verbundene Reservist erhielt sofort seinen Marschbefehl. Da genügend Reservisten zu Hause warteten und eine beträchtliche Anzahl ausgebildeter Soldaten zur Verfügung stand, konnte das preußische Heer auf dem Schlachtfeld erlittene Verluste leicht ausgleichen. Erst gegen Ende des Siebenjährigen Krieges (1756-62) ging der personelle Nachschub allmählich zur Neige, während die Österreicher und Russen mit ihren um ein Vielfaches höheren Einwohnerzahlen stets unter Truppenmangel litten.

Friedrichs Biograf Christopher Duffy sah Friedrichs größte Leistung als Kriegsherr nicht darin, dass er den Kampf gegen einen Großteil der anderen europäischen Nationen mit ihren um ein Vielfaches überlegenen Ressourcen überlebt habe, sondern in der Tatsache, dass er mit einem finanziellen Gewinn aus dieser Zerreißprobe hervorging. Keinem anderen Land war es jemals gelungen, nach einem solchen Kampf schwarze Zahlen zu schreiben, geschweige denn, noch mehr Geld zu besitzen als zuvor. Preußen hatte ein äußerst effizientes Steuersystem und konnte auch auf andere Ressourcen zurückgreifen, vor allem britische Subventionen (nach dem Motto »der Feind meines Feindes ist mein Freund« unterstützte Großbritannien Preußen finanziell in seinem Kampf gegen die Franzosen). Außerdem presste Preußen den von ihm eroberten Gebieten in Schlesien und Sachsen Vermögenswerte ab. Vor allem aber war der finanzielle Erfolg Preußens auf die Tatsache zurückführen, dass dieser Staat extrem gut organisiert war. Duffy sah in Preußen weniger einen Staat als vielmehr eine Armee mit angeschlossenem Land. Wie die Armee war auch der Staat so organisiert, dass er der preußischen Politik zum Erfolg verhalf.

Preußen hatte eine stabile industrielle Basis und war in Bezug auf seine Ressourcen weitgehend autark: Wolle für Uniformen, Blei für Musketenkugeln und Eisen für Gewehrgießereien gab es direkt im Land. Es wurden für die damalige Zeit riesige Fabriken für die Herstellung von Kanonen, Musketen, Pulver, Uniformen und anderen Vorräten errichtet. Außerdem versorgte ein effizienter Quartiermeisterdienst die Regimenter im Feld gut mit Nachschub. Das einzige, was Friedrich nicht unter Kontrolle hatte, war die Brotversorgung. Getreide musste in Polen eingekauft werden, was die Preußen in gewisser Weise verwundbar machte. Das an die Armeen gelieferte Getreide und Mehl musste zu Brot verbacken werden, und die Feldbäckereien, die nur alle drei Tage einen Satz Brote produzierten, waren ein großer Stolperstein im System. Sie fielen nicht nur häufig aus; die Bäcker – Zivilisten, die sich ihrer Bedeutung sehr wohl bewusst waren – ließen sich sogar zu Streiks hinreißen und pressten aus den Armeequartiermeistern höhere Löhne heraus. Das größte Militärgenie der damaligen Zeit war also häufig der Gnade oder Ungnade einer Handvoll Bäcker ausgeliefert.

Friedrich war ein Autokrat und neigte dazu, alles persönlich zu regeln. Wie wichtig seine Führung war, zeigt die Tatsache, dass die preußische Armee sofort weniger effektiv wurde, wenn Friedrich das Feld verließ. (Da er dies wusste, blieb er oft auch nach einer Verwundung im Feld.) Seinen Staat und seine Armee kontrollierte er über zwei Kanäle: einerseits über den offiziellen Kanal, der Staatsregierung, Armeestab und Quartiermeister

> Preußen hatte eine stabile industrielle Basis und war in Bezug auf seine Ressourcen nahezu autark: Wolle für Uniformen, Blei für Musketenkugeln und Eisen für Gewehrgießereien gab es direkt im Land.

umfasste, und andererseits informell über eine Gruppe enger persönlicher Assistenten beziehungsweise Adjutanten. Ersteres war Voraussetzung für die Sicherung der Organisation und Planung; letzteres war nötig in Krisenzeiten, um die offizielle Maschinerie zu durchbrechen und sicherzustellen, dass dringliche Entscheidungen getroffen und umgesetzt werden konnten. In diesen Fällen teilten die Adjutanten Friedrichs Wünsche direkt den Korps- und Divisionskommandeuren mit. Der wichtigste dieser Adjutanten war Hans von Winterfeldt, der wohl mächtigste Mann in der Armee nach Friedrich, bis er 1758 auf dem Schlachtfeld den Tod fand. Begabte Männer wie Winterfeldt waren schwer zu ersetzen, und gegen Ende des Krieges nahmen die Kontrollprobleme immer gravierendere Ausmaße an.

Trotz aller Schwachstellen gab Friedrich Europa ein Beispiel für eine Militärorganisation, die in den richtigen Händen ungemein effektiv sein konnte. Für Friedrich war Organisation ein Werkzeug, das auf die Erfüllung seiner Ziele abgestimmt werden musste. Wichtig war in diesem Zusammenhang nicht nur das Konzept der guten Organisation, sondern auch die Frage der *richtigen* Organisation; auch die beste und effizienteste Organisation der Welt nutzte nichts, wenn sie die von ihr verlangten Ziele nicht erreichen konnte. Dieser Punkt blieb jenen, die seinen Werdegang in späteren Jahren kommentierten, nicht verborgen. Der preußische Offizier Heinrich von Bülow meinte, Krieg solle man führen wie ein Geschäft (und stellte damit die übliche Metapher auf den Kopf): Die einem General zur Verfügung stehenden Streitkräfte seien sein »Kapital« und sollten so eingesetzt werden, dass er damit eine maximale »Rendite auf das investierte Kapital« erziele. Sein Landsmann Karl von Clausewitz argumentierte, dass Krieg nichts anderes sei als – so seine berühmte Formulierung – »eine Fortsetzung des diplomatischen Verkehrs mit anderen Mitteln« und dass Armeen existierten, um die Ziele des Staates zu erfüllen. Der größte Organisator der Napoleonischen Ära, Lazare Carnot, prägte den Begriff der »bewaffneten Nation« und bewies damit, wie überlegene Organisation die wirksamste militärische Waffe eines Landes sein kann.

All diese Denkrichtungen vereinigten sich in der Person Helmuth von Moltkes, dem Leiter des preußischen Generalstabs, der Österreich und Frankreich (die Mitte des neunzehnten Jahrhunderts die führenden Militärmächte waren) empfindliche Niederlagen beibrachte, was schließlich zur Einigung Deutschlands führte. Moltke und seine Leistungen wurden in Kapitel 3 detailliert beschrieben. Das von ihm entwickelte Stabliniensystem hatte seine Wurzeln im Stabssystem Friedrichs des Großen und sogar in den römischen Legionen. Seine Anhänger argumentierten, dass das System

Lazare Carnot

Carnot wurde 1723 in Burgund in der Stadt Autun geboren und studierte an der Ingenieurshochschule in Paris. 1773 trat er als Offizier dem Artilleriedienst bei. Er machte sich als Autor über wissenschaftliche und militärische Angelegenheiten – speziell Befestigungsanlagen – einen Namen. Außerdem spielte er eine Rolle in der linksgerichteten Politik und befreundete sich mit Maximilian Robespierre. Nach der Französischen Revolution im Jahr 1789 wurde Carnot in die gesetzgebende Versammlung gewählt und wurde ein einflussreiches Mitglied der Jakobiner, der linksgerichteten Partei, die 1793 die Kontrolle übernahm. Er gehörte dem von Robespierre geführten zehnköpfigen Wohlfahrtsausschuss an, der Frankreich regierte und die politische Opposition mit der Guillotine erbarmungslos dezimierte.

1793 hatte eine Allianz ausländischer Mächte die französische Armee geschlagen und stand jetzt kurz vor der Invasion. Mit der ihm eigenen dynamischen Energie und einem außergewöhnlichen Organisationstalent reformierte Carnot die französische Armee, hob in nur achtzehn Monaten neue Truppen mit mehreren hunderttausend Männern aus, bildete diese Rekruten zu Soldaten, rüstete sie aus, stellte sie ins Feld und fand Generäle, die sie führten. Bis 1794 waren die Alliierten an jeder Front zurückgedrängt worden, und Frankreich bereitete sich darauf vor, selbst in anderen europäischen Ländern einzumarschieren.

Carnot war einer der besten Organisatoren aller Zeiten. Er arbeitete praktisch ohne Unterlass, überwachte jeden Aspekt der Militärmaschinerie, einschließlich Rekrutierung, Ausbildung, Ausrüstung und Beförderungen. Bei Gelegenheit reiste er sogar ins Feld, um seinen Generälen persönlich auf die Finger zu schauen. Unnötige bürokratische Hürden fegte er ohne Zögern beiseite, er erließ oft Befehle in seiner eigenen Handschrift auf Mitteilungszetteln, die er mit wenig oder keiner Formalität weiterreichte und dabei etablierte Befehlsketten umging. Sein Gedächtnis war fantastisch, und er kannte alle Details. Vor allem aber gelang es ihm, die Kontrolle militärischer Angelegenheiten zu zentralisieren und sicherzustellen, dass das französische Heer von einer zentralen Kontrollinstanz aus dirigiert wurde. Seine Zeitgenossen nannten ihn den »Organisator des Sieges«.

---

eines der größten Organisationsprobleme löse: Die Notwendigkeit strenger Kontrolle, um sicherzustellen, dass die Organisation ihre Ziele nicht aus den Augen verlor, gepaart mit Flexibilität, um auf unerwartete Umstände reagieren zu können.

War dies der Fall? Harrington Emerson schrieb 1913, dass die militärische Effizienz mit dem Stabliniensystem seiner Ansicht nach einen derartigen Höhepunkt erreicht habe, dass in Zukunft alle Kriege kurz und relativ unblutig sein würden. Ein Jahr später brach einer der blutigsten, verschwenderischsten Kriege aller Zeiten aus, in dem Armeen kämpften, die ausnahmslos alle das Stablinienprinzip einsetzten. Wie bei Friedrich und Carnot funktionierte Moltkes Militärsystem nicht nur durch den Aufbau einer erstklassigen Organisation, sondern auch, weil an seiner Spitze ein brillanter Führer – er selbst – stand. Die Lektion des Stablinienexperiments lautet offenbar, dass einem die beste Organisation der Welt wenig hilft, wenn die

Hand fehlt, die sie lenken könnte. Stehen schlechte Generäle an der Spitze großartiger Armeen, haben wir nichts als – wie der verstorbene Alan Clark es formulierte – »Löwen, geführt von Eseln«.

Hybridformen von Wirtschaftsunternehmen

Die Wirtschaftskonzerne, die um 1900 herum entstanden, wiesen nach Ansicht von Beobachtern wie John Davis und James Mooney Elemente all dieser Organisationsformen auf. Der Einfluss der Familie spielte nach wie vor eine bedeutsame Rolle. Viele dieser Firmen wurden (und werden noch heute) von Familien geführt; verwandtschaftliche Bande und familiäres Vertrauen waren ebenfalls wichtig. Auch ohne Blutsverwandtschaft förderten Unternehmen persönliche Vertrauensverhältnisse, die jenen in der Familie ähnelten. Dies schlug sich häufig in Paternalismus nieder, wie er in Unternehmen wie National Cash Register und Heinz anzutreffen war, wo der Unternehmer sich als Vaterfigur für seine Beschäftigten verstand, oder bei den britischen Schokoladenherstellern Cadbury und Rowntree, wo die Quaker-Grundsätze der geschäftsführenden Firmeninhaber engen persönlichen Beziehungen zwischen Arbeitgebern und Arbeitnehmern zuträglich waren. In Kapitel 4 wurde beschrieben, wie der Autohersteller John North Willys seine Vertriebsteams bewusst ermutigte, sich als »Teil einer Familie« zu fühlen.

Auch die Bürokratie spielte eine wichtige Rolle, und sie fand einen natürlichen Verbündeten im Scientific Management. Die Mess- und Kontrollsysteme, auf denen die wissenschaftliche Unternehmensführung beruhte, konnten nur mit einem großen bürokratischen Apparat funktionieren. Das war (und ist) einer der Hauptkritikpunkte, die gegen dieses System vorgebracht werden. Die Autoren, die sich schon früh mit dem Thema Organisation beschäftigten, waren sich der Gefahren durchaus bewusst. Dexter Kimball, ein Ingenieur, der eine universitäre Laufbahn eingeschlagen hatte und dessen Werk *Principles of Industrial Organization* (1913) häufig als Lehrbuch für Organisationsverhalten eingesetzt wurde, befürwortete das Scientific Management und die Arbeitsteilung, meinte aber, dass exzessive Teilung und Kontrolle die Funktionsfähigkeit einer Organisation beeinträchtigen könne, da es schwierig sei, Aufseher mit folgenden Eigenschaften zu finden:

> Auch ohne Blutsverwandtschaft förderten Unternehmen persönliche Vertrauensverhältnisse, die jenen in der Familie ähnelten.

... Weitblick, Intelligenz und Führungsgeschick, und wenngleich irgendeine Form der Organisation zweifellos immer eingesetzt werden muss, speziell für die einfachen Arbeiter, so sollte doch sorgsam darauf geachtet werden, dass die administrativen Methoden nicht die Eigeninitiative und die Begeisterung auch der Mitarbeiter von niedrigstem Rang ersticken. Schöpfungskraft lässt sich nicht gerne Fesseln anlegen, und Menschen sind stets wichtiger als Maschinen oder Methoden.[6]

Einige Jahre vor Kimball hatte auch Frank Mason vor den Gefahren einer übermäßigen Bürokratie gewarnt, die mit dem Scientific Management einherging. In *Business Principles and Organization* forderte Mason von Managern, einen systematischen Organisationsansatz zu wählen, wies aber ebenfalls auf die Gefahr hin, dass übermäßige Kontrolle zu Koordinationsverlusten führen könne:

Ein Vorteil kleiner Unternehmen ist die Tatsache, dass der Arbeitgeber persönliche Kontakte zu allen Mitarbeitern knüpfen kann. Er kennt ihren familiären Hintergrund, er weiß, mit welchen Schwierigkeiten sie zu kämpfen haben, er kann ihren Problemen Verständnis entgegenbringen, und wenn es zu einer Auseinandersetzung kommt, kann er ihren Standpunkt verstehen. In einem großen Konzern ist das ganz anders. Die Männer arbeiten nicht für ihren »Boss« oder »Chef« – Wörter, die häufig Zuneigung ausdrücken – sondern sehen sich als Angestellte einer gewaltigen Maschinerie, die sie als »das Unternehmen« bezeichnen. Das Unternehmen wird als Maschine gesehen, als künstliches Gebilde, das Elemente wie System, Disziplin und harte Arbeit erkennt, aber keinen Platz für Dinge wie wechselseitiges Interesse, ein harmonisches Arbeitsumfeld und Teamgeist hat. Selbst in Großkonzernen haben viele Manager versucht, ein harmonisches Gleichgewicht zwischen den Interessen von Arbeitgebern und Mitarbeitern herzustellen, mit unterschiedlichem Erfolg. Allmählich haben sich einige Grundsätze herausgebildet, die wertvolle Beiträge zur Wissenschaft der Unternehmensorganisation leisten. Auf jeden Fall können wir heute sagen, dass jede Ausprägung des Managements vermieden werden muss, bei dem beide Seiten einen Großteil ihrer Zeit darauf verwenden, über Ungerechtigkeiten und harte Behandlung nachzudenken, die ihr die jeweils andere Partei zuteil werden lässt. Die beste Organisation fördert die herzliche, kooperative Zusammenarbeit aller ihrer Mitarbeiter, was nur durch ein echtes, lebhaftes und loyales Interesse am Erfolg und Fortschritt der gesamten Unternehmung sichergestellt werden kann.[7]

Mason und Kimball beschreiben ein Problem, das Führungskräfte zu allen Zeiten beschäftigt hat. Wie kann ein Unternehmen seine Ziele fest im Auge behalten und sicherstellen, dass alle Mitarbeiter, alle Geschäftsbereiche und Abteilungen gemeinsam den gleichen Zweck verfolgen, zugleich aber organisatorische Tugenden wie Flexibilität, Kreativität und Innovation fördern und die erdrückenden Auswirkungen einer Bürokratie vermeiden? James Mooney legte Managern ans Herz, sich zwei Beispiele von Organisationen anzusehen, bei denen diese Probleme seiner Meinung nach bereits angegangen worden waren:

> Auf militärischer Ebene war das Stabliniensystem entwickelt worden, in dem die Kommandeure der einzelnen Einheiten partnerschaftlich mit einem kleinen, effizienten Stab zusammenarbeiteten und wo die Ziele der einzelnen Einheiten Teil der Gesamtzielsetzung waren.

James D. Mooney

Der heute fast in Vergessenheit geratene James D. Mooney gehörte zu den brillantesten Köpfen im amerikanischen Management. Er wurde 1884 in Cleveland geboren, besuchte die New York University und das Case Institute of Technology und arbeitete anschließend als Ingenieur. Während des Ersten Weltkriegs war er Artilleriehauptmann in der US Army und wurde für seinen Dienst in Frankreich ausgezeichnet. Nach dem Krieg schloss er sich einem kleinen elektrotechnischen Unternehmen an, das von General Motors aufgekauft wurde. So wurde Pierre du Pont auf ihn aufmerksam, der damals das Unternehmen umstrukturierte. Du Pont erkannte Mooneys Potenzial und ernannte in 1922 zum Vice President von General Motors und zum President von General Motors International mit Zuständigkeit für alle Vertriebs- und Fertigungsaktivitäten außerhalb der Vereinigten Staaten. In den zwanziger und dreißiger Jahren gelang es Mooney, das Auslandsgeschäft von General Motors deutlich auszuweiten, und er galt weithin als Auslandsbotschafter der Firma und ihr klügster Kopf. Pierre du Pont respektierte ihn und hörte auf seine Ratschläge, und Alfred Sloan verließ sich auf ihn. Seine Ideen zum Management im Allgemeinen und zur Organisation im Besonderen gehörten zu den fortschrittlichsten seiner Zeit. Dabei genoss Mooney nicht nur bei Staats- und Regierungschefs Ansehen, sondern pflegte auch freundschaftliche Beziehungen zu vielen führenden Managementtheoretikern wie Lyndall Urwick, Luther Gutlick und Mary Parker Follett.

1940 nutzte Mooney seine Kontakte zu deutschen Industriellen und traf sich mit Präsident Roosevelts Unterstützung mit Hitler, Göring und Mussolini, um die Möglichkeit auszuloten, ob eine Vermittlung seitens der Amerikaner dem Krieg in Europa ein Ende bereiten könne. Diese Treffen führten zu nichts, und Mooney wurde später von der US-Presse als angeblicher Nazi-Sympathisant verleumdet (er klagte und gewann). Während des Krieges diente er in der US Navy im Stab des Leiters der Seestreitkräfte. 1946 wurde er Präsident des Autoherstellers Willys Overland, zog sich dann teilweise aus dem Berufsleben zurück und führte bis zu seinem Tod im Jahr 1957 sein eigenes Beratungsunternehmen. Sein Buch *Onward Industry*, das später unter dem Titel *Principles of Organization* wiederaufgelegt wurde, erregt nach wie vor bei seinen Lesern große Bewunderung.

Organisationen: Bausteine der Zivilisation

Klöster und Militär. Die Klöster, insbesondere der Zisterzienserorden, hatten Weisungsbefugnisse durch ihr System der Tochtergründungen dezentralisiert und als Sicherheitsnetz ein Berichts- und Aufsichtsystem eingeführt, um die Einhaltung der Standards und die Zielerreichung zu überprüfen. Auf militärischer Ebene war das Stabliniensystem entwickelt worden, in dem die Kommandeure der einzelnen Einheiten partnerschaftlich mit einem kleinen, effizienten Stab zusammenarbeiteten und wo die Ziele der einzelnen Einheiten Bestandteil der Gesamtzielsetzung waren. Neben Alfred P. Sloan und Pierre du Point gehörte Mooney zu den Architekten der Mehrspartenorganisation, die General Motors in den zwanziger und dreißiger Jahren entwickelte und bei der einzelne Geschäftseinheiten innerhalb von GM halbautonom arbeiteten und von einem kleinen Team in der Zentrale gelenkt wurden. Es überrascht nicht, dass die Mehrspartenorganisation Elemente der militärischen *und* der klösterlichen Organisation in sich vereinigte.

Neue Gedanken zu einem alten Thema

Der administrative Ansatz

Dass Organisation ein wesentlicher und expliziter Bestandteil der Managementaufgabe ist, dieses Zugeständnis leistete erstmalig der französische Bergwerksingenieur und Autor Henri Fayol, dessen 1917 erstveröffentlichtes Werk *Administration Industrielle et Générale* zu einem der einflussreichsten Managementbücher aller Zeiten wurde. Ein Gleichgewicht zwischen Koordination und Kontrolle, zwischen Flexibilität und Struktur zu finden, ist Fayol zufolge eine der zentralen Aufgaben des Topmanagements. In diesem Buch beschreibt Fayol die »Vierzehn Punkte« effizienter Verwaltung, wie er es nennt. Auf den ersten Blick erscheint diese Liste autoritär und bürokratisch; sie enthält Konzepte wie Autorität, Disziplin, Ordnung und eine skalare Befehlskette. Im Zentrum von Fayols Entwurf steht jedoch eine einheitliche Zielsetzung. Alle Mitglieder der Organisation müssen den Unternehmenszweck kennen und verinnerlichen. Führung ist von entscheidender Bedeutung; es muss jemanden in der Organisation geben, der die Richtung vorgibt und sicherstellt, dass sie ihre Ziele nicht aus den Augen verliert. Die Arbeitsmoral beziehungsweise der Teamgeist ist ein weiteres essenzielles Merkmal. Die Hierarchie eines Unternehmens dient ausschließlich dem Zweck, die Erfüllung seiner Ziele sicherzustellen, und innerhalb dieser Struktur sollten Mitarbeiter aller Ebenen ermutigt werden, Eigeninitiative und Flexibilität zu beweisen.

Es ist sicherlich kein Zufall, dass die Befehls-, Kontroll- und Koordinationsprinzipien von Fayols System von einem neueren Autor mit dem Ansatz des Heiligen Benedikt verglichen wurden. Der wichtigste Aspekt an Fayols Theorie ist möglicherweise seine Betonung der Rolle der Führungskräfte. Hier gilt, was bereits an früherer Stelle gesagt wurde: Das beste System der Welt kann nicht ohne entsprechende Führung funktionieren. Diesen Gedanken führte Chester Barnard später genauer aus, der Topmanager von AT&T, der sich als einer der tiefgründigsten und philosophischsten Autoren in der Managementliteratur des zwanzigsten Jahrhunderts einen Namen machte. Barnard sah Organisationen als dynamische Sozialsysteme, die von Natur aus gegen übermäßige Ordnung und Struktur resistent waren und deren Manager sich deshalb kontinuierlich bemühen mussten, ihre Fokussierung zu erhalten und sie auf ihre Ziele zuzuführen. Ähnlich wie die Feldherren im siebzehnten und achtzehnten Jahrhundert erkannte auch Barnard, dass sowohl starke Organisation als auch starke Führungspersönlichkeiten nötig waren, wenn das ganze Gebilde nicht dem Chaos anheim fallen sollte.

> Führung ist von entscheidender Bedeutung; es muss jemanden in der Organisation geben, der die Richtung vorgibt und sicherstellt, dass sie ihre Ziele nicht aus den Augen verliert.

Der psychologische Ansatz

Wahrscheinlich war Lillian Gilbreth mit ihrem Buch *Psychology of Management* die erste, die das neue Fachgebiet Psychologie auf Wirtschaftsunternehmen anwandte. Gilbreth, eine der ersten Frauen in den Vereinigten Staaten, der ein akademischer Grad im Studiengang Psychologie verliehen wurde, kehrte zum Studium dieses Themas an die Universität zurück, nachdem sie mit ihrem Ehemann Frank Bunker Gilbreth an Bewegungsstudien gearbeitet hatte. Bei der Beobachtung dessen, was Menschen am Arbeitsplatz taten, stellte sich ihr die Frage, warum sie sich so verhielten. Sie formulierte das Problem so:

> *Es wurde nachgewiesen, dass der Schwerpunkt im erfolgreichen Management auf dem Menschen, nicht auf der Arbeit liegt, dass Effizienz am besten sichergestellt werden kann, wenn man sich auf den Menschen konzentriert und die Geräte, Materialien und Methoden so anpasst, dass sie dem Men-*

schen optimal nützen. Außerdem wurde erkannt, dass das Denken des Menschen seine Effizienz steuert und ihm bei entsprechender Schulung erlaubt, seine Kräfte optimal auszunutzen.[8]

Gilbreths Untersuchungen hatten zur Folge, dass sich in der Organisationslehre der Schwerpunkt verlagerte – weg von der Struktur und der Kontrolle und hin zum einzelnen Mitarbeiter als Grundelement der Organisation. Viele nachfolgende Studien gehören von Rechts wegen eigentlich eher in das verwandte Gebiet Personalführung, aber ein Werk, Mary Parker Folletts *Creative Experience*, hatte daneben auch besonders wichtige Auswirkungen auf die Organisationstheorie. Follett war der Ansicht, dass Menschen auf allen Ebenen der Organisation zur Arbeit und Mitwirkung motiviert werden sollten. Ihrer Meinung nach beruhten Organisationen grundsätzlich auf Kooperation und Koordination – das sei, so Follett weiter, der einzige einende Grundsatz, der sie zusammenhielt. In einem späteren Vortrag an der London School of Economics, der 1937 in *Papers on the Science of Administration* abgedruckt wurde, spricht sie von der »Korrelation vieler Steuerelemente anstelle einer einzigen übergeordneten Kontrollinstanz« und fährt fort:

> *Die Verästelungen der modernen Industrie sind zu weit verzweigt, ihre Organisation zu komplex, ihre Probleme zu diffizil, als dass es möglich wäre, sie allein durch Befehle von der Spitze zu managen. Daher stellen wir fest, dass der Begriff »zentrale Steuerung« nicht etwa einen Punkt beschreibt, von dem alles ausgeht, sondern die Zusammenführung vieler Steuerelemente, die in allen Teilen des Unternehmens existieren.*[9]

Der biologische Ansatz

Der Gedanke, dass biologische Organismen, insbesondere menschliche Wesen, als Metapher für Organisationen verwendet werden können, lässt sich bis ins Mittelalter zurückverfolgen. John von Salisbury, ein englischer Platon-Gelehrter und Philosoph aus dem zwölften Jahrhundert, schreibt in seinem politisch-ethischen Werk *Policraticus*, dass die Staatsregierung einem menschlichen Körper ähnele: Der Fürst sei der Kopf des Staates, der Senat sein Herz und die Bauern und Soldaten seine Gliedmaßen. Ob Charles Knoeppel, der erste Verfechter dieses Gedankens im frühen zwanzigsten Jahrhundert, Johns Schriften kannte, ist nicht bekannt, aber die Metapher ist so naheliegend, dass ihre Wiederholung geradezu unvermeidlich war.

Der exzentrische Ökonom Thorstein Veblen hatte bereits 1904 damit begonnen, wirtschaftliche Aktivitäten mit dem Vokabular der biologischen Evolutionslehre zu beschreiben. Harrington Emerson sah in seinen späteren Werken, Unternehmen als sich allmählich weiterentwickelnde biologische Einheiten. Knoeppel, der eine Zeitlang als Berater in Emersons Firma tätig war, beschrieb unter diesem Einfluss Emersons Stablinienmodell in biologischen Begriffen:

> *Eine genaue Analyse obiger Punkte zeigt schlüssig, dass es klug ist, bei der Auswahl der richtigen Personen für den Aufbau einer Organisation, dem menschlichen Körper möglichst genau zu folgen. An erster Stelle der Bedeutungsrangfolge steht der Geschäftsführer oder Lenker der Aktivitäten oder Führer oder Koordinator, oder welchen anderen Begriff man für diese Person verwenden möchte. Dann kommt der Stab, die Berater, die Empfehlungen abgeben, kritisieren, Vorschläge machen und den Geschäftsführer bei seinen Lenkungs- und Koordinierungsaufgaben unterstützen. Als nächstes stellt sich die Frage der Anpassung der beiden übrigen Organkategorien an den Stab und Geschäftsführer – die Organe des Wachstums und der Erhaltung einerseits sowie der Schöpfung und Leistung andererseits, wie Herr Emerson sie beschrieben hat, beziehungsweise die unfreiwilligen und freiwilligen Organe, wie ich sie heute nenne.*[10]

Die biologische Metapher, so Knoeppel, sei hundertprozentig mit dem Stablinienmodell vereinbar. Als Gehirn fungiert der Stab, der Führung und Kontrolle sichert; die Glieder und Organe führen Befehle und Funktionen aus. Knoeppel nahm Anleihe bei Herbert Casson, als er hinzufügte, dass das Herz der Wille und Zweck der Organisation sei, der die Ziele vorgibt, auf die das Gehirn und die anderen Bestandteile hinarbeiten. Als Leitsystem erscheint diese Metapher heute bestenfalls naiv. Dennoch stellt sie einen wichtigen Schritt in der Geschichte der Organisationslehre dar, denn hier sehen wir zum ersten Mal ein Konzept, das rationale und technische Aspekte der Organisation mit ihren emotionalen, sozialen und psychologischen Gesichtspunkten verbinden kann. Der Gedanke, dass wir selbst Organisationen sind und dass die von uns geschaffenen größeren Organisationen in gewisser Weise unsere Spiegelbilder sind, ist immer noch faszinierend.

> Der Gedanke, dass wir selbst Organisationen sind und dass die von uns geschaffenen größeren Organisationen in gewisser Weise unsere Spiegelbilder sind, ist noch immer faszinierend.

Wo stehen wir heute?

Fast ein Jahrhundert später sind wir einem einheitlichen Bild, was Organisationen sind und wie sie sich verhalten, immer noch nicht wesentlich näher gekommen. Der walisisch-kanadische Professor und Organisationstheoretiker Gareth Morgan vertritt sogar die Auffassung, dass wir niemals zu einem solchen Bild gelangen werden. Morgan, der eine Sammlung von acht verschiedenen Metaphern für Organisationen erarbeitet hat, die den Bogen von der Maschine über den biologischen Organismus bis hin zum Reich der Fantasie spannen, hält alle diese Bilder gleichermaßen für zutreffend. Sie alle können etwas über Organisationen aussagen.

Wenn dem so ist, was zeigen sie uns dann? Die Untersuchung von Organisationen im Laufe der Geschichte zeigt, dass das größte Problem in der Organisation einerseits die Erfordernis ist, Energien zu bündeln und die Aufmerksamkeit auf die Endziele zu lenken, andererseits aber dabei genügend Flexibilität und Anpassungsfähigkeit zu erhalten, um die auf dem Weg liegenden Herausforderungen zu meistern. Das war schon immer so und daran wird sich wahrscheinlich auch in Zukunft nichts ändern. Starke Führung ist Voraussetzung für die Definition von Zielen und die richtige Lenkung; zugleich müssen aber die einzelnen Menschen innerhalb der Organisation motiviert bleiben.

Verschiedene Zeiten und Orte haben unterschiedliche Lösungen für dieses Dilemma gefunden. Alle der in diesem Kapitel angesprochenen Organisationssysteme waren erfolgreich – eine Zeit lang. Dann scheiterten sie, größtenteils, weil die dirigierende Hand an ihrer Spitze zur toten Hand wurde. Ohne Lenkung und Führung wird aus der perfekten Organisation bestenfalls ein rostiges Werkzeug. Ohne Zielsetzung und Führung sterben Organisationen und werden zu versteinerten Relikten. Morgan mag durchaus Recht haben: Es gibt kein allgemeingültiges Organisationsmodell, sondern lediglich eine *Vorstellung* von einer Organisation, die wir an unsere eigenen Zielsetzungen anpassen. Damit teilt Morgan die Ansichten anderer wie Chester Barnard, Henri Fayol, Charles Knoeppel, Helmuth von Moltke, Lazare Carnot, Friedrich dem Großen, Bernhard von Clairvaux, Francesco Datini und Hubert Walter. Damit ist er bestimmt nicht in schlechter Gesellschaft!

Kapitel 6
Finanzen: Geld regiert die Welt

Diese ausländischen Kaufleute und Bankiers kommen hierher und bringen nichts mit als ihre Person, etwas Kredit, eine Feder, Tinte und Papier und Geschick im Umgang, Handel und in der Lenkung von Wechseln von einem Land zum anderen, je nachdem, wo ihren Informationen zufolge Geld am teuersten ist.

So beschrieb ein französischer Autor aus dem sechzehnten Jahrhundert die Vertreter italienischer Bankgesellschaften, die im ausgehenden Mittelalter in Nordeuropa tätig waren. Er schrieb dies zu einer Zeit, als das westeuropäische Bank- und Finanzwesen eine Art Revolution erlebte, begleitet von einer raschen Expansion der Kapitalmärkte und dem Entstehen neuer Finanzinstrumente. Im Gefolge dieser Revolution expandierten auch die Unternehmen, erhöhten den Umfang und die Reichweite ihrer Aktivitäten und erschlossen neue Bereiche und Märkte. Die stetige Kapitalausweitung in den darauf folgenden Jahrhunderten trieb eine weltweite wirtschaftliche Expansion voran, die abgesehen von kurzen Unterbrechungen bis heute andauert.

In der Geschichte der Finanzmärkte und des Finanzmanagements standen zwei Themen stets im Vordergrund: die Nachfrage der Unternehmen nach genügend Kapital zur Finanzierung ihrer Expansion und die Erfordernis, Vermögenswerte gegen alle möglichen Gefahren abzusichern, einschließlich materieller Risiken und des Diebstahls- oder Betrugsrisikos. Diese beiden Anforderungen bestimmten zum einen das Wesen und die Gestaltung von Finanzinstrumenten und steuerten zum anderen die Entwicklung des Finanzmanagements im Unternehmen. Sie haben alle Aspekte in der Finanzwelt beeinflusst, bis hin zur Form des Geldes in unserer eigenen Tasche.

Die Evolution des Geldes

Die frühesten Geschäftstransaktionen waren Tauschgeschäfte. Beim Warentausch muss jede Partei etwas bieten können, was die andere wünscht oder benötigt: Die Beteiligten müssen miteinander kommunizieren können, sich auf die auszutauschende Warenmenge einigen (zum Beispiel zwei Ochsen gegen ein Pferd oder einen Zentner Fisch gegen ein Fass Bier) und die Waren dann physisch ausliefern. Tauschhandel wird von Ökonomen häufig als Kennzeichen primitiver Volkswirtschaften beschrieben, doch selbst heute finden auch in entwickelten, postindustriellen Nationen noch viele Tauschgeschäfte statt (zum großen Ärger der Steuerbehörden). Der Austausch von Arbeitskraft gegen Naturalien nimmt eher noch zu, und es gibt heute sogar Websites, wo solche Transaktionen vereinbart werden können.

Auch die antiken Tausch-Gesellschaften waren nicht unbedingt primitiv. Wie in Kapitel 2 erwähnt, war das altägyptische Königreich eine stark durchorganisierte und klar strukturierte Gesellschaft mit einem hoch entwickelten Beamtentum, einem stehenden Heer, internationalem Handel und der Fähigkeit, groß angelegte Projekte wie Hochwasserschutz entlang des Nils und natürlich die Errichtung der Pyramiden zu realisieren (nicht nur die Großen Pyramiden von Gizeh, sondern zahlreiche weitere Bauwerke in ganz Niederägypten). Geld wurde in die ägyptische Wirtschaft nur sehr langsam eingeführt und setzte sich erst nach 500 vor Christus allgemein durch, als der Staat zunehmend die Bezahlung von Steuern und Abgaben in Silber anstatt in Naturalien verlangte.

Der Tauschhandel funktionierte in Ägypten, weil die ägyptische Wirtschaft im Grunde auf dem Umverteilungsprinzip beruhte, der Staat die meisten Branchen kontrollierte und es wenig private Unternehmen gab. Der Staat betrieb sogar eine Art Zentralbank, doch statt die Wirtschaft mit Geld zu versorgen, steuerte sie die Versorgung mit Gütern. Als großer, wohlhabender Staat verfügte Ägypten über die Ressourcen, die zur Bewegung und Lagerung großer Warenmengen erforderlich waren. Für einzelne Kaufleute in freien Marktwirtschaften hat der Tauschhandel aber seine Grenzen. Erstens sind viele Tauschgüter unhandlich, und ihre Lagerung und ihr Transport kosten viel Geld. Zweitens können sie unterwegs leicht beschädigt werden: So können etwa Ochsen lahmen und Fische verderben. Drittens – und das ist der wichtigste Punkt – muss man für ein Tauschgeschäft etwas besitzen, was die andere Partei haben will. Nehmen wir an, Sie gehen auf den Markt, um Lebensmittel einzukaufen, und finden einen Händler, der ihnen zwei Scheffel Weizen verkaufen möchte. Sie bieten ihm im Gegenzug einen Ochsen. Tut mir Leid, erwidert er, bin nicht interessiert; ich habe schon fünf Ochsen, und die fressen mir die Haare vom Kopf. Was können Sie mir sonst noch bieten? Sie

Für einzelne Kaufleute in freien Marktwirtschaften hat der Tauschhandel dennoch seine Grenzen.

haben zwei Alternativen: Entweder können Sie sich überlegen, von welchen anderen Waren Sie sich noch trennen können, oder den Händler überreden, den Ochsen zu einem geringeren Wert abzunehmen (Ihnen also weniger Weizen dafür zu geben).

Obwohl dies bei einzelnen Transaktionen gut funktioniert, steckt das Tauschsystem langfristig voller Unsicherheiten. Schon sehr frühzeitig, mindestens vor viertausend Jahren, begannen Händler Artikel von allgemeinem Wert als Wertmarken in Tauschgeschäften zu nehmen. Im Laufe der Zeit entwickelte sich daraus das, was wir heute als Geld kennen. Am häufigsten wurden Edelmetalle verwendet, allen voran (aber nicht ausschließlich) Gold, Silber und Kupfer, aber auch Holz- und Keramikbons gab es bisweilen. Die getrockneten Köpfe kleiner Pelztiere wie Marder wurden im vierzehnten Jahrhundert von Händlern in der nordrussischen Stadt Novgorod als Kleingeld verwendet, und für die Inselvölker des Südpazifiks waren noch im frühen zwanzigsten Jahrhundert Kaurimuscheln ein gültiges Zahlungsmittel. Letztendlich spielt der gewählte Gegenstand keine große Rolle, solange alle Mitglieder einer Gesellschaft bereit sind, ihm einen ungefähr gleichen Wert beizumessen. Aus verschiedenen Gründen wurden Edelmetalle als Wertmaßstab von vielen Gesellschaften anerkannt und konnten international ausgetauscht werden. Silber wurde vor dreitausend Jahren als weltweite Währung anerkannt und von Kaufleuten in Griechenland, Assyrien, Indien und China akzeptiert.

Gold und Silber haben noch einen weiteren Vorteil: Sie sind haltbar und verderben nicht. Sie lassen sich leicht lagern, und Unternehmen, die Gewinne in Gold und Silber erzielen, können Kapital für weitere Investitionen ansparen. Allerdings haben diese Edelmetalle auch zwei Nachteile. Einer davon ist ihr Gewicht: Selbst für den Hin- und Hertransport geringer Mengen Geld braucht man beträchtliche Muskelkraft. Wenn ein Kaufmann in Rom beispielsweise in Athen ein Geschäft im Wert von drei- oder viertausend Pfund abschloss, hätte er allein für den Geldtransport ein oder vielleicht zwei Schiffe chartern müssen. Der zweite Nachteil ist die Tatsache, dass Gold und Silber leicht gefälscht werden können. Sie können ohne Weiteres geschmolzen und mit einer kleinen Menge eines geringwertigen Metalls wie Blei oder Zinn versetzt werden, was nach dem Abkühlen das Aussehen des Metalls nicht verändert, aber den Wert der Währung mindert und dem Fälscher einen betrügerischen Profit verschafft.

Um dieser Praxis entgegenzuwirken, begannen Staaten, Gold-, Silber- und Kupfermünzen auszugeben. Ursprünglich handelte es sich dabei einfach um Scheiben eines Metallbarrens, die auf beiden Seiten mit einem

Metallsiegel geprägt wurden, um das Unterscheidungskennzeichen der ausgebenden Regierung zu erhalten. Die Prägungen dienten faktisch als Garantie für die Reinheit des Metalls (oder zumindest eines spezifizierten Reinheitsgrades) und bescheinigten, dass es sich bei der Münze nicht um eine Fälschung handelte. Es gab immer noch Mittel und Wege, Münzen zu fälschen. Beispielsweise konnten Fälscher an den Rändern der Münze ganz geringe Mengen abschaben (als Strafe für eine solche Praxis sahen viele Gerichtsbarkeiten Tod durch Foltern vor). Auch die Staaten konnten selbst ihre Münzen einziehen und mit einem höheren Anteil minderwertigere Metalle neu prägen. Die häufig tatsächlich durchgeführte Praxis führte im Endeffekt zu einer Abwertung der Währung. Im mittelalterlichen Europa waren diese Vorgehensweise und ihre wirtschaftlichen Auswirkungen gut bekannt. Im frühen vierzehnten Jahrhundert führten beispielsweise Frankreich und die Staaten auf dem Gebiet der Niederlande mehrere Neuprägungen und Abwertungen ihrer Währung durch, und auf England wurde beträchtlicher Druck ausgeübt, ihrem Beispiel zu folgen und den Long Cross Penny, die Standardeinheit der englischen Währung, abzuwerten. Die Krone weigerte sich mit dem Argument, dass dadurch die Kaufkraft des englischen Geldes auf dem Kontinent vermindert würde, was die Exportpreise erhöhen und Englands ausnehmend positiver Handelsbilanz schaden würde. (Dieser Vorfall wird Beobachtern der Debatte über Großbritanniens Beitritt zur Europäischen Währungsunion zweifellos bekannt vorkommen.)

Um den wahren Wert einer Münze zu bestimmen, konnte man sie wiegen. Falschmünzen mit minderwertigen Metallen würden bei sorgfältigem Wiegen immer auffallen. Eines der Hauptwerkzeuge eines Bankiers war daher eine sehr empfindliche Waage, mit getrockneten Johannisbrotsamen als Gegengewicht (aus dem englischen Namen dafür, »carob«, wurde das moderne Wort »Karat« abgeleitet, das noch heute die Maßeinheit für die Reinheit von Edelmetallen und Edelsteinen ist). Diese Methode wurde auch bisweilen zur Bestimmung von Wechselkursen zwischen den Münzen verschiedener Staaten eingesetzt. Im Römischen Reich, als der von der kaiserlichen Münze geprägte Silbersolidus die Standardwährungseinheit im ganzen Reich war, spielten Wechselkurse nur eine untergeordnete Rolle. Im Mittelalter gab es dann allerdings Hunderte von Münzprägeanstalten und eine bunte Palette von Münzen in ganz unterschiedlichen Stückelungen. Wechselstuben entstanden, um dem einzelnen Kaufmann die Mühe zu ersparen, den Wert der verschiedenen Münzen zu berechnen. Man kam allgemein überein, dass die

Wechselstuben entstanden, um dem einzelnen Kaufmann die Mühe zu ersparen, den Wert der verschiedenen fremden Münzen zu berechnen.

Standardtauschwährung die Währung des Heimatlandes sein solle; ausländische Kaufleute, Touristen, Pilger und alle sonst daran Interessierten brachten ihr Geld zu einem *cambio* beziehungsweise einer Wechselstube, wo es gewogen und geprüft und dann gegen die entsprechende Summe in lokaler Währung ausgetauscht wurde.

Bei umfangreichen Transaktionen war diese Vorgehensweise sehr zeitaufwändig. Im Mittelalter probierten es die Behörden mit dem Einsatz von »Großgeld«, frisch geprägte Münzen, die sehr sorgfältig gewogen und dann mit einem Siegel versehen verpackt wurden, um einen bestimmten garantierten Wert anzuzeigen. Damit wurde aber lediglich das Qualitätsproblem, nicht das Gewichtsproblem gelöst.

Es musste noch einen besseren Weg geben, und dem war auch so. Um das Jahr 1000 herum begannen die chinesischen Behörden probehalber mit der Ausgabe von kleinen Währungsstückelungen in Papierform. Dies waren nicht, wie manchmal vermutet wird, Banknoten im modernen Sinne; vielmehr handelte es sich hier um den Versuch, Papier als eigenständige Währungseinheit zu etablieren. Der Einsatz von Papier war nicht unproblematisch; schließlich lässt sich Papiergeld leicht fälschen. Sporadische Versuche zur Einführung einer Papierwährung traten mehrere Jahrhunderte lang immer wieder auf, und gegen 1290 informierte der venezianische Entdecker Marco Polo seine Zeitgenossen, dass die Chinesen aus Papier hergestelltes Geld verwendeten. Dem Verlauten nach reagierte sein Publikum auf diese Aussage mit ungläubigem Spott und Hohn. Entweder stimmt die Geschichte nicht, oder die Venezianer, denen Polo dies berichtete, waren außergewöhnliche Ignoranten. Wie ein Großteil Westeuropas war Venedig nämlich bereits zu einer Papier-Ökonomie geworden, in der anstatt Bargeld in fast allen Transaktionen (abgesehen von den einfachsten) Wechsel verwendet wurden.

Der unaufhaltsame Aufstieg des Kreditgeschäfts

Das zwölfte und dreizehnte Jahrhundert in Westeuropa wird manchmal als Epoche der Kaufmännischen Revolution bezeichnet. Im Gegensatz zu späteren Wirtschaftsrevolutionen (Industrielle Revolution und Informationszeitalter) stand nicht die Technologie im Zentrum dieser neuen Entwicklung; in diesem Fall fand in erster Linie eine Veränderung im Denken statt. In dieser Zeit begannen die Menschen das Geld aus einem neuen Blickwinkel zu betrachten. Geld wurde nicht mehr nur als ein Tauschmittel gesehen, sondern auch als eigenständige Ware. Außerdem musste es nicht mehr von Metallmünzen repräsentiert werden. Buchwährungen erlebten einen Aufstieg und verdrängten dann die Tauschwährungen; um 1400 herum führten selbst relativ kleine Unternehmen ihre Finanzgeschäfte auf dem Papier und nicht mit Bargeld durch.[1]

Der explosionsartige Anstieg des internationalen Handels, der auf den Abschluss des Ersten Kreuzzuges (1099) folgte, machte die ohnehin schon wohlhabenden Handelsstädte Italiens zu reichen Umschlagplätzen. Überschüssige Gelder wurden in eine noch stärkere Ausweitung des Handels investiert; die Reisen von Marco Polo nach China und von Kolumbus nach Amerika waren der Verfügbarkeit von Wagniskapital ebenso sehr zu verdanken wie dem Entdeckergeist dieser Forscher. Kapital wurde auch in die expandierenden herstellenden Industriezweige in Süd- und Nordeuropa investiert. Die im Bankgeschäft erzielbaren Gewinne waren ein Anreiz, dem nur wenige Kapitalisten der damaligen Zeit widerstehen konnten. Trotz des Verbots der Wucherei, also der Erhebung von Zinsen auf Darlehen, wurden Kredite immer beliebter und häufiger. Kaufleute hatten schon seit jeher gewusst, dass sie durch Kreditaufnahme in Wachstum und Expansion investieren konnten, nur hatten sie zuvor keine Kreditgeber gefunden, die bereit waren, das Risiko zu tragen. Nun war dieses Problem weitaus geringer.

Generell gab es zwar eher einen Überschuss an Liquidität, doch litten einzelne Personen, Unternehmen und sogar Nationen immer wieder unter zeitweiligem Kapitalmangel. Das war allseits bekannt, ebenso wie die Auffassung, dass Geldknappheit und -überfluss kaufmännische Chancen boten. Giovanni da Uzzano gab 1442 in seinen Schriften folgenden Ratschlag:

> *Seid niemals begierig, Geld bereitzustellen, wenn ein Mangel herrscht, oder es abzuziehen, wenn es im Überfluss vorhanden ist. Denn immer wenn Geld teuer ist, wird Bargeld von überall her herbeifließen; Geld wird von Banken abgehoben und daher steht Reichtum bevor. Und bei großem Überfluss werden Mittel abgezogen und das Geld wird unweigerlich knapp.*

Neben frühen Erkenntnissen zu den typischen Kennzeichen eines Konjunkturzyklus zeigte Uzzano auch, wie sehr sich die ersten Bankier der Chancen bewusst waren, die ihnen der Kapitaleinsatz bot.

Die Kapitaleigner waren mit zwei Problemen konfrontiert. Erstens überstieg aufgrund des explosionsartigen Wachstums der Kredite das gesamte Vermögen Westeuropas schon bald das im Umlauf befindliche Angebot an Metallmünzen, so dass neue Instrumente benötigt wurden. Zweitens mussten sie Mittel und Wege finden, um das Wuchereiverbot zu umgehen, so dass die Kreditgeber einen Gewinn erzielen konnten.

Wertpapiere

Die Antwort bestand in der Entwicklung verschiedener handelbarer Nichtwährungsinstrumente. Eines der ersten war der Seekredit. Ursprünglich handelte es sich dabei um eine Art Wagniskapital. Langstreckenseehandel war ein teures und riskantes Geschäft; zur Kapitalbeschaffung und Risikostreuung luden Handelsfirmen Geldgeber zu kurzfristigen Investitionen in Überseevorhaben ein. Das zu Beginn der Seereise vorgeschossene Kapital wurde am Ende vollständig zurückgezahlt, zusammen mit einem Anteil am Gewinn. Wenn das Schiff sank, trugen die Investoren den Verlust mit.

Seekredite waren sehr weit verbreitet und äußerst beliebt, als ihr Gewinnpotenzial allgemein bekannt wurde. In italienischen Hafenstädten übergaben nicht nur Großkapitalisten, sondern auch Kleininvestoren – Krämer und Arbeiter, darunter auch viele Frauen – ihr Geld den Bankiers, damit diese es in ihrem Namen investierten, und erhöhten so das Kapitalangebot noch weiter. Gewinne konnten entweder in bar vereinnahmt oder als Guthaben vorgehalten werden. Anteile an Seekrediten konnten gehandelt und ausgetauscht werden. Schon bald wurde erkannt, dass »Buchüberweisungen« zwischen Banken effizienter waren als der tatsächliche Geldaustausch bei jeder Transaktion. Es gab zwar kein offizielles Abrechnungssystem, aber große Banken wie die Medici-Bank in Florenz und die Bank des Heiligen Georg in Genua übernahmen Abrechnungsfunktionen.

> Schon bald wurde erkannt, dass »Buchüberweisungen« zwischen Banken effizienter waren als der tatsächliche Geldaustausch bei jeder Transaktion.

Geschäfte auf dem Papier hatten zwei Vorteile. Erstens waren diese Buchtransaktionen weniger mühsam und riskant. Münzen waren schwer zu transportieren und konnten bei einem Verlust nicht wiederbeschafft werden. Finanzinstrumente auf dem Papier waren dagegen leicht tragbar und konnten bei Verlust oder Beschädigung ersetzt werden. Zweitens boten sie mehr Flexibilität. Den Investitionsmöglichkeiten und -spielarten setzte lediglich die Fantasie der Kapitalisten (und ihrer Buchhalter) Grenzen. Während also das neue Kreditzeitalter einerseits Unternehmen absicherte, indem es ihnen bessere Möglichkeiten zur Risikoverteilung bot, gab es für jene, die zur Risikoübernahme bereit waren, mehr Gewinnchancen. Höhere Gewinne trieben ihrerseits das Wirtschaftswachstum noch weiter voran.

Bisweilen wurden die Gewinne einer Seereise in anderer Währung bezahlt als ursprünglich investiert worden war. Daher wurde ein weiteres Instrument benötigt, ein so genannter Wechsel. Mit der Angabe des zu zahlenden Wechselkurses erfüllten die Wechsel eine weitere Funktion: Sie konnten praktisch als Darlehen dienen, bei dem der Kreditnehmer eine höhere Summe zurückzahlte, als er ausgeliehen hatte, aber eben in einer anderen Währung. Da Wechselkurse schwanken konnten und dies auch taten, hatte das Kirchenrecht gegen diesen gerechten Lohn für das übernommene Risiko nichts einzuwenden.

Gegen 1400 waren Wechsel das vorherrschende Instrument im internationalen Handel und hatten Bargeld fast vollständig ersetzt. Als Zahlungsempfänger konnte eine namentlich genannte Person oder der Inhaber eines Wechsels angegeben werden. Wechsel konnten auch übertragen und indossiert werden und wurden häufig zur Begleichung von Schulden und Zahlungsverpflichtungen verwendet. Es gibt zwar keine klaren Beweise für eine Abzinsung, aber vermutlich wurde auch so etwas praktiziert.

> Schuldscheine entwickelten sich aus Kreditbriefen, die an eine namentlich genannte Partei zu zahlen waren. Schon bald folgte der nächste logische Schritt: Ausgabe von Schuldscheinen, die an den Inhaber zahlbar waren.

Das zweite wichtige Finanzinstrument, das um diese Zeit herum entstand, waren Schuldscheine, die im Binnenhandel die gleiche Funktion hatten wie Wechsel im Außenhandel. Münzen wurden nur noch für Alltagstransaktionen verwendet, etwa für die Zahlung von Löhnen oder für Einkäufe am Markt. Bei Handelsgeschäften waren Münzzahlungen unüblich; wurde Bargeld verwendet, dann zumeist, weil keine wechselseitigen Kreditvereinbarungen existierten. Um 1500 herum wurden solche Transaktionen in Westeuropa praktisch zur Seltenheit, und auch in Indien und China wurden Geschäfte immer seltener bar abgewickelt. In den Worten eines Wirtschaftshistorikers: »Kreditgeschäfte waren geradezu die Seele des mittelalterlichen Handels.«

Schuldscheine entwickelten sich aus Kreditbriefen, die an eine namentlich genannte Partei zu zahlen waren. Schon bald folgte der nächste logische Schritt: Ausgabe von Schuldscheinen, die an den Inhaber zahlbar waren. Damit waren die modernen Banknoten geboren.

Termingeschäfte

Das Kreditzeitalter revolutionierte das Geld. Schuldtitel und Überweisungen von einem Konto zum anderen und von einer Bank zur anderen eröffneten ungeheure neue Nutzungsmöglichkeiten. An dieser Stelle ist nicht

Jakob Fugger

Fugger wurde 1459 in Augsburg als Sohn eines wohlhabenden Kaufmanns geboren, der unter anderem eine Münzprägeanstalt im Tiroler Silberminenrevier betrieb. Im Alter von vierzehn Jahren wurde Fugger in die Filiale des Familienunternehmens in Venedig entsandt, wo er das Geschäft kennen lernen und vor allem Buchführung studieren sollte. 1485 übernahm er die Leitung der Innsbrucker Niederlassung, wo er die Investitionen des Unternehmens im Kupfer- und Silberbergbau ausweitete und Maximilian I., dem zukünftigen Heiligen Römischen Kaiser, Geld lieh. 1495 begann er, weitere Minen in Ungarn und Schlesien zu erschließen, und gegen 1500 hatte er praktisch eine Monopolstellung in der europäischen Kupferindustrie. Kupfer- und Silberhandel führten Fugger ganz selbstverständlich zur Münzprägung und zum Bankwesen; er machte buchstäblich Geld.

Wie viele andere mittelalterliche Handelsfürsten, allen voran Cosimo dei Medici, bezog Fugger sein Bankkapital aus den Gewinnen, die er in anderen Industriezweigen erzielte, in der Regel Manufaktur, Bergbau oder Handel. Ab 1507 verlieh Fugger immer größere Summen an Kaiser Maximilian; bei vielen dieser Kredite handelte es sich um Hypotheken auf die Ländereien der Krone, und da viele davon niemals getilgt wurden, ging auch umfangreicher Landbesitz in Fuggers Besitz über. Die Beziehung zum Kaiser erlaubte Fugger auch bevorzugten Zugang zu anderen, profitableren Kunden. Noch wichtiger war die Tatsache, dass er in einer Zeit voller politischen Unsicherheiten und ständigem Wandel einen dankbaren Kaiser zu seinen Kunden zählte, der Fugger ein Maß an Sicherheit und Schutz gab, wie es nur wenige seiner Rivalen genossen. Im Klartext: Wenn er finanziell oder körperlich bedroht wurde, wusste Fugger, dass ein mächtiger Mann in seiner Schuld stand.

Jakob Fugger, der in seiner Heimatstadt »der Reiche« genannt wurde, dominierte die europäische Finanzwelt zwei Jahrzehnte lang. Dieser sehr zielstrebige und entschlossene Mann fasste gerne ein Ziel ins Auge, entwickelte eine Strategie und verfolgte diese dann unbeirrbar bis zum Ende. Wie die meisten Banken der damaligen Zeit stützte sich auch sein Unternehmen auf ein Netzwerk von Vertretern in allen großen Finanzzentren Europas. Manche davon waren direkt angestellt, andere waren über Partnerschaften mit anderen Banken mit dem Unternehmen verbunden. Diese Agenten führten nicht nur Transaktionen durch, sondern sammelten auch Informationen. In der Zentrale in Augsburg führte Jakob Fugger persönlich die Hauptkonten der Firma und sortierte die von Auslandsvertretern eingegangenen Informationen. Beides erfolgte täglich. Fugger schrieb einmal, er könne nachts nicht ruhig schlafen, wenn er nicht wüsste, dass er an jenem Tag irgendwo einen Gewinn erzielt hatte, so gering dieser auch sein mochte.

Diese Mischung aus intensiver Informationsüberwachung und einem flexiblen, breit gespannten Filialnetz ermöglichte Fugger, rasch auf Krisen zu reagieren. Bei seinem Tode vermachte er seinem Neffen Anton Fugger ein Vermögen von mehr als zwei Millionen Gulden (über 400 Millionen Euro in heutiger Währung).

---

genug Platz, um auf die breite Palette von Finanzinstrumenten einzugehen, die zwischen 1200 und 1500 entstanden, aber ein Finanzinstrument muss unbedingt erwähnt werden: der Terminkontrakt.

Die ersten Terminkontrakte gab es in der Landwirtschaft. In ganz Europa bereisten kurz vor der Erntezeit die Vertreter von Wirtschaftsunternehmen das Land und boten den Bauern an, im Voraus für die Erzeugnisse auf ihren Feldern zu bezahlen. Große Gesellschaften kauften bisweilen die

Finanzen: Geld regiert die Welt

gesamte Ernte einer Region auf Jahre hinaus im Voraus. Nachdem sie die Rechte an diesen Ernteerzeugnissen erworben hatten, konnten sie diese natürlich an andere Investoren weiterverkaufen.

Schätzungen, wie viele der jährlichen Ernten in Westeuropa auf diese Weise gekauft wurden, sind unmöglich, aber es muss wohl eine beträchtliche Anzahl gewesen sein. Terminkontrakte wurden schon bald in anderen Wirtschaftssektoren eingeführt. Auch Regierungen beteiligten sich an diesem Spiel und verkauften landwirtschaftliche Terminkontrakte, um ihre Kassen zu füllen. So erhob etwa 1341 die englische Krone eine Steuer auf zukünftige Agrarerzeugnisse. Nach der steuerlichen Veranlagung verkaufte sie anschließend das Recht, diese Erzeugnisse zu ernten, für den Gegenwert der erhobenen Steuer an private Investoren. Das gab diesen das Recht, die Ernte einzufahren und damit gegebenenfalls einen Gewinn zu erzielen. Sowohl internationale Banken als auch inländische Kleinkapitalisten kauften diese Rechte.

Für Regierungen von Agrarstaaten bewährte sich dieser Ansatz. Die Stadt Genua, die kaum über landwirtschaftliche Anbaufläche verfügte, wählte direktere Maßnahmen und verkaufte Anteile an Staatsschulden an ihre Bürger mit dem Versprechen, diese nebst Zinsen zurückzuzahlen. Damit kamen die ersten Staatsanleihen in Umlauf.

Sir Thomas Gresham

Gresham wurde um 1519 herum in London als Sohn eines reichen Textilhändlers geboren, der zeitweilig auch Oberbürgermeister von London war. Thomas ging bei seinem Onkel Sir John Gresham in die Lehre und wurde 1544 in die Gilde der Textilhändler aufgenommen. 1552 reiste er als königlicher Gesandter nach Antwerpen; seine Hauptaufgabe bestand darin, den gewaltigen Schuldenberg zu verwalten, den König Heinrich VIII. angehäuft hatte. Antwerpen war damals der führende Geldmarkt in Europa, und Greshams Aufgabe bestand darin, bei Fälligkeit eine Verlängerung der einzelnen Darlehen zu erwirken und Hochzinsanleihen möglichst durch Aushandlung neuer Kredite zu günstigeren Konditionen abzulösen. Wie er diese beängstigende Aufgabe im Einzelnen bewältigte, ist nicht überliefert, aber gegen 1560 waren die Schulden weitgehend getilgt. Gresham selbst hatte es durch private Geschäftstransaktionen auf den Geldmärkten Antwerpens zu unermesslichem Reichtum gebracht und nutzte einen Teil seiner Gewinne zur Gründung der Königlichen Börse – einer Einrichtung, von der er hoffte, dass sie London zu einem internationalen Finanzplatz machen würde. Außerdem errichtete er auch ein Bildungsinstitut, das Gresham College. In der Viktorianischen Ära wurde er wiederentdeckt und zu einem der Gründerväter und »Stammeshelden« der Londoner City gekürt.

Banken: die Macht hinter den Unternehmen

Nur selten wird bedacht, wie sehr die Verfügbarkeit von Geld den Lauf der Geschichte beeinflusst hat. Viele der großen Entwicklungen und Ereignisse der Geschichte hingen vom Geld ab. Regierungen mussten finanziert werden; Armeen und Kirchen mussten gekauft und bezahlt werden. Ohne das Geld, das der Bankier Jacques Coeur zur Finanzierung der französischen Heere beschaffte, hätte Johanna von Orleans niemals die Engländer aus weiten Teilen Frankreichs vertreiben können – und hätte auch nicht auf dem Scheiterhaufen in Rouen den Tod gefunden. Das Heilige Römische Reich hätte ohne die von den kaiserlichen Bankiers Jakob und Anton Fugger bereitgestellten Finanzmittel durchaus von der osmanischen Türkei überwältigt werden können. Sir Thomas Gresham half der englischen Regierung, sich von ihrer erdrückenden Schuldenlast zu befreien und ihre eigene Ära der Forschungsreisen und Kolonialisierung zu finanzieren. Das Bankhaus des Jagah Seth stützte das angeschlagene Moghul-Reich in Indien; als die Bankobersten es später vorzogen, mit der British East India Company gemeinsame Sache zu machen, besiegelten sie damit den Untergang dieses Reiches.

> Nur selten wird bedacht, wie sehr die Verfügbarkeit von Geld den Lauf der Geschichte beeinflusst hat.

Obwohl in Europa im siebzehnten Jahrhundert die allerersten Aktiengesellschaften auf der Bildfläche erschienen und im neunzehnten Jahrhundert in vielen Branchen bereits ein häufig anzutreffendes Phänomen waren, stellten die Banken einen Großteil des Kapitals zur Verfügung, mit dem das große Zeitalter des Überseehandels sowie die Industrialisierung im achtzehnten und neunzehnten Jahrhundert finanziert wurden. In dem von Sir Thomas Gresham im sechzehnten Jahrhundert gegründeten Bankhaus Grasshopper nahm Anfang des achtzehnten Jahrhunderts Thomas Martin die Zügel in die Hand. Er benannte das Institut in Martin's Bank um. Es überlebte den Südseeschwindel und war noch im frühen zwanzigsten Jahrhundert im Geschäft. Das neunzehnte Jahrhundert erlebte den Aufstieg der großen britischen Banken – Coutts, Barings, Gibbs, Rothschilds. Sie finanzierten die viktorianische Ära der industriellen und wissenschaftlichen Expansion.

Auch das rasche Wachstum der amerikanischen Industrie in der Zeit nach dem Ersten Weltkrieg lässt sich nur teilweise durch Faktoren wie bessere Transportmöglichkeiten und eine starke Einwanderungswelle erklären. Dieses ganze Wachstum – die Eisenbahnen, Stahlgießereien und Fabriken – musste irgendwie finanziert werden; es musste Kapitalquellen geben. Die

Thomas Martin

Der 1679 in Essex geborene Thomas Martin kam 1699 als Angestellter zum Bankhaus Grasshopper. Dank familiärer Beziehungen stieg er 1703 zum Partner und 1711 zum Seniorpartner auf, kurz vor Beginn des Südsee-Schwindels (1714-21). Während dieser von Spekulationen und finanziellem Chaos gekennzeichneten Zeit versuchte Martin, einen vorsichtigen Kurs zu fahren. In der Anfangszeit, bis Ende 1715, war er offenbar noch der Meinung, dass die Aktien der Südseegesellschaft ihren Wert behalten würden und riet seinen Kunden zum Kauf, jedoch in begrenztem Umfang. Später änderte er seine Meinung und riet bewusst von Anlagen in spekulativen Aktien ab. Wie stark Grasshopper unter dem Schwindel litt, ist nicht bekannt, aber ein Mitarbeiter der Bank wurde später für seine Beteiligung an betrügerischer Verkaufsförderung verhaftet. Martin scheint jedoch nicht in einen Skandal verwickelt gewesen zu sein. Als der Schwindel 1721 aufflog, konnte Grasshopper offenbar schon relativ bald wieder seinen normalen Handel aufnehmen. Martin zog sich 1725 aus dem aktiven Bankgeschäft zurück, blieb aber noch mindestens weitere zwei Jahrzehnte in die Geschäftsleitung involviert.

Im Ruhestand stellte Martin unter dem Titel »Vernünftige Überlegungen für im Bankgeschäft tätige Personen« eine Reihe von Maximen zusammen. Das früheste überlieferte Manuskript dieser Liste stammt aus dem Jahr 1746 und umfasst folgende Punkte:

1. Es sollte einige Überlegung darauf verwandt werden, welcher Betrag vernünftigerweise zu festen Zinsen investiert werden sollte.
2. Ein Anteil von Rentenpapieren, Grundsteuertiteln und Silber sollte bei plötzlicher Nachfrage zur Verfügung stehen.
3. Ein Anteil von Staatswertpapieren wie Marinewechsel und dergleichen sollte vorhanden sein.
4. Kreditvergabe sollte nicht ohne Antrag des Kreditnehmers und nur gegen leicht veräußerbare, verwertbare Sicherheiten erfolgen, und nur in Fällen, in denen pünktliche Zahlung wahrscheinlich ist, ohne vom Entleiher als Härte empfunden zu werden.
5. Alle Darlehen sind bei Fälligkeit zu zahlen; rollierende Kredite dürfen sechs Monate nicht überschreiten.
6. Man sollte sich nicht damit brüsten, dass man einen hohen Überschuss oder viel Geld besitzt.
7. Bei der Darlehensvergabe sollte nicht angeboten werden, Aktien oder andere Wertpapiere zu beleihen; ratsam sind ein Kauf gegen liquide Mittel und ein Verkauf gegen Zeit.
8. Bei unbeabsichtigten Erhöhungen von Krediten mit unsicherem Umlauf kann das Geld an Goldschmiede verliehen oder ein Wechsel abgezinst werden.
9. Es zeugt von Umsicht und ist von Vorteil für einen von Krediten abhängigen Goldschmied, wenn er versucht, so bald wie möglich nach der jährlichen Kontenabrechnung den Gegenwert dieses Geldes in Effekten zu halten, die leicht in Geld umgewandelt werden können.
10. Ein vorsichtiges und zurückhaltendes Vorgehen trägt viel dazu bei, den im Kreditwesen tätigen Personen zu Wertschätzung bei den Menschen zu verhelfen.
11. Unrentable Geschäfte sind zu vermeiden, insbesondere wenn sie mit Schwierigkeiten und Kosten verbunden sind.
12. Es ist gewiss besser, wenig Geld vorteilhaft einzusetzen und sicher zu verleihen und dadurch mehr liquide Mittel zur Verfügung zu haben, obwohl man möglicherweise den Kredit auch ohne Schwierigkeiten ausweiten könnte.
13. Wenn es vernünftig erscheint, alte Darlehen einzufordern, sollte dies im Namen aller Partner erfolgen.[2]

Thomas Coutts

Der 1735 in Edinburgh geborene Coutts begründete eine der langlebigsten Bankenmarken der Welt. Sein Geschäftspartner und Bruder James Coutts war stark in die Politik involviert und überließ Thomas das Management der Bank. Wahrscheinlich ist es James Coutts' politischen Beziehungen zu verdanken, dass König George III. das Bankhaus Coutts 1760 zu seinem persönlichen Bankier ernannte. Das königliche Geschäft erlaubte Coutts den Zugang zu den höchsten Ebenen am Hof und in der Regierung, und in den nächsten vierzig Jahre baute er einen eindrucksvollen Kundenstamm auf, zu dem nicht nur der König sowie der Prinz von Wales, sondern auch prominente Politiker wie William Pitt und Charles James Fox und andere Größen des Landes wie der Herzog von Wellington gehörten. Das Bankhaus Coutts machte sich mit seiner Zuverlässigkeit, Servicequalität, Integrität und Unparteilichkeit einen Namen. Um 1800 herum war London das anerkannte Zentrum des europäischen Bankwesens, und etablierte Institute wie Coutts mussten gegen neuere Banken wie Baring, Goldsmid und die Rothschilds antreten. Coutts begann nach 1780, internationale Verbindungen aufzubauen; bis 1800 war es ihm gelungen, Beziehungen zu mehreren Schweizer Banken zu knüpfen, über die er Kunden im Mittelmeerraum und in der Levante Bankdienstleistungen anbieten konnte. Mit Korrespondenzbanken von Lissabon bis Bombay wurde Coutts zur bevorzugten Bank internationaler Reisender; in Spanien dienende britische Offiziere konnten sogar bei Banken in Städten innerhalb des Kriegsgebietes Coutts-Tratten aushandeln.

Wall Street erlangte erst nach 1900 hohes Ansehen; zuvor war die amerikanische Börse eine kleine Klitsche, an der höchstens ein paar Dutzend Unternehmen Aktien emittierten. Spekulanten wie Daniel Drew verdienten und verloren Vermögen an der Wall Street, doch das Wachstum des Warenhandels wurde von der Börse kaum beeinflusst. Das Bankwesen konnte in Amerika allerdings auf eine lange Tradition zurückblicken; sie reichte zurück bis zu unternehmerischen Bankiers wie Stephen Girard im frühen neunzehnten Jahrhundert. Jetzt waren es die Bankiers, die der amerikanischen Industrie unter die Arme griffen. Einige gaben sich damit zufrieden, zu investieren und Gewinne zu erzielen, ohne selbst eine Einflussnahme anzustreben. Andere wie John Pierpont Morgan wurden zu mächtigen Kräften, die das Wesen der amerikanischen Wirtschaft prägten.

> Spekulanten wie Daniel Drew verdienten und verloren Vermögen an der Wall Street, doch das Wachstum des Warenhandels wurde von der Börse kaum beeinflusst.

J.P. Morgan war sehr viel mehr als ein Bankier; er war auch Idealist. Er glaubte weder an staatliche Interventionen noch an ungezügelten Wettbewerb. Der Staat war seiner Ansicht nach nicht kompetent genug, um sich an der Wirtschaft und am Handel zu beteiligen (da er bei drei verschiedenen Gelegenheiten persönlich dem nahezu bankrotten amerikanischen Finanzministerium aus der Patsche helfen musste, ist diese Einstellung leicht verständlich). Wettbewerb auf den Märkten hielt er für Verschwendung und potenziell ruinös. Warum sollten Unternehmen ihre Energien vergeuden, indem sie miteinander konkurrierten? Durch Kooperation könnten sie Skaleneffekte erzielen, die Qualität ihrer Waren und ihrer Distribution verbessern und mehr Produkte für die Verbraucher herstellen – zu niedrigeren Preisen. Alle würden profitieren: Unternehmen würden Gewinne erzielen, und die Menschen auf der ganzen Welt würden eine Steigerung ihres Lebensstandards und ihres Wohlstandes erfahren. Morgan war beileibe nicht der einzige, der diese Philosophie vertrat. Im späten neunzehnten Jahrhundert wurde Wettbewerb von vielen als inhärentes Übel freier Märkte betrachtet. Für manche war es ein notwendiges Übel, ein Preis, den man für wirtschaftliche Freiheit zu zahlen hatte. Andere dagegen – aus dem rechten und linken Lager des politischen Spektrums – sahen darin eine Kraft, die eingedämmt und kontrolliert werden musste. Im Gegensatz zu vielen anderen besaß J.P. Morgan jedoch die Macht zu handeln.

Zunächst wandte er seine Aufmerksamkeit der Eisenbahn zu. Das Wachstum der amerikanischen Eisenbahnindustrie in den zwei Jahrzehnten nach dem amerikanischen Bürgerkrieg ist eines der dunklen Kapitel der Wirtschaftsgeschichte. Es war das Zeitalter der raffgierigen Unternehmenshaie, auf Betrug und Täuschung beruhender Firmenübernahmen, verwässerter Aktien, des Insiderhandels, der vorgetäuschten Aktienemissionen und der durch Territorial-, Positions- und Machtkämpfe zerstörten Unternehmen und Leben. Morgan brachte die Eisenbahngesellschaften auf Vordermann. Als Erstes schmiedete er eine Allianz mit anderen Bankiers, die sich alle weigerten, eine weitere Expansion zu finanzieren, wenn die Eisenbahninhaber nicht bereit waren, ihre Konditionen zu erfüllen. Dann errichtete Morgan ein Eisenbahnkartell, indem er einige der kleineren, unrentablen Linien aufkaufte und sie unter einem einheitlichen Management zusammenführte, zugleich aber die größeren Wettbewerber, die von Männern wie James J. Hill und Edward Harriman repräsentiert wurden, dazu überredete, sich mit ihm zusammenzutun. Kurz vor Ende des neunzehnten Jahrhunderts kontrollierte die von Morgan unterstützte Northern Securities Company viele der großen Eisenbahngesellschaften in den Vereinigten Staaten, setzte Preise und Fahrpläne fest und brachte Ordnung in das Chaos.

Daraufhin wandte sich Morgan anderen Industriezweigen zu. Die großen amerikanischen Stahlkonzerne, darunter das von Andrew Carnegie geleitete Unternehmen, wurden in dem riesigen Trust United States Steel zusammengeführt, der damals das größte Unternehmen der Welt war. Die Bergbau- und Hüttenindustrie fusionierte Morgan zu einem weiteren Trust, ASARCO, an dessen Spitze Daniel Guggenheim stand. In dem Schiffahrtstrust International Mercantile Marine arbeiteten Unternehmen von beiden Seiten des Atlantiks in einer lockeren Allianz zusammen. Gemeinsam mit John D. Rockefeller verschmolz Morgan die Ölindustrie zu einem weiteren Trust, Standard Oil. Sein Ziel war klar: Im Interesse eines rationalen Finanzwesens und Managements sollten möglichst große Teile der amerikani-

---

J. P. Morgan

Im Gegensatz zu vielen anderen Industriekapitänen aus dem neunzehnten Jahrhundert war John Pierpont Morgan kein reiner Selfmademan: Sein Vater Junius Morgan war ein wohlhabender Bankier, und der Sohn besuchte gute Schulen in den USA und Europa. Frühzeitig zeigte er eine Begabung fürs Bankwesen: Als Kind führte er bereits Buch über seine Süßigkeitenkäufe. Eines Tages baute er ein Diorama, das Kolumbus' Entdeckung Amerikas darstellte, und verlangte von anderen Kindern Eintritt, wenn sie es sehen wollten. Um 1850 herum schlossen die Morgans eine wichtige Allianz mit den großen britischen Bankhäusern der Rothschilds und der Barings, mit denen J.P. Morgan in späteren Jahren eng zusammenarbeiten sollte, als er das amerikanische Finanzministerium vor dem Ruin rettete (als Dank dafür warf ihm die Presse vor, ein britischer Agent zu sein).

Wie oben erwähnt hielt Morgan uneingeschränkten Wettbewerb für grundsätzlich schädlich. In einer häufig zitierte Passage über die Eisenbahnindustrie bemerkte er: »Die amerikanische Öffentlichkeit scheint nicht erkennen zu wollen ... dass sie die Wahl hat zwischen regulierten rechtlichen Abkommen und ungeregelten illegalen Übereinkünften. Wir hätten schon vor über fünfzig Jahren die unmögliche Doktrin des Schutzes der Öffentlichkeit durch Wettbewerb im Eisenbahnsektor über Bord werfen sollen.« Mit dieser Meinung stand er keineswegs allein. Dass es ihm gelang, gigantische Monopolkonzerne aufzubauen, war teilweise darauf zurückzuführen, dass andere Industrielle seine Meinung teilten – und nicht nur in den Vereinigten Staaten. In Großbritannien glaubte die Fusionsbewegung, die Männer wie Alfred Mond von ICI (den Aldous Huxley später in seinem Roman *Schöne Neue Welt* als Mustapha Mond karikierte) und William Lever von Leverhulme verkörperten, dass Wettbewerb geradezu sündhafte Verschwendung darstelle. In Japan beruhte das Entstehen integrierter Industriekonzerne, der so genannten *zaibatsu*, auf der gleichen Denkweise: Man war überzeugt, dass große Konglomerate der Gesellschaft weitaus effektiver dienen könnten als kleine, miteinander konkurrierende Firmen.

schen Industrie zum Wohle der Unternehmen, der Gesellschaft und der Bevölkerung durch Gründung monopolistischer Organisationen rationalisiert werden.

Letztendlich wurden Morgans Bemühungen jedoch vereitelt, weil das amerikanische Volk Monopolen grundsätzlich mit Misstrauen begegnete und Morgans Ansicht, dass die Trusts dem Gemeinwohl dienen könnten, nicht teilte. Sein Glaube an strenge monetäre Kontrollen stieß auf leidenschaftlichen Widerstand bei kleinen Unternehmen, die sich einen leichteren Zugang zum Kapital wünschten. Ein von Journalisten angezettelter Medienkreuzzug hetzte die Öffentlichkeit gegen Trusts auf, und sie fanden Unterstützung bei Präsident Theodor Roosevelt, der strenge neue Kartellgesetze einführte. Viele Trusts wie Standard Oil und Northern Securities wurden von den Gerichten und der Regierung zur Auflösung gezwungen. International Mercantile Marine scheiterte, als die beiden führenden britischen Schifffahrtslinien, Cunard und Furness Withy, die Morgans Motive mit Argwohn betrachteten, ihre Teilnahme verweigerten. Obwohl die von Morgan errichteten Gebilde nicht überlebten, war es ihm doch gelungen, das Konzept der Großkonzerne zum festen Bestandteil der amerikanischen Wirtschaftskultur zu machen. Standard Oil mochte zerschlagen worden sein, doch seine Nachfolgeorganisationen blieben mächtige Kräfte in der amerikanischen Wirtschaft. Andere heutige Großunternehmen wie AT&T und General Electric wurden in ihrer Anfangszeit ebenfalls von Morgan unterstützt.

J.P. Morgans Karriere und die leidenschaftliche Opposition, die er hervorrief, verdeutlichen viele der Fragen, die das Finanzmanagement von Anfang an kennzeichneten und die auch heute noch nicht beantwortet sind. Welche Beziehung besteht zwischen Kapital und Gesellschaft? Inwieweit sind jene, die Kapital bereitstellen, für die vernünftige und ethische Nutzung dieser Mittel verantwortlich? Wie soll man ein Gleichgewicht herstellen zwischen Kontrolle und finanzieller Effizienz einerseits und Freiheit und Unternehmertum anderseits? Sollten Banken trotz der offensichtlichen Risiken Unternehmertum und Wettbewerb fördern oder lieber Ordnung und Rationalisierung anstreben, um so den größtmöglichen Beitrag zum Wohle möglichst vieler Menschen zu leisten? Nicht nur Führungskräfte in Unternehmen, sondern auch private Banken, Zentralbanken und staatliche Aufsichtsbehörden suchen noch heute nach Antworten auf all diese Fragen. Als dieses Buch in Druck ging, zeigte der Entwicklungsstand

> Sollten Banken trotz der offensichtlichen Risiken Unternehmertum und Wettbewerb fördern, oder lieber Ordnung und Rationalisierung anstreben, um so den größtmöglichen Beitrag zum Wohle möglichst vieler Menschen zu leisten?

der Wechselkurse und der Aktienmärkte in den vergangenen Jahren, dass sie einer Lösung noch keinen Schritt näher genommen sind.

Buchführung und Kontrolle

Wir haben gesehen, wie die Ausweitung des Kapitalangebots, vor allem durch Schuldtitel, nach dem Jahr 1000 insbesondere in der westlichen Welt das Wirtschaftswachstum vorantrieb. Mit diesem Wachstum und angesichts der zunehmenden Komplexität finanzieller Fragen wurde der Bedarf nach hoch entwickelten Formen des Finanzmanagements und finanziellen Kontrollmechanismen immer dringender. Hier war der Wunsch nach materieller und physischer Sicherheit die Haupttriebfeder der Entwicklung.

> *Who shall doubt the secret hid*
> *Under Cheops's pyramid*
> *Was that the contractor did*
> *Cheops out of several millions?*
> *Or that Joseph's sudden rise*
> *To comptroller of supplies*
> *Was but a fraud of monstrous size*
> *On King Pharaoh's swart civilians?*[3]
> Rudyard Kipling

Die früheste Form des Finanzmanagements war die Buchführung. Einfache Einnahmen- und Ausgabenrechnungen gab es schon seit Jahrhunderten; Lehmplatten und andere schriftliche Dokumente aus Ägypten und Mesopotamien mit Kontenübersichten belegen, dass die Buchführung auf eine mindestens viertausendjährige Geschichte zurückblicken kann. Wie das obige scherzhafte(?) Zitat Rudyard Kiplings impliziert, gibt es auch den Betrug schon seit Urzeiten, und Buchführung diente nicht nur als Mittel zur Aufzeichnung von Vermögenswerten, sondern auch als Kontrolle gegen Täuschungsmanöver. Bei dem berühmten Domesday Book, das von den Beamten Williams des Eroberers zusammenstellt wurde, handelt es sich im Grunde um eine Vermögensbewertung. Wie im vorherigen Kapitel erwähnt, beruhten die administrativen Reformen in England im zwölften Jahrhundert teilweise auf der Einführung systematischer Buchführungs- und Aufzeichnungsmethoden. In späteren Jahrhunderten verwendeten englische Steuerbeamte archivierte Steuerwerte als Bemessungsgrundlage für Neukalkulationen sowie als Kontrollmechanismus, um Unterschlagungen und zu niedrigen Steuerzahlungen vorzubeugen. Das Entstehen der doppelten Buchführung im vierzehnten Jahrhundert stellte einen großen Fortschritt dar. Gemeinhin wird ihre Erfindung den Norditalienern zugeschrieben, wenngleich es Varianten der doppelten Buchführung auch in Japan während der Tokugawa-Ära gab. Der Florentiner Mönch Luca Pacioli wird bisweilen als Erfinder der doppelten Buchführung bezeichnet, doch lässt sich dieses System allem Anschein nach bis ins Jahr 1300 zurückverfolgen. Paciolis 1494 in Venedig veröffentlichte Buch *Summa de arithmetica* ist allerdings das früheste schriftliche Zeugnis der Funktionsweise des Systems. Bis 1600 hatte die doppelte Buchführung in Europa weithin Einzug gehalten.

Für unsere Zwecke ist nicht nur die Frage interessant, wie Kontrolle ausgeübt wurde, sondern auch die damit betrauten Personen. Bis zum fünfzehnten Jahrhundert gehörte Buchführung fast ausnahmslos zu den Aufgaben der obersten Führungskräfte, lag also in den Händen des Chefs des Familienunternehmens oder eines Seniorpartners. Francesco Datini, der das Tagesgeschäft seiner Unternehmen an seine Partner delegierte, behielt sich selbst zwei Funktionen vor: die Führung der Bücher und die Sammlung und Auswertung von Marktinformationen. Datini führte zentralisierte Aufzeichnungen aller seiner Partnerschaften, mit detaillierten Kosten- und Preisinformationen. So zeigten beispielsweise seine Kosten für die Wolltuchherstellung sowohl die Aufwendungen für die einzelnen Produktionsstufen als auch die konsolidierten Gesamtfertigungskosten, so dass er präzise Informationen über die Finanzlage des Geschäfts an der Hand hatte.

In größeren und komplexeren Unternehmen wie der Medici-Bank war es der Zentrale nicht mehr möglich, alle Einzelheiten der Kontenführung zu prüfen, obwohl konsolidierte Rechnungen aufgestellt und von einem der Seniorpartner der *famigilia* überprüft wurden – meist von Medicis Geschäftsführer Giovanni d'Amerigo Benci. Die Geschäftsbereiche erstellten ihre eigenen Abschlüsse und sandten diese Aufzeichnungen an die Zentrale in Florenz. Zur Absicherung gegen Betrug und Inkompetenz wurde jedoch in der Zentrale immer festgelegt, welcher Partner im jeweiligen Geschäftsbereich oder in ausländischen Büros für die Buchführung verantwortlich war. Häufig handelte es dabei um jüngere Mitglieder der Medici-Familie oder eine Person mit engen Bindungen zur Familie, auf deren Loyalität man zählen konnte. Obwohl zur eigentlichen Buchführung oft nachrangige Angestellte eingesetzt wurden, hatte diese wenig zu sagen und ihre Arbeit wurde sorgfältig kontrolliert (nicht nur, um etwaigen Betrügereien vorzubeugen – Rechenfehler konnten ebenso teuer werden).

Angesichts schwacher aufsichtsrechtlicher Strukturen war im Mittelalter und noch lange danach das Vertrauen von überragender Bedeutung. Wie Walter von Henleys Abhandlung aus dem frühen vierzehnten Jahrhundert zeigt, lastete auf den Verwaltern landwirtschaftlicher Gutshöfe eine gewaltige finanzielle Verantwortung. Die Grundbesitzer waren häufig abwesend, weil sie Militärdienst leisteten, Parlamentssitzungen beiwohnten, ihr Amt als Grafschaftsvogt oder Friedensrichter ausübten und ähnliche Pflichten erfüllten, und die Verantwortung für die Buchführung und das Finanzmanagement oblag ihren »Stewards«. Betrug war eine ständige Bedrohung. Um sich dagegen zu schützen setzten die Grundbesitzer entweder jüngere Familienmitglieder als Verwalter ein oder heuerten Außenstehende zu hohen Löhnen an, um sich deren Loyalität zu versichern.

Der Aufstieg der Buchprüfer

Das System zentralisierter Konten, die auf der obersten Ebene des Unternehmens geführt wurden, erfüllte die Anforderungen der Firmeninhaber, aber nicht notwendigerweise die Bedürfnisse der Kapitalgeber. Als die Banken eine wesentliche Rolle in der Finanzierung von Expansionsplänen zu spielen begannen und die Anzahl und Größe der Aktiengesellschaften zunahm, verlangten sowohl die Bankiers als auch die Aktionäre Nachweise dafür, dass ihr Geld bestimmungsgemäß verwendet wurde und nicht der Inkompetenz oder dem Betrug anheimfiel.

Die Notwendigkeit besserer finanzieller Transparenz wurde schon frühzeitig erkannt und nach den beiden großen Finanzskandalen des frühen achtzehnten Jahrhunderts immer dringlicher. Im Mississippi-Schwindel in Frankreich und im Südseeschwindel in England verloren Dutzende von Banken und Tausende von Investoren ihr Geld an betrügerische Werber. Der Ruf nach mehr Aufsicht wurde laut, insbesondere seitens der Kirche, aber die meisten dieser Forderungen basierten auf moralischen und ethischen, nicht auf rein wirtschaftlichen Überlegungen. Die Banken waren keineswegs erpicht auf eine staatliche Einmischung in ihre Geschäfte, da dies ihren eigenen Aussichten schaden könnte. Bankiers wie Thomas Martin und Thomas Coutts rieten Investoren, einfach vorsichtiger zu sein und Geschäfte nur mit Partnern zu machen, denen sie vertrauen konnten.

> Die Notwendigkeit von größerer finanzieller Transparenz wurde schon frühzeitig erkannt und nach den beiden großen Finanzskandalen des frühen achtzehnten Jahrhunderts immer dringlicher.

Während dieser Zeit nahm die Zahl und das Ansehen unabhängiger Buchprüfer allmählich zu. Um 1800 herum erfüllten Angehörige dieses Berufsstandes eine Vielzahl von Funktionen, zumeist auf Anordnung der Gerichte. Unter anderem liquidierten sie insolvente Unternehmen und prüften strittige Konten im Falle von rechtlichen Auseinandersetzungen. Viele britische Buchprüfer setzten eine Tradition fort, die bereits aus dem Mittelalter stammte, und betätigten sich zugleich auch als Nachlassverwalter (in den ländlichen Bezirken des heutigen Großbritanniens findet man immer noch relativ oft kleine Wirtschaftsprüfungskanzleien, die auch Nachlassverwaltung anbieten; einige verkaufen auch Immobilien, sind als Versicherungsmakler tätig und führen sogar Versteigerungen durch). 1854 bat das »Institute of Accountants« in Glasgow um eine königliche Charta, deren Gewährung das Institut zum ersten offiziell anerkannten Buchprüfungsorgan der Welt machte; der englische Begriff »Chartered Accountant« stammt aus dieser Zeit. Andere Wirtschaftsprüferverbände folgten, erst in Schottland und England und später auch in Kontinentaleuropa und Nordamerika. Diese Verbände waren für die Definition von Rechnungslegungsstandards sowie für die Festlegung beruflicher Qualifikationsanforderungen zuständig – so wie das auch heute noch größtenteils der Fall ist.

Ungefähr zur gleichen Zeit wurde die Rolle der Buchprüfer um eine weitere Dimension erweitert. 1849 wandten sich die Aktionäre der Great Western Railway an den Londoner Buchprüfer William Deloitte und baten ihn um Unterstützung bei der Abschlusserstellung in ihrem Unternehmen. Great Western befnd sich damals in finanziellen Schwierigkeiten, und die für die Revision zuständigen Aktionäre hatten nicht genügend Erfahrung im Umgang mit den daraus resultierenden, komplexen Buchführungsproblemen. Deloitte, der sich bereits den Ruf der Integrität und Genauigkeit erworben hatte, erledigte diese Aufgabe mit solcher Bravour, dass die Direktoren ihn dauerhaft zum Außenprüfer der Gesellschaft bestellten – vermutlich der erste derartige Fall in der Geschichte. Mehr noch: Sie empfahlen, dass jedes Unternehmen einen Außenprüfer bestellen solle und dass diese Praxis auch entsprechend im Gesetz verankert werden müsse. Das geschah auch prompt einige Jahre später.

Die Bestellung eines externen Wirtschaftsprüfers mag heute nicht sonderlich bemerkenswert erscheinen, doch handelte es sich hier faktisch um einen großen Fortschritt in Sachen Transparenz und Offenheit im Finanzmanagement. Sie eröffnete auch Buchführungssachverständigen weitere Möglichkeiten, professionelle Dienstleistungen anzubieten. Einige Jahre nach Deloitte begann ein weiterer großer britischer Fachmann im Rech-

William Deloitte

Deloitte wurde 1818 in London geboren. Über seine Tätigkeit vor Gründung seiner eigenen, auf Insolvenzen spezialisierten Buchprüfungskanzlei in der Londoner Basinghall Street im Jahr 1845 ist wenig bekannt. (Sein Büro befand sich praktischerweise in der Nähe der Konkursgerichte.) 1849 half er den für die Buchprüfung zuständigen Aktionären der Great Western Railway bei der Erstellung des Jahresabschlusses der Gesellschaft und wurde daraufhin dauerhaft zum Außenprüfer des Unternehmens bestellt. Diese Praxis wurde später noch durch entsprechende Gesetze untermauert. In der zweiten Hälfte des neunzehnten Jahrhunderts war Deloitte als Außenprüfer für viele Großunternehmen tätig, insbesondere Gesellschaften aus dem Transport- und Techniksektor. Sein eigenes Unternehmen wuchs, und er stellte viele Mitarbeiter ein, obwohl er entgegen der damaligen Gepflogenheiten in seiner Branche kaum Partner ernannte. Deloitte führte weitere Innovationen in der Buchführungspraxis ein, entwickelte unter anderem das System der doppelten Buchführung für die Revision von Eisenbahngesellschaften (auch dieses wurde später zum gesetzlich vorgeschriebenen Standard in der Rechnungslegung) und konzipierte ein Standardsystem für Hotelbuchführung. Daneben wurde er in die Untersuchung mehrerer größerer Betrugsfälle einbezogen, wiederum in erster Linie gegen Eisenbahn- und Dampfschifffahrtsgesellschaften. Als er sich 1897 aus dem Berufsleben zurückzog, war Deloitte der renommierteste Buchprüfer in Europa. Er hinterließ eine Reihe von Buchführungs- und Revisionsmethoden, die einen dauerhaften Einfluss auf das Managementberichtswesen und die -kontrolle ausüben. Die von ihm gegründete Firma gehört heute zum international tätigen Wirtschaftsprüfungs- und Beratungsunternehmen Deloitte Touche Ross.

---

nungswesen, Edwin Waterhouse, der zu den Mitbegründern des »Institute of Chartered Accounts of England and Wales« gehörte und bei der Einrichtung eines offiziellen Ausbildungsprogramms und Prüfungen für Berufsanwärter half, Beratungsleistungen für Personengesellschaften anzubieten, die sich in Gesellschaften mit beschränkter Haftung umwandeln wollten. Andere folgten seinem Beispiel. Diesen Wirtschaftsprüfern ist es zu verdanken, dass die antiquierten rechtlichen Strukturen vieler britischer Unternehmen modernisiert wurden und die Aktionärskultur stark gefördert wurde. Anfang des zwanzigsten Jahrhunderts sorgten Männer wie Arthur Cutforth, Lawrence Dicksee und Gilbert Garnsey für mehr Professionalität und eine Verbesserung der Wirtschaftsprüferausbildung und begannen auch, Führungskräfte generell verstärkt über neue Rechnungslegungspraktiken aufzuklären. Speziell Dicksees Werke und Seminare leisteten einen bedeutenden Beitrag zur Verbesserung der allgemeinen Rechnungslegungskenntnisse.

Bis ins frühe zwanzigste Jahrhundert hinein hinkten die Vereinigten Staaten dieser Entwicklung hinterher; 1850 gab es im ganzen Land nur 18 eingetragene Buchprüfer. Kein Wunder also, dass der Journalist Henry Varnum Poor 1860 den miserablen Zustand des Finanzmanagements und der Offenlegung in amerikanischen Eisenbahngesellschaften bemängelte; selbst wenn gesetzliche Regelungen eine Offenlegung ihrer Konten verlangten, taten nur wenige Gesellschaften dies, und wenige Bundesstaaten verfügten über die Mechanismen oder das Fachwissen zur Durchsetzung größerer Transparenz. Bis zum Jahr 1885 war die Zahl der Buchprüfer in den USA auf wenig mehr als 200 gestiegen. Die Gründung der »American Association of Public Accountants« verlieh dem Berufsstand zwar Auftrieb, doch konnte erst durch Einschreiten der Regierung in Form der zwischen 1890 und 1910 verabschiedeten Kartellgesetze eine größere Transparenz in den Unternehmen erzwungen werden. Erst danach begannen die Wirtschaftsprüfer allmählich die offiziellen Prüffunktionen zu übernehmen, die sie in Großbritannien schon seit vielen Jahren innehatten. Inzwischen hatten auch viele andere Länder, allen voran Deutschland und Japan, Rechnungslegungsstandards und Wirtschaftsprüfungsverbände nach britischem Vorbild eingeführt.

> Bis ins frühe zwanzigste Jahrhundert hinein hinkten die Vereinigten Staaten der Buchprüfung hinterher; 1850 gab es im ganzen Land nur 18 eingetragene Buchprüfer.

Edwin Waterhouse

Der 1841 in Liverpool geborene Waterhouse besuchte in London das University College und ging dann drei Jahre lang bei einem Buchsachverständigen in die Lehre, bevor er sich seine eigene Gesellschaft aufbaute. 1867 gründete er mit zwei Partnern seine eigene Firma Price, Holyland & Waterhouse; 1874 wurde daraus Price, Waterhouse & Co. Gegen 1875 wurde Waterhouse zum geschäftsführenden Partner und übernahm dann nach dem Tod von Sam Price im Jahr 1887 die alleinige Kontrolle über die Firma. Price, Waterhouse & Co. wurde zu einer führenden Wirtschaftsprüfungsgesellschaft, die sich insbesondere auf Banken und Eisenbahnen spezialisierte. Wie andere große Buchprüfer der damaligen Zeit wurde auch Price, Waterhouse & Co. häufig um die Untersuchung potenzieller Übernahmeziele sowie um Ermittlungen in möglichen Betrugsfällen gebeten. Der in seiner Arbeit peinlich genaue Waterhouse, der Wert auf jedes Detail legte, stand an vorderster Front der Bewegung, die sich für transparentere Firmenfinanzen und Veröffentlichung detaillierter Jahresabschlüsse aussprach. Nach 1880 suchten britische Kapitalgeber auch nach Investitionsmöglichkeiten in den Vereinigten Staaten, und 1890 nahm Price, Waterhouse mit der Eröffnung seines ersten Büros in New York seine internationale Tätigkeit auf. Heute gehört die Firma PricewaterhouseCoopers zu den größten Wirtschaftsprüfungs- und Beratungsunternehmen der Welt.

Der Aufstieg der Finanzexperten

Komplexere Kapitalmärkte, komplexere Eigentümerstrukturen und mehr Vorschriften führten in der Summe zur Entwicklung des Finanzwesens als eigenem Zweig im Management. Aber diese Entwicklung dauerte lange. Noch in den dreißiger Jahren des zwanzigsten Jahrhunderts managten die Chefs großer Unternehmen – wie die italienischen Unternehmerbankiers Jahrhunderte zuvor – die Konzernfinanzen vorzugsweise selbst. Wie das Marketing wurde auch das Finanzwesen als zentrale Managementaufgabe und Verantwortung der Person an der Spitze des Unternehmens betrachtet. Zwar wurden große – bisweilen gigantische – Buchführungsabteilungen unterhalten, doch waren diese nur für die Erfassung und tabellarische Anordnung von Informationen zuständig, sie durften weder Entscheidungen fällen noch die Politik vorgeben. Separate Finanzabteilungen entstanden in den meisten Unternehmen erst nach dem Zweiten Weltkrieg. Heute ist das Finanzwesen in den meisten Gesellschaften natürlich ein Bereich für sich, und Finanzmanager sind geradezu eine besondere Spezies.

Ist das eine positive Entwicklung? Spezialkenntnisse sind in diesem Bereich zweifellos nötig, doch lässt sich auch nicht leugnen, dass Geld eine zentrale Rolle spielt – Zugang zu Kapital ist eine ebenso unerlässliche Voraussetzung für eine reibungslos funktionierende Geschäftstätigkeit wie sicheres und effektives Kapitalmanagement. Ist es richtig, etwas derart Wichtiges in die Hände einer Spezialabteilung zu legen? Und sind die Finanzabteilungen – und die Wirtschaftshochschulen, die ihre Mitarbeiter größtenteils ausbilden – wirklich in der Lage, die Entwicklungen in ihrem Berufsstand zu verstehen?

Heute überdenken viele Manager die Rolle des Geldes. Eine weitere Revolution, die diesmal auf Informationstechnologie beruht, macht es (zumindest theoretisch) möglich, neue Formen für Geld und Wertpapiere und ihren Handel zu finden. Wichtige Fragen müssen beantwortet werden. Hier einige Beispiele (die sicherlich keine erschöpfende Liste darstellen):

- Wenn Geld ein Wirtschaftsgut ist, welche neuen Formen könnte es dann annehmen – in unserem modernen Fall mit Hilfe der Technologie? Wir hören häufig von elektronischem Bargeld oder E-Cash, aber wäre es nicht angebrachter, von E-Credit zu sprechen? Werden elektronische Kredite in Zukunft indossierbar, diskontierbar und auf offenen Märkten handelbar, und wer wird dann als Erster damit Gewinne erzielen?

- Wenn Geld ein Tauschmittel ist, kann dann eine bargeldlose Gesellschaft überhaupt verwirklicht werden? Was bedeutet der Begriff »bargeldlose Gesellschaft« eigentlich angesichts der Tatsache, dass selbst Banknoten im Grunde Kreditinstrumente sind? Haben wir die »bargeldlose Gesellschaft« nicht schon vor Jahrhunderten erreicht? Falls ja, was hindert uns dann daran, weitere Geldformen zu erfinden und zu nutzen?
- Wie wird der Wohlstand in der Zukunft wachsen? Wer wird vermögend sein, und wie erwerben diese Menschen ihren Reichtum? Braucht man wirklich »Geld, um Geld zu verdienen«, oder können neue Kreditinstrumente zu neuen Möglichkeiten der »Vermögensbildung« genutzt werden. Und was kommt als Nächstes nach dem Kredit?
- Wer wird auf diesem Gebiet eine Führungsrolle übernehmen, die Privatwirtschaft oder der Staat? Die über Jahrhunderte hinweg gemachten Erfahrungen zeigen, dass Regierungen im Grunde nicht an neuen, unkontrollierbaren Vermögensformen interessiert sind, die schwer zu besteuern sind und ihre Wirtschaftspolitik durcheinanderbringen. Also müssen sich die Privatunternehmen an die Spitze dieser Bewegung setzen.
- Wie wird dieser neue Reichtum eingesetzt werden? Im großen Kreditzeitalter im Mittelalter und in der Renaissance wurde ein Großteil der überschüssigen Vermögen in die Kunst investiert. Die Vorstellung ist faszinierend, dass ohne den Wechsel und die Schuldverschreibung die großartigen Werke Leonardos und Michelangelos niemals hätten erschaffen werden können. Stehen wir heute an der Schwelle einer neuen Renaissance?

Einige, vielleicht sogar alle, dieser Fragestellungen gehen über die Kontrollbereiche einzelner Manager hinaus. Dennoch sind sie Teil der Realität in einer sich wandelnden Welt. In dieser Situation können die Fantasie und Kreativität, die unsere Vorfahren bei der Vermögensbildung und Kapitalnutzung bewiesen haben, uns bei der Analyse unserer eigenen zukünftigen Möglichkeiten als Inspiration dienen. Alle oben genannten Fragen stellten sich – wenngleich in abgewandelter Form – auch Managern im zwölften Jahrhundert, ebenso wie im achtzehnten und neunzehnten. Die Antworten, die unsere Vorfahren fanden, können nicht als genaue Leitlinien für unsere

---

Die Fantasie und Kreativität, die unsere Vorfahren bei der Vermögensbildung und Kapitalnutzung bewiesen haben, können uns bei der Analyse unserer eigenen zukünftigen Möglichkeiten als Inspiration dienen.

Finanzmärkte: immer wieder das gleiche Spiel

Die Asienkrise und der Dotcom-Hype, die uns noch allen nur zu gut im Gedächtnis sind, wurden oft mit dem holländischen Tulpenwahn und dem Südseeschwindel verglichen (so etwa auch von mir in Kapitel 1 dieses Buches), und ich werde diesen Vergleich hier nicht wiederholen. Anderseits kann man auf einer anderen Ebene nicht oft genug auf die Parallelen hinweisen. Mein Freund Stephen Adamson von Ernst & Young, der eine zentrale Rolle bei der Rettung der thailändischen Bankindustrie vor ihren eigenen Exzessen und der Dummheit ausländischer Investoren spielte, erzählt jedem, der ihm zuhört, dass es immer wieder solche Schwindel geben wird, bis die Finanzprofis lernen, die verräterischen Anzeichen eines entstehenden Schwindels zu analysieren und zu erkennen.

Mittelalterliche Theologen wussten, dass Habgier und Geld untrennbar miteinander verbunden sind. Einige, wie Thomas von Aquin, argumentierten, dass Geld keinen wahren Wert besitze, abgesehen von den Dingen, die wir uns damit kaufen können. Für sich genommen sei Geld nichts inhärent Gutes, und habgierige Menschen litten unter einem Wahn. Andere wie Bernhard von Clairvaux glaubten, dass Geldverdienen eine so grundsätzlich habgierige Handlung sei, dass es als richtiggehende Sünde betrachtet werden müsse. Heute mögen wir bezweifeln, ob der Gelderwerb Sünde ist, aber viele Menschen, die »Kohle machen« wollen, leiden tatsächlich unter Wahnvorstellungen.

Wir sind heute stolz auf den hohen Entwicklungsstand unserer Finanzmärkte und die Fortschritte, die wir bei der Nutzung der Macht des Kapitals erzielt haben. Betrachten Sie aber ein Phänomen wie die so genannte »burn rate«, das (zum Glück nur kurzzeitig) während des Dotcom-Hypes auftrat. Dieses Phänomen, das meiner Überzeugung nach ursprünglich als Witz gemeint war, wurde von einer ganzen Reihe Investmentbanken und Venture-Capital-Investoren letztendlich ernst genommen. Kurz gesagt implizierte der Begriff »burn rate«, dass der potenzielle Wert eines Dotcom-Unternehmens daran gemessen werden konnte, wie schnell es das investierte Kapital ausgab beziehungsweise »verbrannte«.

Würden Sie versuchen, den Begriff »burn rate« Kaufleuten und Bankiers aus dem siebzehnten Jahrhundert zu erklären, würde sie schallend lachen. Im Bankwesen ging es darum, Geld zu *verdienen*, nicht darum, es auszugeben! Thomas Martin vom Bankhaus Grashopper formulierte es so: »Unrentable Geschäfte sind zu vermeiden, insbesondere wenn sie mit Schwierigkeiten und Kosten verbunden sind.« Der Erfolg eines Bankiers wurde am erzielten Gewinn gemessen, nicht an dem Kapitalvolumen, dass er durch seine Bank schleuste. Für diese Männer beschrieb die »burn rate« die Anzahl der Hexen, die an einem Nachmittag verbrannt werden konnten. Wie sehr unterscheiden wir uns von ihnen in Bezug auf Ignoranz und Aberglaube? Wahrscheinlich nicht viel.

---

eigenen Probleme dienen, weisen allerdings einige interessante Parallelen auf. Mehr noch: Vor dem Hintergrund der vielschichtigen Veränderungen, die wir heute erleben, können sie uns die Konstanten aufzeigen, auf die wir bauen können. Mehr als in den meisten andern Zweigen des Managements gibt es im Finanzwesen Grundprinzipien, auf die wir uns verlassen können.

Kapitel 7
Wege zum Sieg

Kein Plan überlebt die erste Feindberührung.

Feldmarschall Helmuth von Moltke

Strategie ist eines der meistdiskutierten und am wenigsten verstandenen Konzepte in der modernen Wirtschaft. Jeder spricht darüber; Politiker und Managementgurus führen dieses Wort mit erstaunlicher Leichtigkeit ständig im Munde. Alle Führungskräfte wissen, wie *ihre* Strategie aussieht, oder behaupten dies zumindest. Versucht man ihnen aber eine genaue Definition des Begriffs *Strategie* selbst zu entlocken, werden ihre Antworten um einiges vager.

Zunächst einmal scheinen wenige Wirtschaftsvertreter zwischen »Strategie« und »Taktiken« unterscheiden zu können. Beide Begriffe wurden aus der Militärwissenschaft entliehen. Das Wort Strategie stammt vom griechischen *strategia*, was soviel heißt wie Generalsführung oder die Bewegung von Truppen auf übergeordneter Ebene. Selbst im Byzantinischen Reich lautete das Wort für General noch *strategos*. Der Begriff Taktik ist ebenfalls vom griechischen *taktika* abgeleitet und bezieht sich auf den Einsatz und Umgang mit Truppen bei der Feindberührung (die etymologische Wurzel ist die gleiche wie bei »taktil« oder anderen Worten, die sich auf den Tastsinn beziehen). In der Managementliteratur werden diese beiden Begriffe oft miteinander verwechselt. So beschreiben etwa Lehrbücher zur Marketing- und Werbestrategie sowohl die Planung von Werbekampagnen als auch die Wahl des Zeitpunkts und die Platzierung von Anzeigen unter dem Oberbegriff »Strategie«. Ich nahm einmal an einem Meeting teil, in dem ein Unternehmen die Übernahme eines anderen plante und die Topmanager ihre »Strategie« für diese Akquisition diskutierten. Das war so ähnlich, als würde einem jemand von seiner Strategie fürs Autofahren erzählen.

> Klare Zielvorstellungen und Sendungsbewusstsein sind notwendig, um im Geschäftsumfeld langfristig Wachstum und Erfolg zu erreichen.

Wörter können ihre Bedeutung ändern und tun dies auch häufig, und nur weil die Militärwissenschaft eine Begriffsdefinition anbietet, heißt das noch lange nicht, dass sich Wirtschaft und Management sklavisch an diese Definition halten müssen. So weit, so gut. Doch worauf hier geachtet werden sollte ist die Verwechslung von Mittel und Zweck. Taktische Pläne, die beispielsweise einen Wettbewerber ausmanövrieren, eine Bezugsquelle sichern oder einen bestimmten Anteil an einem bestimmten Markt erobern sollen, werden oft irrtümlich für die übergeordneten Ziele des Unternehmens gehalten. Man benötigt klare Zielvorstellungen und ein Sendungsbewusstsein, um im Geschäftsumfeld langfristig Wachstum und Erfolg zu sichern. Ein Gefühl für die strategische Vision und Erkenntnisse, wie diese Vision realisiert werden könnte, sind Voraussetzung dafür. Dabei ist es gewiss hilfreich zu wissen, was Strategie ist, woher sie kommt und wie die strategischen Grundprinzipien lauten.

Das späte Erwachen des strategischen Denkens

Die meisten Disziplinen des Managements, die bisher in diesem Buch erörtert wurden, entwickelten sich in ihrer modernen, kodifizierten Form im Zeitraum zwischen 1900 und 1930. Die Strategie war hier ein Nachzügler. Gemeinhin wird die erste Erwähnung des Konzepts der Geschäftsstrategie Alfred Chandler zugeschrieben, dem großen Harvard-Professor und Wirtschaftshistoriker, dessen Buch *Strategy and Structure* (1962) uns eine Ausgangsdefinition lieferte: Strategie ist »die Festlegung der grundlegenden langfristigen Ziele und Absichten eines Unternehmens, die Bestimmung der Marschrichtung und die Zuweisung der zur Erreichung dieser Ziele erforderlichen Ressourcen«.[1] Chandler gab auch eine Binsenweisheit zum Besten, die noch heute in den Grundlagen des strategischen Denkens zu finden ist: »Die Struktur folgt der Strategie.« Erfolgreiche Unternehmen bestimmen zunächst ihre Ziele und die Strategien zur Zielerreichung und wählen dann das Geschäftsmodell oder die Organisationsform aus, die am besten zu den daraus resultierenden Anforderungen passt.

Chandlers Strategiebegriff ist sehr rational und geht offenbar von der Annahme aus, dass hier ein sauberer linearer Prozess abläuft: Zielfestsetzung, Ressourcenallokation, Erarbeitung von Methoden zur Zielerreichung. Michael Porter ging in den späten achtziger und frühen neunziger Jahren sogar so weit, »allgemeine Strategien« zu beschreiben, wie zum Beispiel Kostenführerschaft, Differenzierung, Kostenfokussierung und fokussierte Differenzierung. Zwei einfache Entscheidungen zum Wettbewerbsumfang und Wettbewerbsvorteil genügen; Sie müssen dann nur noch die richtige Option auswählen und – voilà! – Sie haben Ihre Strategie.

Aber frühere Autoren, die auch strategische Fragestellungen berührten, hatten ihre Zweifel. Herbert Simon, der große amerikanische Organisationsphilosoph der Nachkriegszeit, hatte bereits zuvor ein Problem beschrieben, das er als »begrenzte Rationalität« bezeichnete. Damit wollte er im Grunde ausdrücken, dass organisatorische Entscheidungen fast immer auf der Basis unvollständiger Informationen erfolgen. Bereits vor Simon umriss der britische Industrieökonom Philip Sargant Florence in den dreißiger Jahren bei Überlegungen zur Effektivität großer Organisationen drei Probleme, die bei der Formulierung und Festlegung von Strategien berücksichtigt werden müssen: Erstens die Notwendigkeit, die Ziele des Unternehmens mit denen der Verbraucher in Einklang zu bringen, wobei letztere schwierig zu analysieren und zu homogenisieren sind, zweitens die Erfordernis, die Kontrollspanne der Organisation zu kennen (das heißt nach der Formulierung der Strategie die Frage zu beantworten, ob die Organisation die Führungsfähigkeiten und das Management-Know-how besitzt, die zu ihrer Umsetzung nötig sind), und drittens die Notwendigkeit, dafür zu sorgen, dass die Ziele der Organisation auch mit denen ihrer Mitglieder im Einklang stehen, so dass letztere bereit sind, an einem Strang zu ziehen, um die verlangten Ergebnisse zu erreichen.

Diese drei Faktoren verhinderten, so Florence, dass es eine »optimale Strategie« geben könne. Ebenso wenig folgt die Struktur notwendigerweise der Strategie; die Beziehung zwischen diesen beiden Elementen ist kompliziert, und manchmal läuft der Prozess genau umgekehrt ab, so dass die zu wählende Strategie von den Ressourcen der Organisation und den ihr zur Verfügung stehenden Werkzeugen diktiert wird. Nur wenige Unternehmen können es sich leisten, ihre Organisation bei jeder Strategieänderung neu einzustellen und umzubauen. Anklänge von Florence' Thesen findet man auch in den neueren Werken zum Thema Strategie von Henry Mintzberg, der argumentiert, dass die meisten Manager ihre Strategie größtenteils ad hoc und intuitiv formulieren. Er hält das für etwas Positives: Übermäßige formale Strategieplanung verleite Organisationen zu einem übermäßig starren Ansatz und mache es ihnen unmöglich, auf neue Herausforderungen und Chancen zu reagieren.[2]

Nach der Kritik, die Autoren wie Mintzberg übten, sind die Wissenschaftler, die sich in ihren Veröffentlichungen mit dem Thema Strategie beschäftigen, hinsichtlich fest abgesteckter Definitionen ihres Themas vorsichtig geworden. Roger Mansfield schrieb in der *International Encyclopedia of Business and Management*, dass eine Geschäftsstrategie »allem Anschein nach« folgende Punkte umfassen solle:

1. Einschätzung der gegenwärtigen Position des Unternehmens und Überprüfung seiner Stärken und Schwächen;
2. Analyse des Umfeldes, um potenzielle Chancen und Risiken aufzuzeigen;
3. Aufstellung strategischer Ziele
4. Formulierung eines Plans zur Erreichung dieser Ziele
5. Kommunikation des Plans an die relevanten Abteilungen und Mitarbeiter
6. Umsetzung des Plans
7. Kontinuierliche Überwachung des Umsetzungsfortschritts
8. Neubewertung des Plans bei Erreichung verschiedener Stufen sowie Anpassung des Plans an neue Rahmenbedingungen

Punkt 1 und 2 ergeben zusammen die berühmte SWOT-Analyse. SWOT steht für »Strength, Weaknesses, Opportunities und Threats« (also Stärken, Schwächen, Chancen und Risiken) oder, je nachdem, wie zynisch Sie sind, für »Silly Waste of Time« (alberne Zeitverschwendung).

Schließlich darf ich an dieser Stelle auch noch meine eigene Meinung kundtun (mein Privileg als Autor): Meiner Ansicht nach sind die vier »allgemeinen Strategietypen«, die Michael Porter anbietet, überhaupt keine Strategien. Ich würde sie vielmehr als strategische *Grundprinzipien* bezeichnen, die Unternehmen in einer gegebenen Situation anwenden können, um damit bestimmte Erfordernisse zu erfüllen, und die als Basis für Strategien dienen können. Strategien sind sie selbst jedoch nicht. Um als Strategie zu gelten, muss ein Konzept den Zieltest bestehen: Es muss möglich sein, die Frage »Strategie wofür?« zu stellen und darauf eine verständliche Antwort zu erhalten. Nach diesem Maßstab sind Differenzierung und Kostenfokussierung nicht mehr Strategien an sich, sondern Grundprinzipien, wie die Konzentration der Kräfte oder der Erhalt sicherer Kommunikationswege, die man gemeinhin in der Theorie der Militärstrategie findet.

> Um als Strategie zu gelten, muss ein Konzept den Zieltest bestehen: Es muss möglich sein, die Frage »Strategie wofür?« zu stellen und darauf eine verständliche Antwort zu erhalten.

Dieses Konzept der strategischen Grundprinzipien ist allerdings wichtig. Und wieder sind hier die Begrifflichkeiten falsch, nicht die Thesen selbst. Wenn die meisten Strategien mit begrenzter Rationalität durchgeführt werden, wenn es keine optimale Strategie gibt und strategisches Denken größtenteils ad hoc und aus dem Ärmel geschüttelt wird, brauchen wir mit Sicherheit Grundprinzipien, auf die wir im strategischen Denken zurückgreifen können. Bei allem Respekt für Michael Porter benötigen wir aber mehr als nur vier Grundsätze, mehr als eine Trickkiste, aus der wir die richtigen Optionen herausziehen können. Strategie ist sowohl einfacher als auch komplizierter als das. Um den Begriff der Strategie wirklich zu *verstehen*, müssen wir einen Blick auf seinen Ursprung werfen.

Strategie in der Antike

Der berühmte römische Autor für militärische Fragen, Vegetius, hatte faktisch relativ wenig über Strategie an sich zu sagen, aber er plädierte eloquent dafür, dass Strategie Grundprinzipien folgen müsse. Seine Lieblingsmaxime lautete: »Krieg muss nach Prinzipien, nicht zufällig geführt werden.« Vegetius' Hauptaugenmerk liegt auf der Organisation und dem Management von Streitkräften, und er vertritt die pragmatische Ansicht, dass keine Strategie die geringste Aussicht auf Erfolg hat, wenn die Armee nicht für die von ihr verlangten Aufgaben gerüstet ist.

Im Römischen Reich bestand jedoch großes Interesse am Thema Strategie, und die Autoren betrachten ihre eigene Geschichte und die der Griechen als Beispiele für gutes strategisches Denken. Eine beliebte Quelle war der griechische General Xenophon, ein relativ rangniedriger Offizier in einem Korps griechischer Söldner, das um 400 vor Christus zum Kampf für eine Partei im Bürgerkrieg des Persischen Reiches angeheuert wurde. Diese Partei wurde besiegt, und die griechischen Streitkräfte handelten eine sichere Heimfahrt aus. Die Perser hielten sich jedoch nicht an die Abmachung, und die Anführer der Griechen wurden während der Verhandlungen ermordet. Als ranghöchster überlebender Offizier übernahm Xenophon das Kontingent von ungefähr 10.000 Soldaten und kämpfte sich mit ihnen quer durch Kleinasien bis zum Meer vor, ein Epos, das er später in seinem Buch *Anabasis* nacherzählte. Xenophon wurde weithin für seine Zielstrebigkeit und seinen starken Willen bewundert, die eine wichtige Rolle bei der Überwindung von Hindernissen spielten.

Andere Werke aus der Geschichte wurden ebenfalls studiert, darunter auch der Bericht von Josephus über die Revolte in Judea im Jahr 70 nach Christus, die Militärgeschichten von Tacitus, der Bericht des Geschichtsschreibers Arrian über den Feldzug Alexander des Großen und Julius Caesars autobiografischer Bericht über den gallischen Krieg. Aus allen diesen Kampagnen – insbesondere den Kriegen Caesars – ließ sich eine Lektion ableiten: Vor Beginn eines Feldzugs waren gründliche Vorbereitungen nötig. Caesar wurde ferner wegen seines Geschicks im Management all seiner Ressourcen gelobt – Infanterie, Kavallerie, Hilfstruppen, Artillerie, Pioniere. Positiv vermerkt wurde auch die Tatsache, dass es ihm gelang, sie im Feld gut zu versorgen und bei Laune zu halten.

Eines der einflussreichsten Werke war der Bericht des Historikers Livius über Roms langen Krieg mit Karthago. Die Leistungen des großen karthagischen Generals Hannibal wurden sorgfältig untersucht, aber es wurde auch seinen römischen Gegnern Aufmerksamkeit geschenkt, insbesondere dem Konsul Fabius Maximus, der später den Beinamen Cunctator (der Zauderer) erhielt. Nachdem Hannibal die römischen Feldarmeen in Cannae im Jahr 216 vor Christus ausgelöscht hatte, übernahm Fabius das Kommando über die wenigen verbleibenden Truppen und kämpfte einen meisterhaften Feldzug mit Verzögerungstaktiken und Nachhutgefechten, der Hannibal daran hinderte, sein Hauptziel, nämlich den Einmarsch in Rom, zu erreichen. Denn eine wichtige Lektion aus Fabius' Erfahrungen lautete: Es musste verhindert werden, dass der Feind seine Ziele erreichte.

> Eine wichtige Lektion aus Fabius' Erfahrungen lautete: Es musste verhindert werden, dass der Feind seine Ziele erreichte.

Vegetius fasste viele dieser Ansätze zusammen. Obwohl viele andere spätrömische Autoren sich zu diesem Thema zu Wort meldeten, darunter auch Frontinus in *Strategemata* oder der byzantinische Kaiser Nicephoras Phocas in seinen Schriften zur Strategie, erfreute sich Vegetius' *De Re Militari* anhaltender Beliebtheit, weil dieses Werk leicht nachvollziehbar und in einfachem Stil verfasst war. Im Mittelalter scheint es jeder Kriegsherr (oder Edelmann mit militärischen Ambitionen) gelesen zu haben, und Exemplare dieses Werks standen in Bibliotheken in ganz Europa. Auch Machiavelli, von dem wir später noch mehr hören werden, kannte diesen Band gut.[3]

Fernöstliche Ansätze

Zu einer hohen Kunst wurde die Strategie jedoch zuerst in Ostasien. Das unter der Bezeichnungen *Sunzi Bingfa* bekannte Handbuch (Die Militärmethoden des Meister Sun, im Westen gemeinhin als *Kunst des Krieges* bekannt), das Sunzi (Sun Tsu) zugeschrieben wurde, entwickelte sich zu einem Klassiker und wurde von Generälen und Offizieren ab der Han-Dynastie gründlich studiert. Während römische Autoren Strategie anhand von Beispielen und Regeln zu erklären versuchten, geht Sunzi sofort auf die Grundprinzipien ein:[4]

Die Kunst des Krieges wird daher bestimmt von fünf Konstanten. Berücksichtige diese Faktoren in deinen Überlegungen und finde heraus, wie die Bedingungen im Feld beschaffen sind. Diese fünf Dinge sind das Moralgesetz, das Wetter, das Gelände, die Führung und die Disziplin. Das Moralgesetz veranlasst die Menschen, das gleiche Ziel wie die Führung zu verfolgen, so dass sie bereit sind, Leben und Tod zu teilen, ohne sich von einer Gefahr abschrecken zu lassen. Mit Wetter sind Tag und Nacht, Kälte und Wärme, Tages- und Jahreszeiten gemeint. Das Gelände muss in bezug auf Nahes und Fernes, Schwieriges und Leichtes, Weites und Enges, Überleben und Sterben beurteilt werden. Führerschaft ist eine Sache der Intelligenz, der Glaubwürdigkeit, der Menschlichkeit, des Mutes und der Strenge. Disziplin bedeutet Organisation der Armee in den richtigen Formationen, die Rangabstufungen der Offiziere, Instandhaltung der Straßen für die Versorgungslogistik und Kontrolle der militärischen Ausgaben. Jeder General sollte von diesen fünf Dingen bereits gehört haben. Jene, die sie beherrschen, werden triumphieren; jene, die sie nicht beherrschen, werden scheitern.

Um es in moderneren Worten zu formulieren: Voraussetzung für eine erfolgreiche Strategie sind ein klares Ziel, an das alle glauben, gute Kenntnisse der geografischen Lage und des Terrains, in der der Feldzug stattfinden wird, starke Führung und gute Organisation. Wie Julius Caesar betont auch Sunzi, dass umfassende Vorbereitung unerlässlich ist:

Befehlshaber, die eine Schlacht gewinnen, stellen im Geheimen viele Berechnungen an, bevor sie ins Gefecht gehen. Wer unterliegt, stellt nur wenige Überlegungen an, bevor es zum Zusammentreffen kommt. So führen viele Überlegungen zum Siege, und wenig Überlegung führt zur Niederlage. Um wie viel schlimmer ist es dann, gar keine Überlegungen anzustellen! Allein schon durch die Betrachtung dieses Umstands kann ich vorhersagen, wer wahrscheinlich gewinnen oder verlieren wird.

Nach Abschluss der Vorbereitungen muss der General rasch und entschlossen handeln, den Feind hart attackieren und Verzögerungen vermeiden. Der Befehlshaber darf sein Endziel – den Sieg über den Feind – niemals aus den Augen verlieren und darf sich nicht von anderen Aktivitäten ablenken lassen. Ebenso entscheidend ist es allerdings, so Sunzi, flexibel und anpassungsfähig zu bleiben und in der Lage zu sein, Pläne an sich verändernde Umstände anzupassen.

> Der Befehlshaber darf sein Endziel – den Sieg über den Feind – niemals aus den Augen verlieren und darf sich nicht von anderen Aktivitäten ablenken lassen.

Wege zum Sieg

Sunzi spricht sich auch für den Einsatz von Kriegslisten und Täuschung aus mit der Begründung, dass dies in vielen Fällen kosteneffektive Mittel zur Zielerreichung seien. Er betont, dass Kriegsführung nicht das Ziel verfolge, Schlachten zu kämpfen, sondern dem Feind den eigenen Willen aufzuzwingen: »Die beste Strategie besteht im Durchkreuzen der gegnerischen Pläne. Die nächstbeste Strategie besteht im Stören der Verhandlungen von Verbündeten des Gegners. Die nächstbeste Strategie ist es, die Armee des Feindes im Feld anzugreifen. Die schlechteste Strategie ist die Belagerung einer befestigten Stadt.« Sunzi weist darauf hin, dass »kluge Kämpfer dem Gegner ihren Willen aufzwingen, aber nicht zulassen, dass ihnen der Feind seinen Willen diktiert«. Schließlich beschreibt er die fünf Voraussetzungen für einen Sieg:

Es gibt also fünf einfache Regeln, die zum Siege führen: Erstens das Wissen, wann ein Gefecht zu suchen ist und wann eine Schlacht zu vermeiden ist. Zweitens das Wissen, wie man mit überlegenen und unterlegenen Streitkräften umgeht. Drittens wird derjenige siegen, dessen Armee in allen Rängen vom gleichen Geist beseelt sind. Viertens führt das Wissen zum Siege, wie ein unvorbereiteter Gegner in Gelassenheit zu erwarten ist. Fünftens wird der Befehlshaber gewinnen, der die Streitmacht ohne irgendeine Einmischung des Herrschers führen kann. Aus all den Überlegungen folgt also: Wer den Gegner kennt und um die eigenen Stärken und Schwächen Bescheid weiß, wird wohl in hundert Gefechten ohne Gefahr bestehen. Wer den Gegner nicht kennt, um die eigenen Stärken und Schwächen Bescheid weiß, bei dem werden sich Sieg und Niederlage die Waage halten. Wer weder den Gegner noch die eigenen Stärken und Schwächen kennt, für den ist jede Schlacht der sichere Weg ins Verderben.

Sunzis Werk wurde weithin bewundert und plagiiert, und in späteren Jahren meldeten sich Dutzende chinesischer Autoren zum Thema Strategie zu Wort. Eines der wichtigsten und am meisten gelesenen war *36 Kriegslisten*, eine Reihe von Maximen, die, wie der Titel schon andeutet, sich hauptsächlich auf den Einsatz von Täuschung, List und Tücke konzentrieren. Die Kriegslisten selbst tragen bildhafte Titel wie »Schlage das Gras, um die Schlange aufzuschrecken« oder »Zeige auf den Maulbeerbaum und verfluche die Heuschrecke«. Ihr gemeinsamer Nenner ist das alte chinesische Konzept der paarweisen Gegensätze, das normalerweise eingesetzt wird, um den Feind davon zu überzeugen, dass man eine Absicht verfolgt, während man in Wahrheit etwas ganz anderes vorhat. Kriegslist Nr. 7, »Aus Nichts etwas schaffen«, empfiehlt den Befehlshabern, die ihnen zur Ver-

Sunzi

Sunzi wurde traditionell als Sun Wu identifiziert, der als Oberster Minister des Staates Wu diente, und zwar im sechsten Jahrhundert vor Christus gegen Ende der Frühlings- und Herbstperiode. Untersuchungen von Texten deuten jedoch darauf hin, dass das Buch, das seinen Namen trägt, wahrscheinlich fast 200 Jahre später verfasst wurde, als der Konflikt der Epoche der Streitenden Reiche seinen Höhepunkt erreichte. Das Buch wurde gründlich überarbeitet von Cao Cao, einem der großen Generäle der Drei Königreiche im zweiten und dritten Jahrhundert nach Christus, der es als Strategieleitfaden nutzte und seinen Befehlshabern seine Lektüre ans Herz legte. Neben anderen Werken wie *36 Kriegslisten* und *San'guo Yanyi* bildete es den Ausgangspunkt der späteren chinesischen Strategielehre; im zwanzigsten Jahrhundert setzten sich Tschiang Kai-tschek ebenso wie Mao Tse-tung gründlich mit diesen Texten auseinander. Sunzi wurde auch von japanischen Militärführern gelesen und im zwanzigsten Jahrhundert in viele westliche Sprachen übersetzt. Heute gehört es zur Pflichtlektüre an den meisten Militärakademien. Neben anderen Werken wie *Das Buch der fünf Ringe* von Miyamoto Musashi und *Vom Kriege* von Karl von Clausewitz fand auch dieser Band Eingang in die Unternehmensstrategie, und populäre Versionen wurden für Wirtschaftslenker in Asien und in der westlichen Hemisphäre veröffentlicht.

---

fügung stehenden Ressourcen auf unkonventionelle Weise einzusetzen. Ein häufig zitiertes Beispiel ist General Zhang Xun, dem bei einer Belagerung die Pfeile ausgingen und der daraufhin seinen Soldaten befahl, mannsgroße Strohpuppen zu bauen, sie in Uniformen zu stecken und diese auf den Zinnen aufzustellen. Der Feind beschoss die Puppen freundlicherweise mit Pfeilen, und Zhang Xuns Soldaten zogen diese heraus und stockten damit ihre Munitionsvorräte wieder auf.

Auch die Literatur ist eine fruchtbare Quelle für das Thema Strategie. Der historische Roman *San'guo Yanyi* (Erweiterte Geschichte der Drei Reiche) spielt in der Ära der »Drei Reiche«, in der China nach dem Ende der Han-Dynastie im dritten Jahrhundert nach Christus kurzzeitig auseinanderbrach. Eine der Figuren dieses Romans ist Zhuge Liang, Staatsmann und General im Staate Shu, der die mächtigen rivalisierenden Reiche Wei und Wu fast dreißig Jahre lang erfolgreich abwehrte. Wie Sunzi und die *36 Kriegslisten* gehört *San'guo Yanyi* bis heute zu den am meisten gelesenen Büchern Chinas und ist nach wie vor eine beliebte Lektüre chinesischer Manager. Spätere Autoren leiteten eine Reihe strategischer Prinzipien aus diesem Werk ab. Die wichtigsten davon, die auch weithin befolgt werden, sind:

- In der Zielsetzung seiner Führung sollte der Herrscher so unbeirrbar sein wie der Polarstern.
- Die Bindungen zwischen dem Herrscher und seinen Untertanen sollten von Respekt und Loyalität geprägt sein.

Wege zum Sieg

- Der Herrscher sollte das Volk aufklären, um es für sich zu gewinnen.
- Er sollte würdige Helden herausstellen und begabte Menschen beschäftigen.
- Er sollte sich nicht von Gefühlen beeinflussen lassen.
- Er sollte gründlich nachdenken, bevor er Befehle erteilt.
- Er sollte entschlossen handeln.
- Er sollte weitblickend sein und sorgfältig planen.

Zhuge Liang

Der um 180 nach Christus in Nordchina geborene Zhuge Liang stieg rasch in Machtpositionen auf. Im Alter von 27 Jahren war er Oberster Minister und General von Liu Bei, dem König von Shu. Während der nächsten dreißig Jahre unterstützte er Lui Beis Bemühungen um eine Wiedervereinigung Chinas unter seiner Herrschaft und kämpfte gegen mächtige rivalisierende Generäle wie Cao Cao vom Staate Wei und Sun Quan vom Staate Wu. Obwohl er ein strenger Zuchtmeister war, dessen Führungsstil klare legalistische Merkmale aufwies, wurde Zhuge Liang stark von der konfuzianischen Ethik beeinflusst und glaubte, dass es erforderlich sei, das Volk für sich zu gewinnen. Im Chinesischen ist sein Name heute ein Paradebeispiel für erfolgreiche Kriegsführung und Zivilverwaltung.

Daoistische und buddhistische Strategie

Wie wir gleich sehen werden, konzentrieren sich daoistische und buddhistische Grundsätze weniger auf die Handlungsweise der Organisation als vielmehr auf das Wesen und Verhalten der Führungspersönlichkeiten. Der grundlegende daoistische Text ist das *Daodejing (Tao Te King)*, dessen Titel man ungefähr als »Klassiker von Weg und Tugend« übersetzen kann. Dieser Text hatte ebenfalls einen starken Einfluss auf fernöstliches strategisches Denken. Eines der wichtigsten daoistischen Konzepte ist die Betonung des Immateriellen als Gegenstück zum Materiellen. Das *Daodejing* nennt Beispiele:

Dreißig Speichen gehen auf die eine Nabe
Was nicht darin liegt, ist der Sinn des Rades
Ton wird in die Form des Kruges gebracht
Was nicht darin liegt, ist der Sinn des Kruges
Tür und Fenster nach dem Plane macht die Form des Raumes
Was nicht darin liegt, ist der Sinn des Raumes
Der Sinn von allem was vorhanden
kommt nur von dem was nicht vorhanden

Ausgehend von dieser Prämisse erörtert das *Daodejing* dann das Gegenteil von Handeln, *wu-wei* oder »Nichthandeln«. Nach dieser These handelt ein Herrscher nicht aktiv, sondern handelt so, dass Ereignisse eintreten. In einer Gesellschaft oder Organisation, deren Schwerpunkt auf dem *Dao* (Weg) liegt, geschehen die richtigen Dinge ganz natürlich und von selbst, ohne dass der Herrscher eingreifen muss. Seine Aufgabe besteht lediglich darin, die Organisation nach den Grundsätzen der Tugend den Weg entlang zu führen. Das wichtigste Grundkonzept der Strategie lautet daher, dass es eine Zeit zum Handeln und einen Zeitpunkt zum Nichthandeln gibt und dass man unbedingt erkennen muss, welcher Ansatz jeweils der richtige ist.[5]

> In einer Gesellschaft oder Organisation, deren Schwerpunkt auf dem *Dao* (Weg) liegt, geschehen die richtigen Dinge ganz natürlich und von selbst, ohne dass der Herrscher eingreifen muss.

Die Bedeutung der Tugend ist auch im buddhistischen Denken Chinas implizit erhalten. Der Buddhismus begann China etwa im sechsten Jahrhundert nach Christus zu beeinflussen, obwohl es bereits zuvor buddhistische Gedanken und Gelehrte gab. Es entstanden zahlreiche buddhistische Schulen, von denen sich einige streng an die ursprüngliche Lehre des indischen Buddhismus hielten, während sich andere wie Chan (heute besser unter seinem japanischen Namen Zen bekannt) spürbar an die chinesische Kultur anpassten. Einer der zentralen Lehrsätze des Buddhismus beschreibt die persönliche Suche nach Erleuchtung, und viele chinesische Schulen legten den Schwerpunkt auf »Strategien«, die zur Erleuchtung führen sollten. Die noch heute praktizierende Schule des Linji verwendete Allegorien und Geschichten, wie die Erzählungen über die »Sieben Weisen im Bambushain«, zu Lehr- und Aufklärungszwecken. Linji setzte auch ungewöhnliche pädagogische Methoden ein. Beispielsweise schlug er während des Unterrichts plötzlich Schüler mit einem Stock und rief Sätze wie: »Wenn euch Buddha auf der Straße begegnet, so tötet ihn!« Wie die Studenten mit diesen Störungen umgingen galt als Maßstab für ihren Fortschritt auf dem Weg zur Erleuchtung. Buddhistisches und daoistisches Gedankengut war und ist noch heute eine wichtige Quelle der Inspiration und des strategischen Denkens für fernöstliche Führungskräfte, da dort strategische Grundprinzipien häufig in volkstümlichen Maximen und Regeln dargestellt sind.

Der Weg der Krieger

Der Gedanke, dass der Erfolg bis zu einem gewissen Grad von der persönlichen Tugend und Erleuchtung abhängt, ist in Japan noch stärker ausgeprägt. Im *heiho*, dem Weg des Kriegers (heute eher unter der Bezeichnung *bushido* bekannt), finden sich sowohl Einflüsse des Buddhismus als auch der heimischen Shinto-Religion. Das Hauptaugenmerk im *heiho* liegt auf der Bereitschaft, die unter anderem körperliche und geistige Vorbereitung voraussetzt. Die beiden bekanntesten Werke waren *Gorin-no Sho* (Das Buch der fünf Ringe) von Miyamoto Musashi und das *Hagakure* (Im Schatten der Blätter) von Yamamoto Tsunetomo.

Miyamoto, eine halb legendäre Gestalt, deren Ruhm auf seinem Ruf als Schwertkämpfer und Duellant beruht, sollte wohl eher als Taktiker betrachtet werden; der Schwerpunkt von *Gorin-no Sho* liegt auf der Frage, wie man Schwertkämpfe gewinnt. Aber beim Weg des Kriegers, so Miyamoto, geht es nicht darum, wie man einen einzelnen Kampf gewinnt, sondern darum, einen Zustand der Bereitschaft und des Könnens zu erreichen, der jedes Mal einen Sieg ermöglicht, ganz gleich unter welchen Umständen. Wesentliche Tugenden sind Geduld und Vorbereitung: »Auch einen Weg von tausend Meilen geht man Schritt für Schritt. Geduldig seinem Gesetz zu folgen, das ist worein man sich zu finden hat, die Aufgabe des Samurai: dass er heute sein gestriges Ich besiegt, dass er morgen die ihm Unterlegenen und danach die ihm Überlegenen zu besiegen gedenkt und dass er sein Herz davor bewahrt, auf die kleinsten Abwege zu geraten.«[6] Auch ständiges Üben und Lernen sind von zentraler Bedeutung: Miyamoto zufolge gibt es nicht einen richtigen Weg, wie man ein Schwertduell angeht, sondern viele unterschiedliche Schulen, die einem alle etwas beibringen können. Im letzten Kapitel, dem »Buch Leere«, betont Miyamoto, wie wichtig die Zerstörung von Illusionen, Lernen, klares Denken und ein reines Herz seien. All das ermögliche dem Kämpfer, sich auf das Ziel zu konzentrieren.

Das *Hagakure* wurde um 1716 herum von Yamamoto Tsunetomo geschrieben, der später ein buddhistischer Mönch wurde und in der Abgeschiedenheit seine Gedanken zur Rolle und zu den Pflichten des Kriegers

---

Miyamoto Musashi

Miyamoto wurde 1584 in dem Dorf Miyamoto in der Provinz Harima geboren und als Schwertkämpfer ausgebildet. Im Alter von 13 Jahren kämpfte er in seinem ersten Duell. Insgesamt nahm er an 66 Duellen teil, die er allesamt gewann; bei einer Gelegenheit besiegte er der Reihe nach alle Mitglieder einer Fechtschule in Kioto. Nachdem er sich im Alter von 30 Jahren zur Ruhe gesetzt hatte, verbrachte Miyamoto die nächsten Jahrzehnte als Fechtmeister. 1640 zog er sich in ein buddhistisches Kloster zurück, wo er den Rest seines Lebens der Besinnung und der Niederschrift seiner Gedanken zur Schwertkunst widmete. Im zwanzigsten Jahrhundert wurde Miyamoto zum Thema zahlreicher populärer Bücher und Filme, von denen ihn manche als eine Art Robin Hood darstellten.

zu Papier brachte. Wie viele philosophische Werke seiner Zeit ist das *Hagakure* eine Sammlung allegorischer Geschichten und Sprüche, die den Leser zur Erkenntnis führen soll, anstatt ihn didaktisch zu belehren. Das Werk ist berüchtigt wegen seines unverblümten ersten Satzes: »Der Weg des Samurai ist der Tod.«[7] Dann fährt Yamamoto Tsunetomo jedoch fort, dies bedeute keineswegs, dass das Ziel des Kriegers sein Tod sei, sondern er vielmehr bereit und willens sein müsse, im Dienste seines Meisters zu sterben und dass im Leben eines jeden Kriegers der Tag kommen werde, an dem der Tod zu seiner Pflicht wird. Diesen Grundsatz veranschaulicht der Fall der berühmten 47 Ronin, der sich einige Jahre vor der Abfassung des *Hagakure* ereignete.

> Wie viele philosophische Werke seiner Zeit ist das *Hagakure* eine Sammlung allegorischer Geschichten und Sprüche, die den Leser zur Erkenntnis führen soll, anstatt ihn didaktisch zu belehren.

Das *Hagakure* wird noch heute von japanischen Geschäftsleuten gelesen und bewundert, was hauptsächlich an den Ausführungen zur Pflege des Selbst und seiner Betonung der Bereitschaft liegt. Immer wieder rügt Yamamoto *samurai*, die sich geistig oder körperlich nur unzureichend vorbereitet haben und sich dann in einer Krise ihrer Bestimmung entziehen, ihre Pflicht versäumen und ihre Ziele verfehlen. Wie Miyamoto, der schrieb, dass eine Reise von tausend Meilen mit einem einzigen Schritt beginne, glaubte Yamamoto, dass auch die schwierigste Aufgabe erfüllt werden könne, wenn man Tag für Tag an ihr arbeite; morgen, so schreibt er, sei auch nur ein einziger Tag. Der buddhistische Einfluss in seinem Denken wird deutlich in seinem Hinweis, dass die Bereitschaft zur Zielerreichung nicht nur äußerlich, sondern auch innerlich vorhanden sein muss:

> *Wenn deine Stärke nur der Lebenskraft entspringt, werden deine Worte und dein persönliches Verhalten scheinbar mit dem Weg übereinstimmen und von anderen gelobt werden. Wenn du dich jedoch selbst dazu befragst, wirst du nichts zu sagen haben. Die letzte Zeile des Gedichts, die lautet »wenn dein eigenes Herz fragt« ist das geheime Gesetz aller Künste.*

Die 47 Ronin

1701 stritt sich ein *daimyo* am Hofe des Shogun in Edo mit einem der Beamten des Shogun und zog sein Schwert. Für dieses Vergehen wurde er zum Tode verurteilt. Seine *samurai*-Diener, 47 an der Zahl, wurden nun zu *ronin* oder Männern ohne Meister – im Grunde gesellschaftlich Ausgestoßene. In den nächsten beiden Jahren lebten sie in bitterer Armut, schmiedeten ihre Pläne und stellten und töteten schließlich den Beamten, dem sie die Schuld am Tode ihres Meisters gaben. Alle 47 begingen dann rituellen Selbstmord beziehungsweise *seppuku*.

Dieser Vorfall wurde rasch weithin bekannt, und die *ronin* wurden vielerorts wegen ihrer einzigartigen Zielstrebigkeit und ihres großen Pflichtbewusstseins gepriesen. Im zwanzigsten Jahrhundert verfilmte Akiro Kurosawa diese Geschichte.

Von Machiavelli bis Moltke

Der erste westliche Denker der Moderne, der sich explizit mit dem Thema Strategie beschäftigte, war der Florentiner Politiker und Diplomat Niccolò Machiavelli. Nachdem seine Schutzherren, die Familie Medici, aus Florenz verbannt worden waren, schrieb Machiavelli im Exil drei große Werke: *Della arte della guerra* (Die Kriegskunst), eine Erörterung militärischer Organisation, sowie zwei Abhandlungen über die Regierungskunst, *Der Fürst* und die *Discorsi*. Bei der Erstveröffentlichung von *Der Fürst*, einige Zeit nach Machiavellis Tod, galt das Buch als Sensation, vor allem weil darin argumentiert wurde, dass der Fürst (oder generell jeder Führer) das Recht habe, Täuschung, Lügen, Unehrlichkeit und sogar Grausamkeit und Folter einzusetzen, wenn diese Mittel zur Erreichung seiner Ziele erforderlich seien. Dafür wurde Machiavelli viele Generationen lang als unmoralischer und sogar böser Mensch stigmatisiert. In Wirklichkeit beruhten seine Ansichten auf Pragmatismus: Unmoralische Mittel sind bisweilen erforderlich, um moralische Ziele zu erreichen. Greift ein Fürst nämlich nicht auf Täuschung und Erbarmungslosigkeit zurück, wenn diese Mittel sein Volk hätten retten können, sondern verliert stattdessen den Krieg und gibt seine Stadt dem Feuer und dem Schwert preis, ist er in Macchiavellis Augen ein schlimmerer Verbrecher als der grausamste Tyrann.

> Schlüsselelemente in Machiavellis Sichtweise der Strategie sind Beharrlichkeit und Flexibilität.

Schlüsselelemente in Machiavellis Sichtweise der Strategie sind Beharrlichkeit und Flexibilität. In *Der Fürst* und den *Discorsi* betont er jeweils zwei Konzepte: *virtú* (Fähigkeit oder Tugend) und *fortuna* (Glück oder Zufall). Um erfolgreich zu sein, müssen Führer unbe-

---

Niccolò Machiavelli

Machiavelli wurde 1469 in Florenz geboren und begann seine Laufbahn als Beamter der Stadt unter der Herrschaft von Lorenzo dei Medici, dem Sohn von Cosimo dei Medici. Auch nach dem Sturz der Medici und der Errichtung einer Republik im Jahr 1494 konnte er sich in seiner Position halten und stieg in einen hohen Rang auf: Er diente als Sekretär des Kriegsrates und vertrat Florenz im Ausland bei diplomatischen Missionen. Nach der Rückkehr der Medici im Jahr 1512 wurde Machiavelli des Amtes enthoben. 1513 wurde er festgenommen, inhaftiert und gefoltert. Nach seiner Freilassung zog er sich auf seinen Landsitz in San Casciano in der Nähe von Florenz zurück, und hier schrieb er seine berühmtesten Werke: *Il principe*, *Discorsi* und *Della arte della guerra* (letzteres wurde als einziges zu Machiavellis Lebzeiten veröffentlicht). Nach 1521 stieg sein Ansehen in der öffentlichen Gunst wieder etwas, doch starb er kurz nach dem zweiten Sturz der Medici im Jahr 1527.

dingt *virtù* besitzen; dies ist die Eigenschaft, die es ihnen ermöglicht, Chancen zu erkennen und wahrzunehmen und ihre Gegner zu überlisten und zu besiegen. Andererseits spielt *fortuna* stets eine wichtige Rolle im strategischen Kalkül, da unerwartete Ereignisse auch noch so sorgfältig konzipierte Pläne durchkreuzen können. Allerdings, so Machiavelli, können Führer dank ihrer *virtù* erkennen, wenn der Zufall ihnen eine Chance eröffnet und sich *fortuna* zunutze machen, indem sie schneller als ihre Wettbewerber oder Gegner reagieren.

Trotz seines zweifelhaften Rufes waren Machiavelli und seine Thesen im siebzehnten Jahrhundert gut bekannt, als Autoren wie der italienische Glücksritter Raimondo Montecuccoli und der holländische Führer Maurice von Nassau einige der ersten Leitfäden zur Militärstrategie und -organisation verfassten. Der erste große strategische Denker der Moderne trat jedoch im nächsten Jahrhundert in Preußen auf den Plan: Es war der König des Landes, Friedrich der Große. Friedrich schrieb die erste zusammenhängende Abhandlung zur strategischen Theorie und Praxis, *Unterricht des Königs von Preußen an die Generäle seiner Armeen*, ein Dokument, das Friedrich kurz nach dem Siebenjährigen Krieg aufsetzte und bis zu seinem Tode im Jahr 1786 immer wieder überarbeitete.

Friedrichs Strategiegrundsätze befassten sich größtenteils mit Planung und Organisation. Das preußische System der Militärorganisation, das in Kapitel 5 genauer beschrieben wurde, sollte flexibel genug auf alle Eventualitäten reagieren können. Friedrichs Organisationsansatz wurde bestimmt von Disziplin und Kontrolle; noch wichtiger war jedoch, dass jede militärische Einheit *Korpsgeist* entwickeln sollte, definiert als die Fähigkeit der Mitglieder einer Organisationseinheit (etwa eines Armeeregiments), sich mit der Organisation zu identifizieren und kollektive über individuelle Interessen zu stellen. Wie Machiavelli mit seiner *virtù* glaubte auch Friedrich, dass die Voraussetzung für den Erfolg eines Feldherrn die Pflege seiner Fähigkeit zur Wahrnehmung von Chancen und die Nutzung sich ändernder Umstände war; wie Napoleon hielt auch er Führer meistenteils für ihres Glückes Schmied.

Friedrich glaubte an Machtkonzentration und unbeirrbare Zielstrebigkeit. Da er sowohl König als auch Oberbefehlshaber der preußischen Armee war, hatte er absolute Kontrolle über die Politik und Strategie. Diese übte er soweit möglich persönlich und allein aus; Räte und Ausschüsse betrachtete er größtenteils als Ausreden fürs Nichtstun. Er scheute sich jedoch nicht, Befehlsgewalt an Untergebene seines Vertrauens zu delegieren. Eines seiner größten Probleme war jedoch die Tatsache, dass in den späteren Kriegsjahren viele seiner besten Generäle wie Hans von Winterfeldt und William Keith im Kampf fielen und nicht ersetzt werden konnten.

Friedrich legte auch großes Gewicht auf das Studium seiner Gegner und ihrer Fähigkeiten. Er wusste, wie sie handeln und reagieren würden, und kannte ihre Verhaltensmuster bisweilen besser als sie selbst. In der Schlacht von Leuthen im Dezember 1757 standen Friedrichs Truppen fast doppelt so vielen Österreichern unter Erzherzog Karl gegenüber. Er kannte aber seinen Gegner gut genug, um zu wissen, dass dieser in seiner Position verharren würde, während die Preußen einen äußerst riskanten Marsch entlang der Feindesfront wagten, um dann plötzlich kehrt zu machen und die Flanke der Österreicher anzugreifen. Als die Preußen tatsächlich den Ausfall machten, handelte es sich um einen gut organisierten Schlag mit enger Koordination von Infanterie, Kavallerie und Artillerie, der zu Österreichs schlimmster militärischer Niederlage in diesem Krieg führen sollte.

Nach dem Krieg kehrte Friedrich nach Leuthen zurück, stellte sich genau an den Ort, von dem aus Erzherzog Karl die Österreicher dirigiert hatte, und befahl seiner eigenen Armee, der ursprünglichen preußischen Marschlinie zu folgen. Indem er buchstäblich in die Fußstapfen seines Gegners trat, konnte Friedrich verstehen, wie und warum dieser gescheitert war.

Obwohl Friedrich an Kriegsführung auf der Basis von Prinzipien glaubte, wusste er auch, wann er seine eigenen Regeln brechen musste. Manche seiner Gegner hielten ihn für verrückt, aber hinter seinen Entscheidungen stand immer eine analytische Logik. In der Schlacht von Rossbach im November 1757 traf Friedrichs Armee auf französische Truppen. Ohne wie damals üblich auf die Schlachtformation zu warten, griff Friedrich sofort an; seine Kavallerie zerstörte auf der Stelle die französische Vorhut, und bei Einbruch der Dunkelheit zogen sich die Franzosen panisch zurück. 10.000 französische Soldaten waren gefallen, während Friedrich weniger als 600 seiner Männer verloren hatte. In Leuthen setzte er eine damals neue Taktik ein: Er befahl seiner Artillerie, zusammen mit der Infanterie vorzurücken, um mit dem Feind Mann gegen Mann kämpfen zu können.

Friedrichs Methoden und Strategien wurden gründlich studiert und analysiert. Heinrich von Bülow schrieb darüber in den ersten Jahren des neunzehnten Jahrhunderts, als Napoleon der preußischen Armee schwere Niederlagen beibrachte. Er sah Friedrichs »Militärsystem« als Grundlage seines Erfolgs. Bülow wird bisweilen das Verdienst zugeschrieben, als erster den Begriff »Strategie« in seiner modernen Bedeutung verwendet zu haben, indem er Friedrichs Ziele und Methoden als Teil eines übergeordneten Militärsystems definierte. Er war der Ansicht, dass Krieg wie ein Geschäft geführt werden solle; die einer Nation zur Verfügung stehenden militärischen Streitkräfte seien ihr »Kapital«, das in Umlauf bleiben musste. Konzentration von Kapital und Ressourcen an den geeigneten Stellen würde zu einer Rendite (einem »Return on Investment« in moderner Diktion) führen, und Kapital müsse flexibel sein, um rasch an den erforderlichen Orten konzentriert werden zu können. Dieser neuartige Ansatz legte auf strategische Ziele mehr Gewicht als auf Prozesse und Methoden. Bülow war überzeugt, dass Friedrichs Erfolg der Einhaltung dieses Grundsatzes zu verdanken war; da seine Nachfolger weder Friedrichs strategische Einsicht noch seine Fähigkeit besaßen, die Leistungsfähigkeit und Flexibilität der Organisation zu erhalten, waren sie zum Scheitern verurteilt.

Bülow wird bisweilen das Verdienst zugeschrieben, als erster den Begriff »Strategie« in seiner modernen Bedeutung verwendet zu haben, als er Friedrichs Ziele und Methoden als Teil eines übergeordneten Militärsystems definierte.

Heinrich von Bülow

Heinrich von Bülow wurde 1757 als Sohn einer distinguierten preußischen Militärfamilie geboren. Sein älterer Bruder Friedrich wurde ein angesehener General und kommandierte ein Armeekorps in Waterloo. Bülow diente von 1773 bis 1789 in der preußischen Armee; im Ruhestand schrieb er Abhandlungen über militärische Themen. 1799 veröffentlichte er sein Hauptwerk, *Geist des neuern Kriegssystems*. Insgesamt schrieb er noch 15 weitere Bücher; den Höhepunkt bildete 1806 eine Studie der Niederlage der preußischen Armee im Kampf gegen Napoleon im Vorjahr. In diesem letzten Werk übte er beißende Kritik am preußischen Staat und seiner Armee. Viele seiner Kritikpunkte trafen zwar zu, doch hatte Bülow damit den Bogen überspannt. Anfang 1807 wurde er für geisteskrank erklärt und verhaftet. Er wurde zunächst in Kolberg und dann in Riga inhaftiert, wo er offenbar infolge von Misshandlungen im Gefängnis starb.

Auch der Schweizer Offizier Antoine-Henri Jomini, der zwischen 1805 und 1813 in Napoleons Armee diente und dann zu den Russen überlief, befasste sich gründlich mit den Theorien Friedrichs des Großen. Jomini war überzeugt, dass Kriegsführung auf den ersten Blick zwar chaotisch erscheinen mochte, aber in Wahrheit beständigen Regeln unterlag. Insbesondere vertrat er die Auffassung, dass eine Strategie formuliert und nach allgemeinen wissenschaftlichen Grundprinzipien umgesetzt werden sollte. Jomini definierte Strategie so: »Überlegene Kraft zu einem Zeitpunkt einsetzen, zu dem der Feind nicht nur schwächer, sondern auch anfällig für lähmenden Schaden ist«. In seinen späteren Werken beschäftigte er sich primär mit der Frage, wie man dabei vorgehen sollte. Jomini prägte als Erster den Begriff der Logistik, definiert als »die praktische Kunst, ganze

Armeen zu bewegen«. Seiner Meinung nach gehörten dazu eine ganze Reihe von Unterkategorien, zum Beispiel Planung, Versorgungsmanagement, Truppenbewegung, Aufklärung, Kommunikation und Dokumentation. Jomini betrachtete Logistik als Stabsfunktion beziehungsweise – in moderner Terminologie – als Führungsaufgabe; der Oberbefehlshaber übernehme eine Aufsichts- oder allgemeine Managementrolle, während sich die einzelnen Stabsoffiziere um Spezialfunktionen kümmerten. Ein sorgfältiges Management der Organisation und ihrer Logistik war laut Jomini Voraussetzung für die Erreichung strategischer Ziele. In ähnlicher Manier schrieb Jomini auch ausführlich über die Merkmale von Organisationen.

Antoine-Henri Jomini

Der 1779 in der Schweiz geborene Jomini absolvierte zunächst als Jugendlicher eine Banklehre. Außerdem schloss er sich revolutionären politischen Kreisen an und unterstützte die profranzösische republikanische Bewegung in der Schweiz. 1803 veröffentlichte er, stark beeindruckt von Napoleons Karriere, sein erstes Werk zum Thema Militärstrategie. Im Jahr 1805 wurde er ein Mitglied des Stabs von General Ney (dem späteren Marschall Ney), einem der berühmtesten Befehlshaber Napoleons. Er zeichnete sich in der französischen Armee durch große Tapferkeit aus, stritt sich jedoch im Sommer 1813 mit Napoleons Stabschef Marschall Berthier und lief daraufhin zu den Russen über. In über vierzig Jahren im russischen Dienst war er Adjutant für Zar Alexander I. und Zar Nicholas I., organisierte die russische Militärakademie und nahm am Krimkrieg (1854-55) teil. Nach seiner Rückkehr nach Frankreich wurde er militärischer Berater von Kaiser Napoleon III. Er starb in Frankreich im Alter von 90 Jahren.

Der wichtigste Stratege der Moderne war ein weiterer preußischer Offizier, Carl von Clausewitz. Sein Buch *Vom Kriege* wird noch heute von den Kadetten nahezu aller Militärakademien gelesen; fast jeder nachfolgende Autor, der sich zum Thema Strategie zu Wort meldete, nahm auf Clausewitz Bezug. Stark von Kant und anderen deutschen Philosophen der Aufklärung beeinflusst wandte Clausewitz Methoden wie die kritische Argumentation auf den Krieg an und versuchte, eine Brücke zwischen Theorie und Praxis zu schlagen und sich mit den moralischen und psychologischen Aspekten des Krieges auseinander zu setzen.

Im Zentrum von Clausewitz' Sichtweise zur Strategie und zur Kriegsführung generell stand die Beziehung zwischen der Kriegstheorie und dem Krieg selbst. Krieg ist kein unabhängiges Phänomen: Er wird zu einem Zweck geführt, der vom Willen des Feldherrn abhängt. Die Organisation mag der Strategie untergeordnet sein, doch hat die Strategie den Zweck über sich. Es besteht ein Unterschied zwischen dem Zweck eines Krieges und dem Krieg selbst; letzterer ist einfach »ein Akt der Gewalt, um den Gegner zur Erfüllung unseres Willens zu zwingen« (er bezeichnete den Krieg als »eine bloße Fortsetzung der Politik mit anderen Mitteln«). Einen Zweck für den Krieg zu finden sei einfach, und ebenso einfach sei es, Pläne für die Niederlage des Feindes zu schmieden und mit deren Realisierung zu beginnen. Etwas ganz anderes sei es jedoch, diese Pläne aber wie beabsichtigt umzusetzen; Feldherren stünden andauernd vor dem Problem, wie sie ihren eigenen Zielsetzungen treu bleiben können. Mit diesem Ansatz führt Clausewitz einen Gedanken von Machiavelli weiter, dessen Schriften zum Krieg und zur Politik ihm vertraut waren.

> Die Organisation mag der Strategie untergeordnet sein, doch die Strategie ist wiederum dem Zweck untergeordnet.

Der Schlüsselfaktor ist Clausewitz zufolge die »Friktion«: Der »Einfluss unzähliger kleiner Umstände, die auf dem Papier nie gehörig in Betrachtung kommen können«, führen in ihrer Summe zu einer allgemeinen Leistungsminderung, »und man bleibt weit hinter dem Ziel«. Friktion, so Clausewitz, unterscheide den wirklichen Krieg von dem auf dem Papier. Strategische Planung beruhe auf statistischen Tatsachen, aber echter Krieg könne sich niemals auf mehr als Wahrscheinlichkeiten stützen. Viele Faktoren führen zur Friktion; die wichtigsten sind jedoch moralische Faktoren, der Mut und die Fähigkeiten des Feldherrn sowie die Erfahrung und der Geist der Truppen. Sollten diese Faktoren an irgendeinem Punkt unzureichend sein, sind zuvor festgelegte Pläne gefährdet. Clausewitz zog daraus folgenden Schluss: »Es ist alles im Kriege sehr einfach, aber das Einfachste ist schwierig.«

Damit kommen wir zu Clausewitz' großartigstem Schüler, Helmuth von Moltke. Als einer der besten Strategen aller Zeiten vereinigte Moltke mühelos zwei Kardinalstugenden in sich: Er war peinlichst genau in der Planung

---

Carl von Clausewitz

Clausewitz wurde 1780 in Burg südwestlich von Berlin als Sohn eines Armeeoffiziers geboren. Er wurde 1793 in die preußische Armee eingezogen und besuchte von 1801 bis 1804 die Kriegsschule Berlin. 1804 trat er dem Generalstab bei, diente dort unter General Scharnhorst, mit dem er nach der Niederlage des preußischen Heeres durch Napoleon im Jahr 1806 an der preußischen Armeereform arbeitete.

1812 trat Clausewitz in den Dienst der russischen Armee ein, die Napoleon besiegte, und 1815 gehörte er zu den leitenden Stabsoffizieren in dem Feldzug, der mit der Schlacht von Waterloo endete. 1818 wurde er zum Leiter der Kriegsschule Berlin ernannt, wo er sein Hauptwerk, *Vom Kriege*, begann. Er starb an Cholera im Dienste der preußischen Armee während des polnischen Aufstands (1830–31).

und Vorbereitung und unendlich flexibel und anpassungsfähig im strategischen Denken und in der Umsetzung. Sein Planungsgeschick galt als legendär. Er selbst formulierte es später so:

> *Die Mittel zur Mobilmachung der norddeutschen Armee waren angesichts der Veränderungen in der militärischen oder politischen Situation Jahr für Jahr vom Stab zusammen mit dem Kriegsministerium überprüft worden. Jeder Zweig der Verwaltung im ganzen Land wurde über alles in Kenntnis gesetzt, was er über diese Angelegenheiten wissen musste. Die Befehle für den Marsch und die Reise per Eisenbahn oder Schiff wurden für jede Division der Armee ausgearbeitet, zusammen mit genauesten Wegbeschreibungen für ihre verschiedenen Ausgangspunkte, dem Tag und der Stunde ihrer Abreise, der Dauer der Reise, den Erfrischungsstationen und dem Zielort. Am Treffpunkt wurden jedem Korps und jeder Division Quartiere zugewiesen, Läden und Magazine wurden eingerichtet, so dass im Falle der Kriegserklärung nur noch die königliche Unterschrift benötigt wurde, um den gesamten Apparat mit reibungsloser Präzision in Bewegung zu setzen. Nichts in den ursprünglich gegebenen Anweisungen musste geändert werden; es genügte, die im Voraus vereinbarten und vorbereiteten Pläne auszuführen.*

Und dennoch ist es der gleiche Moltke, der schrieb, dass kein Plan die erste Feindberührung überlebe. Clausewitz' Konzept der »Friktion« beeindruckte ihn tief: die Häufung kleinerer, aber unvorhergesehener Zwischenfälle, die eine vorgegebene Strategie aus der Bahn werfen. Daher konzentrierte Moltke sich lieber auf spezifische Ziele als auf allgemeine Strategien. Seine Pläne beruhten so weit wie möglich auf bekannten Faktoren, aber sie waren zumeist lose strukturiert und ließen Flexibilität und schnelle Entscheidungen zu. Daher zog er allgemeine Anweisungen operationalen Plänen vor; er spezifizierte lieber die Ergebnisse und überließ den Ansatz für ihre Ausführung den befehlshabenden Offizieren. Keine der wichtigen Schlachten im französisch-preußischen Krieg folgte genau seinen akribischen Plänen, aber durch rasche Reaktionen und schnelle Befehlsweitergabe gelang es Moltke, Unsicherheiten zu seinem eigenen Vorteil zu nutzen.

Moltkes Einfluss

Wie wir in Kapitel 3 gesehen haben, beeinflussten die Gedanken und Leistungen Moltkes im frühen zwanzigsten Jahrhundert die Managementlehre ganz entscheidend. Professor Edward Jones, der einen Artikel über

Organisationsverhalten in der Fachzeitschrift *Engineering Management* geschrieben hatte und zu Beginn von Kapitel 5 zitiert wurde, analysierte Moltkes Erfolgsrezept en detail. Nachdem er Moltke Anerkennung für die Effizienz und Präzision seiner Planungen im Vorfeld gezollt hatte, weist Jones darauf hin, dass Moltkes Schwerpunkt in der Umsetzungsphase primär auf Flexibilität und Effizienz lag:

Im Gegensatz zum starren Mobilmachungsplan, der von einer zentralen Behörde durchgesetzt wird, ist nach Beginn des Feldzugs, wenn sich verändernde und ungewisse Umstände zu berücksichtigen sind, das Hauptquartier nur noch für die allgemeinen Merkmale des Operationsplans verantwortlich.

Die Befehlsgewalt wird sofort hinunter in die Linie auf die Armeebefehlshaber sowie die Regiments- und Kompanieoffiziere übertragen, die der Zeit, dem Ort und den Akteuren einer bestimmten Kampfhandlung möglichst nahe sind. Anstatt eines Mechanismus unter dem Kommando eines einzelnen Feldherrn werden die Armeen nun zu einem Organismus mit großer Handlungsfreiheit, dessen Teilen entsprechende Verantwortung zugewiesen wurde.

Von Moltke soll einmal gesagt haben, dass kein Befehl erteilt werden sollte, der wahrscheinlich auch ohne entsprechenden Befehl von den zuständigen Offizieren ausgeführt werden könne. Tatsächlich gingen vom Hauptquartier im österreichischen und im französisch-preußischen Krieg nur wenige Befehle aus, die zudem jeweils nur aus wenigen Sätzen bestanden. Beim Übergang von den höheren zu den niederen Rängen, von den Befehlshabern verschiedener Armeen zu den einzelnen Korps und Divisionen, wurden die Befehle natürlich immer strenger und detaillierter.

In der modernen Taktik für Kampfeshandlungen wird eine ähnliche Regelung für die Verteilung der Befehlsgewalt gewählt. Während das Hauptquartier der einzelnen Armeen genügend Kontrolle behält, um einen einheitlichen Plan sicherzustellen, werden die Einzelheiten der Ausführung weitgehend den Offizieren im Feld anvertraut, die kleinere Truppeneinheiten direkt befehligen. Der frühere steife Drill der Truppenbewegungen auf dem Schlachtfeld ist nicht mehr möglich. Disziplin wird heute vielfach so interpretiert, dass der Einzelne in jedem Notfall fundierte Grundsätze anwenden soll. Dabei soll der Kontakt zu seinen Befehlshabern so eng sein, wie dieser Ansatz es zulässt. Bei modernen Militärverwaltern verblasst die Furcht vor kleineren Fehlern im Vergleich zur Angst, den Geist und die Energie von Truppen und nachrangigen Offizieren durch ungebührliche Unterdrückung von Eigeninitiative zu zerschlagen.[8]

Inwieweit ist Moltkes System auch für die Unternehmensführung relevant? Zur Beantwortung dieser Frage arbeitete Jones sechs strategische Grundprinzipien heraus, an die sich Moltke stets hielt:

1. Führer müssen stets rasch und entschlossen handeln.
2. Jeder Offizier muss bereit sein, nötigenfalls die Initiative zu ergreifen.
3. Vorläufige Planung und Vorbereitung sind wesentlich.
4. Einzelheiten sollten im Planen und Handeln allgemeinen Zielen untergeordnet werden.
5. Disziplin muss aufrechterhalten werden, um die Aufmerksamkeit der Organisation auf ihre Ziele zu lenken.
6. Kräfte sollten zur richtigen Zeit am richtigen Ort zusammengezogen werden; die Organisation, die diesen Grundsatz befolgt, kann einen um ein Vielfaches größeren Gegner durch Erlangung eines Standortvorteils erfolgreich schlagen.

Eine Übersicht über strategische Grundprinzipien

In allen besprochenen Werken findet sich eine Gruppe verwandter Gedanken, die wir als Grundprinzipien der Strategie betrachten können. Nicht jeder Autor setzt sich mit allen diesen Grundsätzen auseinander, aber im strategischen Denken durch die Jahrtausende kommen sie doch so häufig vor, dass wir sie als allgemeingültig bezeichnen können. Im Folgenden werden wir diese Grundprinzipien kurz Revue passieren lassen und uns überlegen, inwieweit sie für Geschäftsstrategien von heute geeignet beziehungsweise anwendbar sind.

1 Fokus und Zweck

Dies wird immer wieder erwähnt. Xenophon wurde für seine große Entschlossenheit gelobt, mit der er seine Armee durch aussichtslose Situationen führte. Auch Zhuge Liang half seine Beharrlichkeit beim Sieg über seine Gegner. Sunzi, Machiavelli und Friedrich der Große glaubten alle daran, dass Feldherren Entschlossenheit zeigen und ihre Ziele fest im Auge behalten müssten; von Bülow sprach von einer Armee, die ihr »Kapital« investiert, um einen »Ertrag« zu erwirtschaften. Yamamoto war überzeugt, dass dem Weg des Samurai alles andere untergeordnet werden müsse; Karl von Clausewitz argumentierte, dass der Zweck stets Vorrang vor der Strategie haben müsse.

Eine Strategie ohne übergeordneten Zweck ist eine leere Hülle. In der Strategie geht es um langfristige Visionen, nicht um kurzfristige Vorteile. Unternehmen stecken sich zwar häufig zu hohe Ziele und scheitern, doch ist die Gefahr ebenso groß, dass sie nicht weit genug greifen und ihr Potenzial nicht voll ausschöpfen. Der erste Schritt in jedem Strategieprozess muss daher die Bestimmung des Zwecks und der Ziele sein. Sobald dies geschehen ist, muss man sich unbedingt auf den Weg zu diesen Zielen konzentrieren und darf sich nicht durch kleinere Probleme ablenken lassen.

> Eine Strategie ohne übergeordneten Zweck ist eine leere Hülle; in der Strategie geht es um langfristige Visionen, nicht um kurzfristige Vorteile.

2 Führung

Einen Zweck und Ziele festzulegen und nicht aus dem Auge zu verlieren ist eine wesentliche Voraussetzung für Führung (siehe Kapitel 10). Dies betont Sunzi ebenso wie Friedrich der Große, und Machiavelli und von Clausewitz weisen darauf hin, dass die Führungsqualitäten des Fürsten über Erfolg oder Misserfolg entscheiden, indem sie *fortuna* beziehungsweise die »Friktion« überwinden. Viele von Zhuge Liangs Strategiegrundsätzen befassen sich ebenfalls mit der Führung.

Die Strategie festzulegen und sie in die Richtung ihrer Umsetzung zu lenken gehört zu den zentralen Führungsaufgaben; viele große Wirtschaftskapitäne der Vergangenheit haben sich kaum mit etwas anderem beschäftigt und nachrangigere Managementaufgaben an Untergebene delegiert. Strategie ist der Zuständigkeitsbereich des Feldherrn oder Firmenchefs; nur er kann endgültig über die Ziele einer Organisation entscheiden und alle Ressourcen aufbringen und koordinieren, die zur Erreichung erforderlich sind.

3 Organisatorische Anforderungen

Den Gedanken, dass die Organisation im Hinblick auf einen Zweck zugeschnitten und fit gemacht werden sollte, findet man bei Vegetius, Sunzi, Friedrich dem Großen und bei von Clausewitz. Einerseits müssen die Mitglieder einer Organisation vernünftig geschult werden und qualifiziert sein; andererseits müssen die organisatorischen Einheiten in der Lage sein, effektiv zusammenzuarbeiten, um das ihnen vorgegebene Ziel zu erreichen. Das von Friedrich aufgebaute und von seinen Nachfolgern geführte preußische Heer war effizient, an vielen Standards der damaligen Zeit gemessen gut ausgebildet und gut organisiert, konnte aber den Armeen Napoleons nicht das Wasser reichen, die nach ganz anderen Grundsätzen organisiert waren. Daher wurde es 1805 auf den Schlachtfeldern von Jena-Auerstadt vernichtend geschlagen. Eine nach generellen Kriterien effiziente Organisation genügt nicht; sie muss auch für ihren Zweck, ihre Ziele, gut geeignet sein.

Alfred Chandler schrieb 1962, dass die Struktur der Strategie folgen solle. Für Militärstrategen ist die Sache nicht ganz so simpel; Struktur und Strategie sind untrennbar miteinander verbunden. Wird einer bestehenden Organisation eine Strategie aufgezwungen, für die sie sich offensichtlich nicht eignet, ist sie zum Scheitern verurteilt. Beispielsweise würde man nicht erwarten, dass ein Frauenbildungsverband eine bemannte Mission zum Mars organisieren könnte; also würde man dieser Organisation eine solche Aufgabe nicht stellen. Man könnte zwar einiges in der Struktur, Ausbildung und Qualifizierung der Mitglieder des betreffenden Frauenverbandes ändern, doch würde das niemals genügen, um sie auf einen Weltraumspaziergang im Vorgebirge von Mons Olympus vorzubereiten. Jede Aufgabe des Frauenverbandes sollte daher mit den tatsächlichen oder potenziellen Fähigkeiten dieser Organisation übereinstimmen. (Ob unser Verband eine bemannte Mission zum Mars nicht besser organisieren könnte als die NASA ist eine ganz andere Frage.)

4 Einsatz von Ressourcen

Julius Caesar wurde von vielen Seiten als Musterbeispiel für einen Feldherrn zitiert, der alle Elemente seiner Armee – Legionen, Hilfstruppen, Kavallerie, Artillerie, Schiffe, Versorgungszüge etc. – mobilisieren und in einer einheitlichen Formation zusammenarbeiten lassen konnte. Jomini, der Erfinder der Logistik, versuchte die Aktivitäten der Armee miteinander in Einklang zu bringen, so dass alle Einheiten kooperierten. In der Praxis wurde dieser Ansatz vor allem von Moltke umgesetzt. Das *Daodejing* erinnert uns daran, dass nicht nur materielle, sondern auch immaterielle Ressourcen berücksichtigt werden müssen.

Gelegentlich erwähnen Strategen und Militärwissenschaftler des zwanzigsten Jahrhunderts noch ein weiteres Konzept: »Ökonomie der Kräfte«. Einfach ausgedrückt bedeutet dies, dass maximale Effizienz erzielt wird, indem die eingesetzten Kräfte genau so bemessen sind, dass das angestrebte Ziel mit Sicherheit erreicht werden kann – nicht mehr und nicht weniger. Das richtige Maß einzuschätzen ist immer schwierig, doch besteht kein Zweifel daran, dass durch eine Koordinierung der Handlungen verschiedener Menschen und Abteilungen und ihre gemeinsame Konzentration auf ein Ziel die Bemühungen des Einzelnen um ein Vielfaches verstärkt werden können. Sowohl Jomini als auch Moltke erwähnten die Notwendigkeit einer Konzentration der Kräfte auf das anvisierte Ziel. In der Managementterminologie impliziert das Konzept des Ressourceneinsatzes, dass die Organisation erstens genau wissen muss, welche Ressourcen und Fähigkeiten ihr zur Verfügung stehen, und zweitens alle ihre Ressourcen geschickt im Verbund einsetzen muss, um so maximale Effektivität zu gewährleisten.

5 Selbsterkenntnis

Dieses Konzept ist häufig in östlichen Schriften zu finden, vor allem bei Sunzi, im *San'guo Yanyi* und im *Buch der fünf Ringe*. In der westlichen Strategielehre ist davon kaum die Rede. Einfach ausgedrückt besagt dieses Konzept, dass der Führer ebenso wie alle ihm unterstellten Personen unbedingt ihre eigenen Stärken und Schwächen sowie ihre eigenen Fehler kennen muss.

Eine derartige persönliche SWOT-Analyse ist in der westlichen Managementtheorie nicht alltäglich, aber eine Überlegung wert. Einfache Faktoren wie Ermüdung, Depression oder gesundheitliche Probleme können die Formulierung und Umsetzung einer Strategie stark beeinträchtigen. Seine Grenzen zu kennen und in seinem Handeln zu berücksichtigen sollte als Zeichen von Stärke gewertet werden, nicht als Schwäche.

> Eine persönliche SWOT-Analyse ist in der westlichen Managementtheorie nicht alltäglich, aber eine Überlegung wert.

6 Kenntnis des Umfeldes

Sowohl Sunzi als auch Friedrich der Große weisen eindringlich darauf hin, dass eine umfassende Analyse geografischer und umweltrelevanter Faktoren wie Gelände, Sonnenaufgangs- und Sonnenuntergangszeiten und Wetter in die Strategieplanung Eingang finden sollte. Das Umfeld ist einer der wichtigsten Unsicherheitsfaktoren, doch kann eine gründliche Untersuchung der Umgebungsbedingungen diese Ungewissheit um einiges reduzieren, da sie dem Strategen ermöglicht, Notfallpläne für Wetteränderungen, unerwartet breite Flußläufe oder ähnliche Gegebenheiten aufzustellen.

Die Beobachtung des Umfeldes ist ein wesentliches Merkmal von Verfahren wie der SWOT-Analyse, und ihre Notwendigkeit ist Managern bekannt. Eine solche Beobachtung sollte gründlich sein und sich insbesondere den Bereichen widmen, wo die größten Risiken auftreten könnten. Dabei sollten im Rahmen des Planungsprozesses alle erdenklichen Eventualitäten berücksichtigt und Alternativen durchgespielt werden.

7 Kenntnis des Gegners

Es überrascht ein wenig, dass nur Sunzi und Friedrich der Große diesen Gedanken explizit ansprechen, obwohl das, was wir heute als militärische Aufklärung bezeichnen, in den meisten Schriften zur Strategie implizit als notwendig erachtet wird. Um Wirtschaftsfachbegriffe zu verwenden: Ein Unternehmen muss nicht nur unbedingt die Fähigkeiten der Konkurrenz kennen, sondern auch die eigenen wahrscheinlichen Reaktionen auf Chancen oder Bedrohungen im Wettbewerb. Dazu muss es zum einen Fakten und Zahlen über seine Konkurrenten erfassen (Umsatz, Anzahl der Mitarbeiter, Marktanteil und dergleichen) und zum anderen auch Führungsstil und Unternehmenskultur seiner Wettbewerber, die Zusammensetzung ihres Vorstands- und Aufsichtsrates und die Einstellungen ihrer Aktionäre unter die Lupe nehmen. Einige größere Unternehmen führen fiktive Planungsmanöver durch, bei denen sie zu erraten versuchen, was ihre Wettbewerber als nächstes tun werden, und analysieren dann im Anschluss die Lücke zwischen ihren eigenen Prognosen und den tatsächlichen Ereignissen, um ihre Aufklärungs- und Planungssysteme weiter zu optimieren.

8 Vorbereitung

Gründliche Vorbereitung war ein Kennzeichen der Feldzüge Caesars und Friedrich des Großen, und Sunzi rät, sorgfältig zu planen und erst dann zu handeln. Vorbereitung war einer der wichtigen Grundsätze bei Zhuge Liang, und Miyamoto Musashi sprach sich für kontinuierliche Ausbildung und Bereitschaft aus. Moltkes detaillierter Planungsansatz wurde bereits erwähnt.

Nach Moltke wurde gründliche Planung zu einem Kennzeichen von Militärkampagnen weltweit, und Maßnahmen wie die der Landung in der Normandie (»D-Day«) oder Operation Wüstensturm gingen monatelange intensive Planungen großer Teams voraus. In der Wirtschaft erfolgt eine entsprechende Stabsarbeit in der Regel weniger akribisch, zumal moderne Organisationstheorien eher »schlanke« Unternehmenszentralen und die Delegation von Verantwortung auf nachrangigere Ebenen propagieren. Das funktioniert gut, solange auch die strategische Verantwortung dezentralisiert ist. Es kann allerdings dem Prinzip widersprechen, dass Strategie zu den Hauptaufgaben der Führung gehört. Verletzt man den Grundsatz gründlicher Vorbereitung, so erhöht sich das Risiko, dass eine Strategie scheitert.

> Verletzt man den Grundsatz der gründlichen Vorbereitung, so erhöht sich das Risiko, dass eine Strategie scheitert.

5 Tugend

Auch dies ist in erster Linie ein fernöstliches Konzept, obwohl Machiavelli den Begriff *virtú* in einer etwas anderen Bedeutung einführt. Sowohl Daoisten als auch Buddhisten waren überzeugt davon, dass innere Tugend ein erfolgskritischer Faktor ist, und auch Miyamoto und Yamamoto betrachten die innere Stärke und das Pflichtgefühl als unabdingbare Ideale.

Muss man tugendhaft sein, um Erfolg zu haben? Wie wir in Kapitel 9 sehen werden, gehen wirtschaftlicher Erfolg und ethisches Verhalten nicht immer Hand in Hand. Aber Tugend in diesem Sinne sollte nicht unbedingt anhand von Kriterien wie »richtig« oder »falsch« gemessen werden, sondern vielmehr als innere Ruhe oder Kraft verstanden werden, auf die man sich in Krisenzeiten stützen kann. Das ist primär eine persönliche Eigenschaft, doch kann »Tugend« auch als organisatorischer Begriff verstanden werden. Arbeitsmoral und Korpsgeist sind Ausprägungen dieser Tugend und tragen wesentlich dazu bei, dass eine Organisation ihre Ziele nicht aus den Augen verliert. Andrew Grove, der frühere CEO und heutige Chairman von Intel, schrieb über »strategische Flexionspunkte«, wie er es nannte: Krisenzeiten und Paradigmenwechsel, bei denen der Erfolg von allen Ressourcen einer Organisation abhängt. Er beschreibt den Weg durch einen strategischen Flexionspunkt als »Marsch durch das Tal des Todes«. Voraussetzungen für den Erfolg der Organisation sind hier Beharrlichkeit und Stärke.

10 Flexibilität

Clausewitz und nach ihm Moltke erörterten das Konzept der Friktion, die Häufung unvorhergesehener Umstände, die eine Strategie unweigerlich aus der Bahn werfen. Andere westliche Autoren wie Friedrich der Große und Machiavelli weisen darauf hin, dass Flexibilität unerlässlich ist, ebenso wie Sunzi und Miyamoto im Osten. Das *Daodejing* beleuchtet dieses Thema von einer anderen Warte aus, indem es darauf hinweist, dass es Zeiten zum Handeln gibt, und andere, in denen man lieber nichts tun sollte.

Einfach ausgedrückt kann eine flexible Organisation ihre Strategie an neue Umstände anpassen, ohne ihre Ziele aus den Augen zu verlieren. Mangelnde Flexibilität führt dazu, dass eine Organisation entweder von ihrem Kurs abkommt, da sie sich abmüht, auf neue Ereignisse zu reagieren, oder ihre Ziele so lange hartnäckig und ohne jede Anpassung verfolgt, bis die Widrigkeiten im Umfeld ein Niveau erreicht haben, das sie zum Aufgeben zwingt. Flexibilität ist größtenteils eine organisatorische Frage – aber nicht nur. Auch Strategien und Pläne müssen flexibel sein; es besteht immer die Gefahr, dass Pläne zu einer Art Zwangsjacke werden, Eigeninitiative ersticken und es unmöglich machen, Chancen zu ergreifen. Für Machiavelli gehörte die Fähigkeit, sich *fortuna* zunutze zu machen, zu den größten strategischen Vorteilen, die eine Organisation oder eine Führungspersönlichkeit besitzen können.

11 Dem Gegner den eigenen Willen aufzwingen

Auch dies ist ein zentrales Konzept im strategischen Denken Sunzis. Die Kehrseite der Medaille – Durchkreuzen der Pläne des Feindes – war Fabius Maximus' große Leistung im Krieg gegen Hannibal. Auf allgemeinerer Ebene besagt dieser Grundsatz, dass Organisationen stets versuchen sollen, Wettbewerb auf einer von ihnen selbst gewählten Basis mit den von ihnen gewählten Mitteln zu betreiben, und es vermeiden sollten, sich den Stärken des Gegners frontal zu stellen. Wenn beispielsweise eine Konkurrenzmarke eine groß angelegte Werbekampagne lanciert, könnte eine strategische Option darin bestehen, die eigene Marke mit noch mehr Werbung zu stützen; es könnte jedoch wirksamer sein, weniger Werbung zu betreiben und auf andere Formen der Verkaufsförderung zu setzen, die das Profil der Marke ebenso wirkungsvoll schärfen und mit einem geringeren Kostenaufwand verbunden sind. Planer und Analysten müssen ständig nach

Schwachpunkten der Konkurrenz Ausschau halten und Mittel und Wege suchen, sich diese zunutze zu machen. Hier geraten »allgemeine Strategien« wie die von Michael Porter propagierten ins Straucheln. Es genügt nämlich nicht, im Elfenbeinturm zu entscheiden, welche Strategie man selbst umsetzen möchte – auch die Strategien anderer Wettbewerber müssen berücksichtigt werden.

12 Einsatz von Kriegslisten und Täuschungsmanövern

Sunzi und viele andere chinesische Strategen nach ihm hielten den Einsatz von Listen und geheimen Ränken für legitim, sofern das Endziel sie erforderlich macht. Machiavelli bringt ganz ähnliche Argumente vor. Diese Einstellung galt in der chinesischen Kultur als akzeptabel, nicht aber im Westen, wo man Täuschungsmanöver in größerem Stil missbilligt.

Aus offensichtlichen rechtlichen, moralischen und ethischen Gründen sind viele Listen falsch und sollten nicht eingesetzt werden. Allerdings ist es durchaus eine Überlegung wert, ob nicht vielleicht harmlose Täuschungsmanöver eingesetzt werden sollten, um die wahren Absichten im Wettbewerbsumfeld zumindest vorübergehend zu verbergen. Das ist kein »Betrug«, ebenso wenig wie ein Pokerspieler mogelt, wenn er im Spiel seinem Gegner nicht alle seine Karten zeigt. Der Gegner mag sich beklagen, wenn er verliert, aber das ist dann sein Problem.

13 Schnelligkeit und Überraschungsmomente

Sunzi zufolge sollte eine Armee sich schnell an die Umsetzung ihrer Ziele machen, sobald die Vorbereitungen abgeschlossen sind. Auch Machiavelli vertrat eine ähnliche Meinung. Ihre Theorien setzte Moltke in die Praxis um. Sunzi war auch davon überzeugt, dass man den Gegner überraschen müsse; er sollte nicht vorgewarnt sein. Buddhistische Lehrmeister wie Lingi setzten Überraschungsmomente regelmäßig als Taktik ein, um eine Reaktion hervorzurufen. Schnelles Handeln überrascht gewöhnlich immer und wird mit Entschlossenheit gleichgesetzt; es hat somit auch eine starke demoralisierende Wirkung auf den Gegner.

> Obwohl bisweilen langsames, bedächtiges Vorgehen erforderlich ist, führt die zögerliche Umsetzung einer Strategie zu einer höheren Friktion und gibt Wettbewerbern mehr Zeit zu reagieren.

Obwohl bisweilen langsames, bedächtiges Vorgehen erforderlich ist, führt die zögerliche Umsetzung einer Strategie zu einer höheren Friktion und gibt Wettbewerbern mehr Zeit zu reagieren. Rasches Handeln ist zumeist billiger und effektiver und demoralisiert nicht nur die Konkurrenten, sondern kann auch die Moral in der eigenen Organisation heben. Nichts bestärkt Mitarbeiter mehr als ein Erfolg.

Fazit

Die vorstehenden Erläuterungen sollen keineswegs ein vollständiges Bild von Strategie liefern. Dieses Kapitel sollte aufzeigen, dass der Blick zurück auf die Wurzeln der Strategie breitere und tiefere Einblicke in das Wesen der Strategie selbst verschafft. Strategie ist einfach und komplex zugleich – beziehungsweise in den Worten von Clausewitz: Es ist alles in der Strategie sehr einfach, aber das Einfachste ist schwierig. Einfach betrachtet, geht es in der Strategie darum, sich ein Ziel zu stecken und alle Energien und Ressourcen auf seine Erreichung zu konzentrieren. Im kompliziertesten Fall beinhaltet die Strategie nicht nur alle Versuche, die Organisation auf Kurs zu halten und sicherzustellen, dass alle ihre Teile gemeinsam auf das Ziel hinarbeiten, sondern auch die Tatsache zu berücksichtigen, dass Strategien stets in dynamischen Situationen umgesetzt werden, dass mit Sicherheit unerwartete Reibungen auftreten und auch Wettbewerber und Rivalen ihre strategischen Pläne realisieren wollen, die im Gegensatz zu den eigenen stehen. Strategien sind relativ leicht zu formulieren, aber es ist die Hölle, sie umzusetzen.

Allgemeine Strategien oder spezifische »Geschäftsstrategien« bergen von Haus aus Gefahren in sich. Wie die Beispiele aus der Geschichte zeigen, ist es weitaus sicherer, strategische Grundprinzipien herauszuarbeiten, die sich schon in der Vergangenheit in der Praxis bewährt haben, und dann auf deren Grundlage eine Strategie auszuarbeiten, die einerseits diesen Grundprinzipien und andererseits auch den eigenen Zielen und Anforderungen Rechnung trägt. Dies mag ein intuitiver Ad-hoc-Ansatz für strategische Fragestellungen sein, aber ein besserer Weg ist bisher nicht gefunden worden.

Kapitel 8
Die Suche nach der besten aller möglichen Welten[1]

Freude an der Arbeit entsteht in erster Linie durch die Erfahrung von guter Führung, Leistung, persönlichem Fortschritt, Sicherheit und Teamarbeit. Offensichtlich geht die Verantwortung für eine intelligente Führung, die diese Dinge ermöglicht, weit über die Personalabteilung hinaus.

Henry Post Dutton

Die größten Veränderungen in der Wirtschaft in den letzten Jahrhunderten fanden nicht auf ökonomischer, sondern auf sozialer Ebene statt. In Westeuropa und später auch in den Vereinigten Staaten und Japan haben eine Vielzahl von Faktoren – technische Entwicklungen, Wachstum und zunehmende Vielfalt der Märkte, Schwerpunktverlagerung auf Großkonzerne, fortschreitende Arbeitsteilung und vor allem ein umfassenderer Wandel in den kulturellen Werten und in der Lebensweise – die Beziehung zwischen den Menschen und ihrer Arbeit verändert. Diese mit der protestantischen Reformation im sechzehnten Jahrhundert beginnenden und von der Industriellen Revolution stark beschleunigten Umbrüche wurden anfangs nicht allgemein als solche erkannt. Als Karl Marx und seine Genossen von der Sozialistischen Internationalen die Sachlage zu analysieren begannen und ihre Lösungen anboten, standen die Konflikte mit den Arbeitnehmern kurz vor einer Explosion, und die Bemühungen der Politiker und Vertreter der Wirtschaft, die Arbeiterfrage gewaltsam zu lösen, ähnelte dem Entzünden eines Streichholzes in einer Feuerwerksfabrik. Die nachfolgende Krise betraf weit mehr als nur die Arbeitsplätze. Die Behauptung, dass die exzessive Arbeitsteilung am einsamen Tod des russischen Zaren und seiner Familie in Sibirien schuld sei, mag zwar übertrieben erscheinen, aber es besteht doch eine gewisse Kausalbeziehung.

Als Antwort auf diese Krise wurden im zwanzigsten Jahrhundert eine neue Managementdisziplin und neue Praktiken entwickelt. Dieses Fachgebiet wurde zunächst Arbeitsmanagement, später dann Personalmanagement oder zuletzt auch, in Anlehnung an den englischen Begriff »Human Resources«, HR-Management genannt (da der Begriff »Humankapital«

immer mehr in Mode kommt, wird wohl schon bald vom Humankapital-Management die Rede sein). Es handelte sich dabei um einen Versuch der Führungskräfte, sich ganz spezifisch auf die Probleme der Belegschaft und des Managements von Menschen am Arbeitsplatz zu konzentrieren. Als solche waren diese Bestrebungen lobenswert und trugen zweifellos einiges dazu bei, die unzähligen Probleme aus der Welt zu schaffen, die aufgetreten waren. Selbst zur damaligen Zeit warnten jedoch Managementautoren wie der oben zitierte Henry Post Dutton, dass die Verantwortung für das Personalmanagement weit über die Personalabteilung hinausgehen müsse; die Beziehung zu den Mitarbeitern sei die Verantwortung aller Führungskräfte, und die Personalabteilung sei lediglich ein Instrument, das dafür sorge, dass Personalführung besser organisiert und effizienter durchgeführt werde.

In unserer Zeit ist Personalmanagement zu einem hochspezialisierten Feld mit eigener Theorie und Praxis geworden. Gleichzeitig setzen sich Teammanagement und Gruppenarbeit immer mehr durch. Wenn diese Methoden der Zusammenarbeit aber langfristig erfolgreich sein sollen, so müssen Personalführungspraktiken noch weitaus größere Verbreitung finden. Jeder Gruppenleiter, jeder Teamchef ist zum Teil auch Personalmanager. Es wurde argumentiert (in manchen Fällen sehr leidenschaftlich), dass Personalmanager ihren Elfenbeinturm verlassen und eine direktere Zusammenarbeit mit den übrigen Führungskräften anstreben sollten. An dieser Auseinandersetzung möchte ich mich hier nicht beteiligen. Vielmehr möchte ich darauf hinweisen, dass Manager, die mehr über Personalführung wissen möchten, viele nützliche Erkenntnisse gewinnen können, indem sie sich ansehen, wie und warum das Personalmanagement überhaupt entstand.

Die Bemühungen des Personalmanagements drehen sich um Ursache und Wirkung. Solange die Beziehungen am Arbeitsplatz harmonisch und die Arbeiter zufrieden waren – oder zumindest den Anschein der Zufriedenheit erweckten – waren nicht viele spezifische Personalführungsmethoden erforderlich. Die wenigen existierenden Praktiken wurden von Familienbanden, Gebräuchen und persönlichen Wertvorstellungen bestimmt. Als dann die Probleme hinsichtlich der Mitarbeitereffizienz und die Arbeiterunruhen zunahmen, stand das Management vor einer Herausforderung, auf die es mit einem systematischeren Ansatz als bisher reagieren musste. In diesem Kapitel werden wir sehen, wie diese Herausforderung entstand und wie sich das Management damit auseinander setzte.

> Jeder Gruppenleiter und jeder Teamchef ist zum Teil auch Personalmanager.

Management von Angesicht zu Angesicht

In der frühesten und am weitest verbreiteten Form der Unternehmensorganisation, dem Familienbetrieb, waren die Beziehungen zu Mitarbeitern größtenteils von persönlichen Kontakten geprägt. Loyalität und Vertrauen hielten diese Firmen zusammen. Bezahlte Arbeitskräfte, die keine Blutsverwandten des Firmeninhabers waren, wurden dennoch wie Familienmitglieder behandelt. Als Austausch für ihren Lohn waren sie dem Firmeninhaber zur Loyalität verpflichtet. Der Firmenchef betrachtete es als sein Vorrecht, am Arbeitsplatz die Richtung vorzugeben, und war – wie allgemein anerkannt wurde – auch berechtigt, Mitarbeiter um die Übernahme von Sonderaufgaben wie Überstunden zu bitten.

Im Gegenzug schuldete er seinen Arbeitern eine Fürsorgepflicht. In vielen Familienunternehmen wurde vom Firmeninhaber erwartet, dass er Verantwortung für das Familien- und Privatleben seiner Arbeiter übernahm. Das findet man noch heute in chinesischen Familienbetrieben, insbesondere in Südostasien, wo Angestellte nicht selten ihre Manager bitten, ihnen bei der Lösung familiärer oder persönlicher Probleme zu helfen, und allgemein akzeptiert ist, dass Angestellte das Recht haben, ihre Chefs zu Hause oder selbst an ansonsten sakrosankten Orten wie dem Golfplatz zu besuchen. Die gleiche Ethik herrschte auch lange Zeit in japanischen Unternehmen vor, wo Unternehmer alter Schule wie Matsushita Konosuke den Arbeitern zu verstehen gaben, dass sie sich als Teil der Familie fühlen sollten. Erst in jüngster Zeit schwächen die sich wandelnden sozialen Werte in Japan allmählich die familiären Bande zwischen Arbeitgebern und Arbeitnehmern.

Sakuma Teiichi

Der 1848 in der Nähe von Tokio geborene Sakuma stammte aus einer Samurai-Familie im Dienste des Shogun. Als junger Mann kämpfte er in den Armeen des Shoguns gegen die Truppen des wieder eingesetzten Meiji-Kaisers. Nach dem Krieg und dem Fall der Shogun-Herrschaft wurde Sakuma zum Geschäftsmann, gründete eine Druckerei und expandierte schließlich ins Verlagswesen. Seine Unternehmen waren äußerst erfolgreich, und Sakuma diversifizierte später in die Bereiche Versicherung und Bankwesen. Sakuma erkannte als einer der ersten Unternehmer, dass sich der traditionelle Paternalismus nicht gut für die sich verändernden Rahmenbedingungen eignete. Obwohl er Großunternehmer war, unterstützte er daher frühzeitig Gewerkschaften (zur Bestürzung anderer japanischer Industrieller). Er förderte die gewerkschaftliche Organisation seiner Druckerei und war später auch Sponsor des landesweiten Gewerkschaftsverbands. Sakuma wird manchmal der ›japanische Robert Owen‹ genannt.[2]

Von einem Arbeitgeber wurde selbstverständlich auch erwartet, dass er sich um seine Schutzbefohlenen kümmerte, wenn diese krank, alt oder gebrechlich wurden. Überbleibsel dieses Systems sind auch heute noch zu finden. Bei den Pächtern vieler großer Landgüter in Großbritannien gehört die Unterkunft noch heute zu ihrem Vergütungspaket; sie dürfen normalerweise nach ihrer Pensionierung in ihrem Haus auf dem Gutsgrund bleiben. Für ehemalige Bedienstete und ihre Angehörigen werden Renten bezahlt. Diese Vorgehensweise ist zwar keineswegs generell vorgeschrieben, wird aber in der Praxis akzeptiert, und wenn ein Grundbesitzer dieser Pflicht seinen Pächtern gegenüber nicht nachkommt, werden ihm seine Nachbarn die kalte Schulter zeigen. Ein weiteres, ganz anders geartetes Relikt existiert in China. Nach 1949 unternahm Mao Tse-tung bewusst den Versuch, die im Konfuzianismus begründete Loyalität der Familie gegenüber aufzubrechen, die in der chinesischen Kultur vorherrschte, und sie durch treue Ergebenheit zur Kommunistischen Partei zu ersetzen. Diesen Punkt unterstrich die Partei, indem sie viele der Funktionen des Familienbetriebs übernahm, darunter die Bereitstellung von Wohnungen, Bildungsangebote, Pensionen und medizinische Versorgung. In manchen Fällen erhielten die Arbeiter sogar Mahlzeiten. Dieses Sozialnetz »von der Wiege bis zur Bahre« wird »Eiserne Reisschüssel« genannt, und die Tatsache, dass es in vielen Staatsbetrieben so tief verwurzelt ist, steht Wirtschaftsreformen nach wie vor im Wege.

> Chinas Sozialnetz »von der Wiege bis zur Bahre« wird »Eiserne Reisschüssel« genannt, und die Tatsache, dass es in vielen Staatsbetrieben so tief verwurzelt ist, steht Wirtschaftsreformen nach wie vor im Wege.

Eine andere wichtige Form der Unternehmensorganisation, die Bürokratie, legte eine weitaus formellere und ritualisierte Beziehung zwischen Managern und Arbeitern fest. In manchen Fällen betrachteten die Beschäftigten ihre Arbeit als religiöse Pflicht, etwa in den Tempelbürokratien Ägyptens oder Phöniziens. In anderen waren sie dem König oder Kaiser, für den sie arbeiteten, zu persönlicher Treue verpflichtet. Höher entwickelte Bürokratien stilisierten Loyalität zu einem höheren Ideal. In Kautilyas Indien sahen sich die Bürokraten des Mauryanischen Reichs als Hüter des *dharma*, der heiligen Regeln und Gebräuche, die nicht nur die Gesellschaft, sondern auch das ganze Universum regierten. Im römischen Kaiserreich waren Beamte nicht nur dem Kaiser, sondern auch den Göttern und zunehmend auch der Stadt Rom als unwandelbarem, ewigem und von den Göttern geweihtem Ideal verpflichtet. In England könnte das Entstehen einer effektiven Regierung und Verwaltung im zwölften und dreizehnten Jahrhundert teilweise darauf zurückzuführen sein, dass dort – im Gegensatz zu anderen europäischen Ländern – der König kein absoluter Herrscher war, sondern in gewisser Hinsicht mit der Zustimmung seines Volkes regierte. Könige kamen und gingen, aber die Regierung musste weiterlaufen. (Später sollte Charles I. versuchen, sich über die Auffassung hinwegzusetzen und auf sein göttliches Recht zu pochen. Es kostete ihn den Kopf.)

In einer Bürokratie waren die Loyalitätsbande in der Regel recht einseitig. Während Familienunternehmen damals (wie heute) davor zurückschreckten, Mitarbeiter einfach auf die Straße zu setzen, und Verhandlungen, Schlichtung, Zuweisung anderer Aufgaben oder andere Problemlösungsmaßnahmen vorzogen, ist eine Bürokratie hier rücksichtsloser: Wer seinen Pflichten nicht nachkommt, wird hinausgeworfen. Zumindest gilt das in der Theorie: Die meisten Untersuchungen von Bürokratien haben ergeben, dass ihre Mitglieder im Laufe der Zeit eine stammesähnliche Loyalität entwickeln, so dass es in der Praxis nahezu unmöglich sein kann, einen Beamten zu entlassen. Hier handelt es sich jedoch um einen Verteidigungsmechanismus, den die Mitglieder von Bürokratien allmählich entwickeln; faktisch ist dies ihre Reaktion auf die Tatsache, dass von Bürokratien wenig oder keine Loyalität ihren Beschäftigten gegenüber erwartet wird. Obwohl dieser kollektive Abwehrmechanismus ein Kennzeichen einer Bürokratie ist, kann man ihn nicht als Bestandteil der bürokratischen Struktur an sich betrachten.

In den meisten Unternehmen und ähnlichen Organisationen waren handwerkliche Fähigkeiten gefragt, Arbeitsteilung fand nur begrenzt statt, und Mitarbeiter waren vielseitig qualifiziert und konnten eine breite Palette unterschiedlicher Aufgaben übernehmen. Dies galt nicht nur für die Herstellung von Konsumgütern wie Möbeln und Schuhen, sondern gleichermaßen für Regierung und Verwaltung; in Kapitel 5 sahen wir, dass Verwalter im mittelalterlichen England wie Hubert Walter in der Lage sein mussten, Buchprüfungs- und Steuerbüros zu leiten, Recht zu sprechen, diplomatische Verhandlungen zu führen und nötigenfalls auch ein Schwert gegen die Ungläubigen zu erheben. Ein Manager war daher auch entsprechend flexibler. Die meisten Organisationen waren klein, und Manager und Mitarbeiter hatten persönliche Beziehungen zueinander, doch das ist nur ein Teil der ganzen Wahrheit. Selbst in großen Organisationen wie der Medici-Bank, die in ganz Westeuropa und im Mittelmeer tätig war, konnten dank der organisatorischen Flexibilität Beziehungen zu Mitarbeitern ad hoc und auf persönlicher Basis gepflegt werden.

Teilweise ist der Erfolg der damaligen Personalführung auch auf allgemeine ethische Wertvorstellungen zurückzuführen, die bis zum sechzehnten Jahrhundert in fast allen Kulturen auf der Welt zu finden waren. Die Menschen lebten und arbeiteten nicht allein für sich, sondern waren Teil einer Gemeinschaft, und ungeachtet ihres Ranges und ihrer sozialen Stellung waren sie der Allgemeinheit verpflichtet. Natürlich schlossen sich viele Menschen dieser Überzeugung nicht an, doch galt eine solche Einstellung im Allgemeinen als soziale Verirrung. Trotz zahlreicher Ausnahmen funktionierte das System insgesamt.

Diese Ausnahmen waren vor allem in Branchen zu beobachten, in denen groß angelegte Organisationen und Arbeitsteilung nötig waren. An allererster Stelle stand hier die Textilindustrie, in der noch vor der Mechanisierung sechzehn verschiedene Prozesse erforderlich waren, von denen viele nur von spezialisierten Handwerkern ausgeführt werden konnten. In diesen Branchen fühlten sich die Arbeiter am ehesten von ihren Arbeitgebern entfremdet (um die marxistische Terminologie zu verwenden), und die Wahrscheinlichkeit, dass sie sich mit den Interessen der Unternehmer identifizierten, war weniger hoch. Zugleich war infolge der größeren Distanz die väterliche Fürsorge der Unternehmer entweder überhaupt nicht vorhanden oder verpuffte wirkungslos. Die große und gut organisierte Gruppe der Weber führte viele der größeren mittelalterlichen Arbeiterunruhen in Industriezentren wie Flandern oder Norditalien an.

Der Geist des Kapitalismus

Im sechzehnten Jahrhundert stellte die protestantische Reformation in Nordeuropa diese Ethik in Frage und führte letztendlich zu ihrem Niedergang, insbesondere in der westlichen Welt. Max Weber, der von manchen als Vater der modernen Soziologie betrachtet wird, bezeichnete in seinem 1905 veröffentlichten Werk *Die protestantische Ethik und der Geist des Kapitalismus* die Reformation als entscheidenden Wendepunkt in Richtung einer Betonung von Eigeninteressen und Selbstbestimmung. Die Frühformen der protestantischen Lehre, die von Martin Luther und John Calvin gepredigt worden waren, besaßen Weber zufolge noch ethische Sicherheitsmechanismen, um einen übermäßigen Eigennutz einzudämmen. Im achtzehnten Jahrhundert begannen diese Dämme jedoch zu brechen. Weber, der trotz seiner im Allgemeinen aufgeklärten Haltung im Endeffekt die alte europäische Ordnung verteidigte, gab Amerika die Schuld daran. Der Geist der Freiheit und die Autonomie, ohne die amerikanische Pioniere nicht überleben konnten, leisteten seiner Ansicht nach dem Egoismus Vorschub, und Weber zitiert hier Benjamin Franklin als denjenigen, der den Ausspruch »Zeit ist Geld« prägte. In der kapitalistischen Ethik war Weber zufolge Geldverdienen kein Mittel zur Erreichung höherer Ziele mehr, sondern Selbstzweck. Die Anhäufung von Wohlstand beschränkte sich nicht mehr nur auf einige wenige, sondern wurde zu einem der zentralen ethischen und sozialen Werte der neuen Gesellschaft, in der jeder Mensch Reichtum anstrebte und von Wohlstand träumte.

> In der kapitalistischen Ethik war Weber zufolge Geldverdienen kein Mittel zur Erreichung höherer Ziele mehr, sondern Selbstzweck.

Weber übertreibt (Menschen wollten schon *immer* reich werden), doch hat er insofern Recht, als Geldverdienen nicht einfach nur akzeptabler wurde, sondern eine eigenständige Tugend. Dies belegen in gewisser Hinsicht die auf schnelle Reichtümer abzielenden Spekulationen auf dem holländischen Tulpenmarkt und später dann die Mississippi- und Südsee-Schwindel. Im achtzehnten Jahrhundert hatte Adam Smith Eigeninteressen als Kernelement eines Großteils der geschäftlichen Tätigkeiten definiert, und bereits vor ihm warnte Josiah Tucker davor, dass »Eigenliebe« den Keim zu Konflikten am

---

Josiah Tucker

Tucker wurde 1713 in Wales geboren und wählte die geistliche Laufbahn aus. Die letzten dreißig Jahre seines Lebens verbrachte er als Dekan von Gloucester. Er war ein einigermaßen bedeutender Ökonom, und seine Abhandlung *The Elements of Commerce, and Theory of Taxes* (1755) wurde von Adam Smith gelesen und beeinflusste dessen Theorien. Tucker bewunderte und verteidigte Händler und Geschäftsleute: Er prägte als erster die Bezeichnung »eine Nation von Ladenbesitzern«, und während sie Napoleon Bonaparte später als Beleidigung benutzte, verstand sie Tucker als Kompliment.

Ein Tucker beschriebenes Grundkonzept ist die »Eigenliebe«. Grob definiert ist dies die motivierende Kraft, die Menschen dazu bringt, durch wirtschaftliche Aktivitäten Wohlstand und persönlichen Nutzen anzustreben. Kaufmännische Aktivitäten sind Tucker zufolge auf Eigenliebe zurückzuführen, die Adam Smith in »Eigeninteressen« umbenannte und die später von Ökonomen als Gewinnmotiv des Unternehmers bezeichnet wurde. Generell trägt Eigenliebe zum Wohl der Allgemeinheit bei, da sie Menschen dazu bewegt, gewerbliche Aktivitäten in Angriff zu nehmen, die das Volk und die Nation reicher machen. Allerdings würden sowohl Arbeiter als auch Unternehmer von Eigenliebe motiviert. Daraus könnten sich Interessenkonflikte ergeben, mit entsprechenden Spannungen zwischen den Parteien, wenn jede von ihnen versucht, ihre eigenen Interessen auf Kosten der anderen durchzusetzen. Diese Passage fiel später Karl Marx auf und beeinflusste seine Thesen zur Beziehung zwischen Kapitalisten und Proletariat.

Arbeitsplatz in sich trage. Die Industrielle Revolution, die in den frühen siebziger Jahren des achtzehnten Jahrhunderts, als Smith *Der Wohlstand der Nationen* schrieb, noch in den Kinderschuhen steckte, beschleunigte diesen Prozess. Die neue Gruppe der Fabrikinhaber verdiente Geld in einem Umfang und Tempo, an das erst Softwareunternehmer des ausgehenden zwanzigsten Jahrhunderts wieder anknüpfen konnten (und im Gegensatz zu den Dotcom-Unternehmern existierte ihr Reichtum nicht nur auf dem Papier). Über das persönliche Vermögen von Richard Arkwright gibt es keine verlässlichen Aufzeichnungen, aber es steht fest, dass aus einem am Rande des Bankrotts dahinschlitternden Barbier und Gastwirt in ungefähr 15 Jahren einer der vier oder fünf reichsten Männer Englands wurde.

Arkwright selbst war nicht besser oder schlechter als der durchschnittliche Fabrikeigentümer, und die Industrielle Revolution brachte einige herausragende Beispiele für gute Personalführung hervor, allen voran Samuel Oldknow und Robert Owen (über die wir später noch mehr hören werden). Aber es gab auch viele andere, die diesen Standard nicht erreichten. Die damaligen Industriellen in Großbritannien, Europa und später auch in Amerika fühlten sich nicht mehr persönlich für ihre Arbeiternehmer verantwortlich. Im Arbeitsmanagement ging es um Effizienz; Arbeitskräfte wurden jetzt allein an dem Nutzen gemessen, den man aus ihnen ziehen konnte. In der Praxis führte dies zur Einstellung einer großen Zahl ungeschulter Männer, Frauen und Kinder, die dann »angetrieben« oder gezwungen wurden, einen möglichst hohen Ausstoß zu produzieren.

Anfang und Mitte des neunzehnten Jahrhunderts waren die Arbeitsbedingungen so schlecht, dass die Menschen in den Industrienationen buchstäblich zu schrumpfen begannen: Archäologische Proben aus exhumierten Skeletten zeigen, dass Arbeiter und ihre Familien zur damaligen Zeit im Durchschnitt um mehrere Zentimeter kleiner waren als die mittelalterlichen Bauern; Grund dafür waren schlechte Ernährung, unzureichende hygienische Bedingungen und mangelnde medizinische Versorgung. Gesetze wie die Beschränkung der Kinderarbeit und die Festlegung von maximalen Arbeitszeiten verschafften im weiteren Verlauf des neunzehnten Jahrhunderts zwar etwas Abhilfe, aber dies reichte nicht aus: Gegen 1880 führten die Kombination aus schlechten Arbeitsbedingungen und fehlender Arbeitsplatzsicherheit und der Aufstieg revolutionärer Doktrine wie Marxismus, Anarchismus und Syndikalismus zu weit reichenden Arbeiterunruhen. Weitere Produktionszuwächse wurden nicht mehr erzielt – die meisten Unternehmen hatten ihre Arbeiter bereits bis an ihre Grenzen ausgepresst – und es kam manchen so vor, als wäre das gesamte industrielle Projekt in Gefahr.

Ab 1880 herrschten am Arbeitsplatz zunehmend Konfrontationen und Gewalt vor. Streiks waren blutig, insbesondere in den Vereinigten Staaten, wo Arbeiter und Polizei offenbar gut mit Handfeuerwaffen ausgestattet waren: Wenn die Polizei ihre Maschinengewehre auspackte, brachen Streikende in örtliche Militärarsenale ein und rollten Kanonen heraus. Todesfälle waren an der Tagesordnung, wie beim Streik in Carnegies Stahlfabrik in Homestead im Jahr 1892 oder während des Pullman-Streiks 1893. Gute Führungskräfte versuchten, gute Beziehungen zu ihren Beschäftigten zu pflegen, doch machten ihnen dabei ihre Untergebenen häufig einen Strich durch die Rechnung. Der Automobilhersteller John North Willys war stolz auf die guten Beziehungen zu seinen Arbeitern in seiner Fabrik in Toledo im US-Bundesstaat Ohio, doch als Willys nach New York ging, um dort eine Tochtergesellschaft aufzubauen, verschlechterten sich diese Beziehungen rapide und nicht einmal ein Jahr nach seinem Weggang wurde Toledo durch einen brutalen Streik gelähmt. Daniel Guggenheim, dessen Bergwerksunternehmen ASARCO in seinen Anfangsjahren vor dem Ersten Weltkrieg von Streiks erschüttert wurde, die Bergleutegemeinden an den Rand der Anarchie brachten, da bewaffnete Kumpel und Sicherheitspersonal einander auf

> Gute Führungskräfte versuchten, gute Beziehungen zu ihren Beschäftigten zu pflegen, doch machten ihnen dabei ihre Untergebenen häufig einen Strich durch die Rechnung.

Daniel Guggenheim

Guggenheim wurde 1856 in Philadelphia geboren, trat in den Spitzenimporthandel seines Vaters ein und verbrachte einige Jahre als Einkäufer in der Schweiz. Nach 1870 diversifizierte das Unternehmen in den Silber- und Bleibergbau im Westen Amerikas. Nach der Übernahme der Gesellschaft von seinem Vater expandierte Guggenheim seine Aktivitäten deutlich, erschloss mehrere Minen, gründete Schmelzhütten und handelte eine sehr profitable Kupferkonzession in Mexiko aus.
1899 nahm er in dem von J.P. Morgan finanzierten Bergwerks- und Schmelzunternehmen ASARCO die Zügel in die Hand und wurde dadurch zum größten Bergwerksbesitzer der Welt. In den nächsten zehn Jahren wurde sein Unternehmen von blutigen Streiks erschüttert. Guggenheim war zunächst für den Einsatz von Gewalt gegen die Streikenden, änderte dann jedoch seine Meinung. 1915 versetzte er die United States Industrial Relations Commission, vor der er aussagte, mit der Erklärung in Erstaunen, dass seine Arbeiter Recht hätten, wenn sie sich gewerkschaftlich organisierten, weil viele Kapitalisten ihre Beschäftigten zu willkürlich behandelten.

»Der Unterschied zwischen Reich und Arm ist heute zu groß. Die Lösung dieses Problems ist zu schwierig, als dass der Staat oder der Arbeitgeber dies allein bewerkstelligen könnte. Es sollten in dieser Hinsicht konzertierte Maßnahmen umgesetzt werden, an denen die Bundesregierung, die einzelnen Bundesstaaten sowie Arbeitgeber und Arbeitnehmer mitwirken. Die Menschen wollen mehr Komfort – mehr Luxusgüter. Sie haben ein Recht darauf. Das sage ich, weil die Menschheit ihnen das schuldet.«

Die Suche nach der besten aller möglichen Welten

den Straßen nachstellten und sich gegenseitig umbrachten, warf praktisch das Handtuch und bat die Regierung, zum Schutz der Arbeiter in den Arbeitsmarkt einzugreifen. Im Grunde gab Guggenheim zu, dass die Arbeiter häufig für eine gerechte Sache kämpften, er aber seine eigenen Manager nicht unter Kontrolle hatte.

Eine Hauptursache für dieses Problem war die weitverbreitete Aufkündigung des Sozialvertrages zwischen Arbeitgebern und Arbeitnehmern, doch spielte auch die zunehmende Arbeitsteilung eine Rolle. Von Systemen mit ausgeprägter Arbeitsteilung wurde gemeinhin angenommen, dass dafür weniger qualifizierte, ungelernte Arbeitskräfte benötigt wurden: Es sei leichter, eine Maschine zu bedienen, die Ledersohlen ausstanzte, als einen ganzen Schuh herzustellen. Dies führte zu dem Prozess, der von modernen politischen Ökonomen gerne als »Entqualifizierung« bezeichnet wird: Aufgaben wurden in immer kleinere Arbeitsschritte zerlegt, die jeweils einem Arbeiter zugewiesen wurden, dessen einzige Funktion darin bestand, diese eine Aufgabe zu erfüllen. Dabei entstanden jedoch zwei Probleme. Wie Marx es so treffend beschrieb, führte diese minutiöse Arbeitsteilung zu einer Entfremdung der Arbeiter von ihrer Arbeit. Wie kann man stolz auf das glänzende neue Automobil sein, das gerade vom Montageband rollt, wenn der einzige Beitrag, den man zu diesem Prozess leistete, darin bestand, eine einzige Mutter hinter dem Lenkrad festzuzurren? Insbesondere dann, wenn der Gewinn aus dem Verkauf des Fahrzeugs direkt in die Tasche eines Arbeitgebers wandert, der einem heute, morgen oder nächste Woche den Lohn kürzen oder einen plötzlich auf die Straße setzen kann? Diese fehlende Bindung wurde von Marx und mehr noch von seinem Kollegen Friedrich Engels, dem Kommunisten und Fuchsjagdliebhaber, geschickt ausgenutzt. Engels argumentierte, dass die Arbeiter nur dann wirkliche Sicherheit erleben könnten, wenn sie die Produktionsmittel kontrollierten.

Engels war auch einer von vielen Autoren, die kritisierten, dass Entqualifizierung der falsche Ansatz für eine Steigerung der Effizienz sei (und als Fabrikinhaber wusste er vermutlich, wovon er sprach). Faktisch gibt es keine Arbeit, für die man keinerlei Kenntnisse benötigt. Dies implizierte Adam Smith, als er einräumte, dass selbst niedere Tätigkeiten gewisse Fertigkeiten erforderten. Explizit wurde dies in den Werken des Ökonomen Nassau Senior nach 1820 angesprochen, der klarstellte, dass Arbeiter in den Tätigkeiten, für die sie verantwortlich waren, umfassend geschult und ausgebildet werden müssten. Es wurde überzeugend argumentiert, dass die Arbeitsteilung faktisch zur *Einengung* von Fähigkeiten führe, da die Bandbreite der Tätigkeiten, in denen Arbeiter ausgebildet werden mussten, geringer sei als zuvor. Gleichzeitig sei aber auch eine *Vertiefung* von Fähigkeiten erforderlich, da die Beschäftigten sich in diesem engen Aufgabenbereich ausnehmend gut auskennen mussten. Die neuen Industrieunternehmen mit ihren stark zergliederten Aufgaben waren derart komplex, dass bereits der Ausfall eines einzigen Teils einer Maschine das ganze Werk zum Stillstand bringen konnte. Jeder Arbeiter musste seine Rolle spielen, das System am Laufen halten und dafür sorgen, dass die Maschinen reibungslos produzierten. Um diese Anforderung effektiv erfüllen zu können, war ein hohes Qualifizierungsniveau erforderlich.

> Es wurde überzeugend argumentiert, dass die Arbeitsteilung faktisch zur *Verminderung* von Fähigkeiten führe, da die Bandbreite der Tätigkeiten, in denen Arbeiter ausgebildet werden mussten, geringer sei als zuvor.

Die Produktionskrise

Zwischen 1880 und 1900 waren Fabrikmanager in der rasant wachsenden amerikanischen Wirtschaft mit einem hartnäckigen Problem konfrontiert: Sie hatten ihre maximal möglichen Produktionsniveaus erreicht oder standen kurz davor. In vielen Sektoren begann die Produktivität wieder abzubröckeln. Die meisten Fabriken waren äußerst ineffizient und konzentrierten sich ausschließlich auf die Produktionsgeschwindigkeit und die Ausstoßmenge; die Verschwendung war extrem hoch, die personelle Überbesetzung weit verbreitet und die Produktionsqualität häufig sehr schlecht. Das Produktionsvolumen stand an erster Stelle, und solange die Fertigungsziele erfüllt wurden, waren nur wenige Manager an Methoden interessiert. Diese Ziele wurden aber immer öfter verfehlt, und aufmerksame Angehörige des Ingenieursberufs begannen, sich Lösungen auszudenken. 1886 hielt Henry R. Towne, der President und Mitbegründer der Yale Lock Company in Connecticut, vor der American Society of Mechanical Engineers eine Rede, in der er die Mitglieder dieses Maschinenbauerverbandes aufforderte, sich Ansätze zu überlegen, wie man Konstruktionswerkstätten systematisch und sogar nach wissenschaftlichen Grundsätzen organisieren könne. Townes Thesen wurden mit einem gewissen Widerstand aufgenommen – einige Mitglieder argumentierten anscheinend, dass Technik und Wissenschaft nichts miteinander zu tun hatten – aber im Endeffekt entschied der Verband, Townes Plan umzusetzen.

Towne glaubte, dass der Schlüssel zu Produktivitätssteigerungen in der Motivierung der Arbeiter lag. Außerdem bestünde die erste und offensichtlichste Motivationsmethode darin, Menschen ihrer Produktivität entsprechend zu bezahlen: Je mehr ein Arbeiter leistet, desto mehr verdient er. Towne sah die Lösung in der Einführung eines auf Produktivität beruhenden Bonussystems. Unternehmer in den Vereinigten Staaten und Großbritannien hatten bereits mit Akkordlöhnen herumexperimentiert, mit unterschiedlichen Ergebnissen. Dies lag im Allgemeinen daran, dass nach der erfolgreichen Einführung eines Akkordlohnsystems, wenn die Löhne der Arbeiter zu steigen begannen, die Arbeitgeber nur selten der Versuchung widerstehen konnten, die Tarife herabzusetzen. Unter dem Strich lief dies darauf hinaus, dass Arbeitgeber höhere Produktion und Gewinne verzeichneten, während die Arbeiter unter dem Strich für das gleiche Geld härter als zuvor arbeiten mussten.

Dieses Problem versuchte das neu eingeführte alternative System zu umgehen. Das erste stammte von Towne selbst, der 1889 einen so genannten »Zuwachsbeteiligungsplan« einführte. Hier handelte es sich im Grunde um eine Art Gewinnbeteiligungsplan, nur dass die Arbeiter Lohnsteigerungen erhielten, wenn die Kosten gesenkt werden konnten, nicht wenn Gewinne stiegen. Den zweiten, möglicherweise bekannteren Plan dachte sich ein weiterer amerikanischer Ingenieur namens Frederick Halsey aus. Sein »Prämienplan« sah zusätzliche Zahlungen für Arbeitnehmer vor, die ihre Aufgaben schneller erledigten. Eine Variante dieses Prämienplans, die unter der Bezeichnung »Rowan Plan« bekannt wurde, führte der Schiffsmotorenhersteller David Rowan & Co. kurze Zeit später in Glasgow ein.

Die Programme von Towne und Halsey wurden jeweils in Fabriken ausprobiert und führten zu positiven Ergebnissen in Form von höheren Löhnen und Produktivitätssteigerungen. Eines der gemeinsamen Merkmale der

---

Frederick Halsey

Heute mag Frederick Halsey weitgehend in Vergessenheit geraten sein, doch gehörte er einst zu den Architekten des Scientific Management. Er wurde 1856 in Unadilla im US-Bundesstaat New York geboren, studierte Maschinenbau an der Cornell University und arbeitete dann von 1880 bis 1894 mit einem Ingenieur bei der Rand Drill Company in den USA und Kanada. Danach ging er als Redakteur zur Zeitschrift *American Machinist* und wurde im Jahr 1907 zum Herausgeber dieser Publikation.

Sein »Prämienplan« war beliebt und wurde in Fabriken in den Vereinigten Staaten, Großbritannien und Deutschland eingeführt, bevor er allmählich dem von Taylor entwickelten Akkordlohnsystem weichen musste. Manche Beobachter sind der Ansicht, dass Halseys Konzept besser war. Allerdings verlor das System die Unterstützung und das Interesse seines Erfinders, der sich in seinen späteren Lebensjahren fast ausschließlich einer leidenschaftlichen Kampagne gegen das metrische System widmete.

verschiedenen Konzepte, die in den nächsten dreißig Jahren entstehen sollten, war die Tatsache, dass sie bei ihrer ersten Einführung, als sie noch vollen Neuheitswert besaßen und sorgfältig von ihren Erfindern überwacht wurden, alle gut funktionierten. Zumindest wurden Zahlenwerke produziert, die auf ein gutes Funktionieren hindeuteten. Dennoch setzten sich viele dieser Programme niemals durch. Bei den Ansätzen von Towne und Halsey waren die zur Festlegung der Prämienzahlungen nötigen Kalkulationen hoch komplex, und nur selten trauten sich Arbeitgeber und Arbeitnehmer gegenseitig genug, um ein solches System einzuführen. Das ständige Schreckgespenst der Beziehungen zwischen diesen beiden Parteien und die wechselseitige Angst, dass entweder die eine oder die andere Seite »zu viel bekam«, machte sich bereits bemerkbar.

Scientific Management und die Arbeiter

Die dritte Lösung entwickelte Frederick Winslow Taylor, als er von 1885 bis 1895 bei Midvale Steel Works in Philadelphia arbeitete. Bei diesem System handelte es sich zunächst um ein relativ einfaches Akkordlohnsystem, das Taylor erstmals im Juni 1895 auf einer Konferenz der American Society of Mechanical Engineers vorstellte. Taylors vorrangigstes Ziel bestand darin, ein einfacheres und anpassungsfähigeres Akkordlohnsystem zu entwickeln, das die Tarifsenkungsprobleme aus der Welt schaffen konnte. Dazu schlug Taylor vor, das Akkordlohnsystem mit systematischen Zeitstudien aller Arbeitsaufgaben zu verbinden, die auf korrekten wissenschaftlichen Untersuchungsmethoden beruhten (daher der Name »Scientific Management«, unter dem das Taylorsche System eher bekannt ist). Auf diese Weise würden Arbeitgeber und Manager genau wissen, wie viel Zeit eine Aufgabe in Anspruch nehmen durfte. Die Tarife könnten dann vor dem Hintergrund »vollkommenen Wissens« festgelegt werden, was die Arbeiter in die Lage versetzen würde, einen guten Lebensunterhalt zu verdienen, während die Arbeitgeber gute, aber keine exzessiven Gewinne erwirtschaften würden. Eines der Hauptziele Taylors bestand darin, Unsicherheiten am Arbeitsplatz abzubauen. Seinen Berechnungen zufolge würde sein System dreierlei erreichen:

> Taylor schlug vor, das Akkordlohnsystem mit systematischen Zeitstudien aller Arbeitsaufgaben zu verbinden, die auf korrekten wissenschaftlichen Untersuchungsmethoden beruhten.

223

Die Suche nach der besten aller möglichen Welten

1. Arbeiter in nach wissenschaftlichen Grundsätzen geführten Fabriken würden höhere Löhne verdienen als ihre Kollegen an anderen Arbeitsplätzen.
2. Nach den Grundsätzen des Scientific Management geführte Unternehmen würden ein höheres Produktionsvolumen und mehr Rentabilität erzielen.
3. Solche Arbeitsplätze wären attraktiver für die Arbeiter, nicht nur wegen der höheren Löhne, sondern auch aufgrund der Sicherheit, die dort angeboten würde.

Allerdings zeigte bereits die Diskussion nach der Veröffentlichung von Taylors ursprünglichem Artikel im Jahr 1895, dass der Erfolg des Systems von zwei Faktoren abhing: hohe Qualifizierung seitens der Arbeiter und eine entsprechende Verringerung der Mitarbeiterfluktuation, die ihrerseits zu einer Senkung der Ausbildungs- und Rekrutierungskosten führte. Von Anfang an erforderte die wissenschaftliche Unternehmensführung daher ein hohes Maß an Arbeitsmanagement. Binnen weniger Jahre nahmen Taylor und seine Kollegen, allen voran Henry Lawrence Gantt und Harrington Emerson, Kapitel über »Arbeitsmanagement« in ihre Werke auf, und schon um die Jahrhundertwende herum erkannte man, wie stark Scientific Management von einer guten Personalführung abhing.

War Scientific Management ein gerechtes System für die Arbeiter? Die Debatte darüber begann fast unmittelbar nach der Vorstellung dieses Konzepts und setzt sich auch heute fort. Taylor selbst war davon zweifellos überzeugt. Er wurde heftig kritisiert, insbesondere von britischen Autoren wie Frank Watts und dem Beraterehepaar McKillops; letztere führten kolportierte Kommentare wie »Es ist nicht gut, wenn ein Mensch zu schnell reich wird« als Beweis dafür an, dass Taylor nicht auf der Seite der Arbeiter stand. Als Sprössling einer Quäker-Familie aus Pennsylvania war Taylor jedoch selbst in seinem Privatleben und seinen Gewohnheiten ein asketischer Mann; er glaubte nicht, dass *irgend jemand* zu schnell reich werden sollte. 1895 verteidigte er seine Ausführungen mit der Begründung, dass sein System das Los der manuellen Arbeitskräfte erleichtern würde. Während seiner gesamten Laufbahn argumentierte er auch, dass der Erfolg des Scientific Management primär von der Kooperationsbereitschaft der Beschäftigten abhänge; wenn die Fabrikarbeiter das System ablehnten, solle man es besser gar nicht einführen.

Diesen Punkt griff der berühmteste Berichterstatter des Scientific Management mit einiger Leidenschaft auf: C. Bertrand Thompson betonte, dass »Scientific Management nur mit der nachdrücklichsten Zustimmung und Unterstützung der in diesem System arbeitenden Menschen funktioniert«. Thompsons Glaube an das Scientific Management war so stark, dass er überzeugt war, dass dieses System Gewerkschaften entbehrlich machen würde, da das Los der Arbeiter sich so weit verbessern werde, dass die meisten ihrer Klagen nicht mehr zutreffend wären. Dennoch räumte er ein, dass es irgendeine Form der Arbeitervertretung geben müsse.

Das waren tief empfundene Überzeugungen, doch nicht einmal die enthusiastischsten Anhänger des Scientific Management konnten leugnen, dass dieses System elitäre Züge aufwies. Gantt fasste diese Betonung der Spitzenleistungen 1905 wie folgt zusammen: »Der einzige gesunde Zustand der Industrie ist einer, bei dem dem Unternehmen die besten Männer zur Verfügung stehen und Arbeiter das Gefühl haben, dass sie ihre Arbeitskraft zum höchsten Preis verkaufen, der auf dem Markt erzielbar ist.« Er argumentierte, dass ein Unternehmen seinen Beschäftigten gegenüber zur Effizienz verpflichtet sei: »Die Pflicht eines Arbeitgebers gegenüber seinen Beschäftigten verlangt also, dass er in seinem Werk und Führungssystem ein Höchstmaß an Effizienz aufrechterhält, denn nur so kann er in Zeiten scharfen Wettbewerbs die Beschäftigung seiner Arbeiter sicherstellen.« Er fährt fort:

Um die besten Ergebnisse zu erzielen – maximalen Ausstoß bei einer Maschine und effizienteste Leistung bei Arbeitern –, sind vier Dinge erforderlich:

1. Vollständige und präzise Kenntnisse der besten Arbeitsweise
2. Ein kompetenter und bereitwilliger Ausbilder, der dem arbeitenden Mann beibringt, wie man diese Informationen nutzen kann
3. Löhne für effiziente Arbeit, die hoch genug sind, dass ein kompetenter Mensch das Gefühl hat, dass es sich lohnt, sie anzustreben
4. Deutliche Lohneinbußen, wenn ein bestimmtes Effizienzniveau nicht beibehalten wird[3]

Insbesondere der vierte dieser Punkte wurde von den Gegnern des Scientific Management als Bedrohung empfunden. Der Ökonom Robert Hoxie, den die US-Regierung um eine Untersuchung dieses Phänomens bat, wies in seinem Buch *Scientific Management and Labor* darauf hin, wie die amerikanischen Gewerkschaften, allen voran die neu entstehende American Federation of Labour unter der Leitung von Samuel Gompers, sich weniger über die Theorie der wissenschaftlichen Unternehmensführung ereiferten, sondern es vielmehr für bedenklich hielten, wie sie umgesetzt wurde. Viele Gewerkschaftsfunktionäre hatten eigentlich nichts gegen Praktiken einzuwenden, die ihren Arbeitern mehr Sicherheit und höhere Löhne verschafften. Vor ihren Augen spielte sich jedoch etwas anderes ab: Arbeitgeber führten ein Akkordlohnsystem à la Taylor ein und senkten dann wie zuvor die Tarife, sobald höhere Produktivitätsniveaus erreicht waren. Selbst in Werken, die die Methoden des Scientific Management in ehrlicher Absicht einführten, traten Probleme auf, da die Arbeitsstudien nicht in allen Fällen korrekt abgewickelt wurden und manchmal von Anfang an ungerechte Tarife galten. Selbst wenn die Tarife stimmten, erfüllten die Arbeiter nicht immer die Vorgaben, so dass dann Strafmaßnahmen zum Tragen kamen.

> Viele Gewerkschaftsfunktionäre hatten eigentlich nichts gegen Praktiken einzuwenden, die ihren Arbeitern mehr Sicherheit und höhere Löhne verschafften.

Als Scientific Management den Atlantik überquerte und in britischen Fabriken Einzug hielt, schlug ihm ein noch feindlicherer Wind entgegen. Einer der ersten, die sich zu den Auswirkungen des Scientific Management auf die Arbeiter zu Wort meldete, war der Fabier Sidney Webb in der Zeitschrift *The Works Manager Today*. Es mag etwas überraschen, dass Webb sich im Grunde vorsichtig positiv zu diesem System äußerte, doch wandte er ein, dass es nur richtig funktionieren könne, wenn die Arbeiter es voll unterstützten und das Management sich an die Gebote der Fairness halten würde. Der Schokoladenhersteller Benjamin Seebohm Rowntree, ein bemerkenswerter Verfechter besserer Arbeitgeber-Arbeitnehmer-Beziehungen (siehe unten), befürwortete die technischen Aspekte der wissenschaftlichen Unternehmensführung, hielt jedoch die mit der Akkordarbeit verbundenen Probleme für unüberwindlich und sprach sich stattdessen für Gewinnbeteiligungssysteme und Miteigentum am Unternehmen aus. Amerikanische Verteidiger des Scientific Management lehnten ihrerseits Rowntrees Ideen ab. Sie seien dem Einzelnen gegenüber »unfair«, da diejenigen, die am härtesten arbeiteten, ihre Gewinne mit jenen teilen mussten, die sich nicht voll ins Zeug legten. Danach artete die Debatte in ein Aufeinanderprallen verschiedener Kulturen aus. Ein Paradebeispiel sind hier die Schriften eines der vehementesten britischen Gegner des Scientific Management, des Ingenieurs Frank Watts, dessen Buch *An Introduction to the Psychological Problems of Industry* (1921) zu den ersten Zeugnissen einer Gegenreaktion auf das Taylorsche System gehört. Watts warf Taylor vor, die handwerkliche Arbeit zu zerstören und eine Entqualifizierung der Arbeiter herbeizuführen: »Seine Lösung führte bedauerlicherweise zur Verkümmerung der Spontaneität und Eigeninitiative seiner Arbeiter. Die Philosophie, die seinen Methoden zugrunde lag, scheint zu lauten, dass die Welt aus einigen wenigen Übermenschen und einer Masse von Kreaturen besteht, die von der Vorsehung als Arbeitstiere auserkoren worden sind.« Watts fuhr fort:

> *Das psychologische Dilemma bei der Monotonie eines von Wiederholungen geprägten Arbeitsprozesses ist folgendes: Entweder setzt sich der Arbeiter mit seiner ganzen Lebenskraft für seine Aufgabe ein und erlebt eine unerwünschte Begrenzung und Stereotypisierung geistiger Prozesse, so dass die Bewegung seines Geistes übermäßig limitiert und vereinheitlicht wird, und* **das ist schlecht für den Arbeiter***, oder die mechanischen Prozesse werden automatisch ausgeführt, während die bewusste Aufmerksamkeit anderen Dingen geschenkt wird, so dass der Arbeiter nur einen geringen Teil seiner Energie auf die Arbeit verwendet,* **und das ist häufig schlecht für seinen Arbeitgeber.**[4]

Die Sorge um die soziale Gerechtigkeit

Konnte ein System, dass den Arbeitern gegenüber so ungerecht war, effizient genannt werden, selbst wenn die Ungerechtigkeit nur in den Augen der Arbeiter selbst existierte? Harrington Emerson, ein Ingenieur, für den Effizienz schon immer mehr war als nur ein technischer Begriff, hielt das für unmöglich. In seinem Buch *The Twelve Principles of Efficiency* betonte er, dass Fairness und Effizienz Hand in Hand gehen müssten. Ein »faires Angebot«, so Emerson, stünde im Zentrum der Effizienz. Manager würden sorgsam mit ihren Maschinen umgehen – und das mindeste, was sie tun könnten, sei, ihre Arbeiter ebenso zu behandeln:

> *Für den Menschen, den Arbeiter, ohne den die Industrie zusammenbrechen würde, sollten alle Bedingungen standardisiert sein. Trinkwasser sollte keimfrei sein, lebensbedrohlicher Staub sollte abgesaugt werden, Sicherheitsmechanismen sollten bewegliche Maschinenteile umgeben, die Arbeitsplatzbeleuchtung sollte angemessen und nicht schädlich für das Augenlicht sein. Die Arbeitszeiten sollten vernünftig sein; Überstunden nur in extremen Notfällen verlangt werden; es sollten Maßnahmen ergriffen werden, um die Bedürfnisse und Wünsche des Arbeiters direkt in Erfahrung zu bringen und seine Empfehlungen anzuhören ... Diese allgemeinen Überlegungen zum*

Wohlbefinden wirken sich auf die Zufriedenheit des Arbeiters aus, und keine von ihnen wird aus herablassenden oder altruistischen Motiven empfohlen. Eine Lokomotive oder andere Maschinen werden gereinigt, abgedeckt, instandgehalten, mit gutem Treibstoff und sauberem Wasser versorgt, weil dies ihre Effizienz steigert, und im Interesse der Werkseffizienz sollten Menschen mindestens so gut behandelt werden wie Maschinen. Der Rat des Arbeiters sollte zum beiderseitigen, nicht zum einseitigen Wohl eingeholt werden.[5]

Emerson lehnte Akkordarbeit und alle anderen Formen einer produktivitätsbasierten Entlohnung ab – ein wichtiger Unterschied zwischen ihm und der Taylorschen Schule. Seiner Meinung nach lud das Akkordsystem geradezu zum Missbrauch ein, und selbst wenn es nicht missbraucht wurde, würden die Arbeiter die Möglichkeit eines Missbrauchs *wahrnehmen* und dem System niemals hundertprozentig trauen. Anstatt zu versuchen, Arbeiter mit der Peitsche anzutreiben oder mit dem Zuckerbrot in Form von Prämien zu locken, sollten Arbeitgeber versuchen, am Arbeitsplatz Bedingungen zu schaffen, in denen sich die Arbeiter sicher fühlen und leistungswillig sind. Mit anderen Worten: Wie in den Familienunternehmen der Vergangenheit sollten die Arbeitgeber ein Vertrauensverhältnis zu ihren Beschäftigten entwickeln, und dieses Vertrauen musste wiederum auf dem Gefühl beruhen, dass sie gerecht und fair behandelt wurden.

Mit der Aussage, dass Unternehmer ihr Humankapital so gut pflegen sollten wie ihre Maschinen, wiederholte Emerson eine damals recht weit verbreitete Ansicht; Mitarbeiter waren ebenso wertvoll wie die Maschinen eines Unternehmens und verdienten die gleiche Aufmerksamkeit. Aber Emersons wahre Innovation – die bis heute noch nicht weithin anerkannt ist – ist die Tatsache, dass Mitarbeiter und ihr Unternehmen in einer partnerschaftlichen Beziehung stehen. Die Arbeitsmärkte sind keine echten Börsen; faktisch ist die Arbeit an sich keine Massenware. Auf den Arbeitsmärkten kaufen Arbeitgeber *Output* und Arbeitnehmer verkaufen ihrerseits *Zeit*:

Der Arbeiter verkauft Zeit, so wie der Betreiber eines Kohlebergwerks Kohle verkauft. Der Käufer dagegen kauft weder Zeit noch Kohle, sondern Produktions- beziehungsweise Heizeinheiten. Die Gleichsetzung von Fabrikbetrieb und Zeit (nicht Lohn) ist von hervorragender Bedeutung, ebenso wie die Gleichsetzung von Heizeinheiten und Brennstoff wichtig ist.[6]

Emerson glaubte, dass eine faire Organisation auch effizient sein würde. Für die britischen Kritiker des Scientific Management war das Problem weniger der Taylorismus selbst, obwohl dieser im Zentrum ihrer Attacken blieb, sondern die weit größere Frage der sich ausweitenden Kluft zwischen Arbeitern und Unternehmern und die Notwendigkeit, diese aus sozialen *und* wirtschaftlichen Gründen wieder zu schließen. Frank Watts und Benjamin Rowntree würden heute als paternalistisch bezeichnet werden, aber ihre Auffassung, dass Arbeitgeber eine Fürsorgepflicht ihren Mitarbeitern gegenüber haben, war ehrlich gemeint und stand in einer Tradition, die bis ins frühe neunzehnte Jahrhundert zu Robert Owen zurückreichte.

Auf dem Weg zum Personalmanagement

Aus all diesen Gründen – der Notwendigkeit, die Beziehungen am Arbeitsplatz zu verbessern und schädlichen Streiks ein Ende zu bereiten, der Erfordernis, Mittel und Wege zur Steigerung der Produktionsmengen zu finden, der Anforderung, die Bedingungen am Arbeitsplatz zu verbessern und der sozialen Gerechtigkeit im Management wieder Geltung zu verschaffen – sahen Beobachter einen wachsenden Bedarf an spezialisierteren Managementfertigkeiten für die Mitarbeiterführung. Die erste »Beschäftigungs-Managementabteilung« entstand schließlich um 1890 unter John Patterson bei National Cash Register. Patterson war ein sehr paternalistischer Arbeitgeber, aber er erkannte, dass ein systematischer Ansatz in den Beziehungen zu den Arbeitnehmern erforderlich war und bessere Beziehungen zu einer Steigerung von Effizienz und Rentabilität führen würden. Ein Merkmal von Pattersons System war sein Schwerpunkt auf der Arbeitermitbestimmung. Patterson behandelte seine Beschäftigten wie Angehörige oder Verwandte, aber er hörte sich ihre Meinungen an, fragte sie bei wichtigen Entscheidungen um Rat und zeigte ihnen, dass er ihren Beitrag zu schätzen wusste. Auf der anderen Seite des Atlantiks richtete die britische Firma Cadbury's kurz nach NCR zwei Personalabteilungen ein, eine für männliche und eine für weibliche Beschäftigte. Darüber hinaus konzipierte Edward Cadbury ein offizielles Vorschlagswesen, in dem Mitarbeiter Verbesserungsvorschläge für Betriebsabläufe und Arbeitsbedingungen vorbringen durften und bei erfolgreicher Umsetzung ihrer Ideen einen kleinen Bonus erhielten. In beiden Fällen legte die Firmenleitung großen Wert auf den Aufbau einer Vertrauensbeziehung zwischen Managern und Mitarbeitern; ihre Personalführungsabteilungen sollten beim Aufbau dieses Vertrauens helfen und nicht zum Abstellgleis für unliebsame Personalprobleme werden.

Die Bedeutung des Personalmanagements nahm immer weiter zu. Der erste große Personalmanagerverband wurde 1910 in Boston unter dem Vorsitz von Meyer Bloomfield gegründet (es könnte zwar einen früheren Vorläufer in Detroit gegeben haben, doch scheint dieser nicht viel Einfluss gehabt zu haben). Langsam, aber sicher breitete sich diese Bewegung auch in anderen Städten aus (und sprang auf Großbritannien über, wo 1913 das Institute for Labour Management ins Leben gerufen wurde). Der Erste Weltkrieg gab den Entwicklungen auf diesem Gebiet spürbaren Auftrieb. Selbst vor Eintritt der Amerikaner in den Krieg hatte das Versiegen der Einwandererströme aus Europa auf dem Arbeitsmarkt zu einer Personalknappheit geführt, und die Unternehmen erkannten rasch, dass ihr Erfolg davon abhing, ob es ihnen gelang, gute Mitarbeiter anzuheuern und zu halten. Zu jener Zeit entstanden die ersten Seminare für Personalmanager in der Tuft School of Management am Dartmouth College und in der Wharton School in Pennsylvania. Kurse zur Ausbildung von Personalmanagerinnen fanden an der Frauenhochschule Bryn Mawr College statt.

»Etabliert« kann man die Personalmanagementbewegung nennen, nachdem eine Sonderausgabe der *Annals of the American Academy of Political and Social Science* im Mai 1916 veröffentlicht worden war. Ihr Mitherausgeber war Bloomfield, und in einem Leitartikel wiederholte William Redfield, der Handelsminister der Wilson-Administration und ein starker Befürworter der Personalmanagementbewegung, Emersons Aussage, dass die Menschen für die Organisation ebenso wichtig sind wie Maschinen und demzufolge die gleiche Pflege verdienten. Trocken kommentierte er diesen Satz aus seiner eigenen geschäftlichen Erfahrung:

> *Ich meinte immer, dass der letzte Konzern auf der Welt, gegen den ich im Wettbewerb antreten möchte, ein Unternehmen wäre, das hohe Löhne zahlt, Waren von exzellenter Qualität verkauft und über ein Management verfügt, das die Mitarbeiter zu immer neuen Spitzenleistungen führt. Gegen einen Billigen Jakob als Verkäufer zu konkurrieren, fiel mir nie schwer.*[7]

In den nächsten fünf Jahren erschien eine Flut von Büchern über diese neue Disziplin, von denen viele ausnehmend gut und vorausdenkend waren. Ordway Tead war in der Zeit nach dem Ersten Weltkrieg der gefragteste Experte auf diesem Gebiet. Er drängte alle Unternehmen, Personalabteilungen einzurichten, um die Entwicklung besserer Beziehungen zu den Mitarbeitern zu koordinieren mit dem Ziel, die Produktivität zu steigern und das Leben der Arbeiter zu verbessern. Wie die meisten Autoren der damaligen Zeit betonte Tead, dass Beschäftigungsmanagement oder Personalmanagement nur dann erfolgreich betrieben werden könne, wenn es die Unterstützung des Topmanagements genießt und als wichtigste Führungsaufgabe verstanden wird. Auch hier ist die Personalabteilung wieder ein Instrument, das den obersten Führungskräften ermöglicht, eine Verbesserung der Beziehungen zu den Mitarbeitern zu erreichen. Die Einrichtung einer Personalabteilung ist keinesfalls ein Selbstzweck.

Mitarbeiter, die mit dem Geschäft wachsen

In den frühen zwanziger Jahren entwickelte sich die Praxis der Personalführung weiter. Die Seiten von Fachpublikationen wie *Industrial Management* und *System* waren voller Neuigkeiten zu diesem Thema; die zuerst genannte Zeitschrift nahm sogar einen Sonderteil auf, der sich ausschließlich dem Personalmanagement widmete. Ein immer wieder angesprochenes Thema der damaligen Artikel ist die *Kontinuität*. Den Arbeitgebern wurde eine langfristig orientierte Einstellungspolitik empfohlen. In den

Muto Sanji

Der 1867 geborene Muto studierte an der Universität Keio, wo Fukuzawa Yukichi zu seinen Dozenten gehörte. Dann arbeitete er drei Jahre lang in den USA, bevor er nach Japan zurückkehrte und dort im Jahr 1893 bei der Mitsui Bank anfing. 1894 übernahm er eine Tochtergesellschaft von Mitsui, die Baumwollspinnerei Kanebo. Das Unternehmen war in völlig desolatem Zustand, und Muto begann einen systematischen Reorganisationsprozess. Ab 1900 führte er wissenschaftliche Methoden der Workflow-Analyse und Arbeitspraxis ein, einschließlich Zeit- und Bewegungsstudien und Standardisierung von Aufgaben und Prozessen. Obwohl er einen wissenschaftlichen Ansatz im Management verfolgte, erkannte Muto, dass das System nur funktionieren konnte, wenn die Arbeiter motiviert waren, und dass sie dazu auch zufrieden und glücklich sein mussten. Bei Kanebo zahlte Muto nicht nur hohe Löhne (er führte kein Akkordlohnsystem ein), sondern bot auch viele Zusatzleistungen wie Werkswohnungen und Weiterbildungsmöglichkeiten und ermutigte seine Beschäftigten, sich als Mitglieder der »Unternehmensfamilie« zu fühlen. So verband Muto die besten Aspekte des Scientific Management mit den besonderen Vorzügen der japanischen Managementkultur.

zwanziger Jahren empfahl die herrschende Lehre, Beschäftigte einzustellen und zu halten. Hohe Mitarbeiterfluktuation wurde mit hohen Kosten gleichgesetzt; es sei weitaus besser, bei der Personalauswahl und Rekrutierung in die *richtigen* Menschen zu investieren, sie nach den erforderlichen Standards auszubilden und zum integralen Bestandteil des Unternehmens zu machen. Nahezu alle Beförderungen fanden intern statt; die Unternehmen waren stolz auf die Tatsache, dass sie nicht extern nach Talenten suchen mussten. Zwei prominente Industrielle der damaligen Zeit, Henry Ford und Thomas Watson, der Chairman der neu gegründeten Firma IBM, argumentierten, dass gute Mitarbeiter intern aufgebaut oder »herangezüchtet«, anstatt extern rekrutiert werden sollten.

Auch der Frage, wie man den Arbeitsplatz möglichst attraktiv für die Mitarbeiter gestalten könnte, wurde viel Aufmerksamkeit gewidmet. In einer Abkehr vom Scientific Management, das davon ausging, dass allein die richtige Entlohnung gute Mitarbeiter anziehen und halten würde, begannen vor allem amerikanische Manager die Bedeutung des Arbeitsplatzes als Umfeld und Gemeinschaft zu erkennen. Zum einen wurde der Aufgabenbereich der Personalmanager allmählich auf eine ganze Reihe von Funktionen wie Gesundheit, Sicherheit und Sozialleistungen ausgedehnt; es sollte sichergestellt werden, dass sich die Mitarbeiter am Arbeitsplatz und in ihrem übrigen Leben physisch und materiell sicher fühlten und es bequem hatten. Zum anderen wurden erste Schritte in Richtung einer Koordination zwischen und innerhalb von Arbeitsgruppen und Abteilungen unternommen, die in der zweiten Hälfte des zwanzigsten Jahrhunderts zu einem Kennzeichen des Personalmanagements werden sollten.

Vor allem amerikanische Manager begannen die Bedeutung des Arbeitsplatzes als Umfeld und Gemeinschaft zu erkennen.

Der ganzheitliche Mitarbeiter

1927 nahmen fünf Mitarbeiter der Western Electric Company an einem Experiment teil, das im Hawthorne-Werk der Gesellschaft in Chicago durchgeführt wurde. Diese Studie sollte die Auswirkungen untersuchen, die Ermüdung und Monotonie auf die Leistungen am Arbeitsplatz hatten. Als dieses Projekt zehn Jahre später zu Ende ging, war die Untersuchung auf nahezu jeden Faktor ausgedehnt worden, der die Mitarbeiter und ihre Leistung beeinflussen konnte: psychologische und körperliche, private und berufliche, arbeitsbezogene und häusliche Aspekte. Mehr als 20.000 Menschen waren analysiert und befragt worden. Die Experimente hatten das

Interesse von Koryphäen wie dem britischen Unternehmensberater Lyndall Urwick, dem australischen Psychologen Elton Mayo und Harvard-Professoren wie Fritz Roethlisberger und Thomas North Whitehead geweckt. Dabei wurde eine neue Disziplin geboren: die Betriebspsychologie. Zunehmend wurde der Begriff »Personalmanagement« oder auch »Human Resource Management« verwendet, und man kann mit Fug und Recht behaupten, dass sich das ganze Fachgebiet nun etabliert hatte.

Das wohl wichtigste Ergebnis der Hawthorne-Studien war die Erkenntnis, dass das Management am Arbeitsplatz letztendlich von der Menschenführung abhängt und dass der menschliche Faktor mehr als jeder andere Aspekt über den Erfolg oder Misserfolg entscheidet. Hinsichtlich der Mechanisierung kam Elton Mayo beispielsweise zu folgendem Schluss:

Die allgemeine Schlussfolgerung zur Mechanisierung der Industrie, die sich aus diesen Befragungen ableiten lässt, lautet, dass die Mechanisierung selbst nicht besonders wichtig in einer Branche ist, die sich selbst intelligent und ehrlich darum bemüht, welche menschlichen Veränderungen bei den Methoden die Einführung repetitiver Arbeitsmethoden begleiten müssen. Wir können einzelne Menschen nicht verdummen; wir können sie aber unzufrieden, psychoneurotisch oder rastlos machen. Daher ist es dringend notwendig, dass sich die Industrie den menschlichen Fragen genauso widmet wie den materiellen. Sofern angemessene physiologische, psychologische und soziale Forschungen durchgeführt werden, hat die Gesellschaft von der industriellen Mechanisierung nichts zu befürchten.[8]

Henry Post Dutton, der in den frühen zwanziger Jahren eines der besseren Managementlehrbücher schrieb (das im Jahr 1924 veröffentlichte und zu Beginn dieses Kapitels zitierte *Factory Management*), hatte bereits einige der Themen vorweggenommen, die in den Hawthorne-Studien bestätigt wurden. Beeinflusst von den psychologischen Thesen der damaligen Zeit argumentierte Dutton, dass Menschen nicht nur für ihr materielles Wohl arbeiten (oder sich einer Organisation anschließen); es gibt auch tief verwurzelte und mächtige soziale Bedürfnisse wie Sicherheit, das Gefühl, etwas erreicht zu haben, der Wunsch, »etwas wert zu sein«, gelobt und anerkannt zu werden und mit Gleichgesinnten zusammen zu sein. Das Fabriksystem, so Dutton, enthalte viele Elemente, die den menschlichen Instinkten zu widersprechen schienen. »Die tödliche Gleichförmigkeit täglicher Zuverlässigkeit, die so wichtig für eine effektive Produktion ist, widerstrebt von Vornherein dem Menschen, dessen Vorfahren nach dem Maßstab der Geschichte noch vor kurzer Zeit freie Nomaden waren und der gelegentlich den Drang zu Abenteuern an neuen Ufern hat. Und für Menschen mit nur durchschnittlichen Fähigkeiten führen die Belastungen des modernen Lebens, die Versorgung einer Familie sowie die mit Arbeitslosigkeit, Krankheit und Alter verbundenen Unsicherheiten zu einer ständigen Beschäftigung mit diesen Dingen, die allmählich alle spontanen, spielerischen Elemente verdrängt, die das Leben bereichern sollten. Dadurch wiederum verliert die Gesellschaft Beweglichkeit, Fantasie, Mut und den Wunsch, herausragende Leistungen zu bringen.«

Ähnlich wie Emerson zehn Jahre zuvor sah Dutton die Lösung in einer Humanisierung der Arbeitswelt. Die Experimente in Hawthorne gaben ihm Recht. Arbeitsplätze sind menschliche Räume. Wer diese Tatsache zu leugnen versucht, wird mit den Problemen konfrontiert sein, die der Industriepsychologe W.J. Watson 1931 bei einer Gruppe britischer Arbeiter beschrieb, die im Geheimen rebellierten und ein neues Produktivitätssystem sabotierten, das auf den Grundsätzen des Scientific Management beruhte:

> *Wir ignorierten die Regelungen, und wenn wir ein Werkzeug schleifen wollten, bettelten wir einfach beim Vorarbeiter der Werkzeugmeisterei, dass wir das selbst tun dürften. Wenn die für eine Aufgabe festgesetzte Zeitspanne zu lang war, trödelten wir einfach etwas herum, um die Zeit abzusitzen; war sie zu kurz, machten wir auch auf langsam und beschwerten wir uns beim Vorarbeiter. Sollte der Bestücker und Tempomesser sich einzumischen versuchen, drohten wir ihm entweder, setzten dabei manchmal auch körperliche Gewalt ein (sofern wir genug Leute waren), oder forderten ihn höflich dazu auf, die Geschwindigkeit selbst zu erhöhen in dem Wissen, dass dann die Aufgabe nicht mehr richtig erledigt wurde (denn dafür hatten wir selbst gesorgt). Wenn der Prämienbuchhalter mit einer Stoppuhr kam, um die für die Aufgabe benötigte Zeit zu messen, fiel es uns nicht schwer, ihm als einem Angestellten, der von solchen Dingen ja keine Ahnung hatte, weiszumachen, dass das Metall »hart« sei, und so mit dem Werkzeug zu hantieren, dass es nicht schnitt. Trotz der Wachsamkeit des Managements verschwanden die Chartlisten von den Maschinen. Da ihn die Arbeitgeber unter Druck setzten und seine Kollegen ihn schikanierten, war der Bestücker und Tempomesser so arm dran, dass niemand diese Aufgabe übernehmen wollte. Ich selbst kannte einen, der wahnsinnig wurde; einen anderen brachten seine Sorgen frühzeitig ins Grab. Durch solche Taktiken – passiven Widerstand und Sabotage – wurde das System fast lahmgelegt.*

Wenn sie diese Beschreibung lesen, werden sich viele Manager zweifellos vor Entsetzen schütteln bei der Vorstellung, dass so etwas in ihrem eigenen

Unternehmen geschehen könnte. Wie Taylor selbst betont hatte, kann Scientific Management ohne die Kooperation der Beschäftigten niemals funktionieren, und Watson zeigt ganz deutlich, was passiert, wenn Manager dieses System ohne Aufklärung und Zustimmung ihrer Beschäftigten durchsetzen wollen. Aber Watson hatte auch Zweifel bezüglich der Arbeit, die er selbst und seine Kollegen durchführten. Vor allem hatte er den Eindruck, dass die Forschungen zum Verhalten am Arbeitsplatz in vielen Fällen ihre eigenen Ergebnisse verzerrten (eine Meinung, die von den Hawthorne-Forschern bestätigt wurde, die feststellten, dass viele Produktivitätssteigerungen der Tatsache zuzuschreiben waren, dass die Arbeiter in dem Bewusstsein, dass sie jetzt beobachtet wurden, plötzlich wieder neues Interesse und Anreize an ihrer eigenen Arbeit entdeckten und schneller und härter zu arbeiten begannen). Wenn Forscher und vor allem auch Personalmanager Mitarbeiter interviewen und beobachten, wissen sie noch lange nicht, was die Beschäftigten wirklich denken.

Obwohl sich ein gewissenhafter Forscher mit den Bedingungen in der Fabrik vertraut macht, in der er Experimente durchführt, und **selbst** *die Arbeitsgänge ausprobiert, obwohl er in den Monaten seiner Untersuchungen tatsächlich mit den Arbeitern* **zusammenlebt***, ist er schließlich nicht »abhängig von dem, was der geringste Hauch der Feindseligkeit in einem Augenblick zerstören könnte«, und er ist sich stets der Tatsache bewusst, dass er als Industriepsychologe die Arbeiter beobachtet und nicht wie sie sein Brot verdient. Er mag es daher noch so gut meinen, aber er kann keinesfalls die Psychologie der Arbeiter völlig verstehen. Bestenfalls kann er Lohnempfänger und ihre Arbeitsbedingungen diagnostizieren, Theorien über Missstände aufstellen und Verbesserungen vorschlagen –* **die ganze Wahrheit kennen aber nur die Arbeiter selbst.**[9]

Alternative Ansätze

In den späten dreißiger Jahren fand das Personalmanagement allmählich zu seiner modernen Form. Nach dem Zweiten Weltkrieg tauchte es dann in neuer und wiederbelebter Gestalt wieder auf – als Personalführung, wie wir sie heute kennen und lieben.

Das heutige Modell für das Personalmanagement (mit vielen Ergänzungen und Verbesserungen) ist im Grunde der Ansatz, den schon Emerson und Dutton vorschlagen. Im Wesentlichen stützt es sich auf psychologisches Wissen und Erkenntnisse über die Mitarbeitermotivation und versucht, ein

Arbeitsumfeld zu schaffen, in dem die Beschäftigten motiviert sind und freiwillig ihr Bestes geben. Es versucht auch, durch Maßnahmen wie Weiterbildung das Produktivitätspotenzial der Mitarbeiter zu erhöhen und durch Rekrutierung hoch qualifizierter Kräfte und Senkung der Fluktuationsrate die Belegschaft effizienter zu managen. So lautet zumindest die Theorie; in der Praxis verfolgen nur ganz wenige Unternehmen eine Personalpolitik, die alle oder auch nur die meisten dieser Ansprüche erfüllt. Bevor wir uns einige Lehren ansehen, die wir aus der Geschichte zur Verbesserung der Personalführung ziehen können, werden wir erst noch einen Blick auf einige alternative Ansätze werfen, die ausprobiert und entweder verworfen wurden oder sich nicht durchsetzen konnten.

> In der Praxis verfolgen nur wenige Unternehmen eine Personalpolitik, die alle oder auch nur die meisten dieser Ansprüche erfüllt.

Gewinnbeteiligungen

Wie oben erwähnt, handelte es sich bei der Gewinnbeteiligung primär um britische Experimente, die Mitte bis Ende des neunzehnten Jahrhunderts entwickelt wurden und ihre Blütezeit zwischen 1900 und 1930 erlebten. Es gab viele verschiedene Ausprägungen von Gewinnbeteiligungsplänen; die Palette reichte von einfachen Programmen, bei denen den Beschäftigten als Prämie ein Teil des Brutto- oder Nettogewinns zugewiesen wurde, bis hin zu Miteigentumsmodellen, in denen Mitarbeiter Aktien und Dividendenausschüttungen erhielten. William Lever, der nicht viel von der Gewinnbeteiligung hielt, führte bei Lever Brothers eine begrenzte Form von Belegschaftsaktien ein. Das herausragendste Beispiel für diese Praxis entwickelte jedoch der Kaufhausinhaber John Lewis im Jahr 1928. Lewis, der Robert Owen sehr bewunderte, betrachtete Manager als Lotsen und glaubte, dass Unternehmen lebende Organismen mit unabhängiger Existenz und einem Eigenleben seien (im metaphorischen Sinne). Seine Vorstellung vom Miteigentum der Beschäftigten beruhte teilweise auf ethischen Überzeugungen und teilweise auf der Anforderung, das Arbeitsumfeld harmonischer und effizienter zu gestalten. Lewis glaubte, dass alle Unternehmen auf einer Dreiecksbeziehung zwischen Gewinn, Wissen und Macht beruhten. Seiner Ansicht nach waren für erfolgreiche Miteigentumspläne alle drei Säulen nötig. Reine Gewinnbeteiligungsmodelle waren weniger optimal, da in einem demokratischen System Menschen nur dann glücklich sein konnten, wenn sie Zugang zu Wissen hatten und ihr eigenes Leben zumin-

John Lewis

John Lewis wurde 1885 als Sohn eines Kaufhausbesitzers in London geboren und trat mit 19 Jahren ins Familienunternehmen ein. Er zerstritt sich schon bald mit seinem Vater, von dem er später sagte, er habe »zweitklassigen Erfolg bei einer erstklassigen Chance gehabt«. Er wurde zur Leitung einer neu akquirierten Tochtergesellschaft, dem Peter Jones Department Store in Chelsea, versetzt und verwandelte sie auf der Stelle in eine Erfolgsstory. 1926 rückte er an die Spitze des gesamten Unternehmens auf. Im Jahr 1929 begann er sein großes Experiment, John Lewis Partnership, in dem jeder Mitarbeiter auch Aktien am Unternehmen hielt. In den dreißiger Jahren expandierte die Gesellschaft rasch. Einige ihrer größeren Geschäfte wurden zwar im Zweiten Weltkrieg stark beschädigt, doch erholte sie sich nach dem Krieg schnell. Lewis war stets davon überzeugt, dass der Schlüssel zum Erfolg seines Unternehmens das große Engagement seiner Mitarbeiter sei, die den Erfolg ihrer Gesellschaft mit ihrem persönlichen Vorankommen gleichsetzten. Die Firma John Lewis Partnership gibt es trotz mehrerer Auflösungsversuche noch heute.

---

dest teilweise bestimmen konnten. Konnten die Arbeiter an Führungsentscheidungen teilhaben, so gab ihnen dies mehr Selbstbestimmung, auch wenn diese begrenzt war.

Nicht jeder Manager war bereit, so weit zu gehen wie Lewis. Christopher Furness, der Vorsitzende des internationalen Transportriesen Furness Withy, hatte zu Beginn des zwanzigsten Jahrhunderts ein Miteigentumsprogramm eingeführt, das jedoch im Sand verlief, als klar wurde, dass Furness seinen Arbeitern zwar Belegschaftsaktien zuteilte, aber keineswegs die Absicht hatte, ihnen irgendein Mitspracherecht zu geben. Ansonsten progressive Unternehmer wie Edward Cadbury und Benjamin Rowntree bewunderten zwar die theoretischen Vorzüge dieser Konzepte, machten aber keine Anstalten, so etwas in ihren eigenen Organisationen umzusetzen.

Gewinnbeteiligung verteilte Gelder ohne Kontrollverluste; daher befürworten liberale Politiker und Industrielle diesen Ansatz als Mittel zur Vermögensumverteilung und Schutz vor dem Sozialismus. Procter & Gamble war der erste große amerikanische Konzern, der – im Jahr 1887 – einen Gewinnbeteiligungsplan einführte, und Henry Dennison lancierte in den zwanziger Jahren bei der Dennison Company ein ausgefeiltes Gewinnbeteiligungspro-

> Gewinnbeteiligung verteilte Gelder ohne Kontrollverluste; daher befürworten liberale Politiker und Industrielle diesen Ansatz als Mittel zur Vermögensumverteilung und Schutz vor dem Sozialismus.

gramm. Ansonsten fanden sich aber kaum Nachahmer. Gewinnbeteiligungspläne waren in britischen Firmen weit verbreitet. Das Konzept war auch in Kontinentaleuropa beliebt, wo Ernst Abbé, der charismatische Chef von Carl Zeiss Jena, kurz vor 1900 ein solches Modell einführte. Gewinnbeteiligung war auch ein implizites Element radikaler Organisationsformen, wie sie die Oneida Company und die Bat'a Corporation umsetzten.

Ernst Abbé

Der 1840 als Sohn eines Textilarbeiters geborene Abbé erhielt ein Stipendium für die Universität Jena, wo er Physik und Wärmelehre studierte. Er wurde Dozent in Jena, spezialisierte sich auf Optik und leitete die Universitätssternwarte. Dann fragte ihn ein ortsansässiger Handwerker und Optiker namens Carl Zeiss, ob Abbé ihm bei der Lösung eines Problems mit der Lichtbrechung und -beugung behilflich sein könne. Die beiden Männer verstanden sich gut, und Zeiss lud den jungen Professor ein, Partner in seinem Unternehmen zu werden. Einige Jahre später setzte sich Zeiss zur Ruhe, und Abbé wurde Alleininhaber und Geschäftsführer der Firma. Unter Abbés Führung wurde Carl Zeiss Jena zu einem der innovativsten Unternehmen in Europa, führte jedes Jahr ein neues Produkt ein und schuf eine Innovationskultur, in der Mitarbeiter zum Experimentieren und Lernen ermutigt wurden.

Abbé war fest von den Vorzügen der industriellen Demokratie überzeugt. Seiner Meinung nach hatten Arbeiter das Recht auf Anhörung und Mitsprache bei allen wichtigen Fragen, die das Unternehmen betrafen. Er zahlte hohe Löhne: Gewinnbeteiligung galt als Zusatzvergünstigung, nicht als Hauptvergütungsform. 1875 richtete Abbé eine Krankenversicherung für Mitarbeiter ein; ein betriebliches Altersversorgungssystem folgte 1888. Abbé führte bezahlten Urlaub und Arbeitslosenunterstützung ein, und im Jahr 1900 kürzte er die tägliche Arbeitszeit auf acht Stunden. Die Reformen bei Zeiss erregten Aufsehen in ganz Deutschland und dienten als Vorbild für die Sozialgesetzgebung in etlichen deutschen Ländern.

Gewinnbeteiligung war und ist noch heute ein umstrittenes Thema. Auf den ersten Blick scheint dies eine gute Idee zu sein: Wenn ein Unternehmen gute Gewinne einfährt, sollten die Mitarbeiter, deren Engagement zu diesem positiven Ergebnis beigetragen hat, auch ihren Anteil daran erhalten. Allerdings gab es zwei wichtige Einwände gegen diesen Ansatz. Der erste, der insbesondere in den Vereinigten Staaten laut wurde, verwies darauf, dass Gewinnbeteiligung für einzelne Mitarbeiter nicht gerecht wäre. Wenn zehn Prozent der Belegschaft hart arbeiten und Produktivität und Gewinne in die Höhe treiben, wird der daraus resultierende Gewinn nicht nur an sie, sondern auch an die 90 Prozent verteilt, die zufällig auch bei dieser Firma angestellt sind. Das widerstrebte dem amerikanischen Individualismus (oder wurde zumindest als bequeme Ausrede dafür verwendet, Gewinne nicht an Arbeiter auszuschütten, sondern sie für die Aktionäre zu reservieren), so dass Gewinnbeteiligungspläne dort niemals auf fruchtbaren Boden fielen.

Das zweite Gegenargument kristallisierte sich im Laufe der Zeit heraus: Gewinnbeteiligung ist schön und gut, wenn es einem Unternehmen blendend geht, aber was geschieht in einem schlechten Jahr? Gewinnrückgänge (auch wenn sie vorübergehender Natur sind) können viele Ursachen haben, die nicht alle von den Mitarbeitern zu verantworten sind. Warum sollte die schwer arbeitende Belegschaft in einem Werk eine Halbierung ihrer Prämien hinnehmen müssen, nur weil die Nachfrage für die von ihnen hergestellten Produkte einbrach, nachdem einige Firmen in Australien, die das Produkt abgenommen hatten, ihre Pforten schließen mussten? In solchen Fällen kann die theoretische Ungerechtigkeit sich auch in wirklicher materieller Not niederschlagen, wenn Prämien und Löhne ohne Vorwarnung stark gekürzt werden. Das war genau der Grund, wieso sich William Lever gegen Gewinnbeteiligungsmodelle aussprach und es stattdessen vorzog, seine Gewinne in dauerhafte Einrichtungen für seine Mitarbeiter zu investieren. Ernst Abbé zahlte neben der Gewinnbeteiligung auch hohe Löhne und betrachtete erstere lieber als eine Art Zusatzvergünstigung. Die theoretische Gerechtigkeit war also in der Praxis häufig alles andere als gerecht, und nur wenige Gewinnbeteiligungspläne konnten sich lange halten.

Sozialleistungen

Im späten neunzehnten und frühen zwanzigsten Jahrhundert, bevor staatliche Wohlfahrtssysteme in der westlichen Welt allgemein verbreitet waren, boten progressive Arbeitgeber ihren Mitarbeitern freiwillige Sozialleistungen. George Cadbury spielte auf diesem Gebiet in Großbritannien eine Führungsrolle; nach dem Vorbild von Robert Owen und Titus Salt baute er auf zuvor unerschlossenem Land ein ganzes Dorf für seine Arbeiter neben seinem neuen Werk in Bournville in der Nähe von Birmingham. Cadbury wurde häufig als ein Modell für die soziale Arbeiterversorgung untersucht, und seine Methoden wurden in Europa und den Vereinigten Staaten übernommen. Ein anderer Schokoladenhersteller, Joseph Rowntree (wie Cadbury ein Quäker) entwickelte ebenfalls Wohlfahrtssysteme, wenn auch nicht im gleichen Umfang, und Rowntrees Sohn Benjamin führte diese Programme weiter.

> Im späten neunzehnten und frühen zwanzigsten Jahrhundert, bevor staatliche Wohlfahrtssysteme in der westlichen Welt allgemein verbreitet waren, boten progressive Arbeitgeber ihren Mitarbeitern freiwillige Sozialleistungen an.

George Cadbury

Cadbury wurde 1839 als Sohn des Quäkers und Schokoladenherstellers John Cadbury in Birmingham geboren. Sein Vater starb, als George 21 Jahre alt war; zusammen mit seinem Bruder Robert übernahm er die Leitung der Firma. Die Geschäfte gingen damals nicht gut, und die beiden Brüder arbeiteten zwölf Stunden am Tag, sechs Tage in der Woche, um das Ruder wieder herumzureißen. Cadbury war ein frommer Quäker, der jede Woche in der Sonntagsschule unterrichtete und weder Alkohol noch Tabak, weder Kaffee noch Tee konsumierte.

Besondere Berühmtheit erlangte Cadbury durch die Planung und den Bau der Musterstadt Bournville. Als 1879 deutlich wurde, dass die Fabrik im Zentrum von Birmingham nicht groß genug für eine weitere Expansion war, bauten die Cadburys ein sehr viel größeres Werk auf der grünen Wiese am Stadtrand. Daneben errichteten sie zahlreiche Wohnungen und öffentliche Einrichtungen für die Arbeiter. Bournville wurde zu einem der berühmtesten spätviktorianischen »sozialen Experimente«, das Industriemanagement mit sozialen Reformen verband. Cadbury ging es jedoch niemals nur um soziale Reformen. Was gut für die Gemeinde war, diente auch dem Unternehmen und umgekehrt; am meisten freute sich Cadbury über Innovationen, von denen die Arbeitnehmer und die Firma gleichermaßen profitierten. Beispielsweise wurden in der Nähe der Fabrik Schwimmbäder errichtet und die Benutzung dieser Einrichtungen durch die Mitarbeiter empfohlen. Dadurch verbesserte sich nicht nur die Gesundheit und Fitness der Beschäftigten; das Badevergnügen führte auch zu einem höheren Sauberkeitsgrad im Werk.

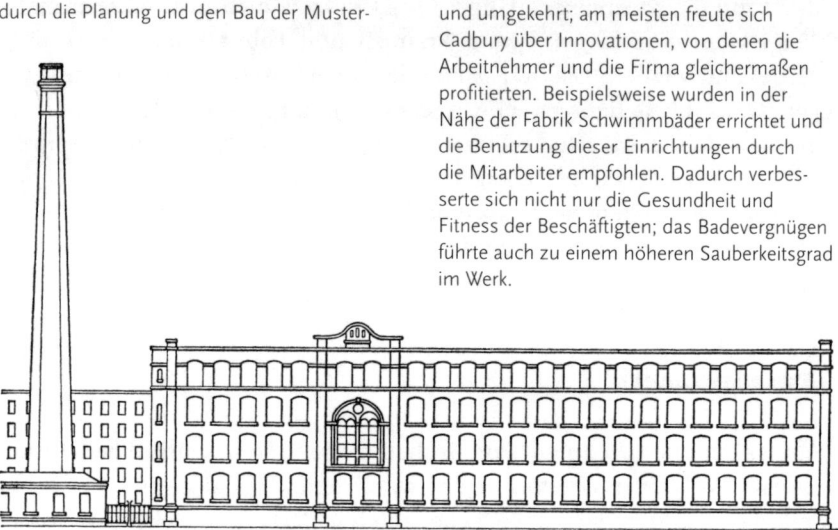

Sozialprogramme waren auch in den Vereinigten Staaten weit verbreitet. Wie bereits an früherer Stelle erwähnt, bot John Patterson von NCR als einer der ersten Sozialleistungen an, und viele große Unternehmer, darunter Henry Heinz, W.K. Kellog, Louis F. Swift und John Wanamaker (um nur einige zu nennen) richteten umfangreiche Wohlfahrtsprogramme ein. Sozialleistungen für Mitarbeiter hatten große Vorteile. Insbesondere in den USA, wo viele Arbeiter gerade erst eingewandert waren und in ziemlicher Armut lebten, waren Gesundheits-, Wohnungs- und Ernährungsprobleme sehr häufig anzutreffen. Einfache Dinge – etwa das Angebot einer warmen Mahlzeit pro Tag – konnten die Gesundheit und somit auch die Arbeits-

Ohara Magosaburo

Ohara wurde im Jahr 1880 im japanischen Kurashiki geboren. Sein Vater war ein Baumwollhersteller, der allmählich ein großes Unternehmen aufgebaut hatte. 1906 trat Ohara die Nachfolge seines Vaters als Firmenchef an; während seiner Amtszeit trieb er das weitere Wachstum des Unternehmens voran und verwandelte die Kurashiki-Spinnerei in einen der größten Textilhersteller Japans. 1899 trat Ohara zum Christentum über, und als Vorsitzender von Kurashiki entwickelte er eine Philosophie, die er *rodo riso shugi* (Arbeitsidealismus) nannte und in fast gleichem Maße aus christlichen Werten und der japanischen Kultur abgeleitet war. Die drei Grundsätze, auf denen *rodo riso shugi* beruhte, waren der Humanitarismus, die Schaffung einer Harmonie zwischen Kapital und Arbeit sowie die Betrachtung der Arbeit als Dienstleistung, nicht als Massenware. Ohara war stark paternalistisch geprägt, gründete eine große Weiterbildungsabteilung und später sogar eine Grundschule für die Kinder seiner Arbeiter und bot den Beschäftigten Wohnungen, Essen und andere Waren entweder kostenlos oder zum Selbstkostenpreis. Viele seiner Ansichten teilte er seinen Mitarbeitern in der Unternehmenszeitschrift *Kurashiki Jiho* mit.[10]

fähigkeit der Beschäftigten verbessern. Noch mehr halfen regelmäßige gesundheitliche Untersuchungen durch Betriebsärzte oder -krankenschwestern, entweder im Werk oder bei den Arbeitern zu Hause. Nach dem Zweiten Weltkrieg entdeckte der Direktor der Melli-Bank in Persien (dem heutigen Iran), Abol Hassan Ebtehaj, dass Sozialprogramme für Arbeiter weitere Benefits bieten konnten. Ihm war aufgefallen, dass die Wachleute der Bank schwabbelig wirkten. Daher richtete er ein Sportstudio ein, das alle Mitarbeiter kostenlos nutzen durften; für die Sicherheitsbeamten wurde dieses sportliche Training jedoch zwingend vorgeschrieben. (Der Muskeltonus der Wachleute verbesserte sich schon bald.)

Aber Sozialprogramme warfen auch Probleme auf. Ein in der Anfangszeit unterschätztes Phänomen war die Tatsache, dass die meisten Menschen generell nicht so dastehen wollten, als würden sie Almosen erhalten. Patterson, der als einer der ersten amerikanischen Unternehmer ein Betriebsrestaurant für seine Belegschaft einrichtete, bot zunächst kostenloses Essen an. Zu seiner Überraschung wurde dieses Angebot nicht genutzt. Dann verlangte er fünf Cent pro Mahlzeit, und von da an war die Kantine immer voll. Der Preis von fünf Cent deckte nicht die Kosten der Speisen, genügte aber, um den Mitarbeitern das Gefühl zu geben, dass sie für ihre Mahlzeit bezahlten. Dadurch konnten beide Seiten ihr Gesicht wahren.

Generell traten betriebliche Sozialprogramme in Europa und den USA allmählich in den Hintergrund, als staatliche und andere externe Anbieter armen Bevölkerungsgruppen ein Bildungs- und Gesundheitswesen, Sozialwohnungen und ähnliche Leistungen zur Verfügung stellten. Auch die allgemeine Steigerung des Lebensstandards trug dazu bei, dass die kostenlosen sozialen Angebote abnahmen. Japanische Unternehmen bieten ihren Mitarbeitern noch heute umfangreiche Sozialleistungen, und an früherer Stelle wurde das Beispiel der chinesischen »Eisernen Reisschale« erwähnt. Diese Ansätze entstammen jedoch einer etwas anderen Tradition, nämlich den familienartigen Unternehmen, in denen die Arbeitgeber die Pflicht hatten, sich um ihre Beschäftigten zu kümmern. Die ethisch motivierte Philanthropie viktorianischer Firmeninhaber und Manager scheint weitgehend der Vergangenheit anzugehören.

> Betriebliche Sozialprogramme traten in Europa und den USA allmählich in den Hintergrund, als staatliche und andere externe Anbieter armen Bevölkerungsgruppen ein Bildungs- und Gesundheitswesen, Sozialwohnungen und ähnliche Leistungen zur Verfügung stellten.

Arbeitnehmermitbestimmung

Dieser Begriff kam offenbar nach dem Ersten Weltkrieg auf, wenngleich George Cadbury bereits in den siebziger Jahren des neunzehnten Jahrhunderts von »industrieller Demokratie« sprach und auch amerikanische Warenhausinhaber wie Edward Filene Programme ins Leben riefen, die demokratische Spielregeln im Unternehmen einführten. Wer sich für Arbeitnehmermitbestimmung interessierte, konnte eine von zwei möglichen Alternativen wählen. Zum einen konnten Unternehmer ihre eigene Demokratie aufbauen, wie dies George Cadbury und vor allem sein Sohn Edward mit großem Erfolg taten. Unter Edward Cadbury wurde das von seinem Vater begründete System der Arbeitnehmerausschüsse weiter ausgebaut; Arbeiter hatten sogar eine Art parallele Führungsstruktur, die sich auf alle Teile des Unternehmens erstreckte. Zwei übergeordnete Gremien (eines für Männer und eines für Frauen), in denen jeweils Edward Cadbury selbst den Vorsitz innehatte, trafen sich monatlich und durften zu allem Stellung nehmen, von Arbeitsbedingungen über Vorschläge für neue Werke und Einrichtungen bis hin zur Unternehmensstrategie und -politik. Die Meinungen dieser Ausschüsse waren zwar nicht bindend, wurden aber zumindest Cadburys eigener Aussage nach häufig berücksichtigt. Das Ergebnis konnte sich sehen lassen: Cadbury hatte einen Ansatz gefunden, der nicht nur die Mitsprachemöglichkeiten seiner Beschäftigten verbesserte, sondern ihm auch Zugang zum Wissen und zu den kreativen Ideen seiner Belegschaft verschaffte, so dass er dies zum Vorteil des Unternehmens nutzen konnte. Herbert Casson fand deswegen anerkennende Worte für die Firma Cadbury: »Jeder denkt hier mit.«

Eine andere Alternative bestand darin, die gewerkschaftliche Organisation der Mitarbeiter zu fördern und kooperativ mit diesen Arbeitnehmerverbänden zusammenzuarbeiten. Diesen Weg wählten der Drucker Sakuma Taiichi in Japan und der Ingenieur Robert Bosch in Deutschland. Der progressive Unternehmer Bosch, dem andere deutsche Industrielle den Spitznamen »Roter Bosch« verpassten, bezahlte in den zwanziger Jahren hohe Löhne und förderte Engagement und unternehmerisches Denken in seiner Firma. Er betrachtete Gewerkschaften als sinnvolle Partner, um über die Sorgen und Probleme der Mitarbeiter informiert zu sein. Solange er seinen Beschäftigten keinen Grund zur Klage gab, übernahmen die Gewerkschaften effektiv das Personalmanagement für ihn. Arbeitnehmermitbestimmung scheint ein vernünftiger Ansatz zu sein. Sie hat ihre Risiken; häufig gibt es Spannungen zwischen den beteiligten Parteien, und viele Mitbestimmungsprogramme wurden über den Haufen geworfen, weil die eine Seite – zumeist die Arbeitnehmer – zu dem Schluss gelangt war, dass es die andere Partei nicht wirklich ernst meinen würde. Nichts untergräbt demokratische Spielregeln im Unternehmen schneller als die Erkenntnis seitens der Mitarbeiter, dass das Management ihnen nur deswegen ein Mitspracherecht gewährt hat, damit es in der Öffentlichkeit besser dasteht. Um Erfolg zu haben, müssen Vertrauen und Einsatzbereitschaft tief in der Unternehmenskultur verwurzelt sein. Das belegen die Beispiele Cadbury und Bosch.

Genossenschaften

In letzter Konsequenz münden Gewinnbeteiligung, Miteigentum der Belegschaft und Arbeitnehmermitbestimmung in die Form der Genossenschaft. Hier sind die Beschäftigten an allen Aspekten der Geschäftstätigkeit einschließlich der Unternehmensführung beteiligt. Trotz der weit verbreiteten und oft gerechtfertigten zynischen Einstellung zu Genossenschaften gab es in der Geschichte einige erfolgreiche Beispiele. Robert Owen, der viel für die Förderung der Genossenschaftsbewegung in Großbritannien tat, stellte jedoch fest, dass eine derartige Organisation nur reüssieren kann, wenn sie die gleichen Eigenschaften besitzt, die auch andere erfolgreiche Unternehmen auszeichnen. Insbesondere brauchen Genossenschaften eine

Robert Owen

Der 1771 in Wales geborene Owen verließ sein Elternhaus im Alter von zehn Jahren und ging nach London, wo er bei seinem älteren Bruder wohnte und arbeitete. Später ging er bei einem Textilkaufmann in die Lehre. Im Alter von 16 Jahren zog er nach Manchester, das damals zu den Zentren der Industriellen Revolution gehörte. Owen investierte seine Ersparnisse in ein kleines Zulieferunternehmen, das Teile für Wagenspinner produzierte, und gründete dann seine eigene kleine Spinnerei. Im Alter von 19 Jahren verdiente er ungefähr 300 Pfund jährlich. Ein ortsansässiger Fabrikbesitzer namens Peter Drinkwater war so beeindruckt von ihm, dass er Owen als Werksleiter für seine Fabrik mit über 500 Arbeitern anheuerte. Diese Zusammenarbeit endete, als Samuel Oldknow Drinkwater seinen Anteil abkaufte und Owen sein eigenes Unternehmen gründete. Nach 1790 traf er Caroline Dale und verliebte sich in sie. Ihr Vater war David Dale, der Eigentümer der Spinnerei New Lanark. Dale war ein frommer Christ, Owen dagegen ein überzeugter Atheist. Um das Wohlwollen seines Schwiegervaters in spe zu gewinnen, bot Owen an, New Lanark für die beispiellose Summe von 60.000 Pfund zu kaufen.

Nach der Übernahme von New Lanark verwandelte Owen die Fabrik und die gleichnamige Gemeinde in ein Musterbeispiel des aufgeklärten Kapitalismus. Die unter Dale äußerst rentable Spinnerei erwirtschaftete auch unter Owen weiterhin Gewinne; die Geduld, Liebe zum Detail und überlegenen Fähigkeiten im Umgang mit Mitarbeitern, die ihm in Manchester zum Erfolg verholfen hatten, kamen auch hier wieder zum Tragen. Die größte Aufmerksamkeit erregte jedoch die Mustergemeinde, die er um New Lanark herum aufbaute. Owen war überzeugt, dass er mit einer Verbesserung der Lebensqualität und der physischen Arbeitsbedingungen seiner Arbeiter und ihrer Familien nicht nur zum Wohl der Gesellschaft beitrug; glücklichere, gesündere Arbeiter waren seiner Meinung nach auch effizienter, was die Produktivität und Qualität steigern würde. Daher bot er Bildung, Wohnungen, ärztliche Versorgung und Läden, in denen subventionierte Artikel verkauft wurden, darunter auch – was unüblich war – Bier und Whisky. Obwohl Owen ein strenger Zuchtmeister war, galt er als fair, so dass nur selten Arbeiterkonflikte entstanden.

Seine Betonung der Bildung ist der wohl bemerkenswerteste Aspekt seiner Tätigkeit in New Lanark. Wie viele spätere Autoren war Owen davon überzeugt, dass die Arbeiter das wertvollste Kapital seines Unternehmens waren, und er argumentierte, dass man sie mindestens so gut versorgen und pflegen sollte wie die Maschinen der Fabrik. Seiner Ansicht nach war Bildung ein wesentliches Element für die menschliche Entwicklung, und er förderte Lernen und Wissenserwerb auf allen Ebenen des Unternehmens. Außerdem war Owen ein großer Verfechter der Fabrikreform und unterstützte Versuche, Gesetze zur Eindämmung grausamer Beschäftigungspraktiken einzuführen. In späteren Jahren unterstützte er die Genossenschaftsbewegung und die Gewerkschaften; beide betrachtete er als Instrumente, um der exzessiven Machtausübung anderer Fabrikinhaber Einhalt zu gebieten.

klare und pragmatische Zielsetzung und eine starke Führung. Obwohl Owen selbst in vielerlei Hinsicht idealistische Vorstellungen hatte, war er bestürzt darüber, dass die meisten Genossenschaften, mit denen er in Kontakt stand, von utopischen Träumern geleitet wurden. Obwohl er Zeit seines Lebens die Genossenschaftsbewegung unterstützte, prangerte er schlechtes Management und mangelnden Pragmatismus immer wieder als die schlimmsten Feinde einer Genossenschaft an.

Ironischerweise war der Erfolg von zwei der herausragendsten Genossenschaften aller Zeiten gerade einer starken Führung zuzuschreiben. Bei der Oneida-Gemeinschaft handelte es sich um eine utopische sozialistische Bewegung, die John Humphrey Noyes 1848 in den Vereinigten Staaten gegründet hatte. Die Genossen lebten in einer Kommune zusammen, praktizierten freie Liebe und Gemeinschaftseigentum. Wie die meisten derartigen Bewegungen fand auch diese ein bitteres Ende: Der Anführer begann sich mit seinen Anhängern zu streiten und verließ die Gemeinschaft, die anschließend rasch in Vergessenheit geriet. 1880 beschloss der Ältestenrat, das Experiment zu beenden. Ungewöhnlich war jedoch die Tatsache, dass es Oneida gelungen war, autark zu werden, und dass die verschiedenen Unternehmungen im Bereich Obstkonserven, Lederwaren und Herstellung von Silberbesteck alle Gewinne abwarfen. Anstatt das Vermögen an die ehemaligen Mitglieder zu verteilen, beschloss der Ältestenrat, die Kommune in die Oneida Community Ltd. umzuwandeln und Anteile an alle ehemaligen Mitglieder auszugeben. Keiner der Führer dieser Bewegung besaß jedoch große kaufmännische Erfahrung oder Geschäftssinn, und bis in die neunziger Jahre des neunzehnten Jahrhunderts hinein trat das Unternehmen auf der Stelle.

1894 kehrte Pierrepont Noyes, der Sohn des Gründers, in der Absicht zu Oneida zurück, das Unternehmen zu modernisieren. Die meisten Direktoren lehnten ihn ab, aber Noyes konnte die einzelnen Gesellschafter überreden, bei der Gesellschafterversammlung für ihn zu stimmen. Nach dieser Palastrevolte hatte er praktisch die Zügel in der Hand; 1899 wurde er Geschäftsführer. Noyes traf die Entscheidung, dass die Rationalisierung des Unternehmens eine Fokussierung auf eine einzige Produktlinie – Tafelsilber – einschließen sollte und lancierte einige Jahre später die äußerst erfolgreiche Marke Community Plate. Obwohl Oneida keine Genossenschaft im eigentlichen Sinne war, da die Mitglieder einen Großteil der Managementverantwortung an Noyes delegierten, blieben sie weiterhin über die regelmäßigen Gesellschafterversammlungen in die Angelegenhei-

> Mehrere Jahrzehnte lang waren die meisten Mitarbeiter zugleich auch Gesellschafter.

Die Suche nach der besten aller möglichen Welten

ten des Unternehmens involviert. Ferner waren zumindest mehrere Jahrzehnte lang die meisten Mitarbeiter zugleich auch Gesellschafter. Noyes war eher Diener als Herr der Firma, doch ist Oneidas Erfolg seinem instinktiven Marketinggeschick und Führungstalent zu verdanken.

Die erstaunlichste Geschichte einer Genossenschaft lieferte aber mit Sicherheit der Genossenschaftsverbund von Mondragón im spanischen Baskenland. José Maria Arizmendiarrieta war ein katholischer Priester, der sich gegen Franco auflehnte, 1937 inhaftiert und beinahe erschossen wurde. 1941 entließ man ihn aus dem Gefängnis und entsandte ihn in die kleine Stadt Mondragón, wo er den kurz zuvor exekutierten Priester ersetzen sollte. Wie jede Stadt im Baskenland war auch Mondragón arm und rückständig. Die Arbeitslosigkeit war hoch und die Aussichten düster. Für Arizmendiarrieta war es klar, dass nur wirtschaftlicher Wohlstand die quälende Armut der Region bekämpfen konnte. Mitte der vierziger Jahre gründete er ein kleines technisches Kolleg in der Stadt, finanziert aus Spenden der lokalen Bevölkerung. Dieses Kolleg, das heute noch als Mondragón Eskola Politeknikoa existiert, bot Techniker- und Ingenieursstudiengänge an und half seinen Absolventen, Arbeitsplätze in Fabriken zu finden.

1956 beschlossen fünf Abgänger dieser Hochschule, denen es nicht gelungen war, das Kapital für die Gründung ihres eigenen Unternehmens aufzutreiben, stattdessen eine Genossenschaft für die Produktion von Ölöfen und -lampen zu gründen. Diese Gesellschaft namens Ulgor (heute Fagor) hätte nicht ohne die Unterstützung von Arizmendiarrieta entstehen können; er half den kooperationswilligen Hochschulabsolventen, Mitglieder und Räumlichkeiten zu finden. Ulgor gedieh prächtig, und schon bald folgten zwei weitere genossenschaftliche Unternehmen, Arrasate und Eroski. 1959 gründete Arizmendiarrieta die Caja Laboral Popular, eine genossenschaftliche Sparkasse, die bei der Finanzierung weiterer genossenschaftlicher Unternehmungen behilflich war. 1967 machte er sich für die Einrichtung eines genossenschaftlichen Sozialversicherungsreferats stark, und 1967 war er die treibende Kraft hinter der Gründung einer Forschungseinrichtung, aus der 1974 die eigenständige Genossenschaft Ikerlan hervorgehen sollte.

Heute umfasst der Genossenschaftsverbund von Mondragón 120 Genossenschaften mit Aktivitäten in 23 Ländern. Mit einem Jahresumsatz von insgesamt fast sechs Milliarden Dollar ist er das achtgrößte Wirtschaftsunternehmen in Spanien. Innerhalb des Verbundes war das Management im Laufe seiner Geschichte so effektiv, dass nur eine einzige Genossenschaft bisher Konkurs anmelden musste.

Fazit

Von allen Aspekten des Fortschritts in der Managementlehre, die sich im Laufe des zwanzigsten Jahrhunderts herausbildeten, war wohl keiner so wichtig wie die Veränderungen auf dem Gebiet, das wir heute als Personalmanagement bezeichnen. Diese Weiterentwicklungen traten als zwei Grundsätze zu Tage. Zum einen wurde erkannt, dass der Erfolg aller wirtschaftlichen Organisationen (ja sogar Organisationen jeglicher Couleur) von den Menschen abhängt, die für sie tätig sind. Zum anderen zeigte sich, dass die Mitarbeiter im Unternehmen bei vernünftiger Koordination mehr erreichen können, wenn sie nicht einzeln, sondern im Team zusammenarbeiten. Die Entwicklung von Begrifflichkeiten wie der lernenden Organisation, Humankapital und Wissenskapital sind die Bausteine dieser neuen Organisationsansätze, die sich heute herausbilden.

Um das Beste aus den Menschen in einer Organisation herauszuholen, muss man sie erstens möglichst effizient und effektiv führen. Was genau Effizienz und Effektivität in dieser Hinsicht ausmacht, war und ist noch immer ein Diskussionspunkt. Am einen Ende der Skala steht die Meinung, dass Mitarbeiter einfach nur eine Ressource sind, aus der man einen möglichst hohen Ausstoß herauspressen sollte. Das andere Extrem ist die Meinung, dass Mitarbeiter in erster Linie menschliche Wesen sind und dass der Arbeitgeber die Pflicht hat, sich um ihre menschlichen Wünsche und Bedürfnisse zu kümmern. In der Praxis liegen die meisten Arbeitgeber natürlich irgendwo zwischen diesen beiden Extremen, wobei ihre genaue Position von ihren Einstellungen und Neigungen abhängt.

> In der Praxis liegen die meisten Arbeitgeber natürlich irgendwo zwischen diesen beiden Extremen, wobei ihre genaue Position von ihrer Einstellung und Neigung abhängt.

Das frühe zwanzigste Jahrhundert brachte keinen Konsens über den besten Ansatz im Management des Humankapitals. Allerdings hatten alle Bewegungen, die sich in dieser Periode herausbildeten, ein doppeltes Ziel: Steigerung der Industrieproduktion bei *gleichzeitiger* Verbesserung der Lebensqualität der Arbeitnehmer. Beide Ziele stehen noch heute im Zentrum der meisten Denkansätze und Theorien im Personalmanagement.

Alle in diesem Kapitel erörterten Bewegungen wurden von zwei Grundprinzipien vorangetrieben: Zum einen von der abstrakten Idee der sozialen Gerechtigkeit und der echten Überzeugung, dass Arbeitgeber eine Verantwortung gegenüber den Menschen haben, die für sie arbeiten, und zum anderen von dem ebenso starken Glauben, dass sich die faire Behandlung ihrer Beschäftigten für Unternehmen in den Gewinnen niederschlägt – in

Form von höherer Produktivität und verbesserter Rentabilität. Die Erkenntnis, dass Menschen an einem Acht-Stunden-Tag brutto mehr produzieren als Beschäftigte, die zehn Stunden am Tag arbeiten müssen, war seinerzeit eine Offenbarung (übrigens müssen viele unserer führenden Beratungsfirmen diese Lektion erst noch lernen, denn sie erwarten von ihren Mitarbeitern regelmäßig, mindestens zwölf Stunden am Tag verfügbar zu sein).

Eine weitere unvermeidliche Schlussfolgerung lautet: Effektive Personalführung seitens der Geschäftsleitung ist vielleicht noch wichtiger als das zu ihrer Umsetzung verwendete System. Auch hier gilt die Aussage der Industriepsychologen, dass Menschen wichtiger sind als Systeme. Wie in so vielen anderen Gebieten ist auch hier mit wirksamer Führung alles möglich; fehlt sie aber, sind selbst die besten Systeme zum Scheitern verurteilt.

Teil 3
Die Philosophie des Managements

Kapitel 9
Ethik und Identität

Der Sinn der Industrie liegt nicht in der reinen Produktion von Gütern, sondern in der Produktion derjenigen Güter, die in den Augen der Gesellschaft einen Wert besitzen.

Oliver Sheldon

Der Gedanke, dass Management als Philosophie betrachtet werden könnte, wurde im neunzehnten und frühen zwanzigsten Jahrhundert relativ häufig zum Ausdruck gebracht. Als Gründerdekade der Managementphilosophie kann man die Zeit zwischen 1830 und 1840 sehen, als der Mathematiker Charles Babbage *Die Ökonomie der Maschine* und der Chemiker und Dozent Andrew Ure *The Philosophy of Manufactures* schrieben. Seine Blütezeit erlebte dieses Konzept im Jahr 1924 mit der Veröffentlichung von Oliver Sheldons *The Philosophy of Management*. Sheldon hatte damals eine Führungsposition beim Schokoladenhersteller Rowntree in York inne und war ein enger Freund und Berater des Firmenchefs Benjamin Seebohm Rowntree. Seit dieser Zeit ist die Vorstellung von einer Managementphilosophie jedoch ein wenig aus der Mode gekommen, und sieht man sich die heutigen Managementgurus an, so benutzt lediglich Charles Handy philosophische Begriffe, wenn er vom Management spricht.

Dieser kurze dritte Teil löst sich von der Betrachtung der praktischen Managementdisziplinen, die Gegenstand von Teil II waren, und konzentriert sich stattdessen auf einige »große Ideen«, die im Zentrum des Managements stehen. Versuche wurden unternommen, Begriffe wie Führung, Unternehmergeist und Kreativität als eigenständige »Disziplinen« oder Fachgebiete zu beschreiben, jedoch ohne großen Erfolg. Wie ich in Kapitel 1 feststellte, erscheinen solche Versuche ein wenig absurd. Führung, Unternehmergeist und Kreativität getrennt vom Management oder auch nur als »Bestandteile« oder »Komponenten« des Managements zu betrachten ist bestenfalls eine sterile Trockenübung. Management ohne Führung gleicht einem Grand-Prix-Rennwagen ohne Motor: teuer, elegant gebaut und zu nichts zu gebrauchen.

Dieses erste kurze Kapitel beschäftigt sich mit einem weiteren integralen Konzept: der Ethik. Wirtschaftsethik wird an den Hochschulen häufig als separates Fach unterrichtet und studiert, und einige Unternehmen verfügen sogar über einen »Ethikvorstand« (oder etwas Gleichwertiges; die tatsächlichen Titel unterscheiden sich von Firma zu Firma). Diese Position erscheint besonders bizarr. Ethikvorstände sind im Grunde überbewertete Prügelknaben, die von ihren Kollegen an den Pranger gestellt werden, wenn sich das Unternehmen etwas zu Schulden kommen lässt. Manchmal werden auch Compliance Officer eingesetzt, die in der Organisation herumgehen und dafür sorgen müssen, dass sich alle anderen im Unternehmen ethisch verhalten.

Machen wir uns nichts vor. Unternehmen handeln entweder ethisch oder nicht. Würde man sagen, dass sich eine Firma teilweise ethisch verhält und teilweise nicht, wäre das so, als würden Sie behaupten, Ihr linker Fuß habe sich ethisch einwandfrei verhalten, weil er nicht nach der Katze trat, während Ihr rechter Fuß unethisch sei, weil er dem Tier einen Tritt verpasst hat. Zugegeben, einzelne Abteilungen oder Tochtergesellschaften von sonst ethisch handelnden Unternehmen können vom Pfad der Tugend abweichen und üble Dinge tun, zum Beispiel auf Kinderarbeit zurückgreifen oder versehentlich Trinkwasser mit Giftmüll verseuchen. Wenn die Zentrale die Verantwortung für dieses unethische Verhalten dann aber auf die Führungskräfte in der betreffenden Tochtergesellschaft abzuwälzen versucht und vorgibt, dass ansonsten alles in bester Ordnung sei, muss man schon allein diese Vorgehensweise als unethisch bezeichnen. In der praktischen Umsetzung der Wirtschaftsethik geht es in erster Linie um die Übernahme von Verantwortung.

> Unternehmen handeln entweder ethisch oder nicht.

Unternehmen können häufig über ethische Fallstricke stolpern, weil sie den Sinn ihrer Existenz aus den Augen verlieren. Das klingt sehr tiefschürfend, ist aber im Grunde ganz einfach. Wofür ist ein Unternehmen da? Warum existiert es? Welchem *Zweck* dient es? Unternehmen können sich nur dann ethisch verhalten, wenn ihre Führungskräfte in der Lage sind, diese Fragen zu beantworten, denn die Antworten darauf stehen in enger Verbindung zum Wesen der Geschäftsethik selbst.

Die Wirtschafts- und Managementgeschichte liefert uns vier verschiedene Antworten auf diese Fragen, die jeweils Beachtung verdienen. Kurz gesagt handelt es sich um:

- die aquinische Sichtweise, abgeleitet von der Philosophie von Thomas von Aquin, dass »ethisches« Verhalten darin bestehe, auf ein im Voraus bestimmtes Ziel hinzuarbeiten,

- die konfuzianische Lehre, die alle Beziehungen zwischen Individuen und Gruppen als ethische Konstrukte sieht, die von ethischen Normen gelenkt werden müssen,
- die Ansicht Friedmans, dass Organisationen und Unternehmen ihren Eigentümern verpflichtet sind und die Übernahme jeder anderen Verantwortung unethisch sei,
- Davis' Meinung, dass Organisationen und Unternehmen als Antwort auf soziale Bedürfnisse entstehen und keine andere Funktion haben, als dieses Bedürfnis zu erfüllen, und somit in enger Verbindung zu der Gesellschaft stehen, die sie hervorgebracht hat.

Ethik zeigt sich in Taten, nicht Worten

Die im dreizehnten Jahrhundert verfassten Schriften des Heiligen Thomas von Aquin beeinflussten die Ethik in der westlichen Welt stark und nachhaltig. Thomas von Aquin sieht Ethik nicht als statisches Konzept. Jedes menschliche Wesen habe ein letztendliches Ziel, auf das es sich zubewege. Für die Christen des Mittelalters war dieses »Endziel« Gott, aber Thomas von Aquin nennt auch menschliches Glück (das er mit dem Wissen um Gott gleichsetzt). Ethisches Verhalten ist somit dadurch gekennzeichnet, dass es Glück und Tugendhaftigkeit fördert. Ein Abweichen von diesem Pfad ist dann entsprechend unethisch; Handlungen, die vom Glück und der Tugend ablenken, sind unethisch.

Zwei Anmerkungen sind in diesem Zusammenhang angebracht. Wenn wir hier von Glück sprechen, meinen wir damit nicht das Glück des Einzelnen. Andernfalls wäre es ethisch für mich, Passanten auf der Straße auszurauben, wenn ich das Gefühl habe, dass mich das glücklich macht und Gott näher bringt. Wichtig ist in diesem Kontext die Summe des menschlichen Glücks. Zweitens sind nicht nur beabsichtigte, schädliche Handlungen unethisch. Unterlassungen können ebenfalls als unethisch gelten, also ein mangelndes Voranschreiten auf dem Weg zum letztendlichen Glück, denn eine Vernachlässigung von Pflichten kann genauso viel Schaden anrichten wie eine bewusste Handlung.

Personen- und ortsabhängige Ethik

Für Thomas von Aquin ist Ethik somit ein dynamisches Konzept, das sich zu einem Ziel hin bewegt, und unser Handeln (oder unsere Versäumnisse) gelten als ethisch oder unethisch, je nachdem, ob sie auf dieses Ziel ausgerichtet sind oder nicht. Ethik schreitet demnach linear voran. 1700 Jahre vor Thomas von Aquin hatte Konfuzius ein ethisches System entwickelt, das auf das Hier und Heute ausgerichtet war. Für Konfuzius ging es beim ethischen Verhalten darum, die Menschen um einen herum richtig zu behandeln, ganz gleich, wo man sich aufhalten mochte.

Die Bedeutung der Ethik für die konfuzianische Denkweise kann man gar nicht stark genug betonen. Ein moderner chinesischer Philosoph nannte den Konfuzianismus eine Reihe von Wegweisern zu ethischem Verhalten. In der konfuzianischen Ethik geht es primär um Pflichten und Verantwortlichkeiten (sie sagt absolut nichts über Rechte aus; dieser Begriff hat erst in der Moderne Eingang in die chinesische Sprache gefunden). Sie beschreibt ethisches Verhalten anhand von Beziehungen, wie »Achtung vor den Eltern«, also die Pflicht, seine Eltern (oder seinen Lehrer oder Vorgesetzte oder andere Autoritätspersonen) zu ehren und ihnen zu gehorchen. Auf die richtige Verhaltensweise wird viel Gewicht gelegt, und Riten und Rituale waren im ursprünglichen konfuzianischen System sehr wichtig. Ethisches Handeln allein genügt nicht; andere müssen dieses Handeln auch sehen.

Pflichten gegenüber dem eigenen Ich

Der Gedanke, dass Führungskräfte im Unternehmen in erster Linie und ausschließlich seinen Eigentümern und Aktionären verpflichtet sind, hat eine lange Tradition, doch niemand hat dies deutlicher formuliert als der Ökonom Milton Friedman in den siebziger Jahren. Vor dem Hintergrund der Diskussion über Sozialverantwortung von Unternehmen und dem auf Großkonzerne ausgeübten Druck, eine größere Rolle in gemeinnützigen Werken und für die Gemeinschaft zu spielen, argumentierte Friedman, dass solche Aktivitäten per definitionem unethisch seien. Unternehmen trügen keine Verantwortung; das könnten nur Einzelpersonen. Und die Manager eines Großkonzerns seien in erster Linie den Aktionären, den Firmeneigentümern gegenüber verpflichtet. Alle vom Unternehmen erzielten Gewinne gehörten rechtmäßig ihnen; diese

> Die Manager eines Großkonzerns seien in erster Linie den Aktionären, den Firmeneigentümern gegenüber verpflichtet.

Gewinne für Schulen, Gesundheitswesen und Sozialarbeit auszugeben, sei unmoralisch.

Wie man sich vorstellen kann, hatte diese Meinung einen Aufschrei der Empörung zur Folge, und Friedman wurde zur Zielscheibe von Beschimpfungen aus vielen Kreisen. Wichtig ist hier aber, was Friedman *nicht* sagte. Er sagte *nicht*, dass Unternehmen *keine* moralischen Verpflichtungen hätten – vielmehr sieht er eine ganz klare moralische Verpflichtung darin, einen Gewinn für die Aktionäre zu erwirtschaften. Ebenso wenig sagte er, dass die Aktionäre, wenn sie dies wollten, die Manager nicht anweisen könnten, Geld für soziale Zwecke und andere dem Gemeinwohl förderlichen Dinge zu spenden (obwohl er im Allgemeinen ein solches Vorgehen nicht guthieß, weil er der Ansicht war, dass Philanthropie eine Privatangelegenheit und nicht die Sache eines Unternehmens sei).

Die Aussagen Friedmans weisen Parallelen zum Gedankengut auf, das Thomas von Aquin und Konfuzius verbreiteten. Bei letzterem haben wir wiederholt das Konzept der Pflicht und Verantwortung als zentrales Element der Wirtschaftsethik gesehen. Wir haben auch Thomas von Aquins Gedanken zum linearen Fortschritt in Richtung auf ein übergeordnetes Ziel kennen gelernt. Das Ziel eines Unternehmens besteht darin, Geld für seine Aktionäre zu verdienen.

Unternehmen als Akteure der Gesellschaft

Diesen Ansatz findet man in verschiedenen Werken aus dem frühen zwanzigsten Jahrhundert, insbesondere in James Mooneys *Onward Industry!* (siehe Kapitel 5) und Oliver Sheldons *Philosophy of Management* (siehe oben). Das früheste mir bekannte Beispiel stammt jedoch aus *Corporations* von John Davis (1905).

Davis glaubt, dass sich Unternehmen als Antwort der Gesellschaft auf soziale Bedürfnisse entwickeln. So sei beispielsweise der religiöse Glaube im mittelalterlichen Europa ein vorherrschendes soziales Bedürfnis gewesen. Die Antwort der Gesellschaft darauf waren strukturierte Gruppen, die religiösen Glauben fördern und weiterentwickeln konnten, mithin die Katholische Kirche. Als sich diese Organisation allein als unzureichend erwies, entstanden untergeordnete Strukturen wie die Mönchsorden. In der politisch turbulenten Zeit nach der Reformation wurden bewaffnete Verteidigung und Sicherheit zu einem besonders dringlichen Bedürfnis; als Antwort darauf wurden stehende Heere gebildet, die Davis zufolge von einer Unternehmensstruktur gekennzeichnet waren.

Wenn Unternehmen soziale *Gebilde* sind, müssen sie laut Davis auch soziale *Funktionen* ausüben. Alles, was sie tun, wirkt sich daher auf die Gesellschaft aus, die sie gebildet und gestaltet hat. Um ihre Relevanz zu behalten, müssen sich Unternehmen zusammen mit neu entstehenden gesellschaftlichen Bedürfnissen weiterentwickeln. Wenn sie das nicht tun, wie die Mönchsorden im Laufe der Zeit, werden sie überflüssig und letzten Endes von der Gesellschaft zerstört, die keine Verwendung mehr für sie hat.

Als ausgebildeter Jurist geht Davis nicht im Einzelnen auf die ethischen Auswirkungen dieses Ansatzes ein, aber sie liegen eigentlich auf der Hand. Ein von der Gesellschaft geschaffenes Unternehmen ist ihr gegenüber verpflichtet. Im Gegensatz zu Friedman sieht Davis' Unternehmen nicht als wertneutral; sie haben kollektive Verantwortlichkeiten und Pflichten ihren Schöpfern, der Gesellschaft, gegenüber. Das impliziert auch Thomas von Aquin, wenn er vom Fortschreiten auf dem Weg zum Ziel spricht. Unternehmen entstehen, um bestimmte Bedürfnisse der Gesellschaft zu befriedigen, und ihre Funktion besteht darin, auf die Erfüllung dieser Anforderungen hinzuarbeiten.

Die richtigen Fragen stellen

Thomas von Aquin definiert Ethik als Hinarbeiten auf ein Ziel, ohne von diesem Weg abzuweichen. Konfuzius zufolge geht es darum, sich korrekt zu verhalten, seine Verantwortung anzuerkennen und seine Pflicht anderen gegenüber zu erfüllen.

Was aber ist das Ziel? Wem ist man verpflichtet, und wem gegenüber trägt man Verantwortung? Friedman und Davis geben widersprüchliche Antworten auf diese Frage. Der eine argumentiert, dass ein Unternehmen den Interessen seiner Aktionäre dienen muss und die Manager diesen Aktionären verpflichtet sind. Der andere meint, dass das Unternehmen die Interessen der Gesellschaft erfüllen müsse und in erster Linie ihr gegenüber Verantwortung trage.

Welche Antwort ist richtig? Dieses Dilemma lässt sich unter anderem durch Betrachtung des folgenden sekundären Problems lösen: Nehmen wir an, Sie selbst sind Eigentümer und einziger Aktionär eines Unternehmens. Friedman zufolge besteht Ihre oberste Pflicht darin, Geld für sich selbst zu verdienen, und Sie sind auch nur sich selbst gegenüber verantwortlich. Was bedeutet das? Haben Sie als Person keine weiteren ethischen Pflichten, Verantwortlichkeiten oder Bedürfnisse?

Natürlich haben Sie weitere Verpflichtungen, würde Milton Friedman sagen, aber das ist etwas anderes als die Verantwortung eines Unternehmens gegenüber seinen Aktionären. Mag sein, aber das scheint ein sehr umständlicher Weg zum ethischen Verhalten zu sein. Es sollte Unternehmen trotzdem möglich sein, sich im direkten Umgang mit der Öffentlichkeit ohne Vermittlungsorgan ethisch zu verhalten. Davis' Argument, dass Unternehmen eine Verpflichtung der Gesellschaft gegenüber haben, scheint mir unwiderlegt, allein schon aus pragmatischer Sicht. Als die Klöster nicht mehr der Gesellschaft dienten, wurden sie abgeschafft. Als die gigantischen, von J.P. Morgan unterstützten Konzerne allem Anschein nach gegen öffentliche Interessen verstießen, reagierte die US-Regierung darauf mit der Einführung von Kartellverboten. Unternehmen sollten schon aus purem Eigennutz im Umgang mit der Gesellschaft ethisch handeln.

> Es sollte Unternehmen möglich sein, sich im direkten Umgang mit der Öffentlichkeit ohne Vermittlungsorgan ethisch zu verhalten.

Lohnt sich ethisches Handeln?

Es gibt viele Beispiele für Manager und Wirtschaftskapitäne, die sich – oft sogar ganz offen – unethisch verhalten und dennoch große Erfolge feiern. Cornelius Vanderbilt gehörte zu den rücksichtslosesten Unternehmern, die jemals einen Vorstandssitzungssaal betreten haben, und selbst einem noch so wohlgesonnenen Biografen fällt es schwer, Vanderbilt in einem positiven Licht darzustellen. Er verdrängte Konkurrenten vom Markt (oder nahm Bestechungsgelder von ihnen, damit er sich selbst aus einem Geschäftsfeld zurückzog), schickte Züge und Schiffe auf die Reise, die für Personal und Passagiere gleichermaßen gefährlich waren, und ließ sich auf Aktienhandelspraktiken ein, die selbst gemessen an den damaligen Standards fragwürdig waren. Er war zu fast allen Menschen widerwärtig, selbst zu seinem Sohn und Erben William, und seine Kunden behandelte er wie eine Herde Vieh.

Der Automobilhersteller Henry Ford begann seine Laufbahn als stark paternalistisch geprägter Arbeitgeber, der hohe Löhne zahlte und seine Arbeiter gut behandelte. In seinen späteren Lebensjahren wurde er jedoch zu einem misstrauischen, verbitterten Mann, der seine Belegschaft als potenzielle Feinde ansah. Seinen eigenen internen Sicherheitsdienst, eine richtiggehende Schlägertruppe, die von einem Ex-Mafioso aus Chicago geleitet wurde, ermutigte er, die Arbeiter auszuspionieren und zu verprügeln. Wie bei Vanderbilt erstaunte Fords Grausamkeit seinem Sohn Edsel gegenüber, der in jungen Jahren an Krebs starb, selbst seine engsten Vertrauten. (Im Laufe der Zeit verging auch Fords geschäftlicher Erfolg; ein Freund von mir meinte einmal, man solle doch die Frühzeit der Ford Motor Company anhand eines so genannten »Edsel-Index« messen, der die Korrelation zwischen dem fortschreitenden Niedergang des Unternehmens und Fords immer sadistischerer Behandlung seines Sohnes aufzeigt.)

Auch der private Lebenswandel scheint keine große Rolle zu spielen. Billy Butlin, der Begründer eines britischen Ferienlagerimperiums und des modernen Massentourismus, bestand in seinen Camps auf anständigem Umgang der Geschlechter untereinander, führte jedoch selbst ein recht schillerndes Privatleben. Unter anderem verließ er seine zweite Frau und zog bei ihrer Schwester ein. Isaac Singer und Jack Daniels, die zwei der beständigsten Marken Amerikas begründeten, waren ausgemachte Schürzenjäger. Der Warenhauspionier William Whiteley nahm ein böses Ende, als ihn sein unehelicher Sohn, den er nicht anerkennen wollte, in seinem eigenen Büro ermordete.

Ganz oben auf der Liste der Geschichten über erfolgreiche »böse Buben« sollte mit Sicherheit Basil Zaharoff stehen. Dieser Waffenhändler und Bigamist ließ vor dem Ersten Weltkrieg von mehreren Waffenherstellern in Europa als Vertreter verdingen. Er entwickelte das so genannte »Zaharoff-System«: Erst verkaufte er einem Land eine Lieferung Waffen, dann setzte er die Nachbarn und Feinde dieses Landes davon in Kenntnis, dass Land Nr. 1 jetzt diese Waffen besaß, und drängte sie, ihm die doppelte Menge abzukaufen. Diesen Prozess wiederholte er dann ad infinitum. Zaharoffs ursprünglicher Verkauf eines U-Boots an Griechenland führte zur Order zweier weiterer U-Boote seitens der mit Griechenland verfeindeten Türkei. Russland, das der Türkei nicht grün war, kaufte daraufhin fünf weitere U-Boote. Zaharoff ist es zu verdanken, dass in Europa eine Rüstungsspirale in Gang gesetzt wurde, die dann in den Ersten Weltkrieg führte. Dennoch wurde er zum Ritter geschlagen, baute sich einen sagenhaften Reichtum auf und heiratete eine Herzogin.

> Auf jeden erfolgreichen korrupten Manager kommen andere, die scheitern.

Aber nur weil es schlechten Menschen gut geht, gibt es noch lange keinen Grund, ihrem Beispiel zu folgen. Auf jeden erfolgreichen korrupten Manager kommen andere, die scheitern. Und es gibt viele Geschichten über Männer und Frauen, die Erfolg hatten und sich zugleich auch an starke ethische Werte hielten. Manchmal waren sie unvollkommen, wie John Patterson, der einerseits seine Konkurrenten rücksichtslos vom Markt drängte, sich anderseits aber leidenschaftlich für das Wohl seiner Mitarbeiter und die Erfüllung ihrer Bedürfnisse einsetzte.

Vielleicht zäumte Friedman das Pferd ja am falschen Ende auf: Betrachtet man die Wirtschaft im Wandel der Zeiten, sind nicht Organisationen wertneutral, sondern die Wirtschaft selbst, die so ethisch oder unethisch sein kann, wie die beteiligten Parteien sie gestalten. Aber für Manager und ihre Unternehmen sind ethische Fragen ein allgegenwärtiger Teil unserer Kultur, unserer Gesellschaft, der Welt, in der wir leben. Einigen gelingt es, dies zu ignorieren und trotzdem erfolgreich zu sein, aber dieser Weg ist zweifellos der gefährlichere. Unter dem Strich ist ethisches Verhalten nämlich in unserem besten Interesse.

Kapitel 10
Führer und Diener

> *Ein Führer ist eine Person, die von den übrigen Mitgliedern der Gruppe dazu auserkoren wird, ihnen zu helfen, etwas zu tun, was sie ohnehin tun wollen.*
>
> Thomas North Whitehead

Der Gedanke, dass Führung auf Konsens beruhen sollte – dass also Führer nur mit der Zustimmung der Menschen, über die sie gebieten, ihre Rolle ausüben können – ist überraschend alt. In der Antike glaubten viele Menschen im Abend- und Morgenland, dass Könige im Himmel auserwählt werden und von göttlichen Gnaden regieren (die russischen Zaren klammerten sich bis zu ihrem bitteren Ende im Jahr 1917 an diesen Gedanken). In vielen Kulturen bestanden enge Verbindungen zwischen der Priesterschaft oder anderen religiösen Orden und der Krone; erstere mussten dem Monarchen durch ihren Segen Legitimität verleihen. Bis heute werden in England Könige in Westminster Abbey von einem Erzbischof gekrönt, und Präsidenten in den Vereinigten Staaten legen eine Hand auf die Bibel und schwören einen Eid auf Gott.

»Göttliche Autorität« bedeutete früher theoretisch, dass der Herrscher von Gott auserwählt und daher für Sterbliche unantastbar war. Wenn der Herrscher dem Wahnsinn anheim fiel, sich als unvorstellbar korrupt erwies oder – die schlimmste Sünde von allen – auf dem Schlachtfeld Inkompetenz zeigte, konnte man theoretisch nicht viel tun, außer zu Gott oder den Göttern zu beten, dass sie ihn aus dem Amt entfernen sollten. Pragmatischer denkende Menschen suchten Mittel und Wege, dieses Problem aus der Welt zu schaffen, ohne religiösen Grundsätzen untreu zu werden. Nicht selten wurde das Problem gelöst, indem ein Meuchelmörder angeheuert wurde, der einem anderen, rivalisierenden religiösen Glauben angehörte. Im Byzantinischen Reich, das seine Kaiser für Halbgötter hielt, entwickelte man dafür ein sauberes Rezept: Wenn ein Staatsstreich oder eine Palastrevolution fehlschlug, bedeutete dies, dass der Kaiser tatsächlich den Schutz Gottes genoss. Gelang der Umsturz aber, war der Herrscher bei Gott in Ungnade gefallen und verdiente es, vom Thron gestoßen zu werden. Im chinesischen politischen Denken gibt es ähnliche Ansichten über den Verlust der göttlichen Gunst. Denn war dies der Fall, so verdiente es der Kaiser, gestürzt und durch einen würdigeren Herrscher ersetzt zu werden.

Ungeachtet der Theorie der göttlichen Wahl regierten die Herrscher der Antike in Wirklichkeit mit der Zustimmung ihrer Untertanen. Es gab viele akzeptierte Arten und Weisen (von denen eine eben ein Attentat war), um Herrscher, die sich ihrer Aufgabe nicht gewachsen zeigten, aus dem Amt zu entfernen. Gleiches galt für die vom Volk ausgewählten Führer. In vielen Teilen der Welt – unter anderem in Afrika, Nordamerika und Asien – wurden Stammesfürsten auf dem Weg des rituellen Kampfes ausgewählt: Ein potenzieller Stammesfürst forderte Rivalen und/oder den derzeitigen Amtsinhaber zum Kampf um diese Position heraus. Dies führte manchmal dazu, dass sich ein außergewöhnlich großer, zäher und dummer Führer durchsetzte, aber auch hier gab es stets Mittel und Wege, ihn wieder los zu werden.

Das demokratische System, das seine langdauernde Entwicklung im sechsten Jahrhundert vor Christus in Athen begann, bot einen einfachen, rationaleren und weniger gewalttätigen Weg, um Regierende zu ersetzen, die den Erwartungen des Volkes nicht gerecht wurden. Die Philosophen Athens, allen voran Plato und Aristoteles, dachten gründlich über Regierungskonzepte nach, ebenso wie fast zur gleichen Zeit Konfuzius in China. Alle drei und nahezu jeder Autor, der sich seither Gedanken zum Thema Politik und Führung gemacht hat, kamen einhellig zu der Auffassung, die sich nicht grundsätzlich von Whiteheads oben zitierter Definition unterschied: Führung kann nur *wirksam* sein, wenn zum einen die Untergebenen dem Führer ihre Zustimmung geben und zum anderen der Führer und die Gefolgsleute sich auf ein gemeinsames Ziel einigen. Whitehead, dessen Werk *Führung in der freien Gesellschaft* aus dem Jahr 1936 größtenteils auf seinen Erkenntnissen als Forscher im Hawthorne-Projekt (siehe Kapitel 8) beruhte, argumentierte, dass jeder Manager, der *ohne* diese Zustimmung eine Führungsrolle übernehme, die Mitarbeiter eigentlich nur durch Zwang oder Ausbeutung lenken könne. Ein solches Verhalten sei nicht nur unethisch, sondern auch ineffizient. Arbeiter und Führungskräfte sollten stets auf eine gemeinsame Sache hinarbeiten.

> Gute Führungskräfte finden heraus, was ihre Organisation erreichen möchte und unterstützen sie dann dabei.

Gute Führungskräfte finden heraus, was ihre Organisation erreichen möchte und unterstützen sie dann dabei. Das ist eine zu stark vereinfachende Definition des Führungsbegriffs, aber ich kenne keine bessere. In den letzten Jahren habe ich die Biografien von Hunderten erfolgreicher Manager aus allen geschichtlichen Epochen analysiert und studiert, und nur in sehr wenigen Fällen entsprach ihr Führungsstil nicht der oben angeführten Beschreibung. Selbst wenn die Führungskräfte ihre

Arbeiter »antrieben«, war in irgendeiner Form ein Konsens gegeben. In der Ford Motor Company brachten die Arbeiter während der autokratischsten Zeit in den dreißiger Jahren Managern wie Charles Sorensen (dem »Gusseisernen Charlie«), der seine Leute wirklich gerne unter Druck setzte, zähneknirschend Respekt entgegen und setzten sich für ein gemeinsames Ziel ein: Gewinn bringende Produktion und Verkauf von Autos. Wie jeder weiß, der sich einmal mit Militärgeschichte beschäftigt hat, können Führer Druck ausüben und tun dies auch: Wahrhaft große Feldherren wie Friedrich der Große, Napoleon oder Alexander hatten jedoch noch mehr Mittel zu ihrer Verfügung.

In den letzten zwanzig Jahren wurde in zahlreichen Büchern der Versuch unternommen, den Begriff Führung zu analysieren und in seine Bestandteile zu zerlegen. Die Autoren dieser Werke fanden ganz unterschiedliche Definitionen. Das Thema Konsens zieht sich aber wie ein roter Faden durch alle diese Erklärungsversuche. Zur besseren Veranschaulichung kann in diesem Zusammenhang der Werdegang anerkannt erfolgreicher Wirtschaftskapitäne aus der Geschichte dienen, die eine breite Palette von Führungsstilen und -ansätzen realisierten. Die nachstehende Kategorisierung mit entsprechenden Beispielen vermittelt einen Eindruck von der Vielfalt der Möglichkeiten, die sich hier bieten.

Der Familienvater

Genauso wie viele Unternehmen auf Familienmodellen beruhen, spielen viele Führungspersönlichkeiten erfolgreich die Rolle eines Ersatzvaters (oder einer Ersatzmutter). Matsushita Konosuke gehört zu den berühmtesten Beispielen der jüngsten Vergangenheit. Obwohl er in Japan als »Gott der Unternehmensführung« bekannt ist, war Matsushitas Stil eher menschlich als göttlich. Sein starkes Sendungsbewusstsein – er sah seine Mission darin, den Menschen durch industriellen Fortschritt Wohlstand zu bringen – wurde von seinen Mitarbeitern leidenschaftlich unterstützt. Seine ständige Fürsorge um ihr Wohl stand dem in nichts nach. Bei seinem Tod im Jahr 1989 trauerten entsprechend viele Menschen um Matsushita. Auch George Cadbury war ein ausnehmend fürsorglicher Arbeitgeber, dem das Wohlbefinden seiner Leute sehr am Herzen lag. Wie der Kaufhausinhaber Ma Ying-piao aus Hongkong, der 1900 dort Sincere gründete, unterrichtete auch Cadbury jede Woche in der Sonntagsschule seines Betriebs. Für einen weiteren »Warenhauskönig«, John Wanamaker, stand die Sorge um das

Wohlergehen seiner Beschäftigten als väterliche Pflicht noch über der Gewinnerzielung. Als Wanamaker 1922 starb, erklärte die Stadt Philadelphia den Tag seiner Beerdigung zum Feiertag. Tausende säumten die Straßen, auf denen sich der Beerdigungszug bewegte.

All diese Führer besaßen großen wirtschaftlichen Sachverstand und waren höchst erfolgreiche Organisatoren und Verkäufer. Ihr herausragender Erfolg war jedoch auf ihren persönlichen Führungsstil zurückzuführen, bei dem eine auf Vertrauen und Pflichtbewusstsein beruhende Bindung im Vordergrund steht – ganz ähnlich wie in einer Familie. Wegen ihrer offensichtlichen Aufopferung für das Wohl ihrer Mitarbeiter waren ihnen diese treu ergeben. Grundlage ihres Führungsstils war der Respekt, den ihnen die Menschen entgegenbrachten.

Der Energiespender

Einige Führungspersönlichkeiten sind erfolgreich, weil es ihnen gelingt, in ihrer Organisation Energien, Kräfte und Ziele freizusetzen, die Mitarbeiter verinnerlichen können. Die profiliertesten unter diesen Führern sind die großen Verkaufs- und Werbegenies, Männer wie Samuel Colt und P.T. Barnum, oder, auf weniger marktschreierische Weise auch William Lever oder der Chicagoer Kaugummimagnat William Wrigley. Andere, wie Robert Owen oder Alfred Krupp (wie oft werden diese beiden Männer in einem Atemzug genannt?) lenkten einen Großteil ihrer Energien in die Organisation und Geschäftsführung, obwohl sich Krupp in späteren Jahren von diesem Aspekt seiner Tätigkeit abwandte. Energiespender sind häufig heroische Gestalten, die allgegenwärtig zu sein scheinen und von der Öffentlichkeit fast gänzlich mit ihren Unternehmen identifiziert werden. Ihr Tod oder Rückzug aus dem Berufsleben wird häufig als »Ende einer Ära« gesehen. Dieser Führungsstil hat den Nachteil, dass es schwierig wird, einen geeigneten Nachfolger zu finden, der dem großen Mann das Wasser reichen kann. Dennoch sind Energiespender erfolgreich, weil sie ihre Geschäftsideen mit dynamischer Energie und großer Handlungsfähigkeit umsetzen können.

Der Lotse

Im Gegensatz zum Energiespender überträgt der Lotse gerne einen Großteil der Managementaufgaben anderen und konzentriert sich selbst lieber auf die Planung und Lenkung des übergeordneten strategischen Kurses.

John D. Rockefeller war ein Paradebeispiel für diesen Führungsansatz. Als Chef der größten Ölgesellschaft der Welt reiste er selten und besprach sich fast nur mit seinen engsten Vertrauten. Er sah seine Aufgabe in der Planung der Marschrichtung des Unternehmens und den nächsten Schritten. Sobald diese Entscheidungen einmal gefallen waren, betraute er Untergebene mit ihrer Umsetzung. Nachdem Cosimo dei Medici von seinem Vater die Medici-Bank übernommen hatte, verließ er Florenz nur noch selten und besuchte niemals die ausländischen Niederlassungen seines Unternehmens; solche Inspektionsreisen überließ Cosimo anderen, während er selbst den Kurs vorgab, dem das übrige Unternehmen folgen sollte.

Lotsen laufen manchmal Gefahr, dass ihre zurückhaltende Art nur eine schwache Bindung zu ihren Mitarbeitern hervorbringt. Erfolgreiche Lotsen bauen häufig auch eine starke Unternehmenskultur auf, in der Mitarbeiter wissen, was von ihnen erwartet wird, und wo sie viel Eigeninitiative zeigen dürfen. Ein gutes Beispiel ist in diesem Zusammenhang Ernst Abbé, der in den Jenaer Carl Zeiss Werken eine Kultur schuf, in der Kreativität einen sehr hohen Stellenwert hatte. Wie einige der heutigen High-Tech-Unternehmer gab Abbé seinen Mitarbeitern keine spezifischen Aufgaben vor; vielmehr setzte er ihnen Ziele und forderte sie dann heraus, diese auf dem ihnen am vorteilhaftesten erscheinenden Wege zu erreichen oder gar zu übertreffen. Lotsen sind erfolgreich, weil sie eine starke und überzeugende Vision mit Planungsgeschick verbinden.

> Erfolgreiche Lotsen bauen häufig eine starke Unternehmenskultur auf, in der Mitarbeiter wissen, was von ihnen erwartet wird, und wo sie viel Eigeninitiative zeigen dürfen.

Der Innovator

Ein Innovator oder »Technounternehmer« beschwört eine Vision von technologischem Fortschritt herauf und überzeugt seine Mitarbeiter, auf diese Vision hinzuarbeiten. Diese Männer und Frauen sind nicht einfach nur Erfinder, sondern zugleich auch Visionäre. Ernst Abbé gehört in diese Kategorie, ebenso wie Thomas Edison, der noch zu Lebzeiten zu einer Ikone wurde. Edwin Land, der Gründer von Polaroid, war einer der großen amerikanischen Technounternehmer des zwanzigsten Jahrhunderts. Er leitete nicht nur einen Großteil der Forschungsaktivitäten seines Unternehmens, sondern formulierte auch die übergeordnete Unternehmensvision zur Beziehung zwischen Technologie und Fortschritt. Die Wissenschaftler und Techniker in Lands Zentralstab sahen ihm seine häufigen Führungsfehler nach, weil sie an seine Vision glaubten und überzeugt waren, dass er sie zu diesem Ziel führen würde.

Letztendlich scheiterte Land, weil seine Vorstände und viele seiner Mitarbeiter nicht mehr an seine Vision glaubten. In dieser Hinsicht war Ibuka Masaru erfolgreicher, der in den ausgebrannten Ruinen Tokios im Oktober 1945 in einem kleinen Büro eines Kaufhauses das Tokyo Communications Laboratory gründete (aus dem später die Sony Corporation hervorgehen sollte). In den nächsten Jahrzehnten machte Ibuka zusammen mit Kollegen wie Morita Akio aus Sony einen internationalen Elektronikgiganten. Ibukas Philosophie bestand darin, die Produkte zu suchen und zu erfinden, an die sich kein anderer heranwagen wollte. Sobald er Erfolg hatte, beeilten sich andere, ihn zu kopieren. Gelegentlich verkalkulierte er sich (etwa in der Auseinandersetzung zwischen VHS und Betamax), aber in den allermeisten Fällen konnte er seinen Wettbewerbsvorteil halten. Wie Land erzeugte Ibuka Spannung im Unternehmen, indem er bei neuem Wissen und neuen Produkten eine Vorreiterrolle spielte. Wie ein Lotse hat auch der Innovator eine Vision, nur beruht diese auf wissenschaftlichem und technischem Wissen und einer Vorstellung von den potenziellen Einsatzmöglichkeiten dieses Wissens.

Der Organisator

Auf den ersten Blick ist der Erfolg des Organisators darauf zurückzuführen, dass er eine erstklassige Organisation aufbaut, die sich ideal für ihre Ziele eignet. Wie wir jedoch in Kapitel 5 gesehen haben, muss auch die beste Organisation der Welt gut geführt werden. Einer der großen Organisatoren der Moderne war Sir Eric Geddes. Als Topmanager der Great North-Eastern Railway wurde Geddes im Zweiten Weltkrieg erst ins Munitionsministerium beordert, wo er die Produktion stark steigerte, dann zum Britischen Expeditionskorps nach Frankreich geschickt, wo er den Eisenbahntransport neu organisierte, und kam schließlich zur Königlichen Marine, wo man ihn zum Marineminister machte und ihm die Aufgabe übertrug, das administrative Chaos in Ordnung zu bringen, in das sich die britische Marine hineinmanövriert hatte. Nach einem kurzen Nachkriegsabstecher in der Politik leitete Geddes gleichzeitig Dunlop, einen der größten Reifenhersteller der Welt, und Imperial Airways. Beide Gesellschaften strukturierte er neu und verbesserte ihre Effizienz kolossal.

Geddes und andere Organisatoren wie Inamori Kazuo, der Gründer von Kyocera, haben ihren Erfolg teilweise ihrer Energie zu verdanken, aber ihr herausragendstes Kennzeichen ist ihre Liebe zum Detail. Insbesondere Geddes war berühmt für seine umfangreichen Recherchen und seine Fähigkeit, auch die kleinsten Details stets parat zu haben. Harry Pilkerton, der beinahe Geddes' Zeitgenosse im britischen Management war und sein Familienunternehmen zum größten Glashersteller der Welt machte, war ebenfalls ein unermüdlicher Organisator mit überlegener Detailgenauigkeit. In seinem Fall half ihm dabei sein fotografisches Gedächtnis.

Der Kontrolleur

Kontrolleure sind Allround-Führungstalente, die darauf bestehen, jeden Aspekt ihres Geschäfts selbst zu beaufsichtigen, von der Konstruktion über die Fertigung bis hin zum Marketing. Häufig handelt es sich hier um Autokraten: Henry Ford war ein Kontrolleur ersten Ranges, der nur ungern delegierte – und dann nur an Menschen, denen er instinktiv vertraute. Weniger diktatorisch, aber ebenso allgegenwärtig war Henry J. Heinz, der Konservenhersteller, der seine eigenen Fertigungsstandards festlegte, Marketing und Vertrieb selbst in die Hand nahm und sich persönlich um die Beziehungen zu den Arbeitnehmern kümmerte. Der Erfolg eines Kontrolleurs ist darauf zurückzuführen, dass er die Organisation mit seiner Zielstrebigkeit erfüllt. Es besteht niemals ein Zweifel daran, wer das Sagen hat, aber die Vision wird so gründlich und deutlich kommuniziert, dass die Mitarbeiter sie verinnerlichen und die Ziele der Firma zu ihren eigenen machen.

Der Diener

Als Spiegelbild zum Kontrolleur ist der Diener der Meinung, dass er der Organisation zur Verfügung stehen muss. Er bildet die reinste und genaueste Parallele zur Definition Whiteheads: Eine Führungskraft, die sich als Diener versteht, versucht einen expliziten Konsens unter den Mitarbeitern herbeizuführen, im Gegensatz zu den meisten der oben beschriebenen Modelle, bei denen Zustimmung implizit angenommen wird. Echte Diener sind selten. Das zwanzigste Jahrhundert brachte zwei bekannte Beispiele hervor. Der tschechische Schuhhersteller Tomás Bat'a entwickelte in seiner Fabrik in Zlin einen ganz eigenen, unverwechselbaren Führungsstil und hielt die Organisation für etwas weitaus Größeres als seine eigene Person. Bat'a übertrug einen Großteil der Managementverantwortung auf die unteren Organisationsebenen, während er seine Hauptfunktion darin sah, die vielfältigen Elemente zusammenzuführen und ihre Aktivitäten zu koordinieren. In den neunziger Jahren ging Ricardo Semler, der CEO von Semtech, mit der Delegation der Managementverantwortung noch einen Schritt weiter und bevollmächtigte praktisch jeden einzelnen Mitarbeiter. Gegen 1995 meinte er fröhlich, er selbst sei nun quasi überflüssig. In Wirklichkeit waren sowohl Bat'a als auch Semler machtvolle Mittelpunkte für die von ihnen eingeführten Reformen und sie inspirierten ihre Mitarbeiter weiterhin, selbst nachdem sie einen Großteil ihrer Weisungsbefugnis aufgegeben hatten.

Respekt, Energie, Vision, Liebe zum Detail, Zielstrebigkeit und Inspiration sind die Dinge, die Führungspersönlichkeiten einer Organisation geben können. Selbstverständlich können Organisationen die meisten dieser Dinge auch selbständig entwickeln, aber sie brauchen eine Mitte, einen zentralen Bezugspunkt, der all diese Tugenden auszustrahlen scheint. Dieses letzte Kennzeichen der Führung ist möglicherweise das wichtigste von allen. Wahrhaft große Führer, und mögen sie auch noch so autokratisch sein, opfern sich ihrer Organisation auf und werden ein Teil von ihr; sie machen ihre Bedürfnisse und die Ziele zu ihren eigenen. Eine solche Einstellung kam einigen von ihnen teuer zu stehen. George Eastman erschoss sich, kurz nachdem er sich aus der von ihm gegründeten Firma Kodak zurückgezogen hatte; er glaubte, dass mit seinem Abschied aus dem Arbeitsleben auch sein Leben vorbei war. Edwin Gay, der erste Dekan der Harvard Business School, starb in der Überzeugung, dass er in seiner beruflichen Laufbahn gescheitert war. John Reith, der Gründer der BBC, und Montagu Norman, der Gouverneur der Bank von England, der in den zwanziger Jahren die Zentralbankpolitik weltweit auf eine neue Grundlage stellte, waren beide in ihren letzten Lebensjahren verbittert und einsam, grübelten über ihre Misserfolge nach und waren nicht fähig oder willens, sich an ihre überragenden Leistungen zu erinnern. Führungskräfte werden gut bezahlt und entlohnt und von vielen Menschen geehrt und respektiert. Im Gegenzug übernehmen sie dafür die Bürde der Organisation und der obersten Entscheidungsverantwortung. Bei guten Führern hinterlässt diese Bürde unauslöschliche Spuren; nur die schlechten Führer verändert ihre Erfahrung als Oberbefehlshaber nicht.

> Respekt, Energie, Vision, Liebe zum Detail, Zielstrebigkeit und Inspiration sind die Dinge, die Führungspersönlichkeiten einer Organisation geben können.

Kapitel 11
Der Lohn des Risikos

Es wäre weitaus sicherer, vernünftiger und profitabler, einen faulen Vorstand zu entlassen und stattdessen einen Sandsack auf seinen Stuhl zu legen.

Herbert N. Casson

Dem englischen Begriff »entrepreneur« – Unternehmer – verhalf der französische Ökonom und Autor Jean-Baptiste Say um 1800 zum Durchbruch. (Das Wort erscheint bereits 1750 in französischen Wirtschaftstexten.) Say unterstützte die französische Revolution und war ein Anhänger Mirabeaus. Er arbeitete als Journalist und besuchte häufig England, wo er die Schriften der Ökonomen Adam Smith und Thomas Malthus kennen lernte. In *Wohlstand der Nationen* unterschied Smith nicht direkt zwischen dem Kapitaleigner und dem Manager oder Unternehmer, der die Firma organisierte und leitete. Say dagegen war der Ansicht, dass Kapitalisten und Unternehmer ganz andere Rollen und Funktionen übernahmen, selbst wenn, wie dies häufig der Fall war, diese Aufgaben in Personalunion erfüllt wurden. Die bisher verwendeten englischen Begriffe wie »undertaker« oder »promoter« gefielen ihm nicht, und daher prägte er einen neuen Begriff, nämlich »entrepreneur«, der in den internationalen Managementwortschatz einging.

Wesen und Rolle des Unternehmertums wurden größtenteils durch die Bemühungen des österreichischen Ökonomen Joseph Schumpeter auf ihr heutiges Niveau gebracht. Schumpeters Annäherung an das Unternehmertum war in erster Linie ökonomisch. Seinen Ausführungen zufolge waren die Unternehmer die primären Innovationskatalysatoren (siehe Kapitel 12) und daher die Triebfeder allen realen wirtschaftlichen Wachstums. Für Schumpeter bestand die Hauptfunktion der Unternehmer in der Schöpfung von Innovationen. Sie tragen die mit Innovationen verbundenen Kosten und Risiken und erhalten dafür den aus diesen Innovationen resultierenden Lohn und Gewinn.

Mut ist Schumpeter zufolge eine der Haupttugenden eines Unternehmers. Auch Intelligenz ist wichtig, da sie die Suche nach neuen Innovationschancen ermöglicht, aber Mut ist nicht nur zur Übernahme von Risiken erforderlich, sondern auch, um die bestehende Ordnung in Frage zu stellen und den instinktiven Widerstand zu überwinden, den die meisten Gesellschaften fast allen neuen Vorgehensweisen entgegenbringen. Die Kombination von Mut und Intelligenz ist selten, und dementsprechend wenig Unternehmer gibt es.

Moderne Forschungen belegen, dass es in jeder Gesellschaft nur eine begrenzte Anzahl von Unternehmern gibt. So rechnet etwa das britische Handels- und Industrieministerium nur ungefähr zehn Prozent aller Unternehmen zur Kategorie »Wachstumsfirmen« hinzu. Nur in einem von zehn Betrieben sind die Topmanager also bereit, das mit Wachstum und Expansion verbundene Risiko auf sich zu nehmen, und besitzen jene Verbindung von Mut und Intelligenz, die wahre Unternehmer auszeichnet. Die meisten übrigen Firmen des Landes sind im Sprachgebrauch des Ministeriums »stationär«, das heißt, ihre Eigentümer und Manager haben ein Umsatz- und Gewinnniveau erreicht, das ihre Bedürfnisse erfüllt, und beschränken lieber ihr Wachstum zugunsten eines geringeren Risikos. Dieser Gruppe von Managern fehlt es nicht unbedingt an Intelligenz oder Mut; sie sehen einfach keine Notwendigkeit, sich weitere Risiken aufzuladen. Ein drittes Element im Unternehmertum ist daher die *Motivation*: Um ein Unternehmer zu sein, muss man nicht nur die erforderlichen Eigenschaften mitbringen, sondern auch die Triebkraft zur unternehmerischen Tätigkeit besitzen.

Schumpeter glaubte auch an eine Art »Wellentheorie« im Unternehmertum und vertrat die Meinung, dass Unternehmer am häufigsten zu bestimmten Phasen im Konjunkturzyklus auftreten. Historische Analysen bestätigen diese Annahme in weiten Teilen. Eine der großen Wellen des Unternehmertums war in Norditalien zwischen 1250 und 1500 zu beobachten, als Kapital leicht zu bekommen war und der für die italienische Renaissance typische Optimismus viele Menschen dazu veranlasste, ihren Lebensunterhalt und manchmal auch ihr Leben auf die Chance zu verwetten, ein großartiges Unternehmen aufzubauen. Erinnern Sie sich, wie Iris Origo zur Laufbahn des Kaufmanns und Tuchmachers Francesco Datini anmerkte, dass sich Kaufleute während der Renaissance nicht durch die Größe ihres Geschäfts oder ihre Handelswaren unterschieden, sondern durch ihre Denkweise, die sie entweder an der Sicherheit des Heimatmarktes festhalten ließ oder sie in das risikoreiche, aber potenziell enorm profitable Milieu der internationalen Märkte führte. Dies war das große Zeitalter der Handelsabenteuer, als Marco Polo ganz Asien durchquerte und Handelsrouten sich rund um den Globus von den Gewürzinseln bis nach Island erstreckten.

Eine weitere derartige Welle fand im späten achtzehnten und frühen neunzehnten Jahrhundert in der Textilindustrie statt. Hier handelte es sich möglicherweise um die nachhaltigste Unternehmer-Welle aller Zeiten. Arkwright und sein Fabriksystem waren die Ausgangsbasis, auf deren Grundlage weitere Innovationen entstanden, aber es sollten noch viele andere Unternehmer folgen. Samuel Oldknow entwickelte Arkwrights Ideen zur Qualität entscheidend weiter, produzierte in seinem ersten Werk ein Garn von höchster Qualität und setzte dann seinen ganzen bisherigen Erfolg aufs Spiel, indem er sich auf eine massive Expansionskampagne einließ, die dazu führte, dass er nach nicht einmal zehn Jahren zwanzig Fabriken leitete, bevor seine Kapitalquellen versiegten und er gezwungen war, seine Investitionen zurückzuschrauben. Auf Oldknow folgte Robert Owen, der Sohn eines walisischen Sattlers, der im Alter von 16 Jahren Partner in seiner eigenen Firma war und mit 19 ein Werk mit 500 Beschäftigten leitete. Im Alter von 24 Jahren kaufte er seine eigene Fabrik; mit 29 sicherte er sich die Hand der Frau, die er liebte, indem er eine Hypothek auf seine eigene Zukunft aufnahm und David Dale New Lanark abkaufte. Anstatt sich bedachtsam mit Gewinnen zufrieden zu geben, nutzte er diese Gelegenheit, um eines der ehrgeizigsten Experimente im Arbeitsmanagement zu realisieren, das die Welt jemals gesehen hat.

Die Reihe der Helden der Industriellen Revolution wäre nicht vollständig ohne Titus Salt aus Yorkshire. Dieser Innovator gründete sein erstes Unternehmen mit dem Ziel, aus Alpakawolle hochwertige Wollstoffe herzustellen. Viele hatten das vor ihm vergeblich versucht, und ein solches Projekt wurde weithin für unmöglich gehalten. Unter strenger Geheimhaltung entwickelten Salt und seine Partner in fieberhafter Eile die Technologie für die Herstellung von Alpakastoffen. Binnen zehn Jahren gehörten Salt acht Fabriken; er war zum Bürgermeister von Bradford gewählt worden, hatte eine Wohnungsreform in der Stadt initiiert und seine eigene gigantische Fabrik mit 4500 Beschäftigten samt zugehörigem Modelldorf in Saltaire nördlich von Bradford gebaut.

> Mut, Intelligenz und Motivation: Diese drei Begriffe beschreiben die Schlüsselmerkmale der Pioniere der Industriellen Revolution am besten.

Mut, Intelligenz und Motivation: Diese drei Begriffe beschreiben die Schlüsseleigenschaften der Pioniere der Industriellen Revolution am besten.

Die gleichen Eigenschaften waren auch zwischen 1890 und 1920 im Überfluss vorhanden, als der Automobilbau vom Bastlerhobby zur weltweiten Großindustrie aufstieg. Henry Ford scheiterte mit drei Versuchen, bevor es ihm gelang, die Ford Motor Company zum Laufen zu bringen. Ransom Olds gründete die Firma Oldsmobile, verlor die Kontrolle darüber an seine

Geldgeber und gründete auf der Stelle eine weitere Gesellschaft, REO. Beide basierten auf geschickt konzipierten, preiswerten Autos, die seine spezielle Vision ausmachten. Louis Renault, den nach Aussagen seiner Freunde eine »fulminante Energie« antrieb, stellte sein erstes Auto im Jahr 1899 vor. Dieser zähe und halsstarrige Mann verfolgte seine eigene Vision technischer Spitzenleistungen bis zu seinem Todestag im Jahr 1944, als er nach der falschen Anschuldigung der Kollaboration mit den Nazis in einem französischen Gefängnis starb. In Großbritannien betrachtete es Herbert Austin als sein Lebenswerk, der Welt motorisierte Transportmittel zu schenken, und verfolgte diese Vision mit einer Zielstrebigkeit und einer Hingabe, der nur sein Freund und Rivale William Morris (der spätere Lord Nuffield) das Wasser reichen konnte. In Japan bewiesen Toyoda Kin'ichi und später Honda Soichiro das gleiche Engagement und die gleiche Energie in der Entwicklung einer einheimischen Autoindustrie, die erst gegen ausländische Importe antreten und sie aus dem Markt verdrängen und später dann die Heimatmärkte dieser ausländischen Hersteller in den Vereinigten Staaten und Europa selbst erobern sollte.

Mut, Intelligenz und Motivation: Lassen Sie uns noch einen kurzen Blick auf ein weiteres Beispiel werfen. Obwohl die britische Industrie im Allgemeinen zu Recht für ihre Starrheit und mangelnde Anpassungsfähigkeit im späten neunzehnten Jahrhundert gegeißelt wurde, stellte die Schiffbauindustrie eine rühmliche Ausnahme dar. Im Schiffsbau waren die Briten führend; nur wenige andere Länder machten sich überhaupt die Mühe, eigene Großwerften zu errichten, wo doch Großbritannien Schiffe von sagenhafter Qualität zu erschwinglichen Preisen herstellte. Angeführt wurde diese Bewegung von der in Belfast ansässigen Firma Harland & Wolff. Ihr Mitbegründer und unternehmerisches Genie war Edward Harland, der in Scarborough als Sohn eines Arztes und Amateurwissenschaftlers geboren wurde, der seinerseits ein Freund von George Stephenson war, dem Erfinder der ersten Eisenbahndampflokomotive. Nachdem er im Konstruktionsbetrieb Tyneside in die Lehre gegangen war, hatte Harland die modernste Ingenieurs- und Schiffsbautechnik kennen gelernt und verstand sich im Alter von 22 Jahren sowohl auf Schiffsbau als auch auf Management. Er nahm eine Stelle in Robert Hicksons Werft in Belfast an, damals eine recht unbedeutende Hafenstadt mit einer Handvoll kleinerer Werften, und litt fünf Jahre lang unter inkompetenter Führung. Dabei wusste er die ganze Zeit, dass er es besser konnte.

1858 erhielt er seine Chance. Hickson ging in Konkurs, und Harland kaufte die Werft. Die finanziellen Mittel stellte ihm sein Freund G.C. Wolff zur Verfügung, der Neffe des Liverpooler Reeders Gustavus Schwabe. Für Harland war Belfast ein Tabula rasa. Da die Stadt im Schiffsbau keine Tradition hatte, musste er nicht gegen eingefahrene Praktiken und Arbeitsweisen kämpfen, sondern hatte freie Hand bei der Entwicklung seines eigenen Systems. Ungelernte Arbeitskräfte waren billig und im Überfluss vorhanden; Facharbeiter konnten mit einer Kombination aus hohen Löhnen und der Chance, an einem großen, neuen Vorhaben mitwirken zu dürfen, aus Werften auf der britischen Hauptinsel abgeworben werden. Beeindruckt vom Geschick des jungen Werftleiters bestellte Schwabe sogleich die ersten Schiffe bei Harland. In den nächsten dreißig Jahren war Harland & Wolff Innovationsführer im Schiffsbau, und als Harland nach dieser Zeit die Zügel in die Hände von William Pirrie (siehe Kapitel 4) legte, war sein Unternehmen weltweit die Nummer eins im Schiffsbau. Für die drei Tugenden des Unternehmertums gibt es kein besseres Beispiel.

Ein knappes Gut

In Zeiten wie den oben erwähnten scheint das Angebot an Unternehmergeist grenzenlos zu sein; es gibt mehr Unternehmer als Kapital zu ihrer Finanzierung. Zwischen 1980 und 2000 erhob sich eine weitere große Schumpetersche Welle des Unternehmertums in der Softwareindustrie, mit der viele Männer und Frauen im Streben nach hohen Gewinnen große Risiken auf sich nahmen. Der Zusammenbruch des Dotcom-Booms Anfang 2000 zerstörte die Träume der meisten von ihnen. Selbst Giganten wie Son Masayoshi von der Softbank in Japan schwankten auf ihrem Sockel. Niemals zuvor wurde so deutlich, wie wichtig Mut und Urteilsvermögen sind. Wie bei jedem Unternehmerboom scheint es aber leider auch in diesem Fall mehr von ersterem als von letzterem gegeben zu haben.

Schumpeters Muster der Hochs und Tiefs im Unternehmertum ist inzwischen ein bekanntes Phänomen. Eines der verzwicktesten Probleme für Volkswirtschaften und Firmen gleichermaßen ist jedoch nach wie vor die Frage, wie man die Spitzen und Täler glätten kann. Sicherlich wäre es besser, immer ein klein wenig Unternehmertum zu haben, als zuweilen eine Schwemme und zu anderen Zeiten gar nichts. Dies führt uns zu zwei weiteren Überlegungen. Erstens scheint Unternehmertum teilweise von den Rahmenbedingungen inspiriert zu werden. Die Zeit muss dafür reif sein. Wie beim Goldrausch im neunzehnten Jahrhundert müssen die Hügel voller Gold stecken, um die meisten von uns hinter dem Ofen vorzulocken.

Ohne Inspiration gibt es kein Unternehmertum, und diese Inspiration muss ihrerseits entweder auf besondere Umstände zurückzuführen sein oder einer tief verankerten Landes- oder Unternehmenskultur entstammen, die Risikobereitschaft belohnt und Misserfolge nicht bestraft.

Zweitens sind wir nicht alle Unternehmer. Wie bereits erwähnt, können nach Schätzungen der britischen Regierung nur etwa zehn Prozent der britischen Betriebe als »unternehmerisch« eingestuft werden in dem Sinne, dass sie bereit sind, Wachstum durch Risiken zu erkaufen. Der Anteil mag in anderen Regionen wie Teilen Ostasiens oder in einigen Regionen der Vereinigten Staaten höher sein, ist in anderen aber bestimmt niedriger. Die meisten von uns würden jedoch ein ruhiges Leben und ein sicheres Dach über dem Kopf der Aussicht auf Gewinne vorziehen, die sich eines Tages als Schimäre erweisen könnte.

> Schätzungen der britischen Regierung zufolge, können nur etwa zehn Prozent der britischen Betriebe als »unternehmerisch« eingestuft werden in dem Sinne, dass sie bereit sind, Wachstum durch Risiken zu erkaufen.

Gleiches gilt größtenteils auch für Manager. Nur ein kleiner Teil der Führungskräfte will wirklich führen; wie wir im vorherigen Kapitel gesehen haben, ziehen die meisten es vor, ihre Führungsaufgaben an andere Personen oder Organisationen zu delegieren. Um dieses Phänomen zu verstehen, müssen wir uns ein bekanntes Konzept aus der Psychologie ansehen: Abraham Maslows Bedürfnispyramide. Menschliche Wesen haben Maslow zufolge eine Vielzahl von Bedürfnissen, die jedoch zu verschiedenen Zeiten in unserem Leben einen unterschiedlichen Stellenwert einnehmen. Auf der untersten Stufe stehen die körperlichen Grundbedürfnisse wie Nahrung: Mit leerem Bauch fällt es uns schwer, an etwas anderes als ans Essen zu denken. Sobald wir genug zum Essen haben, versuchen wir unser Bedürfnis nach persönlicher Sicherheit und Abwehr von Gefahren zu stillen. Sicher und gesättigt arbeiten wir an unseren sozialen Bedürfnissen wie Gruppenzugehörigkeit und Zuneigung und Respekt anderer Menschen. Wenn wir das erreicht haben, versuchen wir unsere Wertschätzungsbedürfnisse zu befriedigen und in den Augen unserer Mitbürger einen guten Ruf, Ansehen und Ehre zu gewinnen. In der letzten Stufe, so Maslow, wenden wir uns den Entwicklungsbedürfnissen zu und versuchen, den Wunsch nach Selbstverwirklichung zu erfüllen, indem wir das Potenzial zu entfalten suchen, das wir in uns spüren.

Diese Bedürfnispyramide ist präpotent: Erst wenn Bedürfnisse der unteren Ebene gestillt sind, strebt der Mensch nach den Bedürfnissen der höheren Stufen. Unternehmertum steht auf der höchsten Ebene von allen: Bedürfnis nach Selbstverwirklichung. Wer Unternehmer wird, strebt nach

Erfüllung und Erschließung des eigenen Potenzials. Die meisten von uns kommen gar nicht so weit; die Bedürfnisse nach Sicherheit, Gruppenzugehörigkeit und Wertschätzung beherrschen uns zu sehr. Wie viele von uns würden die zweite Option wählen, wenn man uns die Wahl ließe zwischen Ansehen und Respekt unserer Mitmenschen einerseits und keinerlei Wertschätzung, aber der Möglichkeit, unsere inneren Träume zu erfüllen? Viele von uns bilden sich gerne ein, dass sie es tun würden, aber in Wirklichkeit entscheiden sich nur ganz wenige Menschen für diese Alternative, zumal auch die zuerst genannte Option genug abwirft, um ihren Lebensunterhalt zu finanzieren.

Unternehmertum ist ein knappes Gut. Vor kurzem haben einige Wirtschaftshochschulen begonnen, ihre Studenten in Unternehmertum zu unterrichten. Dieser Ansatz ist jedoch zum Scheitern verurteilt. Diejenigen Studenten, die das Zeug zum Unternehmer haben und entsprechend Mut und Intelligenz besitzen, werden unternehmerisch tätig sein, wenn sie dies wünschen. Den anderen werden – wie so oft – in diesen Kursen Vorgehensweisen und Grundsätze beigebracht, die bei sklavischer Nachahmung zu einem positiven Geschäftsergebnis führen werden, das wie unternehmerischer Erfolg wirken könnte. Das Gesetz des Durchschnitts besagt, dass dies unweigerlich geschehen wird. Wenn Sie genügend Affen beibringen, auf der Schreibmaschine zu schreiben, wird schließlich auch einer von ihnen ein Werk von Shakespeare tippen.

Wenn uns die Geschichte eines über die Wirtschaft lehrt, so die Tatsache, dass Unternehmertum in einem Umfeld gedeiht, das es unterstützt. Die wahren unternehmerischen Eigenschaften – jene Kombination aus Risiko, Motivation und Intelligenz – besitzt aber bestenfalls nur einer von zehn Managern. Anstatt den Massen Unternehmertum beizubringen, sollten wir lieber Möglichkeiten ausloten, wie wir unternehmerisches Potenzial erkennen und dann fördern und unterstützen können. In diesem Prozess haben alle Manager eine Rolle zu spielen; wir sollten in der Lage sein, Unternehmer zu erkennen, selbst wenn uns selbst diese Eigenschaften fehlen. Lassen Sie uns die Geschichte studieren – nicht um selbst Unternehmer zu werden, sondern um zu lernen, wie wir Unternehmertum erkennen können, wenn wir es sehen.

Kapitel 12
Das Streben nach Wissen

> *Ich habe festgestellt, dass Wissen unendlich ist. Je länger ich lebe, desto mehr wird mir klar, dass ich nur einen winzigen Bruchteil weiß. Bei jedem Weg, den ich ging, musste ich feststellen, dass er kein Ende hatte.*
> *Jeder Mensch, der ein erfülltes Leben führen möchte, muss bis zu seinem letzten Atemzug lernen. Würde mir mein Arzt eröffnen, dass ich nur noch drei Tage zu leben hätte, würde ich wohl beginnen, Särge zu studieren.*
>
> Herbert N. Casson

Wissen ist in der Wirtschaft und im Management der neueste Trend. Fast jedes Managementbuch hat dieser Tage etwas zum Thema Wissen zu sagen: was es ist, wo man es erwirbt, wie man es steuert. Wissen ist Kapital, Wissen ist Macht, Wissen ist der neue Schlüssel zu Wettbewerbsvorteilen. Man könne schon fast meinen, Wissen sei Gott.

Dass Wissen wichtig ist, lässt sich nicht leugnen, aber jeder, der etwas über die Geschichte des Managements oder auch die allgemeine Wirtschaftsgeschichte gelesen hat, wird sicherlich die oft implizit und manchmal auch explizit in einem Großteil der modernen Werke zu diesem Thema enthaltene These in Zweifel ziehen, dass das alles irgendwie neu ist. Nirgendwo sonst ist die Leidenschaft der Theoretiker, das Rad neu zu erfinden, so deutlich wie hier. Die neueste Modeerscheinung ist die sogenannte »Wissensorganisation«, ein Begriff, der eindeutig impliziert, dass es auch eine andere Organisationsform gibt. Vielleicht die »dumme Organisation«? Nun, meine Bank versucht gerade, sich für diese Kategorie zu qualifizieren, hat es aber noch nicht ganz geschafft. Eine Organisation ohne Wissen gibt es nicht. Auf der grundlegendsten Ebene müssen alle Mitglieder der Organisation *irgendetwas* wissen, zum Beispiel was die Organisation macht, wer ihr angehört (zumindest einige ihrer Mitglieder) und welche Aufgaben sie selbst erfüllen. Eine Organisation, deren Mitglieder nicht einmal über dieses Wissen verfügen, gibt es nur in den Dilbert-Cartoons.

> Eine Organisation ohne Wissen gibt es nicht.

Lassen Sie uns nun eine Stufe weiter gehen. Wie wir in Kapitel 8 erörtert haben, verlangt selbst eine Organisation, die sich auf ein Höchstmaß an Arbeitsteilung stützt, dass ihre Mitglieder Wissen besitzen. Die Palette des Wissens und der Fertigkeiten mag gering sein, und es wird nicht oder nur kaum erforderlich sein, dass die Mitglieder dieser Organisation ihr Wissen teilen, doch die Gesamtsumme des in Organisationen wie der Ford Motor Company vor dem Ersten Weltkrieg vorhandenen Wissens ist imposant.

Wissen ist allgegenwärtig. Was sich verändert, ist die Art und Weise, wie wir es erzeugen, organisieren, strukturieren und nutzen. Das neue Gebiet »Wissensmanagement« hatte zumindest zur Folge, dass wir alle unsere eigene Wissensnutzung und -organisation in einem neuen Licht sehen. Wenn wir – wie es den Anschein hat – alle in gewisser Weise Wissensmanager sind, folgt daraus noch eine weitere Tatsache: Führungskräfte waren schon immer Wissensmanager. Seit der Frühzeit der Organisation haben Manager ihre Aufgaben erfüllt, indem sie ihr Wissen – und oft nicht viel mehr als das – nutzten, um Aktivitäten der Mitglieder der Organisation zu planen, zu lenken, zu leiten und zu koordinieren.

Im Management gibt es natürlich umfangreiche und vielfältige Einsatzmöglichkeiten für Wissen. An dieser Stelle möchte ich nur zwei Bereiche ansprechen, die zugegebenermaßen sehr wichtig sind: Innovation bei Produkten und Prozessen sowie allgemeine Managementthesen über den Einsatz von Wissen zur generellen Verbesserung und Steigerung der Effektivität des Unternehmens.

Produktinnovation: Wissen greifbar gemacht

Im neunzehnten und frühen zwanzigsten Jahrhundert galten Erfinder als große Helden. Edison, Samuel Morse, Alexander Graham Bell und die Gebrüder Wright waren Volkshelden, deren Status sich nicht sonderlich von dem unterschied, den Zauberer in früheren Epochen innehatten. Nur wenige wussten, was sie in der Einsamkeit ihrer Labore und Prüfräume taten; die meisten Menschen sahen nur die Ergebnisse und staunten.

Wie der Krieg besteht der Innovationsprozess in Wirklichkeit aus langen Perioden der Eintönigkeit, unterbrochen von kurzen Momenten höchster Spannung. Eine bahnbrechende Entdeckung – Ergebnisse von der Art, die den Erfinder »Heureka!« rufen lassen – ist für alle eine aufregende Zeit, insbesondere wenn jemand ein Notizbuch oder einen Taschenrechner in die Hand nimmt und auszurechnen beginnt, welchen potenziellen Gewinn man mit dieser Erfindung machen könnte. Aber solche Momente sind der Höhepunkt eines Prozesses, der Jahre in Anspruch nehmen kann. Häufig blitzt der erste Funke der Inspiration auf, wenn der Erfinder weder über die Zeit noch über die Ressourcen zu ihrer Realisierung verfügt, und weitere Jahre gehen ins Land, bis die Erfindung getestet wird und vermarktet werden kann.

Innovation ist harte Arbeit und teuer, und dennoch muss sie jeder tun. Ein Unternehmen, das nicht einmal schrittweise Innovationen einführen und seine Produkte und Dienstleistungen nicht aktualisieren kann, um der Konkurrenz einen Schritt voraus – oder zumindest gleichauf mit seinen Wettbewerbern – zu bleiben, wird wahrscheinlich kein schönes Ende finden. Aber wie sollte man hier vorgehen?

Beispiele aus den letzten paar Jahrhunderten zeigen, dass der Schlüssel zum Erfolg zum Teil im Aufbau einer Führungs- und Unternehmenskultur liegt, in der Innovationen nicht nur möglich sind, sondern erwartet werden. Ibuka Masaru und nach ihm Morita Akio schufen bei Sony ein ausgezeichnetes Beispiel für eine solche Kultur mit ihrer Philosophie, das zu tun, an das sich andere nicht heranwagten. Dieser Ansatz verschaffte Sony bei zahlreichen Gelegenheiten einen Erstanbietervorsprung, und nur ein einziges Mal (bei Betamax) war das Unternehmen nicht in der Lage, diesen in einen dauerhaften Vorteil umzumünzen. Andere japanische Unternehmen haben ähnliches Geschick beim Aufbau einer solchen Kultur bewiesen. Inamori Kazuo, der rührige Gründer und Geschäftsführer von Kyocera, und Honda Soichiro, das technische Genie hinter der Marke Honda, sind Beispiele für einen Typus, der in der ersten Hälfte des zwanzigsten Jahrhunderts in Japan häufig anzutreffen war: rastlose Träumer, beseelt von dem Drang, Dinge zu erschaffen und ihr eigener Herr zu sein. Mit dieser Motivation als treibender Kraft erschlossen sie Neuland, entwickelten ihre Erfindungen und bauten ihre Organisationen auf.

Auch in Amerika finden sich viele Beispiele. Thomas Edison, wohl das Paradebeispiel eines rastlosen Träumers, war als Geschäftsmann nicht besonders erfolgreich, und ein Großteil der Managementaufgaben in seinem wichtigsten Unternehmen, der mit Unterstützung von J.P. Morgan finanzierten Edison Electric Illuminating Company, die elektrisches Licht nach New York bringen sollte, wurde an andere delegiert. Doch einer, der ihn gut kannte, wies darauf hin, dass Edison den Geist der Innovation nicht seinem eigenen Unternehmen, sondern der gesamten amerikanischen Gesellschaft brachte: Er zeigte, wie

> Edison brachte den Geist der Innovation nicht allein seinem eigenen Unternehmen, sondern der gesamten amerikanischen Gesellschaft.

279

Das Streben nach Wissen

wissenschaftliche Methoden in der Industrie auf vielfältige Weise eingesetzt werden konnten, nicht nur in der Technik und im Maschinenbau. Dieser Freund fuhr fort: »er [Edison] ist der Begründer der modernen Industrie in diesem Land. Er hat uns eine neue Art von Unabhängigkeitserklärung gegeben ... in Form eines Werkzeugkastens, durch dessen Einsatz jeder Mensch in unserem Land ein größeres Maß an wirtschaftlicher Freiheit erlangt hat, als jemals zuvor für möglich gehalten worden war.«

Dieser Freund war Henry Ford.

Diese Mischung aus technologischem Idealismus und praktischem Instrumentarium war im weiteren Verlauf des zwanzigsten Jahrhunderts in der Philosophie von Edwin Land zu finden. Auch »Din« Land war ein rastloser Träumer: ein hochgewachsener, romantischer Mann, der Cary Grant verblüffend ähnlich sah. Die ideale Unternehmensform der Zukunft waren seiner Meinung nach »wissenschaftlich basierte Konzerne«, in denen das Unternehmen sich im Grunde um ein zentrales Forscherteam gruppierte, deren einzige Funktion darin bestand, Wissen und potenzielle neue Produkte zu entwickeln. Diese neuen Erzeugnisse würden dann von einem nach Produktlinien strukturierten Managementteam kommerziell vermarktet. Polaroid selbst war so strukturiert, und es ist denkbar, dass Ken Olsen dieses Modell auch als Inspiration für seine »Matrixorganisation« nutzte, die er in den fünfziger Jahren bei der Digital Equipment Corporation entwickelte und die seither vielfach analysiert und kommentiert wurde.

Die großen europäischen Erfinder der damaligen Zeit waren weniger schillernde Persönlichkeiten und weniger obsessiv, aber auch sie verstanden, wie wichtig eine Innovationskultur war. Der Seifenhersteller und Meister der Markenpolitik William Lever war ein prosaischer Innovator, der glaubte, dass seine Produkte das Leben der Menschen verbesserten, sie aber ganz pragmatisch auch als Mittel sah, seine Gegner zu übertrumpfen. Seine Innovationskultur war stark im Marketing verwurzelt, da er in seinem Unternehmen die Entwicklung neuer Produkte auf der Basis von Marktbedürfnissen anregte. George und Edward Cadbury waren, wie zu erwarten, idealistischer und vom sozialen Wert ihrer Produkte überzeugt, aber ihr Ansatz in der Innovation war ebenfalls praktisch und methodisch. Unter Edward Cadburys Führung entstand eine Parallelorganisation, basierend auf Organen wie Betriebsräten und Vorschlagswesen, die praktisch jeden Mitarbeiter in den Innovationsprozess einband.

Obwohl die Technik im viktorianischen Großbritannien als Wissenschaft praktiziert wurde, behandelten Ingenieure sie nach dem Vorbild von Isambard Kingdom Brunel wie eine Kunst und sahen Schönheit und Poesie nicht nur in ihren Schöpfungen, sondern auch im Schaffensprozess selbst. Charles Parsons, der Sohn eines Grafen und Erfinder der Turbinen, die viele Jahrzehnte lang praktisch jedes Schiff und jedes Kraftwerk in der Welt antrieben, gründete in seiner Fabrik in Heaton in der Nähe von Newcastle ein »Zentrum für Spitzenleistungen«. Parsons brachte seinen Mitarbeitern und ihren technischen Fähigkeiten großen Respekt entgegen und nannte sie lieber Handwerker als Arbeiter. Für die damalige Zeit zahlte er sehr hohe Löhne in der Hoffnung, sich die fähigsten und kreativsten Ingenieure ins Haus zu holen, und im Großen und Ganzen gelang ihm das auch. Etliche Ingenieure, die sich später auf anderen Gebieten einen Namen machten, waren irgendwann zwischen 1890 und 1930 bei Parsons angestellt. 1919 richtete Parsons eine Lehrlingsschule in Heaton ein, weil es ihm schon lange Sorgen bereitet hatte, dass es nicht genügend Ingenieure für den großen Bedarf des Landes gab. Damit verschaffte er Großbritannien einen technischen Vorsprung, der vierzig Jahre lang erhalten bleiben sollte. Während dieser Zeit besaß Parsons Firma unter den technischen Betrieben weltweit die wohl größte Know-how-Basis und gehörte gleichzeitig auch zu den rentabelsten Unternehmen in diesem Sektor.

Ernst Abbé sorgte im Optikwerk Carl Zeiss Jena für eine sehr ähnliche Kultur, die erst durch die Nazis und später durch die kommunistische Regierung der DDR zunichte gemacht wurde. Als ehemaliger Universitätsprofessor betrachtete Abbé den Schaffensprozess als Selbstzweck, und alle dadurch erzielten (in seinem Fall phänomenalen) Gewinne waren rein zufällige Begleiterscheinungen. Wenige gingen so weit wie der in der Schweiz geborene Kettenmacher Hans Renold, dessen Unternehmen in der Nähe von Manchester auf der Grundlage seiner Patente ein weltweites Monopol für Automobilantriebsketten hätte haben können. Faktisch genügte Renold sein Anteil am britischen Markt, und daher verschenkte er kurzerhand die amerikanischen Patentrechte an seiner Laschenkette. Die amerikanische Firma, die dieses Produkt herstellte und in den Vereinigten Staaten verkaufte, ermutigte er sogar in ihren Bemühungen und bot ihr technische Unterstützung an. Renolds Sohn, der das Unternehmen in den dreißiger Jahren übernahm, sagte über seinen Vater:

> ... sein ganzes Leben war durchdrungen von einer Leidenschaft für gute Arbeit. Er genoss es, Geld zu verdienen, aber der kommerzielle Erfolg war für ihn sekundär. Seine Triebfeder war die Schaffensfreude – etwas so gut wie nur irgend möglich zu machen. »Gut genug« war eine Formulierung, die in seinem Wortschatz nicht vorkam.

Prozessinnovation: Wissen in Aktion

Innovationen beschränken sich natürlich nicht darauf, neue Dinge zu erfinden. Sie können auch dazu beitragen, bekannte Dinge zu verbessern. Einer der größten Prozessinnovatoren aller Zeiten war mit Sicherheit Richard Arkwright. Über Richard Arkwright wurde in Kapitel 2 und an anderer Stelle in diesem Buch schon genug berichtet, aber es lohnt sich, den wichtigsten Aspekt seiner Karriere nochmals zu betonen. Mit seinem Spinnrahmen und seinen späteren Entwicklungen erfand Arkwright nicht einfach eine Möglichkeit, Garn schneller zu spinnen. Sein Ansatz führte auch zu einem *besseren* Ergebnis, zu einem qualitativ höherwertigen Produkt. Bei den besten Verfahrensinnovationen gehen Produktqualität und Produktionseffizienz Hand in Hand. Diese Philosophie vertraten auch der große Toyoda Kin'ichi, der Firmenchef, der Toyota ins Automobilzeitalter führte, und seine Manager, insbesondere der japanische Qualitätsguru Ishikawa Kaoru. Für Ishikawa bedeutete vollkommene Effizienz in der Produktion nichts, wenn sie nicht mit perfekter Qualität einherging.

> Bei den besten Verfahrensinnovationen gehen Produktqualität und Produktionseffizienz Hand in Hand.

Jetzt ist es an der Zeit, auf Ford zu sprechen zu kommen. Wenn wir den paranoiden alten Mann einmal beiseite lassen, der sein Unternehmen in den dreißiger Jahren an den Rand des Ruins führte, so war der Henry Ford aus der Zeit zwischen 1900 und 1915 nicht nur ein erstklassiger Konstrukteur, sondern auch ein genialer Verfahrensingenieur, der ein Jahrzehnt lang die Dienste einiger der klügsten Manager Amerikas für sich in Anspruch nehmen konnte, unter anderem James Couzens, William Knudsen und Charlie Sorensen. Fords Berühmtheit beruht in erster Linie auf seinem »Model T«, aber meiner Ansicht nach ist seine größte Errungenschaft das Montagewerk in Highland Park im US-Bundesstaat Illinois.

Diese von dem Architekten Albert Kahn entworfene und genau auf die Produktion des Model T zugeschnittene Fabrik in Highland Park erstreckt sich über mehr als 25 Hektar. Sie enthielt eines der längsten Montagebänder der Welt und wurde ganz bewusst so gestaltet, dass die Automobilproduktion auf eine bis dato noch nie dagewesene Geschwindigkeit erhöht werden konnte. Anstatt der bisher üblichen zwölf bis vierzehn Stunden dauerte die Montage des Model T vom Fertigteillager bis zum Bandende insgesamt nur 90 Minuten. Die Eröffnung von Highland Park rüttelte die amerikanische Wirtschaft auf. Besucher aus anderen Unternehmen und sogar anderen Ländern eilten herbei, um das Werk zu besichtigen. Aus Fords Produktionsmethoden lernte unter anderem der tschechische Schuhmacher Tomás Bat'a, der später seinen eigenen revolutionären Managementansatz in Europa einführen sollte. Ford wurde nicht nur für seine Maschinenbautechnik Beifall gezollt, sondern auch für seine Beachtung der Details und sein sorgfältig konzipiertes Fertigungssystem, das größtenteils auf den damals modernen Methoden des Scientific Management beruhte, aber auch einige Anleihen bei früheren Massenproduktionssystemen wie dem von Cyrus Hall McCormick bei International Harvest entwickelten Ansatz nahm. Auch in Bezug auf Arbeitnehmerbeziehungen galt Ford als Visionär. 1914 reduzierte er die tägliche Arbeitszeit auf acht Stunden in der Überzeugung, dass dies die optimale Zeit zur Maximierung der Effizienz der Beschäftigten sei. Außerdem führte er seinen berühmten Fünf-Dollar-Tageslohn ein, der fast doppelt so hoch war wie die damals in der Industrie gängigen Tarife. Als Highland Park Mitarbeiter einzustellen begann, gingen für jede ausgeschriebene Stelle an die hundert Bewerbungen ein, so dass die Produktionsleiter Knudsen und Sorensen aus den fachlich geschulten Bewerbern den Rahm abschöpfen konnten. Highland Park selbst wurde weltweit zu einer Legende. Zwanzig Jahre später ging Sorensen bei einem Besuch in einer sowjetischen Lastwagenfabrik das Montageband entlang und wurde mit einem lauten »Hi, Charlie!« begrüßt. Wie sich herausstellte, hatten einige der Männer in Highland Park gearbeitet, und der Ruhm dieses Werks und Sorensens Ruf war auch der übrigen Mannschaft bekannt.

River Rouge, die gigantische Fabrik, die Ford 1927 für die Produktion seines Model A eröffnete, stellte Highland Park von der Größe her noch in den Schatten und erhielt viel Anerkennung seitens der Ingenieursgemeinde, aber ihm fehlte die wunderbare Einfachheit von Highland Park. Seine hochkomplexe und problembehaftete Maschinerie funktionierte niemals wie geplant. Aber das Model T und die Fabrik in Highland Park, zwei perfekt auf ihre Zeit zugeschnittene Innovationen, machten Henry Ford unsterblich.

Eine Philosophie des Lernens

Viele der in diesem Kapitel erwähnten Innovatoren machten Lernen und Wissenserwerb zu einer zentralen Wertvorstellung in ihrem Unternehmen. Land, Honda, Inamori und auch Edison sahen Lernprozesse aus dieser Warte. Daneben gibt es aber auch Manager und Firmenchefs, die Wissen nicht unbedingt als direkten Weg zu Produkt- und Prozessinnovationen sahen, sondern als wichtige Basisfunktion, als notwendige Grundlage für eine starke und dynamische Organisation. Für den in Kapitel 10 erwähnten Sir Eric Geddes gehörte Wissensanalyse zu den obersten Führungsgrundsätzen, und in jedem der von ihm geführten Unternehmen etablierte er dauerhafte Systeme für die Informationserfassung und -beobachtung. Als Brite stand Geddes in einer Tradition der Informationserhebung und -analyse, die bis ins zwölfte Jahrhundert zurückreichte, bis zu den großen Administratoren Richard Fitz Neal und Hubert Walter.

> Manche Manager und Firmenchefs sahen Wissen nicht unbedingt als direkten Weg zu Produkt- und Prozessinnovationen, sondern als wichtige Basisfunktion.

Der große japanische Pädagoge, Universalgelehrte und Gründer der Universität Keio, Fukuzawa Yukichi, trug nach der Meiji-Restauration 1868 wesentlich zur Reform der japanischen Unternehmenskultur bei, indem er unablässig die Bedeutung und Erfordernis von Schulungsmaßnahmen betonte. Fast im Alleingang schuf Fukuzawa eine von Lernen und Wissenserwerb durchdrungene Kultur in der japanischen Wirtschaft, die bis zum heutigen Tag Bestand hat: noch heute sind japanische Firmen und Manager nahezu allen anderen auf der Welt überlegen in der Beobachtung ihres Umfelds sowie in der Speicherung und Nutzung des erworbenen Wissens. Fukuzawa unterschied nur selten zwischen »nützlichem« und »nutzlosem« Wissen; in seinem Netz fing er alles ein, von Managementmethoden über neue Technologien bis hin zu Recht, Politik, Volkswirtschaftslehre und Psychologie, und verwandelte diese Informationen in praktisches Wissen für Unternehmen.

Letztendlich zeichneten sich innovative Unternehmen in allen Epochen der Geschichte durch zwei Merkmale aus. Eines davon ist die Philosophie des Lernens, meist begleitet von der Überzeugung, dass Lernen einen inneren Wert besitzt, und der Weigerung, zwischen Wissenskategorien zu unterscheiden; *alles* Wissen erweist sich eines Tages als wertvoll. Das zweite Kennzeichen innovativer Unternehmen ist die Tatsache, dass in ihnen der Firmenchef die Rolle des Innovators oder zumindest eines Innovationskatalysators übernimmt. Natürlich gibt es Ausnahmen, aber in den meisten herausragenden innovativen Unternehmen der Vergangenheit – ob sie innovative Produkte und Prozesse oder vielleicht sogar, wie in Kapitel 8 beschrieben, neuartige Organisationsformen hervorbrachten – trieben die obersten Führungskräfte den Innovationsprozess voran.

Zu Beginn dieses Kapitels stellte ich die Behauptung auf, dass Unternehmensführung stets Wissensmanagement beinhalte. Folgt daraus, dass Management auch notwendigerweise zu Innovationen führen muss? Nicht alle Manager sind Innovatoren; einige haben in ihrer ganzen beruflichen Laufbahn keine einzige originelle Idee (zugegebenermaßen scheinen die meisten davon bei meiner Bank zu arbeiten). Aber Management sollte sich nun einmal nicht mit gewöhnlichen, stumpfsinnigen Alltagsroutinen als Selbstzweck beschäftigen. Routinen sind zwar leider nötig, weil ansonsten alles im Chaos versinken würde. Zweifellos hängt aber der langfristige Erfolg im Management von der Innovationsfähigkeit ab – weniger von großen Erfindungen, die die Welt verändern, sondern vielmehr von der Entwicklung einer Kultur, die von progressivem Denken und Lernen geprägt ist. Darin haben wir selbstverständlich alle unsere eigene Rolle zu spielen.

Kapitel 13
Persönliches Nachwort

Im Geschäftsleben gibt es fast ebenso viele Mythen und Irrglauben wie in antiken Philosophien und Religionen. Ich habe viele Prozesse in der Industrie gesehen, die so befremdend waren wie eine Zeremonie in einem Tempel in Tibet.

Herbert N. Casson

Geschichte ist nicht das, was man denkt, sondern das, woran man sich erinnert.

Sellars and Yeatman, 1066 And All That

Dieses Buch erhebt keineswegs Anspruch auf Vollständigkeit. Die Geschichte des Managements erstreckt sich über mindestens vier Jahrtausende und umspannt den ganzen Globus; eine vollständige Geschichte würde – und sollte – eine ganze Bibliothek füllen. Selbst bei meiner oberflächlichen Skizze musste ich viele Themen auslassen, da dieses Buch andernfalls eine Enzyklopädie geworden wäre. Beispielsweise habe ich sehr wenig zum Thema Qualität gesagt. Es wäre faszinierend gewesen, ein Kapitel über die Geschichte der Qualitätsbewegung aufzunehmen, von Arkwright und Babbage in der Industriellen Revolution bis hin zu W. Edwards Deming und Kaoru Ishikawa im zwanzigsten Jahrhundert. Ich hätte mir gerne Zeit genommen, die Ursprünge und Ideen hinter der Qualitätsbewegung in Japan zu erforschen und so wunderbare Geschichten zu erzählen wie die über den amerikanischen Computerhersteller, der einen Vertrag mit einem japanischen Unternehmen über die Lieferung von hunderttausend Mikrochips abschloss. Die vom Qualitätsfieber erfassten amerikanischen Einkäufer wiesen den japanischen Zulieferer streng darauf hin, dass die akzeptable Fehlerquote bei eins zu 10.000 liege. Als der Auftrag ausgeliefert wurde, lag eine kleine Schachtel mit zehn Chips bei, die über das bestellte Volumen hinausging. Verwundert riefen die Amerikaner in Japan an und fragten, was es damit auf sich habe. »Es tut uns Leid«, lautete die Antwort, »aber wir haben da wohl das Etikett vergessen. Das sind die zehn defekten Teile, die Sie bestellt haben.«

Ich hätte auch gerne ein Kapitel über Managementausbildung aufgenommen, um mehr über Edwin Gay und die Gründung der Harvard Business School oder Fukuzawa Yukichi und die Geburt der Managerausbildung in Japan zu berichten. Auch wäre ich gerne weiter zurück in die Geschichte gegangen, zu Thomas Malthus und der Gründung von Haleybury College, dem Managementkolleg der East India Company, der wohl ersten Wirtschaftshochschule der Welt. Ich hätte gerne den Frauen im Management ein Kapitel gewidmet, in dem ich mehr über einige der großen Vorreiterinnen wie Florence Nightingale hätte sagen können, die als Erste professionelles Management in der medizinischen Versorgung einführte. Auch ein Kapitel über die Kultur, ihre Rolle und ihren Einfluss auf das Management im Wandel der Zeiten wäre interessant gewesen, ebenso wie Ausführungen zur Globalisierung, in denen ich hätte zeigen können, wie Marco Polo und seine Zeitgenossen eine globale Sichtweise entwickelten – lange bevor uns Ohmae Kenichi und James Burnham im zwanzigsten Jahrhundert diese Idee in den Kopf setzten.

> Ich hätte gerne den Frauen im Management ein Kapitel gewidmet.

Aber diese Ideen stehen zur Diskussion, und auch zu den von mir so flüchtig gestreiften Gedanken gibt es noch viel, viel mehr zu sagen. Wenn dieses Buch auch nur eine Handvoll Leser dazu anregt, ihre eigenen Nachforschungen in der Geschichte des Managements zu betreiben und aus ihrem Studium ihre eigenen Fragen und Schlussfolgerungen abzuleiten, hat es seinen Zweck erfüllt. Das bringt mich zu meinem letzten Punkt.

Wenn man ein Buch schreibt, ist immer die Versuchung da, ein abschließendes Kapitel aufzunehmen, das die Frage stellt: »Und was haben wir aus alledem gelernt?«, um dann eine Antwort darauf zu geben. Aber so funktioniert Geschichte nicht. Ich glaube nicht, dass man sich mit der Sicht der Gegenwart an die Geschichte wenden und Fragen zur Bedeutung unserer Zeit oder der Zukunft stellen und mit festen, klaren Antworten rechnen kann.

Der Wert von Geschichte ist viel subtiler. Ein weiser Mann hat einmal gesagt, dass die Vergangenheit ein Spiegel ist, in dem wir uns selbst betrachten können. Der Wert der Wirtschafts- und Managementgeschichte liegt nicht etwa darin, dass sie uns konkrete Praktiken und Leitlinien für heutiges und zukünftiges Management an die Hand geben könnte. Wir können nicht sagen, dass wir in unserer heutigen Zeit auf eine Herausforderung auf eine ganz bestimmte Weise reagieren sollten, nur weil Cosimo dei Medici oder Richard Arkwright oder Henry Ford sich zu ihrer Zeit in einer ähnlichen Situation so verhalten haben. Ihre Methoden können funktionieren, aber möglicherweise auch nicht. Letztendlich hängt unsere Antwort von unserem eigenen Urteilsvermögen ab.

Dennoch kann uns die Geschichte viele wertvolle Dienste erweisen. Mit an erster Stelle steht meiner Ansicht nach die Inspiration. In Kapitel 1 schrieb ich, dass Manager ihre Helden kennen lernen müssen. Im eigentlichen Geschichtsstudium heute ist die Theorie der »großen Männer« aus der Mode gekommen. Das Studium des Lebens einzelner Menschen wird nicht nur von neomarxistischen Historikern angeprangert, die Geschichte lieber dialektisch sehen, sondern auch von neobraudellianischen Historikern, die Geschichte als Prozess betrachten. Möglicherweise empfinden die Puristen unter den Historikern das Studium des Lebens und des beruflichen Werdegangs von Menschen wie Matsushita, Heinz, Lever, Eric Geddes und Ernst Abbé als Affront, aber Führungskräften in Unternehmen, die von allen Seiten Veränderungen und Bedrohungen durch Wettbewerbskräfte erleben und nach Inspiration und Bestärkung suchen, können diese und ähnliche Geschichten in den dunklen Stunden der Nacht Trost spenden.

Die Geschichte kann auch als nützlicher Filter bei der Prüfung neuer Managementtrends und Modeerscheinungen dienen. Wie Casson bemerkte, ist das Management trotz seiner angeblich so ausgeprägten Rationalität voll von seltsamen Überzeugungen und Aberglauben. (Es gibt ja sogar immer noch Unternehmen, die geeignete Stellenbewerber mit Hilfe der Graphologie, also der Analyse der Handschrift, herauszupicken versuchen, und diese Firmen sind zweifellos überzeugt, dass es sich hier um ein wahrhaft neues und topaktuelles Verfahren handelt.) Es ist immer wieder interessant zu beobachten, wie viele »neue« Ideen in Wirklichkeit alte Ansätze in neuer Verpackung sind. Wenn man das wahre Gesicht dieser Hochstapler erkennt, kann man sich ansehen, was mit diesen Konzepten in ihrer früheren Gestalt geschah und wie und warum sie erfolgreich waren oder scheiterten. Mein persönliches Lieblingsbeispiel ist der Versandhandel im späten neunzehnten Jahrhundert, als echte Pioniere wie Aaron Montgomery Ward und Richard Sears neue Kommunikations- und Transportmethoden zur Entwicklung eines neuen Marketingansatzes auf der Grundlage eines komplexen, ausgeklügelten Distributionsmodells nutzten. Hundert Jahre später arbeiteten Dotcom-Einzelhändler, die dem kollektiven Wahn erlegen waren, dass sie etwas grundsätzlich Neues taten, an der Lösung des gleichen Problems, vergaßen aber leider, ein Distributionsmodell zu entwickeln. Ihr Scheitern ließ mehr als ein bitteres Lächeln über

> Die Geschichte kann auch als nützlicher Filter bei der Prüfung neuer Managementtrends und Modeerscheinungen dienen.

die Gesichter der Wirtschaftshistoriker huschen. Es wäre alles ganz lustig, wenn es nur nicht so viel gekostet hätte.

Ich will nicht weiter auf diesem Punkt herumreiten. Das Schöne an der Geschichte ist ihre unendliche Flexibilität. Sie bietet keine unumstößlichen und schnellen Sicherheiten, sondern ist stattdessen ein fruchtbarer Boden für die Untersuchung und Überprüfung von Ideen und Konzepten und die Analyse von Informationen. Alles in der Wirtschaft ist neu, und dennoch ist alles zugleich bereits steinalt. Wenn Sie dieses Paradox akzeptieren und verstehen, haben Sie eine schlagkräftige neue Waffe in Ihr Geschäftsarsenal aufgenommen.

Anmerkungen

Anmerkungen zu Kapitel 1

1 Young, Patrick und Theys, Thomas (1999), *Capital Market Revolution*, London: Financial Times Prentice Hall (deutsch: *Revolution im Kapitalmarkt: Die Zukunft der Börse im Online-Zeitalter*, München: Financial Times Prentice Hall, 2000, S. 9).
2 Adamson, Stephen (2000), »Thailand's party and the hangover«, *Corporate Finance Review* 4(4), S. 13–17.
3 Emerson, Harrington (1913), *The Twelve Principles of Efficiency*, New York: The Engineering Magazine Co.; Casson, Herbert N. (1917), *Lectures on Efficiency*, Manchester: Mather & Platt.
4 Dennison, Henry (1931), *Organization Engineering*, New York: McGraw-Hill; Puckey, Walter (1945), *What is This Management?* London: Chapman and Hall.
5 Casson, *Lectures on Efficiency*.
6 Aristophanes, *Die Wolken*, übersetzt und für Zeitgenossen des späten 20. Jahrhunderts zubereitet von Manfred Fuhrmann, Zürich und München: Artemis, 1977, S. 13–14.

Anmerkungen zu Kapitel 2

1 Und selbst wenn dies der Fall wäre, warum sollten kleine grüne Männchen aus dem All kein Managementsystem haben?
2 Aus Barbara Lesko, »Rank, roles and rights«, in Lesko, Leonard H. (Hrsg.) (1994), *Pharaoh's Workers: The Villagers of Deir el-Medina*. Ithaca, New York: Cornell University Press, S. 15–39. Ich danke Barbara Lesko für die Genehmigung zur Nutzung dieses Werkes.
3 Karl Moore und David Lewis in ihrem ausgezeichneten Buch *Foundations of Corporate Empire* (London: FT Prentice Hall, 2000) gehen detailliert auf die Wurzeln der Unternehmen im antiken Nahen Osten ein; ein Großteil dieses Abschnitts stützt sich auf ihr Werk.
4 Aus Moore und Lewis, *Foundations of Corporate Empire*, 32–33. Ich danke den Autoren für die Genehmigung zur Nutzung dieses Werkes.
5 Moore und Lewis, *Foundations of Corporate Empire*.
6 Die Geschichte des Hauses des Jagath Seth wurde zumindest im Englischen noch nicht umfassend behandelt. Vgl. Morgen Witzel, »Chand, Fathe«, in Witzel, Morgen (Hrsg.) (2001), *Biographical Dictionary of Management*, Bristol: Thoemmes Press.
7 Bencis Karriere wird detailliert beschrieben bei de Roover, Raymond (1963), *The Rise and Decline of the Medici Bank*, Cambridge, Massachusetts: Harvard University Press.
8 Das herausragende Werk über die Organisation der Firmen der Medici ist nach wie vor de Roover, Raymond (1963), *The Rise and Decline of the Medici Bank*.
9 Der Begriff »entwerfen« statt »erfinden« wurde absichtlich gewählt. Ein anderer Erfinder, Thomas Highs, behauptete, Kay

und Arkwright hätten seine Entwicklung gestohlen, und die rechtlichen Auseinandersetzungen und Schlammschlachten darüber setzten sich noch nach dem Tod aller drei Parteien fort. Wie so vieles im Management sind Streitigkeiten über geistige Eigentumsrechte nichts Neues.
10 Die Rolle der Innovationsfähigkeit in der Entwicklung der Managementtheorie und -praxis wird an späterer Stelle noch genauer erörtert.

Anmerkungen zu Kapitel 3

1 Aus Emerson, Harrington (1913), *The Twelve Principles of Efficiency*, New York: The Engineering Magazine Co.
2 Emerson, Harrington (1909), *Efficiency as a Basis for Operations and Wages*, New York: The Engineering Magazine Co., S. 98.
3 Sheldon, Oliver (1923), *The Philosophy of Management*, London: Pitman.
4 Urwick, Lyndall (1933), *Management for Tomorrow*, London: Nisbet.

Anmerkungen zu Kapitel 4

1 *Some Problems in Market Distribution* (1912) von Arch Shaw gilt im Allgemeinen als das erste Marketinglehrbuch. Das erste offizielle Marketingseminar hielt Paul Cherington 1908 an der Harvard Business School, obwohl einige amerikanische Handelsuniversitäten bereits in den sechziger Jahren des neunzehnten Jahrhunderts Grundkurse in Marketingmethoden anboten. Italienische *scuole d'abaco* boten schon im fünfzehnten Jahrhundert eine Einführung in Marktkenntnisse.
2 Donaldson, Bill (1996), »Marketing, foundation of«, in Malcolm Warner (Hrsg.), *International Encyclopaedia of Business and Management*, London: Routledge, Band 4, S. 3209.
3 Urwick, L.F. (1932), *The Management of Tomorrow*, London: Nisbet, S. 81.
4 Weitere Informationen zu Pattersons Verkaufsmethoden finden Sie in Johnson, R., und Lynch, R. (1932), *The Sales Strategy of John H. Patterson*, Chicago: Dartnell.
5 Origo, Iris (1957), *The Merchant of Prato*, London: Jonathan Cape, S. 89. (deutsch: »*Im Namen Gottes und des Geschäfts«: Lebensbild eines toskanischen Kaufmanns der Frührenaissance. Francesco di Marco Datini*, München: Beck, 1985, S. 77–78)
6 Ich danke Professor Sasaki Tsuneo für die Informationen zu Mitsui, auf denen dieser Bericht beruht.
7 Hier handelt es sich um einen unmittelbaren Vorgänger des heute oft verwendeten AIDA-Modells (**A**wareness – Aufmerksamkeit erregen; **I**nterest – Interesse wecken; **D**esire – Wünsche erzeugen; **A**ction – Kaufaktion auslösen).
8 Thompson, C.B. (1914), *Scientific Management*, Cambridge, Massachusetts: Harvard University Press, S. 545.
9 Casson, Herbert N. (1913), *Advertisements and Sales*, London: Pitman, S. 149.
10 Drucker, Peter (1973), *People and Performance: The Best of Peter Drucker on Management*, London: Heinemann, S. 89.

Anmerkungen zu Kapitel 5

1 Nach einiger Überlegung habe ich den modernen akademischen Begriff »Organisationsverhalten« zur Einführung des Themas dieses Kapitels verwendet, da die meisten Leser damit vertraut sein werden. Genau genommen betreiben wir hier das »Studium von Organisationen« oder »Organisationslehre«. 1996 definierte Arndt Sorge in der *International Encyclopedia of Business and Management* Organisationsverhalten einerseits als Struktur und Zusammensetzung von Organisationen und andererseits als Verhalten von Einzelpersonen und Gruppen innerhalb dieser Organisationen. Diese

Dichotomie ist zweifellos für die universitäre Arbeitsteilung erforderlich, wirkt jedoch in praktischer Hinsicht etwas gekünstelt. Dieses Kapitel folgt der von früheren Autoren postulierten Ansicht, dass die Struktur einer Organisation und das Verhalten ihrer Mitglieder einfach zwei Facetten des gleichen Themas sind: Organisationen.

2 Jones, Edward D. (1912), »Military history and the science of administration«, *Engineering Magazine*, Band 44, S. 1.

3 Nach den 1979 in China eingeleiteten Wirtschaftsreformen gibt es Anzeichen für eine Rückkehr des Familienmodells.

4 Oschinsky, D. (1971), *Walter of Henley and the Treatises on Estate Management and Accountancy*, Oxford: Clarendon Press.

5 Mehr zu Walters Reformen finden Sie bei Cheney, C.R. (1967) *Hubert Walter*, London: Thomas Nelson & Sons. Ich danke Marilyn Livingstone dafür, dass sie mich auf diesen bemerkenswerten Mann aufmerksam gemacht hat.

6 Kimball Dexter (1913), *Principles of Industrial Organization*, New York: McGraw-Hill, S. 158–159.

7 Mason, Frank M. (1909), *Business Principles and Organization*, Chicago: Cree Publishing Co., S. 100.

8 Gilbreth, Lilian (1914), *The Psychology of Management*, New York: Sturgis & Walton, S. 3.

9 Parker Follett, Mary (1937), »The process of control«, in Gulick, L. und Urwick, L.F. (Hrsg.), *Papers on the Science of Administration*, New York: Institute of Public Administration, S. 161.

10 Knoeppel, Charles (1918), *Organization and Administration*, New York: McGraw-Hill, S. 42.

Anmerkungen zu Kapitel 6

1 Tauschwährungen sind die in alltäglichen Transaktionen verwendeten Sorten, die physisch durch eine Münze oder eine Banknote repräsentiert werden. Buchwährungen sind in der Regel große, in kaufmännischen Transaktionen verwendeten Währungseinheiten, für die es keine physische Entsprechung gibt. Das Pfund Sterling war im mittelalterlichen England eine häufig verwendete Buchwährung, obwohl bis 1350 die höchste Stückelung der Penny war. Ein Beispiel für eine Buchwährung aus China ist der Silbertael. Als Zähleinheit für die indische Rupie gibt es »Lakh«.

2 Zitiert in G. Chandler (1964), *Four Centuries of Banking*, London: B.T. Batsford, S. 109–10.

3 Kipling deutet in diesem Gedicht an, dass der Bauunternehmer bei der Errichtung der Cheops-Pyramide den Pharao zweifellos insgeheim um mehrere Millionen erleichtert hat und dass auch Josefs plötzlicher Aufstieg zum Verwalter Ägyptens ein monströser Betrug an den Untertanen des Pharaos gewesen sein muss. (Anm. der Übersetzerin)

Anmerkungen zu Kapitel 7

1 Chandler, Alfred D. (1962), *Strategy and Structure: Chapters in the History of the American Industrial Enterprise*, Cambridge, Massachusetts: MIT Press, S. 13.

2 Von besonderem Interesse ist in diesem Zusammenhang Mintzberg, Henry (1993), *The Rise and Fall of Strategic Planning*, New York: Free Press (deutsch: *Die strategische Planung: Aufstieg, Niedergang und Neubestimmung,* München: Hanser, 1995).

3 Fast alle der hier genannten Werte sind in modernen Ausgaben und Übersetzungen erhältlich.

4 Eine Bearbeitung des chinesischen Klassikers von Thomas Cleary erschien im Deutschen unter dem Titel *Wahrhaft siegt, wer nicht kämpft: Die Kunst der richtigen Strategie*, Freiburg: Verlag Hermann Bauer, 1990. Eine weitere deutsche Über-

setzung ist *Heerführer zum Frieden: Die Kunst der Strategie*, Wien: Jugend & Volk GmbH, 1991.

5 Daoismus wurde im Westen während der europäischen Aufklärung bekannt, und ein Autor vertritt die Auffassung, dass das Konzept *wu-wei* der Ursprung des *Laissez-faire*-Gedankens ist, popularisiert von französischen Physiokraten im achtzehnten Jahrhundert. Vgl. Clarke J.J. (2000), *The Tao of the West: Western Transformations of Taoist Thought*, London: Routledge. Der zitierte Vers stammt aus P.T. Ruggenthaler, *Lao Tse Das Tao der Stärke: Meditationen für Manager*, Wien: Verlag Orac im Verlag Kremayr & Scherian, 1994, S. 56.

6 Zitiert aus Miyamoto Musashi, *Fünf Ringe: Die Kunst des Samurai-Schwertweges*, München: Droemersche Verlagsanstalt, 1994, S. 75.

7 Zitiert aus Yamamoto Tsunetomo, *Hagakure: Das Buch des Samurai*, Augsburg: Weltbild Verlag, 2001, S. 19.

8 Jones, Edward D. (1912), »Military history and the science of business administration«, *Engineering Magazine*, Bd. 44, S. 186.

4 Watts, Frank (1921), *An Introduction to the Psychological Problems of Industry*, London: George Allen & Unwin, S. 118.

5 Emerson, Harrington (1913), *The Twelve Principles of Efficiency*, New York: The Engineering Magazine Co., S. 188.

6 Emerson, S. 197.

7 Redfield, William C. (1916), »The employment problem in industry«, *Annals of the American Academy of Political and Social Science*, Mai, S. 11.

8 Mayo, Elton (1930), »The human effect of mechanization«, *American Economic Review*, März, S. 156–76.

9 Dieses und das vorhergehende Zitat wurde entnommen aus Watson, W.J. (1931), »Scientific management and industrial psychology«, *English Review*, April, S. 444–55.

10 Mein herzlicher Dank geht an Professor Sasaki Jun, weil er mich auf Ohara aufmerksam gemacht hat. Er stellte mir auch die Informationen über seinen beruflichen Werdegang zur Verfügung, auf denen diese Passage beruht.

Anmerkungen zu Kapitel 8

1 Der Mittelteil dieses Kapitels ist größtenteils aus einer früheren Arbeit abgeleitet, meiner Einführung zu *Human Resources Management*, einer im Jahr 2000 von Thoemmes Press und Kyokuto Shoten veröffentlichten Sammlung nachgedruckter Texte. Mein Dank gilt Thoemmes Press für die Genehmigung, einige Teile dieser Arbeit wieder zu verwenden.

2 Ich danke Professor Sasaki Tsuneo dafür, dass er mich auf diesen faszinierenden Mann und seine Karriere aufmerksam gemacht hat.

3 Gantt, H.L. (1905), »The compensation of labour«, *Engineering Magazine*, März, S. 883.

Danksagungen

Der Denk-, Recherche- und Erfahrungsprozess, der diesem Buch vorausging, war langwierig, und mein Dank gebührt vielen Menschen – weitaus mehr, als ich an dieser Stelle nennen kann. Besonderen Dank schulde ich anderen Autoren, die in den letzten Jahren begannen, geschichtliches Wissen in die Managementlehre einzuführen. Hier möchte ich insbesondere Karl Moore, David Lewis, Daniel Wren, Sasaki Tsuneo und Malcolm Warner erwähnen, die alle großen Einfluss auf mich ausübten. Ein spezieller Dank geht an Karl Moore und David Lewis für die Genehmigung, mir Passagen aus ihrer Fallstudie über Pusu-ken »auszuborgen«, sowie an Barbara und Leonard Lesko, weil sie mir die Nutzung ihrer Arbeiten über Ramose und die Arbeiter in Deir el-Medina erlaubten.

Außerdem möchte ich jenen danken, die mich unterstützt und ermutigt haben, mich mit den historischen Aspekten im Management und in der Wirtschaft zu beschäftigen. Rudi Thoemmes, Edward Brech, Tim Ambler und der mittlerweile verstorbene Philip Law haben alle auf ihre Weise mein Denken beeinflusst. George Bickerstaffe, James Pickford und Neville Hawcock von FT *Mastering Management* verdienen besonderen Dank dafür, dass sie eine Artikelserie über Managementgeschichte in Auftrag gaben und redaktionell aufbereiteten, die ich zwischen 1997 und 1999 für sie schrieb und aus der später dieses Buch hervorgehen sollte. Michael Robinson danke ich dafür, dass er bei der Durchsicht dieser Artikel als Erster darauf hinwies, dass sie den Grundstein für ein Buch bilden könnten.

Ferner danke ich allen Mitarbeitern von FT Prentice Hall, die an diesem Buch mitarbeiteten, darunter Neil Maxwell und Linda Dhondy, sowie Tim Moore für seine Titelvorschläge. Den Ehrenplatz erhält schließlich Richard Stagg, dem ich für sein Engagement für dieses Projekt sowie für seine Geduld und Unterstützung bei dessen Umsetzung danken möchte.

Register

a
Abbé, Ernst 70, 238 ff., 264
Adamiecki, Karel 79
Akkordlohnsystem 222 f.
Amerigo Benci, Giovanni d' 51
Arbeitnehmermitbestimmung 243 ff.
Arbeitsmanagement 211 ff.
Arkwright, Richard 14, 32, 54 ff., 96, 218
Aquin, Thomas von 88 f., 106, 110, 251 ff.

b
Babbage, Charles 57 f., 109 f., 251
Bedaux, Charles 74 f., 79
Beziehungsmanagement 118
Bismarck, Otto von 97
Bosch, Robert 243 ff.
Bülow, Heinrich von 196 f., 202
Burnham, James 126

c
Cadbury, George 70, 239 ff.
Carnot, Lazare 146
Casson, Herbert N. 66, 119 f., 153
Cherrington, Paul 91 ff.
Clairvaux, Bernhard von 137 f.
Clausewitz, Carl von 145, 189, 198 ff., 202 ff.
Colt, Samuel 99 f., 115
Coutts, Thomas 167

d
Datini, Francesco 80, 107, 128 f., 172
Deloitte, William 174 ff.

e
Effizienz 65 f., 218
Effizienz, die zwölf Grundsätze der 64 f.
Emerson, Harrington 60 ff., 75, 78, 146, 153, 227 ff.
Engels, Friedrich 220

Entqualifizierung 220
Ethik 253 ff.

f
Feizi, Han 45, 46
Finanzmärkte 179 ff.
Friedrich, der Große 61, 143, 145 f., 194 f., 202, 206
Friktion 200 ff.
Führung 261 ff., 264
Fugger, Jacob 98, 127, 163 f., 165

g
Geschichte 20, 23 f.
Gewinnbeteiligung 236 ff.
Gilbreth, Frank und Lilian 73 f., 151 f.
Gresham, Sir Thomas 164 f.
Grundprinzipien, strategische 184 ff., 197 f., 202 ff.
Guggenheim, Daniel 168, 219 f.

h
Halsey, Frederick 222 f.
Heinz, Henry J. 115 f.
Hongzhang, L. 132 f.

j
Jomini, Antoine-Henri 197 f., 202 f.

k
Kapitalismus 216 ff.
Kautilya 131 f.
Konfuzius 254 ff.
Kotler, Philip 87 f., 106
Krupp, Alfred 60, 96, 264
Kwok, Robert 124

l
Lever, William Hesketh 104 f., 114, 236, 264 f.

Lewis, John   236 ff.
Liang, Zhuge   190

m
Machiavelli, Niccolo   194 f., 199, 202 f.
Magosaburo, Ohara   241 ff.
Management, im Mittelalter   46 ff.
Management, scientific   68 f., 75 ff., 120, 147, 223 ff.
Marketingpraktiken   107 ff.
Martin, Thomas   165 ff.
Marx, Karl   194 f., 199, 202 f.
Medici, die   51, 56, 108, 127
Moltke, Graf Helmuth von   60 ff., 145 f., 199 f., 202 f., 206 f.
Mooney, James D.   149 f.
Morgan, John Piermont   167 ff., 257
Musashi, Miyamoto   189, 192 f., 206 f.

n
North Willys, John   103
Nursia, Benedikt von   48

o
Organisation   266 ff.
Organisation, unternehmerische   37 f.
Owen, Robert   36, 244 f., 264

p
Parker Follett, Mary   77 f.
Patterson, John   102
Personalmanagement   211 ff., 231 ff.
Pirrie, William   95 f.
Pulitzer, Joseph   66
Pusu-Ken   42

r
Ramose   39
Ronin, die   47   193 f.

s
Sanji, Muto   231 f.
Seth, Jagat   44
Simonson, Roberto   80
Sozialleistungen   239 ff.
Strategie   183 ff., 190 f., 197 ff., 202 ff.
Strategieänderung   183
Sunlight (Sunlicht)   105 f.
Sunzi   189, 206

t
Takatoshi, Mitsui   111 f.
Taylor, Frederick Winslow   71 f., 75 f., 79 f., 223
Teiichi, Sakuma   213 f.
Towne, Henry   70
Tucker, Josiah   217

u
Unternehmen   36
Unternehmertum   269 ff.
Urwick, Lyndall   67 f., 82, 92 f.

w
Walter, Hubert   133 f., 215
Waterhouse, Edwin   175 ff.
Weber, Max   130, 216
Wirtschaftsethik   251 ff.
Wissen   277 ff.
Woolworth   112

z
Zeiss, Carl   70, 238